TORNAR-SE PESSOA

Carl R. Rogers
TORNAR-SE PESSOA

*Tradução MANUEL JOSÉ DO CARMO FERREIRA
E ALVAMAR LAMPARELLI
Revisão técnica CLAUDIA BERLINER*

Esta obra foi publicada originalmente em inglês com o título
ON BECOMING A PERSON por Houghton Mifflin, N. York, em 1961.
Copyright © 1961 by Carl R. Rogers.
Copyright © renovado 1989 by David E. Rogers, M.D., e Natalie Rogers.
Copyright © 1995 para a Introdução by Peter D. Kramer, M.D.
Publicado por acordo especial com Houghton Mifflin Harcourt Publishing Company.
Copyright © 1985, 1997 Livraria Martins Fontes Editora Ltda.,
Copyright © 2016 Editora WMF Martins Fontes Ltda.,
São Paulo, para a presente edição.

1ª edição *1985*
6ª edição *2009*
14ª tiragem *2025*

Tradução
Manuel José do Carmo Ferreira
Alvamar Lamparelli
Revisão técnica e da tradução
Claudia Berliner
Revisões
Ana Maria de O. M. Barbosa
Sandra Brazil
Atualização ortográfica
Douglas Bianchi
Produção gráfica
Geraldo Alves
Capa
Marcos Lisboa
Ilustração
Andrés Sandoval

Dados Internacionais de Catalogação na Publicação (CIP)
(Câmara Brasileira do Livro, SP, Brasil)

Rogers, Carl R., 1902-1987.
  Tornar-se pessoa / Carl R. Rogers ; tradução Manuel José do Carmo Ferreira e Alvamar Lamparelli ; revisão técnica Claudia Berliner. – 6ª. ed. – São Paulo : Editora WMF Martins Fontes, 2009.

Título original: On becoming a person.
Bibliografia.
ISBN 978-85-7827-085-8

1. Aconselhamento 2. Psicoterapia centrada no cliente I. Título.

09-01115

CDD-616.89814
NLM-WM 420

Índices para catálogo sistemático:
1. Psicoterapia centrada no cliente 616.89814

Todos os direitos desta edição reservados à
Editora WMF Martins Fontes Ltda.
Rua Prof. Laerte Ramos de Carvalho, 133 01325-030 São Paulo SP Brasil
Tel. (11) 3293-8150 e-mail: info@wmfmartinsfontes.com.br
http://www.wmfmartinsfontes.com.br

Índice

Introdução IX
Ao leitor XIX

Primeira Parte
Notas pessoais

   1. "Este sou eu" 3

Segunda Parte
Como poderei ajudar os outros?

   2. Algumas hipóteses com relação à facilitação do crescimento pessoal 35
   3. As características de uma relação de ajuda 45
   4. O que sabemos da psicoterapia – objetiva e subjetivamente 69

Terceira Parte
O processo de tornar-se pessoa

   5. Algumas direções do processo terapêutico 85

6. O que significa tornar-se pessoa.................................. *121*
7. A psicoterapia considerada como um processo *141*

Quarta Parte
Uma filosofia da pessoa

8. "Ser o que realmente se é": os objetivos pessoais vistos por um terapeuta.. *185*
9. A visão de um terapeuta sobre a vida boa: a pessoa em pleno funcionamento... *209*

Quinta Parte
A observação dos fatos: o papel da investigação em psicoterapia

10. Pessoa ou ciência? Um problema filosófico *227*
11. A modificação da personalidade em psicoterapia *257*
12. A terapia centrada no cliente no seu contexto de investigação... *279*

Sexta Parte
Quais são as implicações para a vida?

13. Reflexões pessoais sobre ensino e aprendizagem......... *315*
14. A aprendizagem significativa: na terapia e na educação *321*
15. O ensino centrado no aluno conforme experienciado por um participante... *343*
16. As implicações para a vida familiar da terapia centrada no cliente... *363*
17. O tratamento das perturbações na comunicação interpessoal e intergrupos *381*
18. Uma formulação provisória de uma lei geral das relações interpessoais *391*
19. Para uma teoria da criatividade................................... *403*

Sétima Parte
As ciências do comportamento e a pessoa

20. O poder crescente das ciências comportamentais *421*
21. O lugar do indivíduo no mundo novo das ciências do comportamento *447*

Apêndice. Bibliografia cronológica das publicações de Carl R. Rogers, 1930-1960 (inclusive) *469*

Referências *479*
Notas *483*

Introdução

A publicação, em 1961, de *Tornar-se pessoa* trouxe a Carl Rogers um inesperado reconhecimento nacional. Pesquisador e clínico, Rogers acreditava que estava se dirigindo a psicoterapeutas e somente após este fato descobriu que "estava escrevendo para *pessoas* – enfermeiras, donas de casa, pessoas do mundo dos negócios, padres, ministros, professores, juventude". O livro vendeu milhões de cópias quando milhões constituíam um número raro em publicações. Rogers foi, para a década que se seguiu, O Psicólogo da América, passível de ser consultado pela imprensa sobre qualquer questão relativa à mente, desde a criatividade até o autoconhecimento, ou o caráter nacional.

Certas ideias que Rogers defendia se tornaram tão amplamente aceitas que é difícil lembrarmos quão novas, mesmos revolucionárias elas eram em seu tempo. A psicanálise freudiana, o modelo prevalecente da mente na metade do século, afirmava que os impulsos humanos – sexo e agressão – eram inerentemente egoístas, custosa e arduamente refreados pelas forças da cultura. A cura, no modelo freudiano, se dava por meio de uma relação que frustrava o paciente, fomentando a angústia necessária para que o paciente aceitasse as difíceis verdades do analista. Rogers, em oposição, acreditava que as pessoas necessitam de uma relação na qual são aceitas. As habilidades que o terapeuta rogeriano utiliza são a empatia – uma palavra que no tempo de Freud estava em grande parte restrita aos sentimentos que um observador conferia a uma obra de arte – e a "consideração positiva incondicional".

Rogers pronunciou sua hipótese central em uma sentença: "Se posso proporcionar um certo tipo de relação, o outro descobrirá dentro de si mesmo a capacidade de utilizar aquela relação para crescer, e mudança e desenvolvimento pessoal ocorrerão." Por crescimento, Rogers entendia movimento na direção da autoestima, flexibilidade, respeito por si e pelos outros. Para Rogers, o homem é "incorrigivelmente socializado em seus desejos". Ou, como Rogers coloca o problema repetidamente, quando o homem é mais plenamente homem, ele é merecedor de confiança.

Rogers foi, na classificação de Isaiah Berlin, um porco-espinho: Ele sabia uma coisa, mas o sabia tão bem que poderia fazer disso um mundo. De Rogers vem nossa ênfase contemporânea na autoestima e seu poder de mobilizar outras forças de uma pessoa. A noção de Rogers de aceitação como a força liberadora última implica que as pessoas que não estão doentes podem se beneficiar da terapia e que não profissionais podem agir como terapeutas; o grupo de autoajuda moderno provém quase que diretamente do movimento de Rogers do potencial humano. A ideia de que o casamento, como a terapia, depende da autenticidade e empatia é basicamente Carl Rogers. É Rogers, muito mais do que Benjamin Spock, que advoga uma relação não diretiva de pais e professores com as crianças.

É irônico o fato de que, enquanto as ideias de Rogers estão em ascensão – tanto é assim que agora são atacadas como poderosas suposições culturais que necessitam ser revistas – seus escritos estejam caindo no esquecimento. Isto é uma pena, pois uma cultura deveria saber de onde suas crenças se originam e por que os escritos de Rogers permanecem lúcidos, fascinantes e acessíveis.

Certamente as ideias de Rogers prevalecem dentro das profissões de saúde mental. A escola de psicanálise de ponta atualmente é chamada de "psicologia do *self*", um nome que Rogers poderia ter cunhado. Como a terapia centrada no cliente, que Rogers desenvolveu na década de 40, a psicologia do *self* entende a relação, mais do que o *insight*, como sendo central à mudança; e como a psicoterapia centrada no cliente, a psicologia do *self* sustém que o nível ótimo de frustração deva ser "o menor possível". A postura terapêutica em psicologia do *self* não podia estar mais próxima à consideração positiva incondicional. Porém, a psicologia do *self* – fundada em Chicago, quando Rogers era lá uma figura proeminente – não lhe conferiu nenhuma palavra de crédito.

A explicação para isto muito tem a ver com a pessoa de Rogers. Mais americano do que europeu, de educação mais rural do que urbana (ele nasceu em Chicago mas se mudou para o campo aos doze anos de idade e disse que seu respeito pelo método experimental proveio de sua leitura, na adolescência, de um texto longo intitulado *Feeds and Feeding* (Alimentos e Alimentação), nativo do meio-oeste americano mais do que do leste, animado mais do que melancólico, acessível e aberto, Rogers não exibia nada da complexidade obscura dos intelectuais do pós-guerra. A abertura de Rogers – em um sentido importante *Tornar-se pessoa* não necessita de introdução, já que Rogers se apresenta em um ensaio exatamente intitulado "Este sou Eu" – contrasta com a postura defendida por seus colegas, que acreditavam que o terapeuta deve se apresentar como uma lousa em branco. A opinião predominante era de que Rogers poderia ser repudiado pois não era sério.

Esta opinião esconde e revela uma visão estreita do que é sério ou intelectual. Rogers era um professor de universidade e um douto amplamente publicado, tendo a seu crédito dezesseis livros e mais de duzentos artigos. O próprio sucesso de *Tornar--se pessoa* pode ter prejudicado a reputação acadêmica de Rogers; ele era conhecido pela argumentação direta e simplicidade destes ensaios, e não pela complexidade dos artigos teóricos mais técnicos escritos no mesmo período. Porém, mesmo em *Tornar-se pessoa*, Rogers situa suas ideias em um contexto histórico e social, aludindo à psicologia social contemporânea, à etologia animal e à teoria das comunicações e dos sistemas gerais. Ele localiza sua herança cultural na filosofia existencial, referindo-se mais frequentemente a Soren Kierkegaard (do qual empresta a frase "ser o eu que verdadeiramente se é", que constitui a resposta de Rogers à pergunta "Qual é a meta da vida?") e Martin Buber. E Rogers vivenciou uma carreira movimentada como um intelectual público, participando de debates e se correspondendo abertamente com figuras como Buber, Paul Tillich, Michael Polanyi, Gregory Bateson, Hans Hofmann e Rollo May.

Mais do que a maioria de seus colegas, Rogers era um cientista empenhado que adotava uma avaliação empírica da psicoterapia. Já na década de 40, e antes que qualquer um na área, Rogers gravava sessões de psicoterapia para fins de pesquisa. É o primeiro inventor de uma psicoterapia a definir sua abordagem em termos operacionais, enumerando seis condições necessárias e suficientes (paciente envolvido, terapeuta empático, etc.) para a mudança construtiva da personalidade. Desenvolveu medidas confiáveis, promovendo e publicando apreciações de suas hipóteses. Rogers estava empenhado em desenvolver uma avaliação do processo: O que ajuda as pessoas a mudarem? Sua pesquisa, e aquela de seus colaboradores científicos, conduziu a resultados constrangedores para a comunidade psicanalítica. Por exemplo, um estudo de trechos de sessões de terapia, constatou que em resposta ao esclarecimento e interpretação – as ferramentas da psicanálise – os clientes tipicamente abandonam a autoexploração; somente o reflexo de sentimentos pelo terapeuta conduz diretamente a uma maior exploração e a um novo *insight*.

Rogers, em outras palavras, dirigiu um esforço intelectual substancial a serviço de uma simples crença: Seres humanos necessitam de aceitação, e quando esta lhes é dada movem-se em direção à "autorrealização". Os corolários desta hipótese eram evidentes para Rogers e seus contemporâneos. A construção complexa da psicanálise é desnecessária – a transferência pode bem existir, porém explorá-la se mostra improdutivo. Uma postura pedante e distante, aquela assumida por muitos psicanalistas da metade do século, é certamente contraterapêutica. A autoconsciência e a presença humana do terapeuta é mais importante do que o treinamento técnico do mesmo. E a fronteira entre a psicoterapia e a vida comum é necessariamente tênue. Se a aceitação, a empatia e a consideração positiva constituem as condições necessárias e suficientes para o crescimento humano, então elas devem da mesma forma estar presentes nas relações de ensino, amizade e da vida familiar.

Essas ideias ofendiam um certo número de comunidades – psicanalíticas, educacionais, religiosas. Porém, eram bem recebidas por um amplo segmento do público. Elas estavam presentes no diálogo popular da década de 60 – muitas das exigências dos manifestantes universitários dos anos 60 se fundamentavam implicitamente nas crenças de Rogers sobre a natureza humana – e ajudaram a definir nossas instituições para o restante do século.

Antes de ser rejeitado e esquecido, Rogers foi atacado numa série de campos determinados. Revisões da literatura de pesquisa mostravam que a necessidade e a suficiência de suas seis condições eram difíceis de provar, embora a evidência favorecendo uma postura presente e empática por parte do terapeuta permanecesse forte. A noção de Rogers de que terapeuta e cliente podem se colocar à mesma altura foi desafiada posteriormente por Martin Buber e mais recentemente por um contencioso crítico da psicoterapia, Jeffrey Masson. (Em um pequeno e adorável livro intitulado simplesmente *Carl Rogers* [London, Sage Publications, 1992], Brian Thorne revisa e, com certo sucesso, rebate essas críticas.). À medida que nos distanciamos de Rogers, as críticas parecem cada vez mais irrelevantes. O que Rogers proporciona – o que todos os grandes terapeutas proporcionam – é uma visão única.

É claro que a teoria psicanalítica do homem da metade do século era incompleta. Freud e, mais completamente, Melanie Klein, a fundadora de uma escola de psicanálise que teve uma enorme influência sobre as visões modernas das relações humanas intensas, captou o lado obscuro da humanidade, a parte de nossa herança animal que inclui a violência e a sexualidade competitiva relacionadas com a luta pela dominância hierárquica. Eles ignoravam uma estratégia reprodutiva que coexiste com a dominância da hierarquia e é também fortemente codificada em genes e cultura: reciprocidade e altruísmo. Os teóricos da etologia animal e da biologia evolutiva hoje concordariam com a tese de Rogers de que quando um ser humano é adequadamente aceito, o que tende a predominar são estes últimos traços.

Buber – não só um filósofo religioso mas um aluno de Eugen Bleuler, o grande psiquiatra descritivo alemão – tinha sem dúvida justificativas para seu ceticismo diante da proposição de Rogers de que o homem, doente ou são, é merecedor de confiança. Mas Freud, Klein e Buber estavam totalmente enredados nas perspectivas do Velho Mundo. O otimismo inexorável de Rogers talvez seja melhor considerado como uma das muitas tentativas interessantes de se trazer à psicoterapia o sabor do Mundo Novo.

Em seu esforço Rogers teve muitos colegas. Harry Stack Sullivan acrescentou várias facetas à psicanálise: a atenção à influência do amigo no desenvolvimento infantil; a exploração do ambiente social particular do paciente; e o uso ativo do eu do terapeuta para bloquear as projeções características dos pacientes. Murray Bowen desviou a atenção da família do paciente na infância (a constelação de Édipo) voltando-a para a família atual, e liberou o terapeuta para agir como uma espécie de monitor no esforço do paciente em encontrar seu lugar dentro da estrutura rígida da família. Milton Erickson reviveu técnicas hipnóticas e as utilizou de modo travesso, tornando o terapeuta um manipulador-mestre que lança o paciente em direção a impasses de seu desenvolvimento. Carl Whitaker enfatizou o estorvo da teoria na prática clínica, exigindo do terapeuta tanto uma presença existencial quanto uma consciência dos costumes da família local. A esta lista poderíamos acrescentar os nomes de imigrantes – Erich Fromm, Victor Frankl, Hellmuth Kaiser, Erik Erikson, Heinz Kohut – cujos trabalhos assumiram um feitio decididamente americano, livre e experimental e socialmente consciente.

Embora rejeite a premissa puritana do pecado original, Rogers – ao se preocupar em compreender o outro como um indivíduo livre, ao colocar o foco em sua própria autenticidade e presença ativa, ao confiar no potencial positivo de cada cliente – cria uma visão terapêutica do homem que se conforma a aspectos importantes do espírito e crenças americanos. A premissa central de Rogers é a de que as pessoas são inerentemente plenas de recursos. Para Rogers, o pecado cardeal em terapia, ou no ensino e vida familiar, é a imposição da autoridade. Igualitário radical, Rogers vê os indivíduos como capazes de autodireção sem consideração à sabedoria recebida e fora de organizações como a igreja ou a academia. Apesar de ter suas origens na relação de ajuda, a filosofia de Rogers se fundamenta em Thoreau e Emerson, na primazia da autoconfiança.

Ao adotarem Rogers, os americanos se deram conta de importantes partes de si mesmos – partes em relação às quais, contudo, a nação permanece ambivalente. O individualismo implicaria uma exploração nova de valores por cada pessoa em cada nova geração, ou o individualismo deve estar ligado à tradições fixas e uma visão do homem como egoísta e competitivo? Ao retornarem a currículos estabelecidos e valores ortodoxos, os conservadores hoje atacam não somente Rogers mas também uma importante tendência do humanismo americano. É talvez devido à essência americana de Rogers que este é muito mais respeitado – compreendido como uma voz distinta, ensinado com seriedade – em dezenas de países fora dos Estados Unidos.

A voz de Rogers – afetuosa, entusiasta, confiante, preocupada – é o que articula os ensaios díspares em *Tornar-se pessoa*. Encontramos um homem tentando pacientemente, porém com todos os recursos a seu comando, ouvir os outros e si mesmo. Essa escuta atenta está a serviço tanto da questão individual quanto da grande questão, o que significa tornar-se pessoa. Ao descrever clientes, Rogers assume a linguagem e prosódia do existencialismo. A respeito de um homem que luta, Rogers escreve: "Naquele momento ele não é nada mais do que sua súplica, por todo o tempo... Pois naquele momento ele *é* sua dependência, de uma maneira que o assombra."

Qualquer ideia de que Rogers não é sério, consciente da fragilidade humana, intelectual deve se dissolver em resposta às transcrições de seu esmerado trabalho clínico. Rogers faz aquilo que foi satirizado por gerações de estudantes de psicologia, a saber, repetir as palavras dos clientes. Porém também sintetiza os sentimentos dos clientes com precisão, beleza de expressão e cautela generosa. E também exibe uma grande habilidade em aceitar os outros.

Em sua quinta sessão de psicoterapia com Rogers, a Sra. Oak, uma dona de casa perturbada, se vê cantando um "tipo de canção sem qualquer música". A síntese que Rogers faz de sua sequência de sentimentos leva a Sra. Oak a ampliar experiências interiores e explorar sua metáfora. Ouvimos uma pessoa tentando se apoderar de uma autenticidade indecifrável, denegrindo seus próprios pensamentos: "E então parece existir somente esse fluxo de palavras que de alguma forma não são voluntárias e então, ocasionalmente, esta dúvida brota. Bem, é como se ela tomasse a forma de uma, talvez você esteja somente fazendo música." Como todos os seres humanos, no esquema de Rogers, a Sra. Oak começa como que afastada do eu; com a aceitação ela removerá fachadas e alcançará a realização. Em sua nona sessão, a Sra. Oak revela, de uma maneira constrangida, uma forma limitada de autoconfiança: "... Tenho tido o que vim a chamar para mim mesma, ou a dizer para mim mesma, como sendo 'lampejos de sanidade'... É somente um sentimento ocasional de me achar um tipo de pessoa completa em um tipo de mundo terrivelmente caótico." Porém ela não pode revelar este eu confiante aos outros. Rogers imediatamente relembra a sessão anterior: "Um sentimento de que não seria *seguro* falar sobre a canção que você... Quase como se não houvesse lugar para que tal pessoa existisse". Esta sensibilidade com relação ao outro constitui uma arte elevada, embora seja difícil saber se Rogers está capturando a melodia interior do cliente ou fornecendo uma de sua própria composição.

Esta ambiguidade permanece com relação ao trabalho clínico de Rogers: Ele meramente, como defendia, aceitava o outro, ou proporcionava partes de seu próprio eu bem diferenciado? O que é inequívoco, conforme lemos Rogers hoje, é sua contribuição extensiva à cultura contemporânea, ao nosso sentido de quem somos. É um prazer encontrá-lo novamente, e ter acesso uma vez mais à sua música.

Peter D. Kramer, M.D.

Ao leitor

Embora me desagrade um pouco dizê-lo, fui psicoterapeuta (ou "personal counselor") durante mais de trinta e três anos. Isso significa que, ao longo de um terço de século, tentei ajudar uma ampla amostra da nossa população: crianças, adolescentes e adultos; pessoas com problemas pedagógicos, vocacionais, pessoais e conjugais; indivíduos "normais", "neuróticos" e "psicóticos" (as aspas indicam que para mim se trata de rótulos enganosos); procurei ajudar as pessoas que me vinham pedir auxílio e as que me eram enviadas; aquelas cujos problemas não tinham importância e aquelas cuja vida se tornara completamente desesperadora e sem futuro. Considero um grande privilégio ter tido a oportunidade de conhecer de uma maneira tão pessoal e tão íntima tal quantidade e diversidade de pessoas.

Além da experiência clínica e da investigação realizada durante esses anos, escrevi vários livros e muitos artigos. Os artigos contidos neste volume foram escolhidos entre aqueles que escrevi durante os últimos dez anos, de 1951 a 1961. Gostaria de explicar a razão pela qual os reuni num livro.

Em primeiro lugar, acredito que a maior parte deles tem alguma relevância para as pessoas que vivem a perplexidade do mundo moderno. Essa obra não pretende de modo algum ser um livro de conselhos ou um manual do gênero "faça você mesmo", mas chegou ao meu conhecimento que os leitores desses artigos os achavam muitas vezes estimulantes e enriquecedores. Em alguma pequena medida eles deram à pessoa mais segurança para fazer e seguir as suas opções pessoais no empenho para ser o tipo de pessoa que gostaria de ser. Assim, por essa razão, desejo que estes artigos estejam disponíveis para qualquer pessoa que possa vir a se interessar – como se diz, para o "leigo inteligente". Era essa a minha intenção, tanto mais que todos os meus livros anteriormente publicados se destinavam aos psicólogos profissionais e nunca foram acessíveis àqueles que se encontravam fora desse grupo. Espero honestamente que muitas pessoas sem um interesse particular pelo campo do aconselhamento ou psicoterapia encontrem, nas descobertas feitas neste domínio, elementos que as fortaleçam na sua própria vida. Espero igualmente que muitas das pessoas que nunca procuraram aconselhamento sintam, ao lerem os excertos de entrevistas terapêuticas gravadas com os diversos clientes, que se tornaram sutilmente mais corajosas e confiantes em si mesmas, e que a compreensão das suas próprias dificuldades será facilitada se atravessarem, na sua imaginação e em seus pensamentos, as lutas de outros para a maturação[1]*.*

Outra razão que me impeliu a preparar esse livro foi o número crescente e a urgência dos pedidos por parte daqueles que já conhecem o meu ponto de vista sobre o aconselhamento psicológico, a psicoterapia e relações interpessoais. Essas pessoas exprimiram o desejo de poder dispor, num volume mais acessível, do resultado dos meus trabalhos e das minhas reflexões mais recentes. Sentiam-se frustradas ao saber que existem artigos não publicados que não podem adquirir ou ao encontrarem artigos meus em revistas não disponíveis. Pedem que esse material seja reunido num só volume. Tal coisa envaidece muito um autor, mas representa, igualmente, uma obrigação a que tentei corresponder. Espero que lhes agrade a seleção que fiz.

Ao leitor

Este volume foi elaborado em intenção dos psicólogos, psiquiatras, professores, educadores, psicólogos escolares, religiosos, assistentes sociais, fonoaudiólogos, chefes de empresa, especialistas em organização do trabalho, cientistas políticos, em intenção de todos aqueles que encontraram no meu trabalho uma relação direta com os seus problemas profissionais. É a eles que dedico, num sentido verdadeiro, esta minha obra.

Existe um outro motivo, mais complexo e pessoal: a busca de um público que ouvisse o que tinha para dizer. Há dez anos que procurava uma solução para esse problema. Sei que falo apenas para uma minoria de psicólogos. A maior parte deles – cujos interesses se podem indicar por termos tais como estímulo-resposta, teoria da aprendizagem, condicionamento operante – estão de tal maneira comprometidos em ver o indivíduo unicamente como um objeto, que aquilo que tenho para dizer os desorienta, se é que não os irrita. Sei também que falo apenas para um pequeno número de psiquiatras. Para muitos deles, talvez para a sua grande maioria, a verdade sobre a psicoterapia já foi proclamada há muito tempo por Freud e não estão interessados em novas possibilidades, além de desinteressados ou contrários a investigações neste campo. Sei igualmente que me dirijo a uma parte do grupo divergente dos que se intitulam a si mesmos "terapeutas". A maior parte deste grupo interessa-se sobretudo por testes e medidas de previsão, e por métodos de orientação.

Por isso, sempre que se colocava a questão de publicar um dos meus artigos, sentia-me insatisfeito por apresentá-lo numa revista especializada em qualquer dessas áreas. Publiquei artigos em revistas desses diferentes campos, mas a maior parte dos meus escritos destes últimos anos amontoam-se em pilhas de manuscritos não publicados que foram distribuídos particularmente em forma mimeografada. Eles simbolizam a minha incerteza sobre a maneira como atingir o público a que eu esteja me dirigindo.

Durante esse período, os editores de revistas mais ou menos especializadas, tendo ouvido falar de alguns desses arti-

gos, pediram-me autorização para publicá-los. Acedi sempre a esse pedido, especificando no entanto que me reservava o direito de publicá-los mais tarde noutro lugar. Por conseguinte, a maior parte dos artigos que escrevi durante os últimos dez anos, ou estão por publicar, ou viram a luz do dia em revistas pouco divulgadas, especializadas ou obscuras.

Todavia, tomei agora a decisão de reunir essas reflexões num livro, de forma que atinjam o seu próprio *público. Estou certo de que esse público se formará entre uma grande variedade de disciplinas, algumas bastante afastadas do meu domínio específico, como a filosofia e as ciências políticas. Creio, no entanto, que esse público terá uma certa unidade. Julgo que esses artigos se situam numa tendência que tem e que há de ter o seu impacto na psicologia, na psiquiatria, na filosofia e em outros campos. Hesito em rotular essa tendência, mas na minha mente ela está associada a adjetivos tais como fenomenológico, existencial, centrado na pessoa; a conceitos tais como autorrealização, vir a ser, maturação; a pessoas, neste país, tais como Gordon Allport, Abraham Maslow, Rollo May. Desse modo, e embora o público para o qual esse livro poderá ter significado provenha de diferentes disciplinas e tenha interesses muito diversos, o fio comum pode ser sua preocupação a respeito da pessoa e do seu tornar-se num mundo moderno que pareça procurar ignorá-la ou diminuí-la.*

Há ainda uma última razão para publicar este livro, um motivo que tem para mim uma grande importância. Trata-se da grande, da desesperada necessidade do nosso tempo de adquirir o máximo de conhecimentos básicos e a maior competência possível para estudar as tensões que ocorrem nas relações humanas. O admirável progresso conseguido pelo homem, não apenas na imensidão do espaço como também na infinitude das partículas subatômicas, parece conduzir à destruição total do nosso universo, a menos que façamos grandes progressos na compreensão e no tratamento das tensões interpessoais e intergrupais. Sinto uma grande humildade quando penso nos redu-

zidos conhecimentos que conseguimos neste campo. Espero o dia em que investiremos o equivalente ao custo de um ou dois mísseis na procura de uma compreensão mais adequada das relações humanas. Mas lamento com amargura que os conhecimentos que já alcançamos sejam pouco reconhecidos e pouco utilizados. Confio em que este livro deixe bem claro que já possuímos conhecimentos que, uma vez postos em prática, ajudariam a diminuir as tensões suscitadas nas relações inter-raciais, industriais e internacionais, que se manifestam no momento presente. Espero que se torne evidente que esses conhecimentos, aplicados preventivamente, poderão ajudar no desenvolvimento de pessoas maduras, não defensivas e compreensivas que possam enfrentar de uma maneira construtiva as tensões que se lhes depararem no futuro. Se eu conseguisse tornar patentes, para um número significativo de pessoas, os recursos por utilizar dos conhecimentos já disponíveis no domínio das relações interpessoais, considerar-me-ia amplamente recompensado.

Estas foram as minhas razões para publicar este livro. Permitam-me concluir com alguns comentários sobre a sua natureza. Os artigos aqui reunidos representam os meus principais centros de interesse durante a década passada[2]. Foram escritos com diferentes objetivos, normalmente para públicos diferentes ou simplesmente para minha satisfação pessoal. Escrevi para cada capítulo uma nota introdutória, que procura apresentar o seu conteúdo num contexto compreensível. Os artigos foram ordenados de forma a desenharem um tema único que vai se desenvolvendo, partindo dos problemas mais pessoais para o campo de um significado social mais amplo. Eliminei as repetições, mas, quando diversos artigos tratam do mesmo conceito de forma diferente, conservei muitas vezes essas "variações sobre um tema", esperando que elas desempenhem a mesma função que desempenham na música, ou seja, que enriqueçam o sentido da melodia. Devido a terem sido trabalhados como artigos independentes, podem ser lidos isoladamente uns dos outros se o leitor assim o preferir.

Simplificando, o objetivo deste livro é o de compartilhar com vocês algo da minha experiência – alguma coisa de mim. Aqui está um pouco daquilo que experimentei na selva da vida moderna, no território amplamente inexplorado das relações pessoais. Aqui está o que vi. Aqui está aquilo em que vim a acreditar. Foi essa a forma como tentei verificar e pôr à prova aquilo em que acreditava. Aqui estão algumas das perplexidades, questões, inquietações e incertezas que tive de enfrentar. Espero que o leitor possa encontrar, neste livro que lhe é dedicado, algo que lhe diga respeito.

Departamentos de Psicologia e Psiquiatria
Universidade de Wisconsin
Abril de 1961

Primeira Parte
Notas pessoais

> *Eu falo enquanto pessoa, num contexto de uma experiência e de uma aprendizagem pessoais*

Capítulo 1
"Este sou eu"
O desenvolvimento do meu pensamento profissional e da minha filosofia pessoal

Este capítulo sintetiza duas exposições muito pessoais. Há aproximadamente cinco anos fui convidado a apresentar à classe mais graduada da Universidade de Brandeis não minhas ideias sobre a psicoterapia, mas a mim mesmo. Como é que eu tinha chegado ao que hoje penso? Como me tornei a pessoa que sou? Achei este convite extraordinariamente estimulante e procurei corresponder a ele. No ano passado, o Student Union Forum Committee da Universidade de Wisconsin dirigiu-me um convite análogo. Pediram-me para fazer uma exposição pessoal no quadro das suas "Últimas Conferências" em que se presume, por razões não especificadas, que o professor está dando sua última conferência, e, por isso, fala de si mesmo (que espantoso comentário ao nosso sistema de educação em que um professor só se mostra a si mesmo de um modo pessoal em tão duras circunstâncias!). Nessa conferência de Wisconsin exprimi de uma maneira mais profunda do que na primeira as experiências pessoais e os temas filosóficos que se tornaram para mim mais significativos. No presente capítulo harmonizei as duas exposições, tentando manter o caráter espontâneo que revestia a sua apresentação original.

A reação a cada uma dessas exposições fez-me compreender como as pessoas desejam ansiosamente conhecer algo da pessoa que lhes fala ou que as ensina. Foi essa a razão por que abri o livro com este capítulo, na esperança de que ele comunicará algo sobre mim, proporcionando, desse modo, um enquadramento e uma maior significação aos capítulos que seguem.

Informaram-me que esperavam que eu falasse a esse grupo sobre a seguinte matéria: "Este sou eu". Passei por diferentes reações perante esse convite, mas aquela que gostaria de mencionar aqui como a principal foi a de me ter sentido honrado e lisonjeado por um grupo querer saber quem sou eu, num sentido puramente pessoal. Posso lhes assegurar que se trata de um convite único e sem precedentes e que vou tentar dar a essa pergunta honesta uma resposta tão honesta quanto me for possível.

Dito isso, quem sou eu? Um psicólogo cujos interesses principais foram, durante muitos anos, os da psicoterapia. Que é que isto significa? Não tenho a intenção de impor uma longa crônica do meu trabalho, mas gostaria de extrair alguns parágrafos do prefácio do meu livro *Client-Centered Therapy*[1], para indicar o que, subjetivamente, isso significa para mim. Nesse prefácio, eu procurava esclarecer o leitor sobre o conteúdo da obra e escrevi o seguinte: "De que trata este livro? Permitam-me que tente dar-lhes uma resposta de algum modo ligada à experiência vivida que esse livro procurou ser."

"Este é um livro sobre o sofrimento e a esperança, a angústia e a satisfação presentes na sala de todos os terapeutas. É sobre o caráter único da relação que o terapeuta estabelece com cada cliente, e, igualmente, sobre os elementos comuns que descobrimos em todas essas relações. Este livro é sobre as experiências profundamente pessoais de cada um de nós. É sobre um cliente no meu consultório, sentado perto da escrivaninha, lutando para ser ele mesmo e, no entanto, com um medo mortal de ser ele mesmo – esforçando-se para ver a sua experiência tal como ela é, querendo *ser* essa experiência, e, no entanto, cheio de medo diante da perspectiva. É um livro sobre mim, sentado diante do cliente, olhando para ele, participando da luta com toda a profundidade e sensibilidade de que sou capaz. É um livro sobre mim, tentando perceber a sua experiência e o significado, a sensação, o sabor que esta tem para ele. É sobre mim, lamentando a minha falibilidade humana para compreender o cliente e os ocasionais fracassos em ver a vida tal como ela se mostra diante dele, fracassos que caem como objetos pesados sobre a intricada e delicada teia do desenvolvimento que está ocorrendo.

É um livro sobre mim, alegre com o privilégio de ser o responsável pelo parto de uma nova personalidade – maravilhado diante do surgimento de um *self*, uma pessoa, de um processo de nascimento no qual tive um papel importante e facilitador. É sobre mim e o cliente, que contemplamos com admiração as forças ordenadas e vigorosas que se evidenciam em toda a experiência, forças que parecem profundamente arraigadas no universo como um todo. É um livro, creio eu, sobre a vida, a vida que se revela no processo terapêutico – com a sua força cega e a sua tremenda capacidade de destruição, mas com um *ímpeto primordial* voltado para o desenvolvimento, se lhe for oferecida a possibilidade de desenvolvimento."

Talvez isso lhes dê uma imagem daquilo que faço e do modo como me sinto com relação ao que faço. Julgo que perguntarão como é que cheguei a essa ocupação e quais as decisões e as opções que, consciente ou inconsciente, a isso me conduziram. Tentarei apresentar alguns dos aspectos mais importantes da minha autobiografia psicológica, especialmente os que têm uma relação particular com a minha vida profissional.

Os meus primeiros anos

Fui educado numa família extremamente unida onde reinava uma atmosfera religiosa e moral muito estrita e intransigente, e que tinha um verdadeiro culto pela virtude do trabalho duro. Fui o quarto de seis filhos. Meus pais tinham por nós um grande afeto e nosso bem-estar era para eles uma preocupação constante. Controlavam também o nosso comportamento, de uma maneira ao mesmo tempo sutil e afetuosa. Eles consideravam – e eu aceitava essa ideia – que nós éramos diferentes das outras pessoas: nada de álcool, de danças, de jogos de cartas ou de espetáculos, uma vida social muito reduzida e *muito* trabalho. Tive uma enorme dificuldade em convencer meus filhos de que, para mim, mesmo as bebidas não alcoólicas tinham um aroma de pecado e lembro-me do meu leve sentimento de culpa quando bebi meu primeiro refrigerante. Passávamos um tempo agradável reunidos em família, mas não convivíamos. Tornei-me assim uma criança solitária que lia incessantemente e não tive, ao longo de todos os meus anos de colégio, senão dois encontros com moças.

Tinha eu doze anos quando meu pai comprou uma fazenda onde fomos viver. As razões disso foram duas: primeiro, meu pai, que se tornara um negociante próspero, procurava um *hobby*; segundo, e creio que mais importante, foi o fato de os meus pais pretenderem afastar os seus filhos adolescentes das "tentações" da vida da cidade.

Na fazenda interessei-me por duas coisas que tiveram provavelmente uma influência real no meu trabalho futuro. Ficava fascinado pelas grandes borboletas noturnas (estavam então em voga os livros de Gene Stratton-Porter) e tornei-me uma autoridade na bela Luna, no Polyphemus, na Cecropia e nos outros lepidópteros que habitavam nossos bosques. Capturava com muito trabalho as borboletas, cuidava das larvas, conservava os casulos durante os longos meses de inverno, experimentando assim algumas das alegrias e das frustrações do cientista quando procura observar a natureza.

Meu pai resolvera organizar a sua nova fazenda numa base científica e, para isso, adquirira um grande número de livros sobre agricultura racional. Entusiasmava os filhos a ganharem independência, encorajando-os a lançarem-se por si sós em empreendimentos lucrativos. Por isso, tanto meus irmãos como eu tínhamos muitas galinhas e, vez por outra, tratávamos de carneiros, de porcos ou de vacas desde que nasciam. Tornei-me assim um estudioso da agricultura científica e só recentemente percebi que foi esse o caminho que me conduziu a uma compreensão fundamental da ciência. Não havia ninguém para me dizer que a obra de Morrison, *Feeds and Feeding*, não era um livro para um adolescente de catorze anos e, por isso, mergulhei nas suas centenas de páginas, aprendendo como se conduzem as experiências, como se comparam grupos de controle com grupos experimentais, como se tornam constantes as condições, variando os processos, para que se possa estabelecer a influência de uma determinada alimentação na produção de carne ou na produção de leite. Aprendi como é difícil verificar uma hipótese. Adquiri desse modo o conhecimento e o respeito pelos métodos científicos através de trabalhos práticos.

A graduação e a pós-graduação

Comecei a faculdade em Wisconsin estudando agricultura. Uma das coisas de que me lembro melhor era a veemência de um professor de agronomia quando se referia ao estudo e à aplicação dos fatos. Ele insistia na futilidade de um conhecimento enciclopédico em si mesmo e concluía: "Não sejam um vagão de munições; sejam uma espingarda!"

Durante meus dois primeiros anos de faculdade, alterou-se meu objetivo profissional em consequência de algumas reuniões estudantis sobre religião muito apaixonadas: desisti da agricultura científica a favor do sacerdócio – uma pequena mudança! Transferi-me então de agricultura para história, julgando que esta seria uma melhor preparação.

No meu primeiro ano fui um dos escolhidos de um grupo de doze estudantes americanos para uma viagem à China, a fim de participar de um Congresso Internacional da Federação Mundial dos Estudantes Cristãos. Isso representou para mim uma experiência de extraordinária importância. Estávamos em 1922, quatro anos após o término da Primeira Guerra Mundial. Pude observar a amargura com que os franceses e os alemães continuavam a se odiar, embora individualmente parecessem simpáticos. Fui forçado a admitir e compreender como é que pessoas sinceras e honestas podiam acreditar em doutrinas religiosas muito divergentes. Emancipei-me pela primeira vez da atitude religiosa dos meus pais e vi que já não os podia seguir. Essa independência de pensamento provocou um grande desgosto e grandes tensões nas nossas relações, mas, vistas as coisas à distância, compreendi que foi nesse momento, mais do que em qualquer outro, que me tornei uma pessoa independente. É claro que havia muita revolta e rebelião na minha atitude durante todo esse período, mas a ruptura essencial ocorreu durante os seis meses da minha viagem pelo Oriente e, a partir de então, foi elaborada fora da influência familiar.

Embora esse seja um relato dos elementos que influenciaram meu desenvolvimento profissional mais do que a minha maturação pessoal, desejaria mencionar aqui, de uma maneira muito breve, um importante fato da minha vida particular. Foi na época da minha viagem à China que me apaixonei por uma moça adorável, que já conhecia havia muitos anos, desde a infância, e com quem me casei, com o consentimento relutante dos nossos pais, logo que acabei a faculdade, para que pudéssemos prosseguir juntos os estudos de pós-graduação. Não poderei ser muito objetivo nesse assunto, mas estou convencido de que o apoio do seu amor e a afeição da sua companhia ao longo de todos esses anos foram um fator de enriquecimento extremamente importante na minha vida.

Decidi entrar no Union Theological Seminary, nesse tempo o seminário mais liberal do país (1924), com o objetivo de me preparar para uma missão religiosa. Nunca me arrependi dos dois anos que aí passei. Estive em contato com alguns grandes mestres e professores, especialmente o Dr. A. C. McGiffert, que tinham uma profunda crença na liberdade de investigação e na busca da verdade, levasse ela onde levasse.

Conhecendo como conheço agora as universidades e as escolas superiores – sabendo a rigidez dos seus regulamentos –, fico verdadeiramente impressionado pela importante experiência que tive no Union. Nosso grupo sentia que nos forneciam ideias já prontas, quando o que nos interessava principalmente era explorar as nossas próprias questões e as nossas próprias dúvidas e descobrir aonde isso nos levava. Pedimos à administração que nos deixasse organizar um seminário oficial, sem orientador, cujo programa fosse constituído pelas nossas próprias questões. A administração ficou compreensivelmente perplexa perante essa proposta, mas deferiram o nosso pedido! A única restrição feita para preservar os interesses da instituição foi a presença de um jovem orientador no seminário, mas este não participava nos trabalhos, a não ser que o convidássemos.

Suponho não ser necessário acrescentar que esse seminário foi extraordinariamente satisfatório e esclarecedor. Tenho certeza de que me conduziu para uma filosofia da vida que me era muito pessoal. A maior parte dos membros do referido grupo, prosseguindo o caminho traçado pelas questões que levantaram, puseram de lado a ideia de uma vocação religiosa. Eu fui um deles. Sentia que provavelmente sempre me interessaria por questões tais como o sentido da vida e a possibilidade de uma melhoria construtiva da vida do indivíduo, mas não poderia trabalhar no campo determinado por uma doutrina religiosa específica em que devia acreditar. As minhas crenças já tinham sofrido tremendas alterações e, possivelmente, continuariam a mudar. Tornava-se para mim terrível *ter* de professar um certo número de crenças para poder me manter na profissão. Eu queria encontrar um campo no qual pudesse estar seguro de que a minha liberdade de pensamento não sofreria restrições.

Tornando-me psicólogo

Mas que campo? No Union tinham-me interessado os cursos e as conferências sobre psicologia e psiquiatria que então começavam a se desenvolver. Professores como Goodwin Watson, Harrison Elliott, Marian Kenworthy contribuíram para esse interesse. Comecei a seguir um maior número de cursos no Teacher's College da Universidade de Columbia, situada precisamente em frente do Union Seminary. Comecei a trabalhar em filosofia da educação com William H. Kilpatrick, que considerei um grande professor. Iniciei os meus trabalhos clínicos práticos com crianças, sob a direção de Leta Hollingworth, uma pessoa sensível e prática. Fui me sentindo atraído por esse trabalho de orientação infantil e, pouco a pouco, sem quase nenhum esforço de adaptação, passei para o campo de trabalho psicopedagógico e comecei a pensar em tornar-me psicólogo clínico. Foi um passo fácil de dar, com relativamente pouca consciência de estar fazendo uma opção, entregando-me apenas às atividades que me interessavam.

Quando estava no Teacher's College pedi e consegui uma bolsa ou um lugar como interno no novo Instituto para Orientação da Criança, patrocinado pelo Commonwealth Fund. Senti-me frequentemente grato por aí ter estado durante o primeiro ano da sua fundação. A organização, de início, estava num estado caótico, mas isso implicava que cada um podia fazer o que queria. O convívio com David Levy e Lawson Lowrey mergulhou-me nas perspectivas dinâmicas de Freud, que me pareciam em profundo conflito com as perspectivas estatísticas, rigorosas, científicas e friamente objetivas que prevaleciam no Teacher's College. Olhando para o passado, julgo que a necessidade de resolver esse conflito em mim mesmo foi uma experiência extremamente valiosa. Na época, tinha a impressão de viver em dois mundos completamente diferentes "e nunca os dois se iriam encontrar"[2].

Perto do fim do meu internato, tornou-se muito importante encontrar um trabalho bem remunerado para sustentar meu doutorado. Os empregos eram em número escasso e recordo-me do alívio e da alegria que experimentei quando encontrei um: fui contratado como psicólogo no "Child Study Department" da Associação para a Proteção à Infância em Rochester,

Nova York. Éramos três psicólogos nesse centro de estudos e o meu ordenado era de 2.900 dólares por ano.

Lembro-me hoje que aceitei esse cargo com alegria e com espanto. A razão por que me alegrava era a de ter encontrado um trabalho que eu gostaria de fazer. Segundo qualquer critério de bom senso era uma profissão sem saída, que me isolava de todo contato profissional, o ordenado era insuficiente, mesmo para aquela época, mas tudo isso, se bem me recordo, não me afetava grandemente. Julgo sempre ter pensado que, se me fosse dada uma oportunidade de fazer uma coisa em que estivesse muito interessado, tudo o mais se resolveria por si mesmo.

Os anos em Rochester

Os doze anos seguintes que passei em Rochester foram altamente preciosos. Durante os primeiros oito anos, pelo menos, absorvi-me completamente no meu serviço de psicologia prática, num trabalho de diagnóstico e de planejamento de casos de crianças delinquentes e sem recursos, crianças que nos eram enviadas pelos tribunais e pelos serviços sociais, e realizei frequentemente "entrevistas de tratamento". Foi um período de relativo isolamento profissional, ao longo do qual a minha única preocupação foi tentar ser o mais eficaz possível em relação aos nossos clientes. Tínhamos de aceitar tanto os nossos fracassos como os nossos sucessos e assim éramos obrigados a aprender. O único critério que empregávamos como método de tratamento em relação a essas crianças e aos seus pais era: "Isto funciona? Será eficaz?" Principiava então a ir progressivamente formando as minhas próprias opiniões a partir da experiência do meu trabalho cotidiano.

Ocorrem-me três exemplos significativos e importantes para mim, se bem que banais. Noto que são, todos três, momentos de desilusão, desilusão em relação a uma autoridade, em relação ao material e em relação a mim mesmo.

Durante os meus anos de formação, tinha sido atraído pelas obras do Dr. William Healy, segundo o qual a delinquência se baseava muitas vezes num conflito sexual e que, uma vez descoberto esse conflito, a delinquência cessava. No primeiro ou segundo ano que passei em Rochester, trabalhei a fundo com um jovem piromaníaco que manifestava uma tendência irresistível para provocar incêndios. Ao entrevistá-lo dia após dia na casa de detenção, fui relacionando, gradualmente, sua tendência com um impulso sexual ligado à masturbação. Eureca! O caso estava resolvido. No entanto, quando colocado em liberdade condicional, o jovem recaiu na mesma dificuldade. Lembro-me do choque que senti. Talvez Healy se enganasse. Talvez eu me tivesse apercebido de algo que Healy não sabia. Seja como for o caso fez-me ver com clareza a possibilidade de erro por parte da autoridade dos mestres e que havia novos conhecimentos a adquirir.

A segunda descoberta ingênua que fiz foi muito diferente. Pouco depois de ter chegado a Rochester dirigi um grupo de discussão sobre os métodos da entrevista psicológica. Eu tinha achado um relato publicado de uma entrevista, praticamente palavra a palavra, com uma mãe e em que o profissional era perspicaz, penetrante e hábil, capaz de conduzir rapidamente a entrevista para o centro da dificuldade. Sentia-me feliz por poder utilizá-la como um exemplo de uma boa técnica de entrevista.

Alguns anos mais tarde vi-me numa situação semelhante e lembrei-me desse excelente material indo procurá-lo a fim de relê-lo. Fiquei consternado. Aquilo parecia-me agora um nítido tipo de interrogatório judicial em que o entrevistador conseguia convencer a mãe das suas motivações inconscientes e levá-la a admitir a sua culpabilidade. Já sabia por experiência própria que esse gênero de entrevista não podia ajudar nem a mãe nem a criança de uma forma duradoura. Isso levou-me a compreender que estava me afastando de todo método coercivo ou de pressão nas relações clínicas, não por razões filosóficas, mas porque esses métodos de aproximação eram apenas superficialmente eficazes.

O terceiro incidente ocorreu vários anos depois. Tinha aprendido a ser mais sutil e paciente na interpretação dada a um cliente do seu comportamento, aguardando uma oportunidade em que a pudesse aceitar sem perturbação. Falava com uma mãe extremamente inteligente, cujo filho era um verdadeiro diabo. O problema era evidentemente a sua rejeição do menino desde cedo, mas, apesar de muitas entrevistas, não conseguia fazê-la ver isso. Fiz com que ela falasse, procurei delicadamente salientar os dados evidentes que me tinha fornecido, tentando ajudá-la a ver a situação. O resultado era nulo. Acabei por desistir. Disse-lhe que havíamos feito o melhor que podíamos, mas que tínhamos fracassado e que assim os nossos contatos deviam terminar. Ela concordou. Acabamos assim a entrevista, apertamos as mãos e ela já se dirigia para a porta do meu consultório quando se voltou para mim e perguntou: "Também faz aconselhamento de adultos aqui?" Tendo-lhe respondido afirmativamente, disse-me: "Pois bem, gostaria que me ajudasse". Voltou para a cadeira de onde se havia levantado e começou a "derramar" seu desespero sobre seu casamento, sobre suas relações perturbadas com o marido, seu sentimento de fracasso e de confusão, tudo isso muito diferente da estéril "história de caso" que antes me tinha fornecido. Iniciou-se então uma real terapia que acabou por ser bem-sucedida.

Esse incidente foi um daqueles que me fizeram sentir o fato – de que só mais tarde me apercebi completamente – de que é o próprio *cliente* que sabe aquilo de que sofre, qual a direção a tomar, quais problemas são cruciais, que experiências foram profundamente recalcadas. Comecei a compreender que, para fazer algo mais do que demonstrar minha própria clarividência e sabedoria, o melhor era deixar ao cliente a direção do movimento no processo terapêutico.

Psicólogo ou?

Ao longo desse período, comecei a duvidar se seria um psicólogo. A Universidade de Rochester fez-me ver que o trabalho que eu realizava não era psicologia e que não estava interessada no meu ensino no Departamento de Psicologia. Assisti a reuniões da Associação Americana de Psicologia (AAP) repletas de conferências sobre o processo de aprendizagem dos ratos e sobre experiências de laboratório que não me pareciam ter relação com o que eu estava fazendo. Os assistentes sociais psiquiátricos, no entanto, pareciam falar a minha linguagem e por isso orientei as minhas atividades para a assistência social, tanto nas organizações locais como em nível nacional. Foi apenas quando foi criada a Associação Americana para a Psicologia Aplicada que retomei realmente as minhas atividades como psicólogo.

Comecei a dar cursos na Universidade, no Instituto de Sociologia, sobre como compreender e como tratar as crianças difíceis. Pouco depois, o Instituto de Pedagogia quis incluir as minhas aulas no seu currículo (por último, antes da minha partida de Rochester, o Instituto de Psicologia da Universidade pediu autorização para fazer o mesmo, acabando por me aceitar como psicólogo). A simples descrição dessas experiências faz-me ver como eu seguia obstinadamente o meu próprio caminho, relativamente independente do fato de estar ou não fazendo o mesmo que o grupo dos meus colegas.

O tempo não permite que se fale do trabalho de constituir em Rochester um centro independente de psicopedagogia, nem do conflito que isso implicou com alguns psiquiatras. Tratava-se, na maior parte das vezes, de lutas administrativas que pouco tinham a ver com o desenvolvimento das minhas ideias.

Meus filhos

Foi durante esses anos em Rochester que meu filho e minha filha atravessaram a infância, ensinando-me muito mais acerca do indivíduo, da sua evolução e das suas relações do que aquilo que poderia ter aprendido profissionalmente. Não creio ter sido muito bom pai durante os seus primeiros anos, mas, felizmente, minha mulher era muito boa mãe, e, com o passar do tempo, fui me tornando um pai melhor e mais compreensivo. O privilégio, durante esses anos e mais tarde, de estar em contato permanente com esses dois jovens sensíveis ao longo das alegrias e desgostos da infância, da afirmação e das dificuldades da sua adolescência, da sua chegada à idade adulta e da constituição dos seus próprios lares, foi certamente algo impagável. Minha mulher e eu consideramos uma de nossas realizações mais satisfatórias o fato de podermos nos comunicar com nossos filhos adultos e seus cônjuges num nível profundo, e que eles possam fazer o mesmo em relação a nós.

Os anos em Ohio

Em 1940, aceitei um lugar na Universidade Estadual de Ohio. Tenho certeza de que a única razão de minha admissão foi ter publicado minha obra *Clinical Treatment of the Problem Child*[3] que elaborara a custo durante períodos de férias ou em curtos feriados. Para minha surpresa, e contrariamente à minha expectativa, ofereceram-me um lugar de professor efetivo. Recomendo insistentemente esse ponto de partida para o mundo acadêmico. Senti-me muitas vezes agradecido por não ter sofrido o processo competitivo, frequentemente humilhante, de promoção grau a grau nas faculdades, onde as pessoas tantas vezes se limitam a aprender uma única lição – a de não mostrarem muito o que são.

Ao tentar ensinar o que aprendera sobre tratamento e aconselhamento aos estudantes da Universidade de Ohio, comecei a me dar conta pela primeira vez de que tinha talvez elaborado uma perspectiva muito pessoal a partir da minha própria experiência. Quando procurei formular algumas dessas ideias e as apresentei numa conferência na Universidade de Minnesota, em dezembro de 1940, deparei com reações extraordinariamente fortes. Foi a minha primeira experiência do fato de que uma das minhas ideias, que para mim parecia brilhante e extremamente fecunda, pudesse representar para outrem uma grande ameaça. E a situação de me encontrar no centro das críticas, dos argumentos a favor e contra, desorientou-me e me fez duvidar e questionar a mim mesmo. Todavia, pensava que tinha algo a dizer e redigi o manuscrito de *Counseling and Psychotherapy*, descrevendo o que, de alguma maneira, me parecia ser uma orientação mais eficaz da terapia.

Aqui, mais uma vez, acho um pouco divertida a minha despreocupação pouco "realista". Quando propus ao editor o manuscrito, este o considerou interessante e original mas quis saber para que cursos poderia servir. Respondi-lhe que apenas conhecia dois: o que eu dava e um em outra universidade. O editor julgou que eu cometera um erro grave por não ter escrito um texto que pudesse ser utilizado por cursos já em funcionamento. Tinha muitas dúvidas de poder vender dois mil exemplares, número necessário para cobrir as despesas. Somente quando lhe disse que procuraria outro editor é que se decidiu a arriscar. Não sei qual de nós dois ficou mais surpreso com o número de vendas: setenta mil exemplares até hoje, e a coisa continua.

Os últimos anos

Creio que a partir desse ponto, e até agora, a minha vida profissional – cinco anos em Ohio, doze anos na Universidade de Chicago e quatro na Universidade de Wisconsin – está suficientemente bem documentada naquilo que escrevi. Vou me limitar a apontar dois ou três aspectos que me parecem mais significativos.

Aprendi a viver numa relação terapêutica cada vez mais profunda com um número sempre crescente de clientes. Isto pode ser e tem sido extremamente animador. Pode também ser extremamente alarmante e, por vezes, o foi, quando alguém muito perturbado parece exigir de mim mais do que sou para poder corresponder às suas necessidades. É certo que a prática da terapia é algo que exige um desenvolvimento pessoal permanente por parte do terapeuta, o que às vezes é penoso, mesmo se, a longo prazo, provoca uma grande satisfação.

Desejaria ainda acentuar a importância cada vez maior que a investigação passou a ter para mim*. A pesquisa é a experiência na qual posso me distanciar e tentar ver essa rica experiência subjetiva com objetividade, aplicando todos os elegantes métodos científicos para determinar se não estou iludindo a mim mesmo. Estou cada vez mais convencido de que descobriremos leis da personalidade e do comportamento que serão tão importantes para o progresso humano ou para a compreensão do homem como a lei da gravidade ou as da termodinâmica.

No decurso das duas últimas décadas, habituei-me de certa forma a ser atacado, mas as reações às minhas ideias continuam a surpreender-me. Do meu ponto de vista, julgo que sempre propus minhas ideias como hipóteses de trabalho, para serem aceitas ou rejeitadas pelo leitor ou pelo estudioso. No entanto, por diversas vezes e em diferentes lugares, psicólogos, terapeutas e pedagogos atacaram meus pontos de vista com críticas cheias de violência e desprezo. O seu furor atenuou-se um pouco durante os últimos anos, mas renovou-se entre os psiquiatras, pois alguns deles viam na minha maneira de trabalhar uma grande ameaça aos seus princípios mais queridos e mais inquestionáveis. E talvez as críticas tempestuosas encontrem um paralelo no dano causado por alguns "discípulos", sem sentido crítico e sem espírito inquisitivo, pessoas que adquiriram para si próprias alguma coisa de um novo ponto de vista e que partiram em guerra contra toda a gente, utilizando como arma, correta ou incorretamente, o meu trabalho e certas teorias minhas. Tive sempre dificuldades em saber quem me tinha feito um mal maior, se os meus "amigos", se os meus adversários.

---

*A terapia é a experiência em que posso me entregar subjetivamente.

Foi talvez em parte devido a essa situação desagradável de ver as pessoas disputarem por minha causa que passei a apreciar o extraordinário privilégio que é desaparecer e poder estar só. Julgo que os meus períodos de trabalho mais fecundos foram os momentos em que pude afastar-me completamente do que os outros pensavam, das obrigações profissionais e das exigências do dia-a-dia, quando ganhava uma perspectiva sobre o que estava fazendo. Minha mulher e eu encontramos lugares de refúgio isolados no México e nas ilhas do Caribe, onde ninguém sabe que sou um psicólogo; aí, minhas principais atividades são pintar, nadar, fazer pesca submarina e fotografia em cores. Foi no entanto nesses locais, onde não efetuo mais de duas a quatro horas de trabalho profissional, que mais progredi durante os últimos anos. Eu dou valor ao privilégio de estar só.

Algumas coisas fundamentais que aprendi

Aí estão, brevemente delineados, alguns traços exteriores da minha vida profissional. Gostaria, no entanto, de fazer com que vocês penetrassem um pouco mais, de lhes falar de algumas coisas que aprendi no decurso das milhares de horas que passei trabalhando intimamente com indivíduos que apresentavam distúrbios pessoais.

Gostaria de esclarecer que se trata de ensinamentos que têm significado para *mim*. Ignoro se os acharão válidos. Não pretendo apresentá-los como uma receita seja para quem for. Contudo, sempre que alguém quis falar comigo das suas opções pessoais, ganhei algo com isso, nem que fosse verificar que as minhas são diferentes. É nesse espírito que formulo os ensinamentos que se seguem. Creio que, em cada caso, eles se manifestaram nas minhas atividades e nas minhas convicções íntimas muito antes de ter tomado consciência deles. Trata-se sem dúvida de uma aprendizagem dispersa e incompleta. Só posso dizer que ela foi muito importante para mim e que continua sendo. Aí encontro constantemente novos ensinamentos. Com frequência deixo de aplicá-los, mas acabo sempre por me arrepender disso. Acontece-me também frequentemente, perante uma nova situação, não saber como aplicar o que aprendi. Estas experiências não estão cristalizadas. Alteram-se permanentemente. Algumas parecem ganhar um alcance maior, outras são talvez menos importantes do que o eram noutra época, mas todas têm para mim um significado.

Vou introduzir cada um desses ensinamentos de minha experiência com uma frase ou proposição que indica em parte o seu significado pessoal. Em seguida, desenvolvê-lo-ei um pouco. O que se segue não está muito bem estruturado, exceto nos primeiros aspectos apontados que se referem às relações com os outros. Seguem-se alguns aspectos que se integram nas categorias pessoais dos meus valores e das minhas convicções.

Iniciarei essas várias proposições de ensinamentos significativos com um item negativo. *Nas minhas relações com as pessoas descobri que não ajuda, a longo prazo, agir como se eu fosse alguma coisa que não sou.* Não serve de nada agir calmamente e com delicadeza num momento em que estou irritado e disposto a criticar. Não serve de nada agir como se soubesse as respostas dos problemas quando as ignoro. Não serve de nada agir como se sentisse afeição por uma pessoa quando nesse determinado momento sinto hostilidade para com ela. Não serve de nada agir como se estivesse cheio de segurança quando me sinto receoso e hesitante. Mesmo num nível primário, estas observações continuam válidas. Não me serve de nada agir como se estivesse bem quando me sinto doente.

O que estou dizendo, em outras palavras, é que nunca achei que fosse útil ou eficaz nas minhas relações com as outras pessoas tentar manter uma atitude de fachada, agindo de uma certa maneira na superfície quando estou passando pela experiência de algo completamente diferente. Creio que essa atitude não serve de nada nos meus esforços para estabelecer relações construtivas com as outras pessoas. Devo, todavia, esclarecer que, embora eu saiba que isso é verdade, nem sempre aproveitei adequadamente essa lição. Com efeito, parece-me que a maior parte dos erros que cometo nas relações pessoais, muitos dos momentos em que fracasso nos meus esforços para ser útil aos outros, se explicam pelo fato de que, por uma reação de defesa, comportei-me, de certa maneira, num nível superficial, ao passo que na realidade os meus sentimentos seguiam numa direção contrária.

Uma segunda aprendizagem pode ser formulada como se segue: *descobri que sou mais eficaz quando posso ouvir a mim mesmo aceitando-me, e posso ser eu mesmo*: tenho a impressão de que, com os anos, aprendi a tornar-me mais capaz de ouvir a *mim mesmo*, de modo que sei melhor do que antigamente o que estou sentindo num dado momento – que sou capaz de compreender que *estou* irritado, ou que, *de fato*, sinto rejeição em relação a um indivíduo, ou, pelo contrário, carinho e afeição, ou então, ainda, que me sinto aborrecido e sem interesse pelo que está se passando; ou que estou ansioso por compreender um indivíduo ou que tenho um sentimento de angústia ou de temor nas minhas relações com ele. Todas estas diferentes atitudes são sentimentos que julgo poder ouvir em mim mesmo. Poder-se-ia dizer, em outras palavras, que tenho a impressão de me ter tornado mais capaz de me deixar *ser* o que *sou*. Tornou-se mais fácil para mim aceitar a mim mesmo como um indivíduo irremediavelmente imperfeito e que, com toda a certeza, nem sempre atua como eu gostaria de atuar.

Tudo isso pode parecer uma direção muito estranha a seguir. Parece-me válida pelo curioso paradoxo que encerra, pois, quando me aceito como sou, estou me modificando. Julgo que aprendi isso com os meus clientes, bem como através da minha experiência pessoal – não podemos mudar, não nos podemos afastar do que somos enquanto não *aceitarmos* profundamente o que somos. Então a mudança parece operar-se quase sem ser percebida.

Uma outra consequência dessa aceitação de mim mesmo é que as relações se tornam reais. As relações reais têm o caráter apaixonante de serem vitais e significativas. Se posso aceitar o fato de estar irritado ou aborrecido com um cliente ou com um estudante, então também estou muito mais apto para aceitar as reações que a minha atitude provoca. Torno-me assim capaz de aceitar a alteração da experiência e dos sentimentos que podem, então, ocorrer tanto nele como em mim. As relações reais tendem mais a se modificar do que a se manterem estáticas.

É por isso que considero eficaz permitir-me ser o que sou nas minhas atitudes; saber quando me aproximo dos limites da resistência ou da tolerância e aceitar isso como um fato; saber quando desejo moldar ou manipular as pessoas e reconhecer isso como um fato em mim. Gostaria de ser capaz de aceitar esses sentimentos como aceito os sentimentos de entusiasmo, de interesse, de tolerância, de bondade, de compreensão, que também são uma parte muito real de mim. É unicamente quando aceito todas essas atitudes como um fato, como uma parte de mim, que as minhas relações com as outras pessoas se tornam o que são e podem crescer e transformar-se com maior facilidade.

Vou agora abordar um aspecto central do que aprendi e que se revestiu de grande importância para mim. Pode exprimir-se assim: *atribuo um enorme valor ao fato de poder me permitir compreender uma outra pessoa.* A forma como expus esta afirmação pode parecer-lhes estranha. Será necessário *permitir* a si mesmo compreender outra pessoa? Penso que sim. A nossa primeira reação à maior parte das afirmações que ouvimos das outras pessoas é uma avaliação imediata, é mais um juízo do que uma tentativa de compreensão. Quando alguém exprime um sentimento, uma atitude ou uma opinião, nossa tendência é quase imediatamente sentir: "Está certo", "que besteira", "não é normal", "não tem sentido", "não está certo", "não fica bem". Raramente permitimos a nós mesmos *compreender* precisamente o que significa para essa pessoa o que ela está dizendo. Julgo que esta situação é provocada pelo fato de a compreensão implicar um risco. Se me permito realmente compreender uma outra pessoa, é possível que essa compreensão acarrete uma alteração em mim. E todos nós temos medo de mudar. Por isso, como afirmei, não é fácil permitir a si mesmo compreender outra pessoa, penetrar inteiramente, completa e empaticamente no seu quadro de referência. É mesmo uma coisa muito rara.

Compreender é duplamente enriquecedor. Quando trabalho com clientes perturbados, verifico que compreender o mundo estranho de uma pessoa psicótica, ou compreender e sentir as atitudes de um indivíduo que tem a impressão de que a sua vida é demasiado trágica para poder ser suportada, ou compreender um homem que se sente indigno e inferior – cada uma dessas compreensões me enriquece de algum modo. Estas experiências me modificam, tornam-me diferente e, segundo creio, mais sensível. Mas talvez o que mais importa é que a minha compreensão dessas pessoas permite a elas se modificarem. Permite-lhes assumir seus próprios temores, os pensamentos estranhos, os sentimentos trágicos e os desânimos, tão bem como os seus momentos de coragem, de amor e de sensibilidade. E tanto a experiência delas como a minha é que, quando alguém compreende perfeitamente esses sentimentos, torna-se possível aceitá-los em si mesmo. Descobre-se, a partir desse momento, que ocorrem modificações tanto nos sentimentos quanto na própria pessoa. Quer se trate de compreender uma mulher que crê literalmente que tem na cabeça um gancho com o qual os outros a arrastam, ou de um homem que julga que ninguém está tão só, tão separado de todos como ele, essa compreensão tem valor para mim. O que, porém, é sobretudo importante é que o fato de ser compreendido assume um valor muito positivo para esses indivíduos.

Outra aprendizagem tem sido para mim extremamente importante: *verifiquei ser enriquecedor abrir canais através dos quais os outros possam me comunicar os seus sentimentos, seus mundos perceptivos particulares.* Consciente de que a compreensão compensa, procuro reduzir as barreiras entre os outros e mim, para que eles possam, se assim o desejarem, revelar-se mais profundamente.

Existe na relação terapêutica um determinado número de processos para tornar mais fácil ao cliente comunicar-se. Posso, com minha própria atitude, criar uma segurança na relação, o que torna mais possível a comunicação. Uma sensibilidade na compreensão que o vê como ele é para si mesmo e que o aceita como tendo tais percepções e sentimentos também auxilia.

Também como professor encontrei o mesmo enriquecimento sempre que abri canais por meio dos quais os outros pudessem se revelar. É por essa razão que tento, muitas vezes em vão, criar na aula um clima em que se possam exprimir os sentimentos, onde cada um possa ter opiniões diferentes das do professor ou dos colegas. Pedi muitas vezes aos estudantes "folhas de reação", nas quais podem se exprimir individual e pessoalmente em relação ao curso. Podem indicar se as aulas vão ou não ao encontro das suas necessidades, podem dizer o que sentem em relação ao professor ou apontar as dificuldades pessoais que têm com respeito ao curso. Essas folhas de reação não têm quaisquer efeitos para avaliação. Por vezes, as mesmas aulas de um curso suscitam experiências diametralmente opostas. Um estudante diz: "Sinto uma repulsa indefinível pelo ambiente da aula." Um outro, estrangeiro, falando sobre a mesma semana do mesmo curso, diz: "O método empregado nas aulas parece-me o melhor, o mais fecundo e científico. Mas, para pessoas como nós que suportamos há muito, muito tempo, o estilo magistral, o método autoritário, esse novo processo é incompreensível. Pessoas como nós estão condicionadas a ouvir o professor, tomar notas passivamente e decorar a bibliografia indicada para o exame. Não é necessário dizer que é preciso muito tempo para nos desembaraçarmos dos nossos hábitos, mesmo se são infecundos e estéreis." Abrir-me a reações tão claramente opostas foi para mim uma experiência extremamente enriquecedora.

Verifiquei que o mesmo acontecia em grupos onde eu era o coordenador ou onde me encaravam como líder. Procurava reduzir os motivos de receio ou de defesa para que as pessoas pudessem comunicar livremente o que sentiam. Foi uma experiência apaixonante e que me permitiu rever completamente as minhas opiniões sobre o que poderia ser a orientação de grupo. Não posso, contudo, alongar-me aqui sobre esta matéria.

Tive ainda uma outra aprendizagem muito importante durante o meu trabalho em aconselhamento. Posso evocá-la de uma maneira muito breve: *é sempre altamente enriquecedor poder aceitar outra pessoa.*
Verifiquei que aceitar verdadeiramente uma pessoa e seus sentimentos não é nada fácil, não mais do que compreendê-la. Poderei realmente permitir que outra pessoa sinta hostilidade em relação a mim? Poderei aceitar sua raiva como uma parte real e legítima de si mesma? Poderei aceitá-la quando ela encara a vida e seus problemas de uma forma completamente diferente da minha? Poderei aceitá-la quando tem para mim uma atitude positiva, quando me admira e me toma como modelo? Tudo isto está englobado na aceitação e não surge facilmente. Parece-me que é uma atitude cada vez mais frequente de todos nós na nossa cultura acreditar que: "Todas as outras pessoas deviam sentir, pensar e acreditar nas mesmas coisas que eu." Todos nós achamos muito difícil permitir aos nossos filhos, aos nossos pais ou famílias terem uma atitude diferente em relação a determinadas questões e problemas. Não queremos permitir que nossos clientes ou nossos alunos tenham uma opinião diferente da nossa ou utilizem a sua experiência da maneira pessoal que lhes é específica. Numa escala nacional, não queremos permitir que outra nação pense ou reaja de uma forma diferente da nossa. Acabei, no entanto, por reconhecer que essas diferenças que separam os indivíduos, o direito que cada pessoa tem de utilizar sua experiência da maneira que lhe é própria e de descobrir o seu próprio significado nela, tudo isto representa as potencialidades mais preciosas da vida. Toda pessoa é uma ilha, no sentido muito concreto do termo; a pessoa só pode construir

uma ponte para comunicar com as outras ilhas se primeiramente se dispôs a ser ela mesma e se lhe é permitido ser ela mesma. Descobri que é quando posso aceitar uma outra pessoa, o que significa especificamente aceitar os sentimentos, as atitudes e as crenças que ela tem como elementos reais e vitais que a constituem, que posso ajudá-la a tornar-se pessoa: e julgo que há nisso um grande valor.

Poderá ser difícil comunicar a próxima descoberta que fiz. Consiste nisto: *quanto mais aberto estou às realidades em mim e nos outros, menos me vejo procurando, a todo custo, remediar as coisas.* Quanto mais tento ouvir-me e estar atento ao que experimento no meu íntimo, quanto mais procuro ampliar essa mesma atitude de escuta para os outros, maior respeito sinto pelos complexos processos da vida. É esta a razão por que me sinto cada vez menos inclinado a remediar as coisas a todo custo, a estabelecer objetivos, modelar as pessoas, manipulá-las e impeli-las no caminho que eu gostaria que seguissem. Sinto-me muito mais feliz simplesmente por ser eu mesmo e deixar os outros serem eles mesmos. Tenho a nítida sensação de que este ponto de vista deve parecer muito estranho, quase oriental. Para que serve a vida se não procurarmos agir sobre os outros? Para que serve a vida se não tentarmos moldar os outros aos nossos objetivos? Para que serve a vida se não lhes ensinarmos aquelas coisas que *nós* pensamos que os outros deviam saber? Para que serve a vida se não os levarmos a agir e a sentir como nós agimos e sentimos? Como se pode conceber um ponto de vista assim tão inativo como o que estou propondo? Tenho certeza que atitudes como estas serão, em parte, a reação de muitos de vocês.

Contudo, o aspecto paradoxal da minha experiência é que, quanto mais me disponho a ser simplesmente eu mesmo em toda a complexidade da vida e quanto mais procuro compreender e aceitar a realidade em mim mesmo e nos outros, tanto mais sobrevêm as transformações. É de fato paradoxal verificar que, na medida em que cada um de nós aceita ser ele mesmo, descobre não apenas que muda, mas que as pessoas com quem ele tem relações mudam igualmente. Foi pelo menos o que mais intensamente vivi na minha experiência, e uma das conclusões mais profundas que aprendi tanto na minha vida pessoal como profissional.

Permitam-me expor agora outras aprendizagens que se referem, menos às relações, e mais às minhas próprias ações e valores. A primeira exprime-se de uma maneira muito breve: *posso confiar na minha experiência.*

Um dos princípios fundamentais que levei muito tempo para reconhecer e que ainda continuo a aprofundar é a descoberta de que, quando *sinto* que uma atividade é boa e que vale a pena prossegui-la, *devo* prossegui-la. Em outras palavras, aprendi que a minha apreciação "organísmica"[4] total de uma situação é mais digna de confiança do que o meu intelecto.

Durante toda a minha vida profissional fui levado a seguir direções que pareciam ridículas aos outros e sobre as quais eu mesmo tinha muitas dúvidas. Mas nunca lamentei seguir as direções que eu "sentia serem boas", mesmo se frequentemente experimentasse por algum tempo uma sensação de isolamento ou de ridículo.

Descobri que sempre que confiava num sentimento interno e não intelectual acabava por encontrar a justeza da minha ação. Mas, mais ainda, descobri que quando segui um desses caminhos não convencionais porque o sentia bom ou verdadeiro, depois, passados cinco ou dez anos, muitos dos meus colegas se juntavam a mim, de maneira que desaparecia o sentimento de isolamento.

Fui assim, pouco a pouco, confiando cada vez mais profundamente nas minhas reações totais e descobri que as posso utilizar para orientar o meu pensamento. Comecei a ter um respeito maior por esses pensamentos vagos que me ocorrem de tempos em tempos e que *sinto* como importantes. Sinto-me inclinado a pensar que essas ideias um pouco obscuras ou essas intuições me levam a penetrar em campos importantes. Confio assim na totalidade da minha experiência, a que acabo por atribuir mais sabedoria do que ao meu intelecto. Será com certeza falível, mas creio que o é menos do que a minha mente consciente isolada. Minha atitude é muito bem expressa por Max Weber, o artista, quando diz: "Ao prosseguir os meus humildes esforços de criação, dependo numa grande medida daquilo que ainda não sei e daquilo que ainda não fiz."

Estreitamente ligado a essa aprendizagem está o corolário: *a avaliação dos outros não me serve de guia*. Os juízos dos outros, embora devam ser ouvidos, e levados em consideração pelo que são, nunca me poderão orientar. Foi uma coisa que tive dificuldade em aprender. Lembro-me do choque que sofri, quando jovem, ao ouvir um homem muito ponderado e erudito, que me parecia ser um psicólogo muito mais competente e conhecedor do que eu, dizer-me que estava cometendo um erro ao interessar-me pela psicoterapia. Isso nunca me poderia levar a parte alguma e, como psicólogo, nem teria oportunidade para exercê-la.

Alguns anos mais tarde fiquei perturbado ao perceber que aos olhos de alguns eu era um impostor, um pouco como alguém que praticasse medicina sem para isso estar qualificado, o autor de uma espécie de terapia muito superficial e perigosa, animado por uma vontade de poder, um místico, etc. Senti-me igualmente preocupado com os elogios que também eram exagerados. No entanto, não me senti demasiado afetado com isso porque acabei por achar que apenas uma pessoa (pelo menos enquanto eu estiver vivo e talvez para sempre) pode saber que eu procedo com honestidade, com aplicação, com franqueza e com rigor, ou se o que faço é falso, defensivo e fútil. E essa pessoa sou eu mesmo. Sinto-me feliz por receber todo tipo de testemunho sobre aquilo que faço, sejam críticas (amigáveis ou hostis) ou elogios (sinceros ou com a intenção de adular). Contudo, não posso delegar a ninguém o cuidado de avaliar esses testemunhos ou de determinar sua significação ou sua utilidade.

Depois do que acabo de dizer, não ficarão surpreendidos com uma outra descoberta minha que passo a descrever: *a experiência é, para mim, a suprema autoridade*. A minha própria experiência é a pedra de toque de toda a validade. Nenhuma ideia de qualquer outra pessoa, nem nenhuma das minhas próprias ideias, tem a autoridade de que se reveste minha experiência. É sempre à experiência que eu regresso, para me aproximar cada vez mais da verdade, no processo de descobri-la em mim.

Nem a Bíblia, nem os profetas – nem Freud, nem a investigação, nem as revelações de Deus ou dos homens – podem ganhar precedência relativamente à minha própria experiência direta.

Minha experiência reveste-se da maior autoridade à medida que se torna mais "primária", para empregar um termo da semântica, pois é no seu nível inferior que a hierarquia da experiência apresenta o maior caráter de autoridade. Se leio um estudo teórico de psicoterapia, se formulo uma teoria de psicoterapia baseada no meu trabalho com clientes, se tenho uma experiência direta de psicoterapia com um cliente, então o grau de autoridade cresce na mesma ordem em que foram relacionadas as citadas experiências.

Vejamos uma outra aprendizagem pessoal: *gosto de descobrir ordem na experiência*. Parece-me inevitável procurar uma significação, uma ordem e uma lei em toda acumulação de experiência. Foi esse tipo de curiosidade, à que me entrego com muita satisfação, que me levou a cada uma das formulações que apresentei. Foi essa curiosidade que me levou a procurar uma determinada ordem no enorme amontoado de dados clínicos sobre a criança, incitando-me a publicar o meu livro *The Clinical Treatment of the Problem Child*. Levou-me a formular os princípios gerais que julgo serem operantes em psicoterapia, coisa de que dão testemunho inúmeros livros e artigos. Levou--me à pesquisa para testar os diferentes tipos de leis que creio ter encontrado ao longo da minha experiência. Levou-me à elaboração de teorias para reunir a ordem daquilo que já tinha sido vivido e para projetar essa ordem em novos campos por explorar onde poderia ser mais uma vez posta à prova.

Foi assim que acabei por considerar tanto a investigação científica quanto o processo da construção teórica como voltados para a ordem interna das experiências significativas. A investigação é o esforço persistente e disciplinado para entender e ordenar os fenômenos da experiência subjetiva. Sua justificativa encontra-se no fato de ser satisfatório percebermos o mundo como algo ordenado e por que a compreensão das relações ordenadas que se manifestam na natureza conduz a resultados enriquecedores.

Pude, pois, reconhecer que a razão pela qual me dedico à investigação e à elaboração de teorias é a satisfação de uma necessidade de captar ordem e significado, necessidade subjetiva que existe em mim. Em determinados momentos, dediquei-me à investigação por outros motivos: para satisfazer os outros, para convencer adversários e pessoas céticas, para avançar na minha profissão, para conquistar prestígio, e por outras razões menos nobres. Esses erros na minha capacidade de julgar e na minha atividade apenas me serviram para ficar convencido de que só existe uma razão para prosseguir a atividade científica: a satisfação da necessidade que em mim existe de encontrar uma significação.

Uma outra aprendizagem que me foi difícil reconhecer pode resumir-se em quatro palavras: *os fatos são amigos*.

Sempre me despertou interesse que a maioria dos psicoterapeutas, de modo particular os psicanalistas, se recusassem a efetuar um estudo científico da sua terapia ou a permitir que outros o fizessem. Sou capaz de compreender essa reação porque eu próprio a experimentei. Especialmente nas nossas primeiras investigações, recordo-me da ansiedade que sentia enquanto aguardava que surgissem os primeiros resultados. Suponhamos que nossas hipóteses fossem *refutadas*! Suponhamos que nos havíamos enganado nos nossos pontos de vista! Suponhamos que nossas opiniões não se justificassem! Naqueles momentos, olhando para trás, era como se eu considerasse os fatos inimigos potenciais, possíveis mensageiros de desgraça. Levei sem dúvida muito tempo até me convencer de que os fatos são *sempre* amigos. O mínimo esclarecimento que consigamos obter, seja em que domínio for, aproxima-nos muito mais do que é a verdade. Ora, aproximar-se da verdade nunca é prejudicial, nem perigoso, nem incômodo. É essa a razão por que, embora ainda deteste ter de rever minhas opiniões, abandonar minha maneira de compreender ou de conceituar, acabei no entanto por reconhecer, numa grande medida e num nível mais profundo, que essa penosa reorganização é o que se chama *aprender* e que, por mais desagradável que seja, conduz sempre a uma apreensão mais satisfatória, porque muito mais adequada da vida. Assim, atualmente, um dos objetos de reflexão e de especulação que está a me tentar cada vez mais é um terreno no qual as minhas ideias preferidas *não* me parecem provadas pelos fatos. Sinto que, se conseguir abrir um caminho através do problema, me aproximarei muito mais plenamente da verdade. Tenho a certeza de que os fatos serão meus amigos.

Importa agora citar uma das minhas descobertas mais enriquecedoras, e isto porque ela me faz sentir mais próximo dos outros. Poder-se-ia exprimir assim: *aquilo que é mais pessoal é o que há de mais geral*. Aconteceu-me diversas vezes que, ao falar com colegas ou com estudantes, ou ao escrever, me exprimia de uma maneira tão pessoal que tinha a impressão de estar exprimindo uma atitude que, provavelmente, ninguém compreenderia, porque era unicamente minha. Dois escritos meus podem servir como exemplo desse fato: o prefácio de *Client--Centered Therapy* (considerado inconveniente pelos editores) e um artigo intitulado "Persons or Science". Em casos semelhantes, descobri quase sempre que o sentimento que me parecia ser o mais íntimo, o mais pessoal e, por conseguinte, o menos compreensível para os outros, acabava por mostrar ser uma expressão que encontrava eco em muitas outras pessoas. Acabei por chegar à conclusão de que aquilo que há de único e de mais pessoal em cada um de nós é o mesmo sentimento que, se fosse partilhado ou expresso, falaria mais profundamente aos outros. Isso permitiu-me compreender os artistas e os poetas como pessoas que ousam exprimir o que há de único neles.

Resta-me indicar uma lição que aprendi e que está, talvez, na base de tudo quanto venho dizendo. Ela se impôs a mim ao longo desses vinte e cinco anos em que tentei ser de algum préstimo para indivíduos com perturbações pessoais. A lição é simplesmente esta: *a experiência mostrou-me que as pessoas têm fundamentalmente uma orientação positiva.* Nos meus contatos mais profundos com indivíduos em psicoterapia, mesmo com aqueles cujos distúrbios eram mais perturbadores, cujos sentimentos pareciam muito anormais, a afirmação continua sendo verdadeira. Quando consigo afetivamente compreender os sentimentos que exprimem, quando sou capaz de aceitá-los como pessoas separadas em todo seu direito, nessa altura vejo que tendem a orientar-se em determinadas direções. E quais são essas direções que os seus movimentos subentendem? As palavras que julgo descreverem com maior veracidade essa direção são: positiva, construtiva, tendente à autorrealização, progredindo para a maturidade e para a socialização. Acabei por me convencer de que quanto mais um indivíduo é compreendido e aceito, maior sua tendência para abandonar as falsas defesas que empregou para enfrentar a vida, maior sua tendência para se mover para a frente.

Não gostaria de ser mal compreendido. Não tenho uma visão ingenuamente otimista da natureza humana. Tenho perfeita consciência do fato de que, pela necessidade de se defender dos seus terrores íntimos, o indivíduo pode vir a se comportar e se comporta de uma maneira incrivelmente feroz, horrorosamente destrutiva, imatura, regressiva, antissocial, prejudicial!

Mas um dos aspectos mais animadores e revigorantes da minha experiência é o trabalho que levo a cabo com indivíduos desse gênero, e a descoberta das tendências orientadas muito positivamente existentes neles todos, e em todos nós, nos níveis mais profundos.

Permitam-me concluir essa longa lista com uma última descoberta, que pode exprimir-se de maneira breve como segue: *a vida, no que tem de melhor, é um processo que flui, que se altera e onde nada está fixo.* É nos meus clientes e em mim mesmo que descubro que a vida é mais rica e mais fecunda quando aparece como fluxo e como processo. Essa descoberta provoca uma fascinação e, ao mesmo tempo, um certo temor. Quando me deixo levar pelo fluir da minha experiência que me arrasta para a frente, para um fim de que estou vagamente consciente, é então que me sinto melhor. Nesse flutuar ao sabor da corrente complexa das minhas experiências, tentando compreender a sua complexidade em permanente alteração, torna-se evidente que não existem pontos fixos. Quando consigo abandonar-me completamente a esse processo, é claro que não pode haver para mim nenhum sistema fechado de crenças, nenhum campo imutável de princípios a que me agarrar. A vida é orientada por uma compreensão e por uma interpretação variáveis da minha experiência. A vida é sempre um processo de devir.

Penso que é possível agora ver claramente por que razão não existe filosofia, crença ou princípios que eu possa encorajar ou persuadir os outros a terem ou a alcançarem. Não posso fazer mais do que tentar viver segundo a *minha* própria interpretação da presente significação da *minha* experiência, e tentar dar aos outros a permissão e a liberdade de desenvolverem a sua própria liberdade interior para que possam atingir uma interpretação significativa da sua própria experiência.

Se existe uma verdade, este livre processo individual deverá, assim o creio, convergir para ela. E, dentro de certos limites, parece-me ter sido isto o que vivi.

Segunda Parte
Como poderei ajudar os outros?

> Descobri uma maneira de trabalhar com as pessoas que parece fecunda em potencialidades constitutivas.

Capítulo 2
Algumas hipóteses com relação à facilitação do crescimento pessoal

Os três capítulos que constituem a Segunda Parte abarcam um período de seis anos, de 1954 a 1960. Curiosamente, eles transpõem um grande segmento do país dado o local onde foram apresentados – Oberlin, Ohio; St. Louis, Missouri; e Pasadena, Califórnia. Também cobrem um período em que muita pesquisa vinha se acumulando, de maneira que as afirmações proferidas de forma experimental no primeiro trabalho são firmemente confirmadas ao tempo do terceiro trabalho.

Na seguinte palestra apresentada em Oberlin College em 1954, tentava condensar no tempo mais breve possível os princípios fundamentais de psicoterapia que foram expostos de forma mais delongada em meus livros Counseling and Psycotherapy *(1942)* e Client-Centered Therapy *(1951).* Interessa-me apresentar a relação de facilitação, e os resultados, sem referir-me à descrição do processo por meio do qual a mudança ocorre, ou mesmo a comentários sobre o mesmo.

Estar frente a frente com uma pessoa perturbada e em conflito, que está procurando e esperando ajuda, sempre constituiu para mim um grande desafio. Será que eu disponho do conhecimento, dos recursos, da força psicológica, da habilidade – ou do que quer que seja necessário para ajudar este indivíduo?

Por mais de vinte e cinco anos venho tentando responder a esse tipo de desafio. Isso fez com que recorresse a todos os elementos de minha formação profissional: os rigorosos métodos de medição de personalidade que aprendi pela primeira vez no Teacher's College, Columbia; os *insights* e métodos psicanalíticos freudianos do Instituto para Orientação da Criança, onde trabalhei como interno; os desenvolvimentos contínuos na área de psicologia clínica, com a qual estou estreitamente associado; a exposição mais breve ao trabalho de Otto Rank, aos métodos de trabalho social psiquiátrico, e outros recursos demasiado numerosos para serem mencionados. Porém, mais do que tudo, isto significou um aprendizado contínuo a partir de minhas próprias experiências e daquela de meus colegas do Centro de Aconselhamento, à medida que tentamos descobrir por nós mesmos meios eficazes de trabalhar com pessoas perturbadas. Gradualmente, desenvolvi uma maneira de trabalhar que se origina dessa experiência, e que pode ser testada, refinada e remodelada por experiências e pesquisas adicionais.

Uma hipótese geral

Uma maneira breve de descrever a mudança que se efetuou em mim seria dizer que nos primeiros anos de minha carreira profissional eu me fazia a pergunta: Como posso tratar ou curar, ou mudar essa pessoa? Agora eu enunciaria a questão desta maneira: Como posso proporcionar uma relação que essa pessoa possa utilizar para seu próprio crescimento pessoal?

Foi quando cheguei a colocar a questão desta segunda maneira que percebi que o que quer que tenha aprendido é aplicável a todos às minhas relações humanas, não só ao trabalho com clientes com problemas. É por esta razão que sinto ser possível que os aprendizados que tiveram significado para mim em minha experiência podem ter algum significado para você em sua experiência, já que todos nós estamos envolvidos em relações humanas.

Talvez devesse começar por um aprendizado negativo. Fui me dando conta de maneira gradual de que não posso oferecer ajuda a esta pessoa perturbada por meio de qualquer procedimento intelectual ou de treinamento. Nenhuma abordagem que se baseie no conhecimento, no treinamento, na aceitação de algo que é *ensinado,* se mostra útil. Estas abordagens parecem tão tentadoras e diretas que, no passado, fiz uso de muitas delas. É possível explicar uma pessoa a si mesma, prescrever passos que devem conduzi-la para frente, treiná-la em conhecimentos sobre um modo de vida mais satisfatório. Porém tais métodos se mostram, em minha experiência, fúteis e inconsequentes. O máximo que podem alcançar é alguma mudança temporária, que logo desaparece, deixando o indivíduo mais do que nunca convencido de sua inadequação.

O fracasso de quaisquer destas abordagens através do intelecto me forçou a reconhecer que a mudança parece surgir por meio da experiência em uma relação. Dessa forma, estou tentando afirmar de forma muito breve e informal, algumas das hipóteses essenciais relativas a uma relação de ajuda que pareceu angariar confirmação crescente tanto a partir de experiência quanto de pesquisa.

Posso enunciar a hipótese geral em uma sentença, como se segue. Se posso proporcionar um certo tipo de relação, a outra pessoa descobrirá dentro de si a capacidade de utilizar esta relação para crescer, e mudança e desenvolvimento pessoal ocorrerão.

A relação

Mas o que estes termos significam? Deixe-me tomar separadamente as três frases principais nesta sentença e indicar algo do significado que elas encerram para mim. Qual é esse certo tipo de relação que gostaria de proporcionar?

Descobri que quanto mais conseguir ser genuíno na relação, mais útil esta será. Isso significa que devo estar consciente de meus próprios sentimentos, o mais que puder, ao invés de apresentar uma fachada externa de uma atitude, ao mesmo tempo em que mantenho uma outra atitude em um nível mais profundo ou inconsciente. Ser genuíno também envolve a disposição para ser e expressar, em minhas palavras e em meu comportamento, os vários sentimentos e atitudes que existem em mim. É somente dessa maneira que o relacionamento pode ter *realidade*, e realidade parece ser profundamente importante como uma primeira condição. É somente ao apresentar a realidade genuína que está em mim, que a outra pessoa pode procurar pela realidade em si com êxito. Descobri que isto é verdade mesmo quando as atitudes que sinto não são atitudes com as quais estou satisfeito, ou atitudes que parecem conducentes a uma boa relação. Parece extremamente importante ser *real*.

Como uma segunda condição, acho que quanto mais aceitação e apreço sinto com relação a esse indivíduo, mais estarei criando uma relação que ele poderá utilizar. Por aceitação, quero dizer uma consideração afetuosa por ele enquanto uma pessoa de autovalia incondicional – de valor, independente de sua condição, de seu comportamento ou de seus sentimentos. Significa um respeito e apreço por ele como uma pessoa separada, um desejo de que ele possua seus próprios sentimentos à sua própria maneira. Significa uma aceitação de suas atitudes no momento ou consideração pelas mesmas, independente de quão negativas ou positivas elas sejam, ou de quanto elas possam contradizer outras atitudes que ele sustinha no passado. Essa aceitação de cada aspecto flutuante desta outra pessoa constitui para ela uma relação de afeição e segurança, e a segurança de ser querido e prezado como uma pessoa parece ser um elemento sumamente importante em uma relação de ajuda.

Também acho que a relação é significativa na medida em que sinto um desejo contínuo de compreender – uma empatia sensível com cada um dos sentimentos e comunicações do cliente como estes lhe parecem no momento. Aceitação não significa muito até que esta envolva a compreensão. É somente à medida que *compreendo* os sentimentos e pensamentos que parecem tão terríveis para você, ou tão fracos, ou tão sentimentais, ou tão bizarros – é somente quando eu os vejo como você os vê, e os aceito como a você, que você se sente realmente livre para explorar todos os cantos recônditos e fendas assustadoras de sua experiência interior e frequentemente enterrada. Essa *liberdade* constitui uma condição importante da relação. Aqui está implicada uma liberdade para explorar a si próprio tanto em níveis conscientes quanto inconscientes, o mais rápido que se puder embarcar nessa busca perigosa. Há também uma liberdade completa de qualquer tipo de avaliação moral ou diagnóstica, já que todas estas avaliações são, a meu ver, sempre ameaçadoras.

Dessa forma, a relação que considerei útil é caracterizada por um tipo de transparência de minha parte, onde meus sentimentos reais se mostram evidentes; por uma aceitação desta outra pessoa como uma pessoa separada com valor por seu próprio mérito; e por uma compreensão empática profunda que me possibilita ver seu mundo particular através de seus olhos. Quando essas condições são alcançadas, torno-me uma companhia para o meu cliente, acompanhando-o nessa busca assustadora de si mesmo, onde ele agora se sente livre para ingressar.

Nem sempre sou capaz de alcançar esse tipo de relacionamento com o outro, e algumas vezes, mesmo quando sinto tê-lo alcançado em mim mesmo, a outra pessoa pode estar demasiado assustada para perceber o que lhe está sendo oferecido. Mas eu diria que quando sustenho em mim o tipo de atitude que descrevi, e quando a outra pessoa pode até certo grau vivenciar estas atitudes, então eu acredito que a mudança e o desenvolvimento pessoal construtivo ocorrerão *invariavelmente* e eu incluo a palavra "invariavelmente" apenas após longa e cuidadosa consideração.

A motivação para a mudança

Aqui encerramos a parte que concerne a relação. A segunda frase em minha hipótese geral era que o indivíduo descobrirá dentro de si a capacidade de utilizar essa relação para crescer. Tentarei apontar algo do significado que esta frase encerra para mim. Gradualmente, minha experiência me fez concluir que o indivíduo traz dentro de si a capacidade e a tendência, latente se não evidente, para caminhar rumo à maturidade. Em um clima psicológico adequado, essa tendência é liberada, tornando-se real ao invés de potencial. Isto se mostra evidente na capacidade do indivíduo para compreender aqueles aspectos da vida e de si mesmo que lhe estão causando dor e insatisfação, uma compreensão que investiga, por detrás do conhecimento consciente de si mesmo, aquelas experiências que escondeu de si devido à sua natureza ameaçadora. Isso se revela na tendência para reorganizar sua personalidade e sua relação com a vida em maneiras que são tidas como mais maduras. Seja chamando a isto uma tendência ao crescimento, uma propensão rumo à autorrealização ou uma tendência direcionada para frente, esta constitui a mola principal da vida, e é, em última análise, a tendência de que toda a psicoterapia depende. É a necessidade que se faz evidente em toda a vida orgânica e humana – de expandir, estender, tornar-se autônoma, desenvolver, amadurecer – a tendência de expressar e ativar todas as capacidades do organismo, ao ponto em que tal ativação aprimore o organismo ou a pessoa. Essa tendência pode se tornar profundamente oculta sob camadas de defesas psicológicas incrustadas que se sobrepõem; pode estar escondida atrás de fachadas elaboradas que negam sua existência; porém sustenho que ela existe em cada indivíduo, e aguarda somente pelas condições apropriadas para ser liberada e expressa.

Os resultados

Tentei descrever a relação que é básica para a mudança construtiva da personalidade. Procurei traduzir em palavras o tipo de capacidade que o indivíduo traz para esta relação. A terceira frase de minha afirmação geral era que a mudança e o desenvolvimento pessoal ocorreriam. Minha hipótese é que nessa relação o indivíduo se organizará tanto no nível consciente quanto naqueles mais profundos de sua personalidade de maneira a enfrentar sua vida de uma forma mais construtiva, mais inteligente, assim como mais socializada e satisfatória.

Aqui posso deixar a especulação e incluir o corpo cada vez maior de dados consistentes de pesquisa que se vêm acumulando. Sabemos agora que os indivíduos que experienciam essa relação mesmo por um número relativamente limitado de horas apresentam profundas e significativas mudanças em personalidade, atitudes e comportamento, mudanças que não ocorrem em grupos de controle combinados. Nesse relacionamento, o indivíduo se torna mais integrado, mais efetivo. Exibe menos daquelas características que são normalmente intituladas neuróticas ou psicóticas, e mais daquelas características da pessoa sadia e em bom funcionamento. Ele muda a percepção que tem de si mesmo, tornando-se mais realista em suas visões do eu. Torna-se mais semelhante à pessoa que deseja ser. Ele se valoriza mais. Mostra-se mais autoconfiante e autodirigido. Apresenta uma melhor compreensão de si mesmo, tornando-se mais aberto à sua experiência, negando ou reprimindo menos a mesma. Torna-se mais aceitador em suas atitudes com relação aos outros, vendo-os como mais semelhantes a si mesmo.

Em seu comportamento exibe mudanças similares. Mostra-se menos frustrado pelo estresse, recuperando-se do mesmo mais rapidamente. Torna-se mais maduro em seu comportamento cotidiano, sendo isto observado pelos amigos. É menos defensivo, mais adaptativo, mais apto a enfrentar situações de forma criativa.

Essas são algumas das mudanças que, como já sabemos agora, emergem em indivíduos que completaram uma série de entrevistas de aconselhamento nas quais a atmosfera psicológica se aproxima à relação que descrevi. Cada uma das afirmações feitas se baseia em evidências objetivas. É necessário muito mais pesquisa, mas não há mais qualquer dúvida quanto à eficácia dessa relação na produção da mudança de personalidade.

Uma hipótese ampla das relações humanas

Para mim, o interessante nesses achados de pesquisa não é simplesmente o fato de que conferem evidência quanto à eficácia de uma forma de psicoterapia, embora isto não deixe de forma alguma de ser relevante. O interesse provém do fato desses achados justificarem uma hipótese até mais abrangente com respeito a todas as relações humanas. Há todas as razões para se supor que a relação terapêutica constitui apenas um exemplo de relações humanas, e que a mesma legitimidade rege todas estas relações. Dessa forma, parece razoável levantar a hipótese de que se os pais criarem com seu filho um clima psicológico do tipo que descrevemos, então a criança se tornará mais autodirigida, socializada e madura. À medida que o professor criar essa relação com a classe, o estudante se tornará um aluno com mais autoiniciativa, mais original, mais autodisciplinado, menos ansioso e direcionado pelos outros. Se o administrador, ou líder militar ou industrial, criar esse clima dentro de sua organização, então sua equipe se tornará mais autorresponsável, mais criativa, mais apta a adaptar-se a novos problemas, e basicamente mais colaboradora. Parece-me possível que estejamos testemunhando a emergência de uma nova área das relações humanas, na qual podemos especificar que dada a existência de certas condições de atitude, então a ocorrência de determinadas mudanças definíveis se dará.

Conclusão

Deixe-me concluir retornando a uma afirmação pessoal. Tenho procurado compartilhar com o leitor algo daquilo que aprendi ao tentar ajudar os indivíduos perturbados, infelizes e mal-ajustados. Formulei uma hipótese que gradualmente começou a ganhar sentido para mim – não só em minhas relações com clientes perturbados, mas em todas as minhas relações humanas. Tenho apontado para o fato de que os dados de pesquisa de que dispomos apoiam minha hipótese, mas ainda muita investigação se faz necessária. Gostaria agora de condensar em uma afirmação as condições dessa hipótese geral, e os efeitos especificados.

Se eu posso criar uma relação caracterizada da minha parte:
    por uma autenticidade e transparência, em que eu sou meus sentimentos reais;
    por uma aceitação afetuosa e apreço pela outra pessoa como um indivíduo separado;
    por uma capacidade sensível de ver seu mundo e a ele como ele os vê;
Então o outro indivíduo na relação:
    experienciará e compreenderá aspectos de si mesmo que havia anteriormente reprimido;
    dar-se-á conta de que está se tornando mais integrado, mais apto a funcionar efetivamente;
    tornar-se-á mais semelhante à pessoa que gostaria de ser;
    será mais autodiretivo e autoconfiante;
    realizar-se-á mais enquanto pessoa, sendo mais único e autoexpressivo;
    será mais compreensivo, mais aceitador com relação aos outros;
    estará mais apto a enfrentar os problemas da vida adequadamente e de forma mais tranquila.

Acredito que essa afirmação seja válida, quer tratando-se de minha relação com um cliente, com um grupo de estudantes ou empresários, com minha família ou filhos. Parece-me que temos aqui uma hipótese geral que oferece possibilidades empolgantes para o desenvolvimento de pessoas criativas, adaptativas e autônomas.

Capítulo 3
As características de uma relação de ajuda

Tenho há muito tempo a profunda convicção – que alguns diriam ser obsessão em mim – de que a relação terapêutica é apenas uma forma da relação interpessoal em geral, e que as mesmas leis regem todas as relações desse tipo. Foi esse o tema que escolhi tratar quando me convidaram a fazer uma comunicação no congresso da American Personnel and Guidance Association, de St. Louis, em 1958.

Este artigo torna patente a dicotomia existente entre o objetivo e o subjetivo, conceito que teve um papel extremamente importante ao longo dos meus últimos anos de experiências. Encontrei muitas dificuldades em elaborar uma exposição completamente objetiva ou completamente subjetiva. Agrada-me justapor estes dois universos, mesmo que não consiga reconciliá-los plenamente.

Meu interesse pela psicoterapia gerou meu interesse por toda espécie de relação de ajuda. Entendo por esta expressão uma relação na qual pelo menos uma das partes procura promover na outra o crescimento, o desenvolvimento, a maturidade, um melhor funcionamento e uma maior capacidade de enfrentar a vida. O outro, nesse sentido, pode ser quer um indivíduo, quer um grupo. Em outras palavras, a relação de ajuda pode ser definida como uma situação na qual um dos participantes procura promover numa ou noutra parte, ou em ambas, uma maior apreciação, uma maior expressão e uma utilização mais funcional dos recursos internos latentes do indivíduo.

É, no entanto, claro que uma definição desse gênero abrange toda uma série de relações cujo objetivo geral é facilitar o crescimento. Ela inclui, sem sombra de dúvida, as relações da mãe ou do pai com seu filho, ou a relação do médico com o doente. A relação entre o professor e os alunos cai muitas vezes no âmbito dessa definição, embora certos professores não tenham como objetivo facilitar o crescimento. A definição aplica-se à quase totalidade das relações terapeuta–cliente, quer se trate da orientação educacional, da orientação vocacional ou do aconselhamento pessoal. Nesta última extensão do termo, a relação de ajuda compreenderia toda a gama das relações entre o psicoterapeuta e o psicótico hospitalizado, o terapeuta e o indivíduo perturbado ou neurótico, e as relações entre o terapeuta e o número crescente dos chamados indivíduos "normais" que se submetem ao tratamento terapêutico com o objetivo de melhorar seu próprio funcionamento ou de acelerar sua maturação pessoal.

Todas essas são principalmente relações entre duas pessoas. Não devemos, no entanto, esquecer o elevado número de interações indivíduo–grupo que procuram ser relações de ajuda. Existem administradores que procuram estabelecer com o seu pessoal relações que promovam o crescimento, enquanto outros não se interessam por esse objetivo. É aqui que se insere a interação entre o coordenador da terapia em grupo e o seu grupo. O mesmo acontece nas relação entre aquele que aconselha uma comunidade e essa mesma comunidade. A interação entre o consultor industrial e um grupo de diretores assume progressivamente a forma de relação de ajuda. Talvez essa enumeração sirva para provar que uma grande parte das relações nas quais nós e os outros estamos envolvidos entram nessa categoria de interações em que existe o propósito de promover o desenvolvimento e um funcionamento mais maduro e mais adequado.

A questão

Mas quais são as características dessas relações que *de fato* ajudam, que de fato facilitam o crescimento? No outro extremo da escala, será possível definir as características que fazem com que certas relações não ajudem, mesmo se nelas está presente um sincero desejo de promover o crescimento e o desenvolvimento? É para responder a essas questões, principalmente à primeira, que gostaria que me acompanhassem nos caminhos que explorei e indicar-lhes o ponto em que me encontro nas minhas reflexões sobre esses problemas.

As respostas dadas pela investigação

É natural que se comece por perguntar se existe uma investigação experimental que possa nos oferecer uma resposta objetiva a essas questões. Poucos estudos foram feitos neste domínio, até o presente, mas os que se fizeram são animadores e sugestivos. Não me é possível tratar de todos, mas gostaria de enumerar uma amostragem suficientemente ampla dos trabalhos efetuados e expor, de uma maneira breve, alguns dos resultados obtidos. Ao proceder assim, é necessário simplificar, e estou perfeitamente consciente de não fazer a devida justiça às investigações que vou mencionar, mas talvez isso seja suficiente para que percebam os reais progressos e para excitar a sua curiosidade o bastante para levá-los a examinar esses mesmos estudos, se por acaso ainda não o fizeram.

Estudos de atitudes

A maior parte dos estudos realizados são esclarecedores das atitudes da pessoa que ajuda, atitudes que nessa relação favorecem ou, pelo contrário, inibem o crescimento. Vejamos alguns deles.

Um estudo cuidadoso das relações pais–filhos foi há alguns anos realizado no Fels Institute por Baldwin e outros (1), estudo que encerra interessantes informações. Entre os diferentes agrupamentos de atitudes dos pais para com os filhos, são as atitudes de "aceitação democrática" as que parecem melhor favorecer o crescimento. As crianças, quando são tratadas pelos pais com afeto e de igual para igual, revelam um desenvolvimento intelectual acelerado (QI mais elevado), maior originalidade, maior segurança e controle emocional, menor excitabilidade, do que as crianças que provêm de outros tipos de família. Embora o seu desenvolvimento social fosse de início mais lento, tornavam-se frequentemente, quando atingiam a idade escolar, líderes populares, amigáveis e não agressivos.

Quando as atitudes dos pais são classificadas como sendo de "rejeição ativa", as crianças manifestam um leve retardamento no seu desenvolvimento intelectual, uma utilização relativamente pobre das suas capacidades e uma certa falta de originalidade. Essas crianças são emocionalmente instáveis, rebeldes, agressivas e agitadas. Os filhos de pais que apresentam outras síndromes de atitude tendem a situar-se entre estes dois extremos.

Estou certo de que essas conclusões não surpreendem no que se refere ao desenvolvimento infantil. Gostaria no entanto de lhes sugerir que elas provavelmente também se aplicam a outras relações, e que o psicoterapeuta, o médico ou o administrador que se mostra caloroso e expressivo, respeitador da própria individualidade e da do outro, que se interessa sem ser possessivo, provavelmente facilita a autorrealização através dessas atitudes, tal como os pais.

Voltemos agora nossa atenção para um outro estudo profundo realizado num campo muito diferente. Whitehorn e Betz (2, 18) estudaram o sucesso alcançado por jovens médicos internos no seu trabalho com pacientes esquizofrênicos numa enfermaria psiquiátrica. Escolheram para essa investigação os sete internos que tinham sido claramente de maior ajuda e os sete cujos pacientes tinham manifestado menor progresso. Cada um dos dois grupos havia tratado cerca de cinquenta pacientes. Os investigadores examinaram todas as causas suscetíveis de explicar em que é que o grupo A (o grupo bem-sucedido) era diferente do grupo B. E encontraram diversas diferenças significativas. Os médicos do grupo A tendiam a ver o esquizofrênico em termos da significação pessoal que determinados comportamentos tinham para o doente, de preferência a vê-lo como um caso clínico ou um diagnóstico descritivo. Além disso, seu trabalho estava orientado para a personalidade do paciente, mais do que para a atenuação dos sintomas ou para a cura da doença. Ficou assim estabelecido que, na sua interação cotidiana, os médicos do grupo A tinham recorrido sobretudo a uma participação pessoal ativa – uma relação de pessoa a pessoa. Tinham feito menos uso de processos que se poderiam classificar como "passivos e permissivos". Fizeram ainda menos uso de processos tais como a interpretação, a instrução ou os conselhos ou ainda outros, orientados para os cuidados materiais em relação ao doente. Por último, ter-se-iam mostrado muito mais aptos do que os médicos do grupo B em conseguir estabelecer com o doente uma relação que permitisse a este confiar no seu médico.

Os autores, no entanto, sublinham prudentemente que essas conclusões só se aplicam ao tratamento dos esquizofrênicos, afirmação da qual estou inclinado a discordar. Desconfio que semelhantes observações poderão ser feitas num estudo de investigação sobre a maioria dos tipos de relações de ajuda.

Um outro estudo interessante focaliza a maneira como a pessoa que recebe a ajuda apreende a relação. Heine (11) estudou indivíduos que haviam recebido ajuda psicoterapêutica de psicanalistas, de terapeutas centrados no cliente e de adlerianos. Fosse qual fosse a forma da terapia, esses clientes verificaram em si mesmos análogas transformações. Mas o que aqui nos interessa de modo particular é a sua captação da relação com os terapeutas. Quando se lhes perguntava a que eram devidas essas transformações, davam diferentes explicações que dependiam da orientação do terapeuta, mas o mais significativo era que todos estavam de acordo sobre os principais fatores que tinham achado benéficos. Indicavam que os seguintes elementos atitudinais na relação com o terapeuta eram responsáveis pelas modificações neles verificadas: a confiança que tinham sentido no seu terapeuta; o fato de terem sido compreendidos por ele; o sentimento de independência que tiveram ao fazer opções e tomar decisões. O procedimento do terapeuta que consideravam de maior ajuda era o de este clarificar e exprimir abertamente o que o paciente abordara vagamente e com hesitação.

Por outro lado, esses pacientes estavam amplamente de acordo, fosse qual fosse a orientação do seu terapeuta, sobre os elementos desfavoráveis na relação. A falta de interesse, uma atitude distante e que afastava, ou ainda uma simpatia excessiva, eram fatores tidos como desfavoráveis. Quanto aos procedimentos, consideravam desfavoráveis aqueles em que o terapeuta dava conselhos diretos e precisos ou em que concedia uma grande importância ao passado em vez de enfrentar os problemas atuais. Os conselhos dados como simples sugestões eram captados como pertencentes a uma zona intermediária: não eram nem completamente de ajuda, nem eram de todo inúteis.

Fiedler, num estudo frequentemente citado (7), observa que os terapeutas experientes, de diferentes orientações, sustentavam relações similares com seus clientes. São bem menos conhecidos os fatores que caracterizam essas relações e que as diferenciam das que estabelecem terapeutas menos experientes. Esses fatores são: uma capacidade para compreender o que o cliente pretende significar e os seus sentimentos; uma receptividade sensível do cliente; um interesse caloroso, sem uma excessiva implicação emocional.

Um estudo de Quinn (14) focaliza claramente o que se deve entender por compreensão das significações e dos sentimentos do paciente. O que há de surpreendente no seu trabalho é que ele nos mostra que a "compreensão" das intenções significativas do cliente é essencialmente uma atitude de *desejo* de compreender. Quinn ofereceu aos seus peritos apenas gravações de frases pronunciadas por terapeutas durante entrevistas. Os avaliadores não tinham qualquer conhecimento daquilo a que o terapeuta respondia, nem da reação do cliente às suas respostas. Mesmo assim, viu-se que era possível julgar o grau de compreensão por meio dessas gravações com tanta segurança como se estivessem ouvindo a resposta no seu contexto. Esse fato mostra conclusivamente que é a atitude de querer compreender que é comunicada.

Quanto à qualidade afetiva da relação, Seeman (16) conclui que o bom resultado em psicoterapia está intimamente ligado à simpatia e ao respeito crescente que se estabelecem entre cliente e terapeuta.

Um interessante estudo de Dittes (4) indica como é delicada essa relação. Utilizando um método fisiológico, o reflexo psicogalvânico, para medir as reações de ansiedade, de temor ou de alerta no seu cliente, Dittes estabeleceu as correlações entre os desvios segundo essas medidas e as apreciações dos avaliadores sobre o grau de aceitação calorosa e de permissividade por parte do terapeuta. Verificou que sempre que a atitude do terapeuta tende, mesmo ligeiramente, para um menor grau de aceitação, o número de desvios bruscos da resposta psicogalvânica sofre um aumento significativo. É claro que, quando a aceitação é sentida como mais fraca, o organismo organiza sua defesa contra a ameaça, mesmo no nível fisiológico.

Sem pretender integrar completamente as descobertas desses diversos estudos, pelo menos é possível notar que alguns pontos sobressaem. Um deles é o fato de que as atitudes e os sentimentos do terapeuta são mais importantes que sua orientação teórica. Seus procedimentos e suas técnicas são menos importantes do que suas atitudes. Deve-se também sublinhar que é a maneira como suas atitudes e seus procedimento são *percebidos* que é importante para o cliente, e que o crucial é a percepção.

Relações "fabricadas"

Examinemos agora algumas investigações de um tipo muito diferente, algumas das quais podem lhes parecer detestáveis, mas que têm no entanto uma certa implicação na natureza de uma relação facilitadora. Estes estudos referem-se àquilo a que poderíamos chamar relações "fabricadas".

Verplanck (17), Greenspoon (8) e outros mostraram que é possível o condicionamento operante do comportamento verbal numa relação. Muito resumidamente, se o experimentador diz "Hum" ou "Bem", ou ainda se faz um sinal aprovador com a cabeça ao ouvir palavras ou frases, estas tenderão a ser empregadas com maior frequência porque foram reforçadas. Demonstrou-se que, por meio desse processo, era possível provocar um aumento de certas categorias verbais, tais como plurais, palavras hostis, expressões de opiniões. A pessoa não tem a menor consciência de estar sendo influenciada de alguma maneira por esse reforço. Isto implica que, por meio de reforços seletivos, se poderia levar qualquer pessoa na relação a empregar toda espécie de palavras e a fazer todo gênero de declaração que tivéssemos decidido reforçar.

Lindsley (12), levando mais adiante os princípios de condicionamento operante desenvolvido por Skinner e por seu grupo, demonstrou que um esquizofrênico crônico pode ser colocado numa "relação de ajuda" com uma máquina. Esta máquina, um pouco como a máquina de vender certos objetos, pode ajustar-se de modo a recompensar diferentes tipos de comportamento. No princípio, ela simplesmente recompensa com um chocolate, um cigarro ou a apresentação de uma imagem – o comportamento de apertar um botão. Mas foi possível ajustá-la de tal maneira que o pressionar várias vezes no botão dava a um gatinho esfomeado – visível num compartimento separado – um pouco de leite. Nesse último caso, a satisfação sentida pelo paciente é de natureza altruísta. Estudam-se planos para recompensar um comportamento social ou altruísta similar dirigido a um outro paciente, colocado numa sala vizinha. O único limite para os tipos de comportamento que poderiam ser recompensados reside no grau de engenhosidade mecânica do experimentador.

Lindsley nos diz que alguns pacientes sofreram um progresso clínico importante. Pessoalmente, não pude deixar de me sentir impressionado pela descrição de um paciente que ficou suficientemente curado de um estado de deterioração crônica a ponto de obter o privilégio de circular livremente nos jardins do hospital e cujo progresso se associava claramente à sua interação com a máquina em questão. Nesse momento, o experimentador decidiu estudar a extinção experimental, o que, em termos mais pessoais, significava que o paciente podia pressionar o botão milhares de vezes sem que houvesse qualquer recompensa. O paciente regrediu gradualmente, passou a descuidar da higiene, tornou-se não comunicativo, e a liberdade de circular que lhe fora concedida teve de ser revogada. Este incidente, que me parece particularmente dramático, parece indicar que, mesmo quando se trata de uma relação com uma máquina, só pode ajudar uma relação em que a confiança tenha um lugar importante.

Outra investigação interessante sobre a relação fabricada foi realizada por Harlow e seus colaboradores (10), dessa vez com macacos. Numa fase da experiência, foram apresentados a macacos novos, separados da mãe imediatamente após o seu nascimento, dois objetos. O primeiro poderia classificar-se como a "mãe dura": era uma espécie de cilindro de arame, munido de uma teta onde o bebê macaco poderia se alimentar. O segundo é uma "mãe mole", um cilindro semelhante, mas feito de borracha e de um tecido esponjoso. Mesmo no caso em que o macaco recebe todo o seu alimento da "mãe dura", mostra uma preferência crescente pela "mãe mole". A câmara mostra claramente que se estabelece uma "relação" com esse último objeto, o macaquinho brinca com ele, gosta dele, sentindo-se seguro quando a ele se agarra ao aproximarem-se objetos estranhos e encontrando nessa segurança um ponto de apoio de onde partir para enfrentar um mundo cheio de perigos. Entre as muito interessantes e variadas implicações dessa investigação, há uma que parece impor-se com evidência: não se pode substituir por nenhuma recompensa sob forma de alimento certas qualidades perceptivas que o macaco parece necessitar e desejar.

Dois estudos recentes

Para completar essa ampla apresentação das investigações, que talvez possam causar uma certa perplexidade, citemos duas pesquisas muito recentes. A primeira é uma experiência dirigida por Ends e por Page (5). Trabalhando com casos crônicos de alcoólatras hospitalizados, enviados por um tribunal para o hospital do Estado por sessenta dias, tentaram três métodos diferentes de psicoterapia de grupo. O método que eles consideravam mais eficaz era uma terapia baseada numa teoria da aprendizagem com dois fatores; a terapia centrada no cliente viria em seguida; e a orientação psicanalítica parecia-lhes que deveria ser o menos eficaz. Os resultados demonstraram que a terapia baseada na teoria da aprendizagem não só não ajudava como era até prejudicial. As consequências eram piores do que se manifestavam no grupo de controle que não estava submetido a nenhum tratamento. A terapia de orientação psicanalítica teve certos resultados positivos, mas foi a terapia centrada no cliente que provocou uma considerável alteração positiva. Exames complementares efetuados ao longo de um ano e meio confirmaram os resultados obtidos durante a hospitalização: a abordagem centrada no cliente produziu a melhoria mais estável, seguida da terapia psicanalítica e do grupo de controle, ao passo que os estado dos doentes tratados pelo método fundado na teoria da aprendizagem era o que acusava menos progressos.

Ao refletir sobre este estudo incomum, já que o tratamento preconizado pelos seus autores era o que se revelava *menos* eficaz, descobri a chave do mistério, segundo creio, na descrição

Como poderei ajudar os outros? 55

da terapia fundada na teoria da aprendizagem (13). Esta terapia consiste essencialmente: a) em anotar e classificar os comportamentos que se mostram como não satisfatórios, b) em explorar objetivamente com o cliente as razões desses comportamentos e c) em estabelecer, através da reeducação, hábitos mais adequados para resolver os problemas. Mas, em toda essa interação, o objetivo do terapeuta, tal como o formulavam os autores citados devia consistir em permanecer impessoal. O terapeuta "procura fazer com que a sua personalidade se manifeste o mínimo que for humanamente possível". O terapeuta "nas suas atividades, acentua o anonimato da sua personalidade; ou seja, deve evitar cuidadosamente influenciar o paciente com as qualidades individuais da sua própria personalidade". Na minha opinião, é esta a explicação mais provável do fracasso desse método, quando procuro interpretar os fatos à luz de outras investigações. As atitudes que consistem em recusar-se como pessoa e em tratar o outro como um objeto não têm grandes probabilidades de servir para alguma coisa.

O último estudo que desejaria mencionar é o que acaba justamente de publicar Halkides (9). Ela parte da minha formulação teórica sobre as condições necessárias e suficientes para uma mudança terapêutica (15). Formula a hipótese de que deve haver uma relação significativa entre a quantidade da alteração construtiva da personalidade no cliente e quatro variáveis no terapeuta: a) o grau de compreensão empática do cliente manifestado pelo terapeuta; b) o grau de afetividade positiva da atitude (consideração positiva incondicional) manifestada pelo terapeuta em relação ao seu cliente; c) o grau de autenticidade do terapeuta, do acordo entre as suas palavras e os seus sentimentos internos; d) o quanto a resposta do terapeuta concorda com a expressão do cliente na intensidade da expressão afetiva.

Para pesquisar essas hipóteses, Halkides selecionou em primeiro lugar, através de múltiplos critérios objetivos, um grupo de dez casos que se poderiam classificar como "os mais bem-sucedidos" e um grupo dos dez "que menos resultaram". De pois disso, escolheu as gravações de entrevistas efetuadas em cada um desses casos, no princípio e no fim do tratamento. Tomou ao acaso nove unidades de interação entre o cliente e o terapeuta – uma afirmação daquele e uma resposta desse – em cada uma dessas entrevistas. Obteve deste modo nove interações do início e nove do fim do tratamento para cada caso. Isto forneceu-lhe várias centenas de unidades, que distribuiu ao acaso. Os exemplos escolhidos de uma entrevista do início do tratamento de um caso malsucedido podiam ser seguidos de exemplos de uma entrevista do fim do tratamento de um caso bem-sucedido, etc.

Pediu-se depois a três especialistas, que não conheciam nem os casos, nem o grau de êxito do tratamento, nem a origem de cada um dos extratos citados, que ouvissem a gravação quatro vezes. Anotavam cada interação numa escala de sete pontos: 1º) quanto ao grau de empatia; 2º) quanto à atitude positiva do terapeuta para com o seu cliente; 3º) quanto à congruência ou autenticidade do terapeuta; 4º) quanto ao grau de conformidade existente entre a reação do terapeuta e a intensidade emocional da expressão do cliente.

Creio que todos aqueles que dentre nós conheciam essa investigação consideravam-na uma grande aventura. Perguntávamo-nos se os peritos poderiam, pelo fato de ouvirem apenas unidades isoladas de interação, pronunciar um juízo válido sobre aspectos tão delicados como os que mencionei. Por outro lado, mesmo que fosse obtida uma fidedignidade satisfatória, poder-se-ia esperar que dezoito intercâmbios terapeuta-cliente extraídos dos diferentes casos – uma amostragem mínima em relação aos milhares de intercâmbios que ocorreram em cada um dos casos – tivessem qualquer relação com o seu resultado terapêutico? Era muito pouco provável.

Os resultados foram surpreendentes. Verificou-se ser possível atingir um elevado grau de fidedignidade entre os peritos, sendo a maior parte das correlações entre as apreciações de 0,80 a 0,90, exceto no que diz respeito à última variável. Estes resultados provavam que um grau elevado de compreensão empática estava significativamente associado no nível de 0,001 aos casos mais bem-sucedidos. Um grau elevado de consideração positiva incondicional estava identicamente associado aos casos bem--sucedidos, no nível de 0,001. Mesmo a nota da autenticidade ou da congruência do terapeuta – o quanto suas palavras traduziam seus sentimentos – estava associada ao bom resultado do caso e, mais uma vez, no nível de significância de 0,001. Os únicos resultados equívocos na investigação referiam-se ao grau de acordo na intensidade da expressão afetiva.

É igualmente interessante verificar que os escores elevados atribuídos a essas variáveis não se encontravam numa correlação mais significativa nos extratos de entrevistas do fim do tratamento do que nos de entrevistas iniciais. Este fato significa que as atitudes do terapeuta se mantiveram praticamente constantes ao longo de todo o tratamento. Se ele era capaz de um elevado grau de empatia, mantinha-o até o fim. Se lhe faltava autenticidade, esta falta manifestava-se tanto nas primeiras como nas últimas entrevistas.

Como toda investigação, este estudo tem seus limites. Refere-se a um determinado tipo de relação de ajuda, a psicoterapia. Pesquisou apenas quatro variáveis consideradas significativas. Talvez existam muitas outras. No entanto, representa pelo menos um progresso importante no estudo das relações de ajuda. Permitam-me que trace as conclusões da forma mais simples possível. Elas parecem indicar que a qualidade da interação do terapeuta com seu cliente pode ser adequadamente avaliada com base numa pequena amostragem do seu comportamento. Significam igualmente que, se o terapeuta é congruente ou transparente, de modo que suas palavras estão de acordo com seus sentimentos, em vez de divergirem; se tem uma simpatia incondicional pelo cliente, se compreende os sentimentos essenciais do cliente como eles surgem ao próprio cliente – então há uma forte probabilidade de que essa relação de ajuda seja eficaz.

Alguns comentários

São estes alguns dos estudos que lançam pelo menos um pouco de luz sobre a natureza das relações de ajuda. Investigaram diferentes aspectos do problema e abordaram-no em contextos teóricos muito diversos. Empregaram diferentes métodos. Não podem ser comparados diretamente. Mesmo assim, parecem destacar-se algumas conclusões que podem ser aceitas com alguma segurança. Parece evidente que as relações de ajuda eficazes têm características diversas das que não o são. Estas características diferenciais dizem essencialmente respeito às atitudes da pessoa que ajuda, por um lado, e à percepção da relação por aquele que é ajudado, por outro. Parece igualmente evidente que os estudos feitos até agora não nos dão as respostas finais sobre o que é uma relação de ajuda, nem sobre o modo como formá-la.

Como poderei criar uma relação de ajuda?

Creio que todos aqueles dentre nós que trabalham no domínio das relações humanas enfrentam um problema semelhante quando se trata de saber como aplicar os conhecimentos que a investigação nos trouxe. Não podemos seguir de uma maneira cega e mecânica essas conclusões ou então destruímos as qualidades pessoais que esses estudos põem precisamente em relevo. Julgo que devemos nos servir desses estudos, submetendo-os à prova da nossa própria experiência para formar novas hipóteses pessoais que, por sua vez, utilizaremos nas nossas próprias relações pessoais futuras.

Por isso, mais do que tentar dizer a vocês como utilizar os resultados que lhes apresentei, prefiro indicar-lhes o tipo de questão que me suscitam esses estudos e a minha própria experiência clínica. Procurarei dar-lhes algumas hipóteses variáveis que orientam o meu comportamento quando mergulho numa relação que eu desejaria que fosse de ajuda, quer se trate de estudantes, de colegas, da família ou de clientes. Passo a enumerar algumas dessas questões ou reflexões.

1. Poderei conseguir *ser* de uma maneira que possa ser apreendida pela outra pessoa como merecedora de confiança, como segura ou consistente no sentido mais profundo do termo? Tanto a investigação como a experiência nos indicam que isso é muito importante e, com o decorrer do tempo, encontrei respostas que julgo serem melhores e mais profundas para essa questão. Parecia-me que se eu preenchesse todas as condições exteriores que inspirassem confiança – a pontualidade nas entrevistas, o respeito pela natureza confidencial das entrevistas, etc. – e se eu agisse da mesma maneira durante as entrevistas, essas condições estariam cumpridas. A experiência, porém, ensinou-me que, por exemplo, o fato de me comportar com uma atitude permanente de aceitação, se na realidade me sentir irritado, cético ou com qualquer outro sentimento de não aceitação, acabaria por fazer com que fosse considerado inconsistente ou não merecedor de confiança. Comecei a reconhecer que ser digno de confiança não implica ser coerente de uma forma rígida, mas sim que se possa confiar em mim como realmente sou. Empreguei o termo "congruente" para descrever o modo como gostaria de ser. Com este termo pretendo dizer que qualquer atitude ou sentimento que estivesse vivenciando[1] viria acompanhado da consciência[2] dessa atitude. Quando isso é verdade, sou, naquele momento, uma pessoa unificada e inteirada e é então que posso *ser* o que *sou* no mais íntimo de mim mesmo. Esta é uma realidade que, por experiência, proporciona aos outros confiança.

2. A segunda questão relaciona-se de muito perto com a primeira: poderei ser suficientemente expressivo enquanto pessoa para que o que sou possa ser comunicado sem ambiguidades? Julgo que a maioria dos meus fracassos em realizar um relação de ajuda se deveu a uma resposta não satisfatória a essas duas questões. Quando estou vivenciando uma atitude de irritação para com outra pessoa e não tomo consciência dela, a minha comunicação passa a encerrar mensagens contraditórias. Minhas palavras comunicam uma determinada mensagem, mas

estou também comunicando de uma forma sutil a irritação que sinto e isso confunde o outro e tira-lhe a confiança, embora também ele possa não ter consciência do que esteja causando a dificuldade entre nós. Quando no papel de pai, terapeuta, professor ou administrador deixo de ouvir o que se passa em mim, devido à minha própria atitude de defesa que me impede de discernir os meus próprios sentimentos, é nessa altura que parece dar-se esses tipos de fracasso.

Por isso considero que a lição mais fundamental para quem deseja estabelecer uma relação de ajuda de qualquer espécie é a de se mostrar sempre tal como é, transparente. Se numa dada relação sou suficientemente congruente, se nenhum sentimento referente a esta relação é escondido quer de mim mesmo quer do outro, posso estar então quase seguro de que se tratará de uma relação de ajuda.

Uma maneira de exprimir isto que pode parecer estranha é que, se posso estabelecer uma relação de ajuda comigo mesmo – se puder estar sensivelmente consciente dos meus próprios sentimentos e aceitá-los –, é grande a probabilidade de poder vir a estabelecer uma relação de ajuda com a outra pessoa.

Ora, aceitar ser o que sou, nesse sentido, e tornar possível que outra pessoa o veja, é a tarefa mais difícil que conheço e que nunca está completamente terminada. Mas o simples fato de compreender que essa *é* a minha tarefa é extremamente enriquecedor, porque me ajuda a reconhecer o que estava errado nas relações interpessoais que se obstruíram e a dar-lhes novamente uma direção construtiva. Isto significa que, se desejo facilitar o desenvolvimento pessoal dos outros em relação comigo, então devo desenvolver-me igualmente e, embora isso seja muitas vezes penoso, é também fecundo.

3. A terceira questão é: serei capaz de vivenciar atitudes positivas para com o outro – atitudes de calor, de atenção, de afeição, de interesse, de respeito? Isto não é fácil. Reconheço em mim mesmo e descubro nos outros muitas vezes um certo receio em relação a esses sentimentos. Tememos que, se nos

deixarmos ficar abertos à experiência desses sentimentos positivos para com o outro, poderemos ser enredados por eles. Os outros podem tornar-se exigentes ou podemos nos decepcionar na nossa confiança, e tememos essas consequências. Assim, por reação, tendemos a estabelecer uma distância entre nós e os outros – uma reserva, uma atitude "profissional", uma relação impessoal.

Estou firmemente convencido de que uma das principais razões da profissionalização em todos os campos é a de que ela ajuda a manter essa distância. No domínio clínico, desenvolvem-se complexas formulações de diagnóstico em que a pessoa é tratada como um objeto. No ensino e na administração, construímos todo tipo de métodos de avaliação e daí que, mais uma vez, a pessoa seja encarada como um objeto. Desse modo, tenho a impressão de que evitamos vivenciar o interesse que existiria se reconhecêssemos que se trata de uma relação entre duas pessoas. É uma verdadeira meta que se atinge quando compreendemos que em certas relações, ou em determinados momentos dessas relações, podemos nos permitir, com segurança, mostrar interesse pelo outro e aceitar estar ligado a ele como a uma pessoa por quem temos sentimentos positivos.

4. Há uma outra questão cuja importância pude perceber ao longo da minha experiência: poderei ser suficientemente forte como pessoa para ser independente do outro? Serei capaz de respeitar corajosamente meus próprios sentimentos, minhas próprias necessidades, assim como as da outra pessoa? Poderei possuir e, se for necessário, exprimir os meus próprios sentimentos como alguma coisa que propriamente me pertence e que é independente dos sentimentos do outro? Serei bastante forte na minha independência para não ficar deprimido com sua depressão, assustado com seu medo ou envolvido por sua dependência? O meu eu interior será suficientemente forte para sentir que eu não sou nem destruído por sua cólera, nem absorvido por sua necessidade de dependência, nem escravizado por seu amor, mas que existo independentemente dele com senti-

mentos e com direitos que me são próprios? Quando puder sentir livremente esta força de ser uma pessoa independente, então descobrirei que posso me dedicar completamente à compreensão e à aceitação do outro porque não tenho o receio de perder a mim mesmo.

5. A questão seguinte está estreitamente ligada à anterior. Estarei suficientemente seguro no interior de mim mesmo para permitir ao outro ser independente? Serei capaz de lhe permitir ser o que é – sincero ou hipócrita, infantil ou adulto, desesperado ou presunçoso? Poderei dar-lhe a liberdade de ser? Ou sinto que ele deveria seguir meus conselhos, ou permanecer um pouco dependente de mim, ou ainda tomar-me como modelo? Ligado a esse aspecto, estou pensando no curto mas interessante estudo de Farson (6), que descobriu que os terapeutas menos bem adaptados e menos competentes têm tendência a induzir conformidade a si mesmos, isto é, para terem pacientes que os tomem como modelo. Por outro lado, o terapeuta mais bem adaptado e mais competente pode estar em interação com o cliente ao longo de inúmeras entrevistas, sem interferir com a sua liberdade de desenvolver uma personalidade completamente diferente da do terapeuta. Eu preferiria estar nesta última categoria, quer como pai, como supervisor ou como terapeuta.

6. Há ainda outra questão que coloco a mim mesmo: poderei permitir-me entrar completamente no mundo dos sentimentos do outro e das suas concepções pessoais e vê-los como ele os vê? Poderei entrar no seu universo interior tão plenamente que perca todo desejo de avaliá-lo ou julgá-lo? Poderei entrar com suficiente delicadeza para me movimentar livremente, sem esmagar significações que lhe são preciosas? Poderei compreender esse universo tão precisamente que apreenda, não apenas as significações da sua experiência que são evidentes para ele, mas também as que são só implícitas e que ele não vê senão obscura e confusamente? Poderei ampliar ilimitadamente essa compreensão? Estou pensando num cliente que me dizia: "Sempre que encontro alguém que, num dado momento, compreende

uma parte de mim mesmo, chego sempre a um ponto em que sei que *deixou* de me compreender... O que eu procuro tão desesperadamente é alguém que me compreenda."

No que me diz respeito, é mais fácil para mim sentir este tipo de compreensão e comunicá-lo a um cliente individualmente do que a estudantes numa aula ou a colegas num grupo de que participe. Sinto uma forte tentação de corrigir o raciocínio dos estudantes ou de indicar a um colega os erros da sua maneira de pensar. No entanto, quando consigo abrir-me à compreensão dessas situações, enriquecemo-nos reciprocamente. E com os clientes em terapia, impressiono-me muitas vezes com o fato de que mesmo um mínimo de compreensão empática, uma tentativa hesitante e desajeitada para captar o que o paciente pretende significar na sua complexidade confusa, é uma ajuda, embora essa ajuda seja indubitavelmente muito maior quando sou capaz de captar e de formular com clareza o sentido daquilo que ele vivenciou e que para ele continuaria a ser vago e difuso.

7. Uma outra questão é saber se posso aceitar todas as facetas que a outra pessoa me apresenta. Poderei aceitá-la como ela é? Poderei comunicar-lhe essa atitude? Ou poderei apenas colhê-la condicionalmente, aceitando alguns aspectos da sua maneira de sentir e desaprovando outros, silenciosa ou abertamente? Segundo a minha experiência, quando minha atitude é condicional, o cliente não pode mudar nem desenvolver-se nesses aspectos que não sou capaz de aceitar completamente. E quando – mais tarde e, algumas vezes, demasiado tarde – procuro descobrir por que fui incapaz de aceitá-lo em todos os aspectos, verifico normalmente que foi porque tive medo ou porque me senti ameaçado por qualquer aspecto dos seus sentimentos. Para poder prestar uma maior ajuda é necessário que me desenvolva e aceite esses sentimentos em mim mesmo.

8. Um aspecto bastante prático surge da questão precedente: serei capaz de agir com suficiente sensibilidade na relação para que meu comportamento não seja percebido como uma

ameaça? O trabalho que começamos a realizar ao estudar os aspectos fisiológicos que acompanham a psicoterapia confirma as investigações de Dittes, mostrando como é fácil os indivíduos sentirem-se ameaçados num nível fisiológico. O reflexo psicogalvânico – a medida da condutibilidade da pele – salta bruscamente quando o terapeuta reage com uma palavra que é um pouco mais forte do que os sentimentos do cliente. E a uma frase como "Meu Deus, como *está* perturbado!" a agulha quase salta do papel. O meu desejo de evitar mesmo ameaças tão ínfimas não é devido a uma hipersensibilidade em relação ao meu cliente, é simplesmente devido à convicção baseada na experiência, de que, se eu conseguir libertá-lo tão completamente quanto possível das ameaças exteriores, então ele pode começar a vivenciar e a enfrentar os sentimentos e os conflitos internos que lhe parecem ameaçadores.

9. Há um aspecto específico da questão anterior que também tem importância: poderei libertá-lo do receio de ser julgado pelos outros? Na maior parte das fases da nossa vida – em casa, na escola, no trabalho – achamo-nos dependentes das recompensas e dos castigos que são os juízos dos outros. "Está bem", "isso é mau", "isso vale dez", "isso vale zero", "trata-se de uma boa psicoterapia", "trata-se de má psicoterapia". Tais juízos fazem parte da nossa vida, desde a infância até a velhice. Creio que têm uma certa utilidade social em instituições e em organizações tais como as escolas e as profissões. Como todo mundo, muitas vezes me percebo fazendo tais apreciações. Mas, segundo minha experiência, não favorecem o desenvolvimento da personalidade e, por conseguinte, não creio que façam parte de uma relação de ajuda. É curioso, mas uma apreciação positiva é, no fundo, tão ameaçadora como um juízo negativo, uma vez que dizer a alguém que fez bem implica que também se tem o direito de lhe dizer que procedeu mal. Desse modo, cheguei à conclusão de que quanto mais conseguir manter uma relação livre de qualquer juízo de valor, mais isso permitirá à outra pessoa atingir um ponto em que ela própria reconhecerá que o

lugar do julgamento, o centro da responsabilidade, reside dentro de si mesma. O sentido e o valor da sua experiência é algo que depende em última análise dela e nenhum juízo exterior os pode alterar. Gostaria por isso de me esforçar por chegar a uma relação em que não julgasse o outro, mesmo interiormente. Acredito que isto o pode libertar e fazer dele uma pessoa responsável por si.

10. Uma última questão: serei capaz de ver esse outro indivíduo como uma pessoa em processo *tornar-se* ela mesma, ou estarei prisioneiro do meu passado e do seu passado? Se, no meu encontro com ele, o trato como uma criança imatura, como um aluno ignorante, como uma personalidade neurótica ou um psicopata, cada um desses conceitos limita o que ele poderia ser na nossa relação. Martin Buber, o filósofo existencialista da Universidade de Jerusalém, emprega a expressão "confirmar o outro", expressão que teve para mim um grande significado. Disse ele: "Confirmar significa (...) aceitar todas as potencialidades do outro (...) Eu posso reconhecer nele, conhecer nele a pessoa que ele foi (...) *criado* para se tornar (...) Confirmo-o em mim mesmo e nele em seguida, em relação a essas potencialidades (...) que agora podem se desenvolver e evoluir" (3). Se aceito a outra pessoa como alguma coisa definida, já diagnosticada e classificada, já cristalizada pelo seu passado, estou assim contribuindo para confirmar essa hipótese limitada. Se a aceito num processo de tornar-se quem é, nesse caso estou fazendo o que posso para confirmar ou tornar real as suas potencialidades.

É nesse ponto que Verplanck, Lindsley e Skinner, quando trabalham no condicionamento operante, se encontram com Buber, o filósofo ou o místico. Pelo menos convergem em princípio, de uma forma bastante curiosa. Se eu considerar uma relação apenas como uma oportunidade para reforçar certos tipos de palavras ou de opiniões no outro, tendo a confirmá-lo como um objeto – um objeto fundamentalmente mecânico e manipulável. E se vejo nisso a sua potencialidade, ele tende a agir de modo a confirmar esta hipótese. Mas se, pelo contrário, considero uma relação pessoal como uma oportunidade para "reforçar" *tudo* o que ele é, a pessoa que ele é com todas as suas possibilidades existentes, ele tende então a agir de modo a confirmar *esta* segunda hipótese. Nesse caso eu o confirmei – para empregar a expressão da Buber – como uma pessoa viva, capaz de um desenvolvimento interior e criador. Pessoalmente, prefiro esse segundo tipo de hipótese.

Conclusão

Na primeira parte desse capítulo, passei em revista algumas das contribuições dadas pela investigação ao nosso conhecimento *sobre* as relações pessoais. Tentando conservar em mente estes conhecimentos novos, passei a examinar as diversas questões que se apresentam de um ponto de vista interior e subjetivo quando entro numa relação como pessoa. Se eu próprio pudesse responder afirmativamente a todas as questões que levantei, julgo que, nesse caso, qualquer relação em que participasse seria uma relação de ajuda e implicaria uma maturação. Mas não posso dar uma resposta positiva à maior parte dessas questões. Apenas posso trabalhar em direção a uma resposta positiva.

Isto me leva a suspeitar fortemente que a relação de ajuda ótima é aquela criada por uma pessoa psicologicamente madura. Em outras palavras, minha capacidade de criar relações que facilitem o crescimento do outro como uma pessoa independente é uma medida do desenvolvimento que eu próprio atingi. Sob certos aspectos, é uma ideia perturbadora, mas é igualmente fecunda e estimuladora. Isso mostra que, se estou interessado em criar relações de ajuda, tenho perante mim, para toda a minha vida, uma tarefa apaixonante que ampliará e desenvolverá as minhas potencialidades em direção à plena maturidade.

Sinto-me um pouco embaraçado ao pensar que o que estive elaborando para mim mesmo neste artigo talvez tenha pouca relação com os interesses e com o trabalho de vocês. Se assim for, lamento-o. Mas sinto-me parcialmente reconfortado pelo fato de que todos os que trabalham no campo das relações pessoais e que tentam compreender a ordem fundamental nesse domínio estão comprometidos no mais crucial empreendimento do nosso mundo atual. Se estivermos tentando refletir para compreender o nosso trabalho como administradores, professores, orientadores educacionais e orientadores profissionais, psicoterapeutas, então estaremos trabalhando no problema que será determinante para o futuro desse planeta. Porque não é das ciências físicas que o futuro depende. É de nós que ele depende, de nós que tentamos compreender e lidar com as interações entre os homens – que procuramos criar relações pessoais de ajuda. Por isso, espero que as questões que levantei a mim mesmo lhes sejam de algum préstimo para compreender e para alcançar algumas perspectivas sobre o que farão para facilitar o crescimento nas suas relações.

Referências bibliográficas

1. Baldwin, A. L., J. Kalhorn, e F. H. Breese – "Patterns of parent behavior", *Psychol. Monogr.*, 1945, *58*, n. 268, pp. 1-75.

2. Betz, B. J., e J. C. Whitehorn – "The relationship of the therapist to the outcome of therapy in schizophrenia", *Psychiat. Research Reports 5. Research techniques in schizophrenia*. Washington, D. C., American Psychiatric Association, 1956, pp. 89-177.

3. Buber, M., e C. Rogers – Transcrição de um diálogo mantido em 18 de abril de 1957, em Ann Arbor, Michigan. Manuscrito inédito.

4. Dittes, J. E. – "Galvanic skin response as a measure of patient's reaction to therapist's permissiveness", *J. Abnorm. and Soc. Psychol.*, 1957, *55*, pp. 295-303.

5. Ends, E. J., e C. W. Page – "A study of three types of group psychotherapy with hospitalized male inebriates", *Quar. J. Stud. Alcohol*, 1957, *18*, pp. 263-277.

6. Farson, R. E. – "Introjection in the psychotherapeutic relationship", tese de doutoramento inédita, Universidade de Chicago, 1955.

7. Fiedler, F. E. – "Quantitative studies on the role of therapists feelings toward their patients". *In* Mowrer, O. H. (ed.), *Psychoterapy: theory and research.* Nova York, Ronald Press, 1953, cap. 12.

8. Greenspoon, J. – "The reinforcing effect of two spoken sounds on the frequency of two responses", *Amer. J. Psychol.*, 1955, 68, pp. 409-416.

9. Halkides, G. – "An experimental study of four conditions necessary for therapeutic change", tese de doutoramento inédito, Universidade de Chicago, 1958.

10. Harlow, H. F. – "The nature of love", *Amer. Psychol.*, 1958, 13, pp. 673-685.

11. Heine, R. W. – "A comparison of patients' reports on psychoterapeutic experience with psychoanalytic, nondirective, and Adlerian therapists", tese de doutoramento inédita, Universidade de Chicago, 1950.

12. Lindsley, O. R. – "Operant conditioning methods applied to research in chronic schizophrenia", *Psychiat. Research Reports 5. Research techniques in schizophrenia*, Washington, D. C., American Psychiatric Association, 1956, pp. 188-153.

13. Page, C. W., e E. J. Ends – "A review and synthesis of the literature suggesting a psychotherapeutic technique based on two-factor learning theory", manuscrito inédito, emprestado ao autor.

14. Quinn, R. D. – "Psychoterapists' expressions as an index to the quality of early therapeutic relationship", tese de doutoramento inédita, Universidade de Chicago, 1950.

15. Rogers, C. R. – "The necessary and sufficient conditions of psychotherapeutic personality change", *J. Consult. Psychol.*, 1957, 21, pp. 95-103.

16. Seeman, J. – "Counselor judgments of therapeutic process and outcome". *In* Rogers, C. R., e R. F. Dymond (eds.), *Psychotherapy and personality change*, University of Chicago Press, 1954, cap. 7.

17. Verplanck, W. S. – "The control of the content of conversation: reinforcement of statements of opinion", *J. Abnorm. and Soc. Psychol.*, 1955, 51, pp. 668-676.

18. Whitehorn, J. C., e B. J. Betz – "A study of psychoterapeutic relationships between physicians and schizophrenic patients", *Amer. J. Psychiat.*, 1954, 111, pp. 321-331.

Capítulo 4
O que sabemos da psicoterapia
– objetiva e subjetivamente

Na primavera de 1960 fui convidado pelo Instituto de Tecnologia da Califórnia para o seu programa "Leaders of America", patrocinado pelo Cal Tech YMCA, que promove a maioria dos programas culturais para o Instituto. Pediram-me que falasse, durante um dos quatro dias da minha visita, numa reunião da faculdade. Era difícil falar de psicoterapia de uma forma que tivesse sentido para os cientistas físicos e pareceu-me que um sumário dos resultados de pesquisa em psicoterapia cumpriria essa função. Por outro lado, desejava tornar bem patente que a relação subjetiva pessoal é também uma parte fundamental da mudança terapêutica. Por isso, procurei focalizar esses dois aspectos. Introduzi algumas alterações no artigo, mas no essencial mantém-se tal como o apresentei na conferência do Cal Tech.

Fiquei muito feliz pelo fato de a apresentação ter sido bem recebida, mas agradou-me muito mais que, posteriormente, algumas pessoas que tinham passado por experiências de terapia e que leram o manuscrito ficassem altamente entusiasmadas com a descrição (na segunda parte do artigo) da experiência interior do processo terapêutico por parte do cliente. Isso foi gratificante, pois tenho uma particular preocupação em captar o modo como o cliente sente e encara o tratamento.

No campo da psicoterapia, realizaram-se progressos consideráveis na última década na mensuração dos resultados da terapia no que se refere à personalidade e ao comportamento do cliente. Nos últimos dois ou três anos, assistiu-se a progressos suplementares na identificação das condições que estão na base das relações terapêuticas que criam a terapia e facilitam o desenvolvimento da pessoa no sentido de uma maturidade psicológica. Em outras palavras, progredimos na determinação dos ingredientes de uma relação que promovem o crescimento pessoal.

A psicoterapia não substitui a motivação para esse desenvolvimento ou crescimento pessoal. Este parece ser inerente ao organismo, tal como encontramos uma tendência semelhante no animal humano para se desenvolver e atingir a maturidade física, dadas certas condições mínimas favoráveis. A terapia, no entanto, desempenha um papel extremamente importante na libertação e no processo de facilitação da tendência do organismo para um desenvolvimento psicológico ou para a sua maturidade, quando essa tendência se viu bloqueada.

Conhecimento objetivo

Vou procurar resumir, na primeira parte deste capítulo, o que sabemos das condições que facilitam o crescimento psicológico, definir o que sabemos sobre o processo e as características do crescimento psicológico. Vou tentar explicar o que quero dizer quando falo de resumir o que nós "sabemos". Pretendo dizer que me limitarei às afirmações sustentadas em provas experimentais objetivas. Falarei, por exemplo, das condições do crescimento psicológico. Para cada afirmação feita, poderia citar um ou vários estudos mostrando que se verificaram alterações no indivíduo em presença dessas condições, alterações que não se produziram quando essas condições estavam ausentes, ou presentes em menor grau. Segundo a expressão de um pesquisador, progredimos na identificação dos agentes primários que provocam uma alteração que facilita a evolução da personalidade e do comportamento no sentido de um desenvolvimento da pessoa. Naturalmente, é necessário acrescentar que esse conhecimento, como todo conhecimento científico, não pode deixar de ser hesitante e certamente incompleto e que, sem dúvida alguma, terá de ser modificado, em parte contrariado e completado por um laborioso trabalho futuro. No entanto, não há qualquer razão para lamentar esse conhecimento limitado, mas duramente conquistado e que nós hoje possuímos.

Gostaria de apresentar este conhecimento de uma forma muito concisa e na linguagem cotidiana.

Descobriu-se que a transformação pessoal é facilitada quando o psicoterapeuta é aquilo que *é*, quando as suas relações com o cliente são autênticas e sem máscara nem fachada, exprimindo abertamente os sentimentos e as atitudes que nesse momento fluem *nele*. Utilizamos o termo "congruência" para tentar descrever essa condição. Com este termo, procura-se significar que os sentimentos que o terapeuta estiver vivenciando estão disponíveis para ele, disponíveis para sua consciência e ele pode viver esses sentimentos, assumi-los e pode comunicá-los, se for o caso. Ninguém realiza plenamente esta condição e, portanto, quanto mais o terapeuta souber ouvir e aceitar o que se passa em si mesmo, quanto mais ele for capaz de assumir a complexidade dos seus sentimentos, sem receio, maior será o seu grau de congruência.

Para dar um exemplo comum, cada um de nós consegue captar essa qualidade nos outros, de modos muito variados. Uma das coisas que nos choca nas propagandas de rádio e de televisão é que muitas vezes se torna perfeitamente evidente, pelo tom da voz, que o locutor "finge", recita um papel, diz alguma coisa que não sente. É um exemplo de incongruência. Por outro lado, todos nós conhecemos pessoas em quem confiamos porque sentimos que são realmente o que são, que é a própria pessoa que temos à nossa frente e não uma máscara polida ou profissional. Foi essa qualidade de congruência, que nós sabemos captar, que as pesquisas verificaram estar associada ao bom resultado terapêutico. Quanto mais autêntico e congruente o terapeuta for na relação, maior possibilidades haverá de que ocorram modificações na personalidade do cliente.

Vejamos agora a segunda condição. Quando o terapeuta está vivenciando uma atitude calorosa, positiva e de aceitação para com aquilo que *está* no seu cliente, isso facilita a mudança. Isto implica que o terapeuta esteja realmente pronto a aceitar o cliente, seja o que for que este esteja sentindo no momento – medo, confusão, desgosto, orgulho, cólera, ódio, amor, coragem, admiração. Significa que o terapeuta se preocupa com seu cliente de uma forma não possessiva, que o aprecia mais na sua totalidade do que de uma forma condicional, que não se contenta com aceitar simplesmente o seu cliente quando este segue determinados caminhos e com desaprová-lo quando segue outros. Trata-se de um sentimento positivo que se exterioriza sem reservas e sem avaliações. A expressão a que se recorreu para designar a situação foi "consideração positiva incondicional". Mais uma vez a investigação demonstra que, quanto mais o terapeuta vivencia essa atitude, mais a terapia tem probabilidades de ser bem-sucedida.

Podemos designar a terceira condição como a compreensão empática. Quando o terapeuta é sensível aos sentimentos e às significações pessoais que o cliente vivencia a cada momento, quando pode apreendê-los "de dentro" tal como o paciente os vê, e quando consegue comunicar com êxito alguma coisa dessa compreensão ao paciente, então está cumprida essa terceira condição.

Julgo que cada um de nós já descobriu que esse tipo de compreensão é extremamente raro. Nem nós a oferecemos nem somos objeto dessa compreensão com muita frequência. Recorremos a um outro tipo de compreensão que é muito diferente. "Eu compreendo o seu problema." "Eu compreendo o que o levou a agir dessa maneira"; ou então: "Eu também passei por esse problema e reagi de modo muito diferente"; estes são os tipos de compreensão que estamos habituados a dar e a receber, uma compreensão que julga do exterior. Mas quando alguém compreende como sinto e como *sou*, sem querer me analisar ou julgar, então, nesse clima, posso desabrochar e crescer. E a investigação confirma esta observação comum. Quando o terapeuta é capaz de apreender a vivência, momento a momento, que ocorre no mundo interior do cliente como este a sente e a vê, sem que a sua própria identidade se dissolva nesse processo de empatia, então a mudança pode ocorrer.

Estudos realizados com diversos clientes mostraram que quando essas três condições estão presentes no terapeuta e o cliente as percebe pelo menos parcialmente, o movimento terapêutico continua, o cliente nota que aprende e se desenvolve, dolorosa e definitivamente, e ambos consideram que o resultado é positivo. Pode-se concluir dos nossos estudos que são atitudes como as que descrevemos, mais do que o conhecimento e a capacidade técnica do terapeuta, as principais responsáveis pela modificação terapêutica.

A dinâmica da mudança

Vocês poderão perguntar agora: "Mas por que é que alguém que procura ajuda se modifica para melhor quando estabelece durante algum tempo relações com um terapeuta que reúne essas três condições? Como é que isso acontece?" Vou procurar responder de uma maneira muito breve a essa questão.

As reações do cliente que faz durante algum tempo a experiência de uma relação terapêutica como que descrevi são uma recíproca das atitudes do terapeuta. Em primeiro lugar, como encontra alguém que ouve e aceita os seus sentimentos, ele começa, pouco a pouco, a tornar-se capaz de ouvir a si mesmo. Começa a receber mensagens que vêm do seu próprio interior – a perceber que *está* com raiva, a reconhecer quando tem medo, e mesmo a tomar consciência de quando se sente com coragem. À medida que começa a se abrir mais para o que se passa nele, torna-se capaz de perceber sentimentos que sempre negou e reprimiu. Pode ouvir sentimentos que lhe pareciam tão terríveis, tão desorganizadores, tão anormais ou tão vergonhosos, que nunca seria capaz de reconhecer que existissem nele. Enquanto vai aprendendo a ouvir a si mesmo, começa igualmente a aceitar-se mais. Como exprime um número cada vez maior de aspectos ocultos e terríveis de si mesmo, percebe que o terapeuta tem para com ele e para com os seus sentimentos uma atitude congruente e uma consideração positiva incondicional. Vai lentamente tomando uma atitude idêntica em relação a si mesmo, aceitando-se como é, e acha-se portanto caminhando no processo de tornar-se o que é.

Finalmente, ao ouvir com maior atenção os sentimentos interiores, com menos espírito de avaliação e mais de aceitação de si, encaminha-se também para uma maior congruência. Descobre que é possível abandonar a fachada atrás da qual se escondia, que é possível pôr de lado os comportamentos de defesa e ser de uma maneira mais aberta o que realmente é. À medida que essas transformações vão se operando, torna-se mais consciente de si, aceita-se melhor, adota uma atitude menos defensiva e mais aberta, descobre que afinal é livre para se modificar e para crescer nas direções naturais do organismo humano.

O processo

Passo agora a uma pequena exposição desse processo partindo de afirmações concretas, cada uma delas proveniente da investigação experimental. Sabemos que o cliente está em movimento em cada uma de um determinado número de séries contínuas. Em cada uma das séries que vou mencionar, e seja qual for o seu ponto de partida, dirige-se para a extremidade mais elevada.

No que se refere aos sentimentos e às significações pessoais, afasta-se de um estado em que nem os sentimentos nem as significações são reconhecidos, possuídos ou expressos.

Move-se para um fluxo no qual os sentimentos em permanente mudança são experimentados no momento, com conhecimentos e com aceitação, e que podem exprimir-se com rigor. O processo envolve uma alteração no seu modo de vivenciar. No início, o cliente está longe da sua vivência. Pode ser exemplo disso uma pessoa com tendência para intelectualização que fala sempre em termos abstratos de si e de seus sentimentos, deixando-nos curiosos sobre o que *realmente* se passa no seu íntimo. Partindo dessa distância dirige-se para um imediatismo da vivência, onde vive abertamente *na* sua vivência e sabe que pode se voltar para esta a fim de descobrir as significações correntes.

Esse processo implica uma certa maleabilidade na capacidade de apreensão dos mapas cognitivos da experiência. Partindo de um ponto em que a experiência é construída em quadros rígidos, captados como fatos exteriores, o cliente caminha para uma mudança no desenvolvimento em que as significações da experiência são construídas de forma maleável, construções estas modificáveis a cada nova experiência.

De um modo geral, verifica-se que o processo se afasta da fixidez, do caráter remoto dos sentimentos e da experiência, de uma concepção rígida de si, de um afastamento das pessoas e da impessoalidade do funcionamento. Ele evolui para a fluidez, para a possibilidade de mudanças, para o imediatismo dos sentimentos e da experiência, para a aceitação desses sentimentos e dessa experiência, para tentativas de construção, para a descoberta de um eu que se transforma numa experiência mutável, para a realidade e proximidade das relações, para uma unidade e integração do funcionamento.

Estamos continuamente aprendendo coisas novas sobre esse processo de transformação e não estou certo de que esse breve sumário represente inteiramente a riqueza das nossas descobertas.

Os resultados da terapia

Mas debrucemo-nos agora sobre os resultados da terapia, sobre as modificações relativamente duradouras que ocorrem. Como para as outras coisas que disse, limitar-me-ei a afirmações sustentadas pela investigação. O cliente modifica-se e reorganiza a concepção que faz de si mesmo. Desvia-se de uma ideia que o torna inaceitável aos seus próprios olhos, indigno de consideração, obrigado a viver segundo as normas dos outros. Conquista progressivamente uma concepção de si mesmo como uma pessoa de valor, autônoma, capaz de fundamentar os próprios valores e normas na sua própria experiência. Desenvolve uma atitude muito mais positiva em relação a si mesmo. Há um estudo que mostra que no início da terapia as atitudes habituais para consigo mesmo são negativas na proporção de quatro para uma, mas que, no decurso da quinta fase do tratamento, estas mesmas atitudes são positivas muitas vezes na proporção de duas para uma. O cliente torna-se menos defensivo, e, por isso, mais aberto à sua própria experiência e à dos outros. Suas percepções tornam-se mais realistas e mais diferenciadas. Sua adaptação psicológica melhora, como se pode ver pela aplicação do Teste de Rorschach, do Teste de Apercepção Temática (TAT), pela apreciação do terapeuta ou por qualquer outro índice. Seus objetivos e ideais mudam de forma a se tornarem mais acessíveis. A distância inicial entre o eu que ele é e o eu que ele desejaria ser diminui consideravelmente. Dá-se uma redução da tensão em todas as suas formas – tensão fisiológica, mal-estar psicológico, ansiedade. Percebe os outros indivíduos de uma forma mais realista e os aceita mais. Descreve seu próprio comportamento como mais amadurecido e, o que é importante, é visto por aqueles que o conhecem bem, agindo de modo mais maduro.

Não são apenas os diversos estudos que mostram o aparecimento dessas alterações durante o período terapêutico, mas minuciosos trabalhos de acompanhamento levados a efeito durante um período de seis a dezoito meses, depois da conclusão do tratamento, que indicam igualmente uma persistência dessas alterações.

Os fatos que expus esclarecerão talvez por que razão sou levado a crer que nos aproximamos do momento em que poderemos estabelecer uma equação no delicado domínio das relações interpessoais. Recorrendo a todos os elementos que a investigação proporcionou, concluamos com a tentativa de uma formulação desta equação, que julgo corresponder aos fatos:

– Quanto mais o cliente percebe o terapeuta como uma pessoa verdadeira ou autêntica, capaz de empatia, tendo para com ele uma consideração incondicional, mais ele se afastará de um modo de funcionamento estático, fixo, insensível e impessoal, e se encaminhará no sentido de um funcionamento marcado por uma experiência fluida, em mudança e plenamente receptiva dos sentimentos pessoais diferenciados. A consequência desse movimento é uma alteração na personalidade e no comportamento no sentido da saúde e da maturidade psíquicas e de relações mais realistas para com o eu, os outros e o mundo circundante.

A imagem subjetiva

Falei até do processo de aconselhamento e de terapia de uma forma objetiva, sublinhando o que sabemos e transcrevendo-o como uma equação um pouco simplista, onde podemos, pelo menos, tentar situar os termos específicos. Mas agora vou procurar abordar a questão por dentro e, sem desprezar os conhecimentos objetivos, apresentar essa equação tal como ela se apresenta subjetivamente tanto ao terapeuta como ao cliente, e isso porque a terapia é, no seu processo, uma experiência profundamente pessoal e subjetiva. Essa experiência revela qualidades completamente diferentes das características objetivas que se lhe apontam do exterior.

A experiência do terapeuta

Para o terapeuta, é uma nova aventura que começa. Ele sente: "Aqui está esta outra pessoa, meu cliente. Sinto um pouco de receio dele, medo de penetrar nos seus pensamentos, tal como tenho medo de mergulhar nos meus. No entanto, ao ouvi-lo, começo a sentir um certo respeito por ele, a sentir que somos próximos. Pressinto quão terrível lhe aparece o seu universo, com que tensão procura controlá-lo. Gostaria de apreender os seus sentimentos e que ele soubesse que eu os compreendo. Gostaria que ele soubesse que estou perto dele no seu pequeno mundo compacto e apertado, capaz de olhar para esse mundo sem excessivo temor. Talvez eu possa torná-lo menos temível. Gostaria que os meus sentimentos nessa relação fossem para ele tão evidentes e claros quanto possível, a fim de que ele os captasse como uma realidade discernível a que pode regressar sempre. Gostaria de acompanhá-lo nessa temerosa viagem ao interior de si mesmo, ao medo nele escondido, ao ódio, ao amor que ele nunca foi capaz de deixar aflorar em si. Reconheço que é uma viagem muito humana e imprevisível tanto para mim como para ele e que eu me arrisco, sem mesmo saber que tenho medo, a retrair-me em mim mesmo perante certos sentimentos que ele revela. Sei que isso impõe limites na minha capacidade de ajudar. Torno-me consciente de que os meus próprios temores podem levá-lo a encarar-me como um intruso, como alguém indiferente e que o rejeita, como alguém que não compreende. Procuro aceitar plenamente esses seus sentimentos, embora esperando também que os meus próprios se revelem de maneira tão clara na sua realidade que, com o tempo, ele não possa deixar de percebê-los. Mas, sobretudo, pretendo que veja em mim uma pessoa real. Não tenho necessidade de perguntar a mim mesmo com embaraço se os meus sentimentos são 'terapêuticos'. O que eu sou e aquilo que sinto pode perfeitamente servir de base para a terapia, se eu pudesse *ser* transparentemente o que sou e o que sinto nas minhas relações com ele. Então talvez ele possa ser aquilo que é, abertamente e sem receio".

A experiência do cliente

O cliente, por seu lado, atravessa uma série de estados de consciência muito mais complexos, que apenas podemos sugerir. Esquematicamente, talvez os seus sentimentos assumam uma das seguintes formas: "Tenho medo dele. Preciso de ajuda, mas não sei se posso confiar nele. Talvez ele veja em mim coisas de que não tenho consciência – elementos terríveis e maus. Ele não parece estar me julgando, mas tenho a certeza de que o faz. Não posso dizer-lhe o que realmente me preocupa, mas posso falar-lhe de algumas experiências passadas em relação com essas minhas preocupações. Ele parece que compreende essas experiências, logo, posso abrir-me um pouco mais com ele.

"Mas agora que partilhei com ele um pouco desse meu lado mau, despreza-me. Tenho certeza disso, mas é estranho que tal coisa não seja evidente. Será que por acaso o que lhe contei não é assim tão mau? Será possível que eu não precise me envergonhar de uma parte de mim mesmo? Já não tenho a impressão de que ele me despreze. Isto me dá vontade de ir mais longe, na exploração de *mim*, de falar um pouco mais sobre mim. Encontro nele uma espécie de companheiro – parece realmente compreender-me.

"Estou novamente cheio de medo, mas agora mais profundo. Não percebia que, ao explorar os recantos incógnitos de mim mesmo, iria sentir impressões que nunca havia experienciado antes. Isso é muito estranho porque, num certo sentido, não são sentimentos novos. Pressinto que sempre estiveram ali. Mas parecem tão maus e inquietantes que eu nunca os havia deixado fluir em mim. E agora, quando vivo esses sentimentos durante o tempo que passo junto dele, sinto vertigens, como se o meu universo se desmoronasse em torno de mim. Antes, ele estava seguro e firme. Agora está abalado, permeável e vulnerável. Não é agradável sentir coisas de que até agora sempre se teve medo. A culpa é dele. É, no entanto, curioso que tenha desejo de voltar a vê-lo e que me sinta em maior segurança com ele.

"Já não sei quem sou, mas, por vezes, quando *sinto* realmente determinadas coisas, tenho a impressão, durante um momento, da minha solidez e da minha realidade. Sinto-me perturbado pelas contradições que descubro em mim – atuo de uma maneira e sinto de outra. É realmente desconcertante. Mas, outras vezes, é uma aventura exultante tentar descobrir quem sou. Às vezes me surpreendo pensando que talvez eu seja uma boa pessoa; se é que isso significa alguma coisa.

"Começo a sentir muita satisfação, embora isso me seja muitas vezes penoso, em partilhar precisamente o que sinto em determinado momento. Sabem, ajuda realmente tentar ouvir-se a si mesmo, ouvir o que se passa no seu íntimo. Já não tenho medo do que está se passando em mim. Sinto-me mais confiante. Durante as poucas horas que passo com ele, mergulho em mim mesmo para saber o que *estou* sentindo. É um trabalho árduo, mas quero *saber*. Durante a maior parte do tempo, tenho confiança nele e isso me ajuda. Sinto-me vulnerável e inexperiente, mas sei que ele não me quer mal e creio mesmo que se interessa por mim. Ocorre-me que, ao tentar mergulhar cada vez mais profundamente em mim mesmo, se eu pudesse captar o que se passa em mim e compreender o que isso significa, talvez soubesse quem sou e soubesse igualmente o que fazer. Pelo menos isso me acontece algumas vezes quando estou com ele.

"Posso até dizer-lhe exatamente o que sinto em relação a ele num dado momento e, em vez de isso matar a relação, como eu antigamente receava, isso parece reforçá-la. Poder-se-á supor que serei capaz de viver igualmente os meus sentimentos com os outros? Talvez isso também não seja muito perigoso.

"Sinto-me flutuando na corrente da vida, muito perigosamente, sendo eu. Às vezes sou derrotado, outras vezes sou ferido, mas vou aprendendo que essas experiências não são fatais. Não *sei* exatamente *quem* sou, mas penso sentir minhas reações em cada momento determinado e elas parecem constituir uma base para meu comportamento, de momento a momento, muito aceitável. Talvez seja isso o que *quer dizer* ser *eu*. Mas, evidentemente, isso só é possível porque me sinto em segurança nas minhas relações com o terapeuta. Ou talvez seja capaz de ser eu mesmo também fora dessas relações? Talvez! Talvez possa."

    O que acabei de relatar não acontece com muita rapidez. Pode levar anos. Também pode, por razões que não compreendemos muito bem, não acontecer nunca. Mas pelo menos sugere-nos uma perspectiva interior da imagem objetiva que procurei apresentar do processo psicoterapêutico, tal como se desenrola tanto no terapeuta como no cliente.

Terceira Parte
O processo de tornar-se pessoa

> Dediquei-me a observar o processo pelo qual um indivíduo cresce e se modifica numa relação terapêutica.

Capítulo 5
Algumas direções do processo terapêutico[1]

Na segunda parte, embora haja breves descrições do processo de mudança no cliente, a ênfase principal estava na relação que torna essa mudança possível. Neste capítulo e no seguinte trataremos muito mais especificamente da natureza da experiência que o cliente tem da mudança nele mesmo.

Sinto uma afeição particular por este capítulo. Foi escrito em 1951-1952, numa época em que realizava um grande esforço para sentir, e depois exprimir, os fenômenos que pareciam ser centrais na terapia. Acabava de publicar o meu livro Client-Centered Therapy, mas já me sentia insatisfeito com o capítulo sobre o processo terapêutico, que tinha sido escrito, como é natural, dois anos antes. Eu pretendia encontrar um meio mais dinâmico de comunicar o que acontece à pessoa.

Peguei então o caso de uma cliente cuja terapia se revestira para mim de grande importância e que eu estudara igualmente do ponto de vista da investigação, e, a partir dessa base, procurei exprimir as percepções que ensaiava do processo terapêutico tais como me afloravam. Sentia-me cheio de coragem e, ao mesmo tempo, muito inseguro de mim mesmo, ao afirmar que, num tratamento com bom resultado, os clientes parecem adquirir uma real afeição por si próprios. Sentia-me no entanto ainda mais inseguro ao propor a hipótese de que o fundo da natureza humana é essencialmente positivo. Não podia prever que as duas afirmações iriam ter uma confirmação cada vez maior na minha experiência.

O processo da psicoterapia, tal como o fomos aprendendo a partir da orientação centrada no cliente, é uma experiência única e dinâmica, diferente de indivíduo para indivíduo, mas patenteando uma lei e uma ordem espantosas na sua generalidade. Embora me sinta cada vez mais impressionado pelo caráter inevitável de muitos aspectos desse processo, exaspera-me de uma forma crescente o gênero de perguntas que se fazem a esse respeito: "Curará uma neurose obsessiva?", "Não pretende certamente que isso apague um estado psicótico de base?", "É adequado para resolver problemas conjugais?", "Pode aplicar-se aos gagos ou aos homossexuais?", "As curas são permanentes?". Essas questões e outras do mesmo gênero são tão compreensíveis e tão razoáveis como procurar saber se os raios gama podem curar as frieiras. São, porém, as erradas, segundo creio, quando se procura aprofundar os conhecimentos sobre a natureza da psicoterapia ou o seu campo de aplicação. Nesse capítulo, vou levantar uma questão que parece muito mais vital sobre esse processo apaixonante e legítimo que designamos terapia, esperando poder dar uma resposta parcial.

Permitam-me que apresente a questão do seguinte modo: quer seja devido à sorte, a uma compreensão penetrante, ao conhecimento científico, a uma arte exímia nas relações humanas ou à combinação de todos esses elementos, aprendemos a iniciar um processo possível de ser descrito e que revela uma série de fases que se sucedem segundo uma determinada ordem, mais ou menos idêntica de um cliente para outro. Conhecemos pelo menos algumas atitudes necessárias para desencadear o processo. Sabemos que, se o terapeuta adotar interiormente em relação ao seu cliente uma atitude de profundo respeito, de aceitação total do cliente tal como ele é e de confiança nas suas potencialidades para resolver seus próprios problemas; se essas atitudes estiverem impregnadas de suficiente calor para se transformarem numa simpatia ou numa afeição profundas pela pessoa; se se atingir um nível de comunicação onde o cliente pode começar a perceber que o terapeuta compreende os sentimentos que está experienciando e que os aceita a um profundo nível de compreensão, nesse momento podemos estar certos de que iniciou o processo terapêutico. Então, em vez de procurarmos insistir em que esse processo serve para objetivos que temos em mente (por mais louváveis que possam ser esses objetivos), coloquemos a única questão que pode fazer realmente progredir a ciência. E a questão é esta: "Qual é a natureza deste processo? Quais parecem ser suas características intrínsecas, que direção ou direções adota, e quais são, se é que existem, os pontos de chegada deste processo?". Quando Benjamin Franklin observava a faísca que saltava da chave presa na corda do seu papagaio, não se preocupou, felizmente, com a aplicação imediata e prática da sua descoberta. Pelo contrário, começou a perguntar que processo básico tornavam possível um tal fenômeno. Embora muitas das respostas que surgiram estivessem cheias de erros específicos, a busca era fecunda porque se fizera a pergunta adequada. Pela mesma razão, peço insistentemente que se proceda da mesma maneira em relação à psicoterapia, e se procure com a mente aberta descrever, estudar e compreender o processo básico em que se fundamenta a terapia, ao invés de falseá-lo para que se adapte às nossas necessidades clínicas, aos nossos dogmas preconcebidos ou aos elementos evidentes em qualquer outro domínio. Examinemo-lo pacientemente para saber o que ele *é* em si *mesmo*.

Tentei recentemente elaborar uma descrição da terapia centrada no cliente (3). Não vou repetir aqui essa descrição, senão para dizer que dos dados provenientes da prática e da investigação parecem emergir certas características persistentes no processo: aumento do discernimento quanto ao mundo interno da maturidade dos comportamentos relatados, de atitudes mais positivas, à medida que a psicoterapia progride; alterações da percepção e da aceitação de si; incorporação de experiências previamente negadas na estrutura do eu; mudança de orientação da fonte de avaliação, passando do exterior para o interior; transformações na relação terapêutica; alterações características na estrutura da personalidade, no comportamento e nas condições fisiológicas.

Seja qual for a imperfeição de algumas dessas descrições, elas representam uma tentativa de compreensão do processo da terapia centrada no cliente tal como ele é em si mesmo, como se revela na experiência clínica, na gravação integral das entrevistas e em mais de quarenta estudos que se fizeram nesse campo.

Meu objetivo nesse capítulo é ir mais além desse material e formular algumas tendências da terapia que pouco se enfatizou. Gostaria de descrever algumas das direções e dos pontos de chegada que parecem ser inerentes ao processo terapêutico e que só recentemente começamos a distinguir com suficiente clareza; que parecem representar ensinamentos muito significativos, mas sobre os quais ainda não existem trabalhos de investigação. Procurando representar da maneira mais adequada estes elementos, vou buscar exemplos nas entrevistas gravadas com uma cliente. Limitarei igualmente minha discussão ao processo terapêutico centrado no cliente, pois cheguei à conclusão, embora relutante, de que é possível que o processo, as direções e os pontos de chegada da terapia variem conforme as orientações terapêuticas.

A vivência do eu potencial

Um dos aspectos do processo terapêutico que se torna evidente em todos os casos pode designar-se como a consciência da experiência ou mesmo como "a vivência da experiência". Empreguei nesse ponto a expressão "vivência do eu", embora essa expressão não seja completamente exata. Na segurança da relação com um terapeuta centrado no cliente, na ausência de qualquer ameaça presente ou possível contra o eu, o cliente pode permitir-se examinar diversos aspectos da sua experiência exatamente da mesma maneira que os sente, tal como os apreende através do seu sistema sensorial e visceral, sem os distorcer para adaptá-los ao conceito existente de eu. Muitos desses aspectos revelam-se em extrema contradição com o conceito de eu e não poderiam normalmente ser experimentados plenamente, mas, nessa relação de confiança, o cliente pode permitir que se manifestem na consciência sem sofrerem uma deformação. Seguem então muitas vezes o seguinte esquema: "Eu sou isso e aquilo, mas experimento esse sentimento que não tem qualquer relação com aquilo que sou"; "Gosto dos meus pais, mas sinto um surpreendente rancor em relação a eles, de tempos em tempos", "Realmente não valho nada, mas às vezes tenho a impressão de ser melhor do que qualquer um". Assim, de início, a expressão é: "Sou um eu que é diferente de uma parte da minha experiência." Mais tarde, isso se transforma num esquema provisório: "Talvez eu seja alguns *eus* muito diferentes, ou talvez o meu eu encerre mais contradições do que aquelas que eu imaginava." Mais tarde ainda, o esquema é: "Tinha certeza de que eu não podia ser a minha experiência – era demasiado contraditória – mas agora começo a acreditar que posso ser o *todo* da minha experiência."

Talvez possa fazer compreender algo da natureza desse aspecto da psicoterapia, utilizando excertos das entrevistas com a Sra. Oak. A Sra. Oak, dona de casa, casada, perto dos quarenta anos, tinha dificuldades conjugais e com a família quando veio se tratar. Ao contrário de muitos clientes, interessava-se viva e espontaneamente pelos processos que sentia desenrolarem-se dentro de si, e as entrevistas gravadas contêm muito material, conforme seu próprio quadro de referência, sobre sua percepção do que estava acontecendo. Tinha assim tendência para exprimir o que parece estar implícito em muitos clientes, mas que estes não formulam verbalmente. É essa a razão pela qual a maior parte dos excertos nesse capítulo foram tirados desse caso.

No início da quinta sessão, ela descreve a sua tomada de consciência do que vínhamos discutindo.

Cliente: Tudo isso é muito vago. Mas quer saber a ideia que me ocorre constantemente: para mim todo esse processo é exatamente como se estivesse examinando peças de um quebra-cabeça. Agora parece-me que estou examinando os fragmentos que não querem dizer realmente grande coisa. Provavelmente tenho-os simplesmente na mão, mas sem conseguir sequer ver o desenho. É isto o que me ocorre constantemente. E acho isso interessante, porque a verdade é que detesto quebra-cabeça. Sempre me irritaram. Mas é isso o que sinto. Quer dizer que pego nos pedacinhos (*ela gesticula durante a conversa para ilustrar suas afirmações*) que não têm absolutamente nenhum sentido, exceto o fato de sentir que os tenho simplesmente na mão sem ver onde os colocar, mas só por pegá-los penso que eles devem se encaixar em algum lugar por aqui.

Terapeuta: Pois bem, de momento é esse o processo, está precisamente sentindo a textura, a forma e a configuração dos diferentes elementos, com uma vaga ideia de fundo de que, de fato, isso se deve arrumar de alguma maneira, mas a maior parte da atenção está concentrada sobre: "Qual é a sensação que isso me provoca? Qual é a sua textura?"

C: É isso. É como uma coisa física. Um, um...

T: Não é capaz de descrevê-lo sem usar as mãos. Um sentimento real, quase sensorial...

C: É isso mesmo. De novo é, é um sentimento de ser muito objetiva e, contudo, nunca estive tão próxima de mim mesma.

T: Assim como se estivesse fora de você olhando-se e, ao mesmo tempo, de alguma forma estando mais próxima de si do que...

C: Hum... Sim... e, no entanto, pela primeira vez em muitos meses não estou pensando nos meus problemas. De fato não estou, não estou trabalhando neles.

T: Tenho a impressão de que não está de nenhum modo trabalhando na resolução dos "meus problemas". Não é esse o sentimento, de modo algum.

C: Está certo. Está certo. Suponho que o que eu realmente queria dizer era que não estou procurando reunir o quebra-cabeça, como, como alguma coisa de que eu tivesse que ver no desenho. Talvez, pode ser que eu, de fato, esteja gostando desse processo de sentir. De qualquer modo, com certeza estou aprendendo alguma coisa.

T: Pelo menos, há uma impressão de que aquilo que conta no imediato é ter essa sensação, e não que esteja fazendo isto para ver um desenho, no quebra-cabeça. O que conta é a satisfação de ficar realmente conhecendo cada peça. É isso...

C: É isso. É isso. E ele ainda se torna esta espécie de sensualidade, este tocar. É muito interessante. Às vezes não é totalmente agradável, é claro, mas...

T: Uma experiência de tipo muito diferente.

C: Sim. Totalmente.

Este excerto mostra com toda clareza como é que os elementos se tornam conscientes, sem que o paciente faça um esforço para os considerar como uma parte de si ou para os relacionar com outros elementos da consciência. É, para ser tão rigoroso quanto possível, a tomada de consciência de um vasto campo de experiência, sem pensar, de momento, na sua relação com o eu. Mais tarde, poderá reconhecer-se que o que foi experimentado poderia se integrar no eu. Foi por isso que intitulei esta seção "A vivência do eu potencial".

O fato de que se trata de uma forma de experiência nova e não habitual é expresso de uma maneira verbalmente confusa, mas emocionalmente muito clara, durante a sexta entrevista.

C: Bem... pus-me a pensar que durante estas sessões, bem... eu estava como que a cantar uma canção. Agora isso soa vago e... bem... não estou cantando, é antes uma espécie de canção sem nenhuma música. Talvez uma espécie de poema. E eu gosto da ideia, quero dizer, isto parece vir a mim, sem nada de construído, de nada. E, seguindo isto, veio-me, veio-me outro tipo de sentimento. Bem, dei por mim a perguntar se seria esta a forma que os casos tomam. É possível que eu esteja justamente a verbalizar e por uns instantes intoxicada com as minhas próprias palavras? E depois disso, bem... veio-me, bem, estou lhe fazendo perder tempo? E depois, uma dúvida, uma dúvida. Nesse momento ocorreu-me uma coisa... bem... não sei de onde me veio. Não há qualquer ligação lógica. A ideia que me veio foi essa: estamos fazendo pedacinhos, hum, não estamos indefesos ou hesitantes, nem preocupados ou muito interessados quando, quando os cegos aprendem a ler com os dedos, Braille. Não sei, talvez seja uma coisa assim, está tudo misturado. É talvez isso o que estou sentindo agora.

T: Vamos ver se consigo acompanhar essa sequência de sentimentos. Em primeiro lugar, é como se...e parece-me que está tendo uma sensação muito positiva, é como se estivesse prestes a criar uma espécie de poema aqui – uma canção sem música alguma, mas alguma coisa de muito criativo e, ao mesmo tempo o, o sentimento de um grande ceticismo com relação a isso. "Estou, talvez, dizendo apenas palavras, sendo levada, precisamente, por palavras que eu, que eu falo e que, talvez tudo isso seja, realmente, uma porção de bobagens." E em seguida vem o sentimento de que talvez você esteja próxima de aprender um novo modo de experienciar que pode ser tão radicalmente novo quanto para um cego a tentativa de descobrir o sentido daquilo que ele sente com os dedos.

C: Hum. Hum (*pausa*)... E às vezes penso comigo mesma, bem, talvez pudéssemos falar disto ou daquilo. E depois, quando chego aqui, isso não quer dizer nada, parece falso. Há esta onda de palavras que apesar de tudo não parecem forçadas e, depois, de tempos em tempos, a dúvida volta. Bem, parece tomar forma de, talvez você esteja apenas fazendo música... Talvez seja por isso que eu hoje tenho dúvidas de, de tudo isso, porque é qualquer coisa que não é forçado. E realmente sinto que o que eu devia fazer era sistematizar tudo isso. Devia fazer um esforço e...

T: Uma espécie de questionamento profundo sobre o que eu estou fazendo com um eu (*self*) que não se, não se esforça para *fazer, resolver as coisas*? (*Pausa*)

C: E, no entanto, o fato é que eu, eu gosto realmente dessa outra espécie de coisa, não sei, talvez um sentimento pungente, quer dizer, é um sentimento que eu nunca tinha tido antes. Pois, *gosto* disso. Talvez seja assim que se deve fazer. Simplesmente hoje não sei.

Aqui está a mudança de perspectiva que ocorre quase invariavelmente em qualquer terapia um pouco profunda. É possível representá-la esquematicamente do seguinte modo: "Vim para resolver problemas e agora descubro que estou pura e simplesmente experienciando a mim mesmo?". E, tal como com a paciente que acabamos de mencionar, essa mudança de perspectiva é geralmente acompanhada de uma formulação intelectual de que isso está errado e de apreciação emotiva do fato de que "isso faz bem".

Podemos, portanto, concluir esta seção dizendo que uma das direções fundamentais que o processo terapêutico toma é o vivenciar livremente as reações sensoriais e viscerais reais do organismo, sem demasiado esforço para relacionar essas experiências com o eu. Isto é geralmente acompanhado da convicção de que esses dados não pertencem ao eu nem podem ser integrados nele. O ponto final do processo é o momento em que o cliente descobre que pode *ser* a sua experiência, com toda a sua variedade e contradição superficial; que ele pode se definir a partir da sua própria experiência, em vez de tentar impor uma definição do seu eu à sua experiência negando-se a tomar consciência dos elementos que não entram nessa definição.

A vivência integral de uma relação afetiva

Um dos elementos da terapia de que mais recentemente tomamos consciência é o quanto a terapia é para o cliente, a aprendizagem de uma aceitação plena e livre, sem receio, dos sentimentos positivos de outra pessoa. Não é um fenômeno que ocorra com muita clareza em todos os casos de longa duração, mas, mesmo nesses, não se produziu uniformemente. No entanto, é uma experiência tão profunda que fomos levados a perguntar se não se trataria de uma direção muito importante no processo terapêutico, que, em todos os casos bem-sucedidos, talvez se verifique em certa medida, a um nível não verbalizado. Antes de discutir esse fenômeno, vamos dar-lhe uma certa consistência citando a experiência da Sra. Oak. A experiência impressionou-a subitamente, entre a vigésima nona e a trigésima sessão, tendo gasto quase toda a sessão seguinte a discuti-la. Foi deste modo que ela abriu a trigésima sessão.

C: Bem, fiz uma notável descoberta. Sei que... (*ri*) descobri que você está realmente *interessado* no que se passa. (*Riem ambos.*) Tive a sensação... isto é... uma coisa assim como um "talvez eu a deixe entrar no jogo". E... você vê, num exame escrito teria sabido responder muito bem, ou seja... de repente, veio-me uma ideia... nessa coisa entre o terapeuta e o cliente... isto o *interessa realmente*. Foi uma revelação, uma... nada. Não sou capaz de descrever. Foi uma... bem, o mais exato seria dizer uma espécie de relaxamento, não, uma... quebra de tensão, mas uma... (*pausa*) um endireitar-se sem tensão, se é que isto tem algum significado. Eu não sei.

T: Dir-se-ia que isso não é uma ideia nova, mas uma nova *experiência* de um *sentimento* real de que eu me interessava pelo assunto e, se bem compreendi, um desejo seu de que eu me interessasse.

C: Sim.

Essa aceitação do terapeuta e do seu interesse caloroso foi sem dúvida um dos traços mais profundos da terapia nesse caso particular. Numa entrevista que se seguiu à conclusão da terapia, ela menciona espontaneamente essa experiência como a mais importante. Que é que isso quer dizer?

Certamente não se trata de um fenômeno de transferência e contratransferência. Alguns psicólogos experientes que tinham sido psicanalisados tiveram oportunidade de observar o desenrolar da relação em um caso que não o citado. Foram os primeiros a levantar objeções contra o emprego dos termos transferência e contratransferência para descrever esse fenômeno. O essencial das suas afirmações consistia em que se tratava de algo de recíproco e apropriado, ao passo que a transferência e a contratransferência são fenômenos cuja característica é realizarem-se unicamente num sentido e serem inadequados às realidades da situação.

Sem dúvida que uma das razões por que este fenômeno se verifica com maior frequência na nossa experiência é que, como terapeutas, passamos a temer menos os nossos sentimentos positivos (ou negativos) em relação ao cliente. Durante a terapia, o sentimento de aceitação e de respeito do terapeuta em relação ao cliente tende a transformar-se em alguma coisa que se aproxima da admiração, à medida que vamos assistindo à luta profunda e corajosa que a pessoa trava para ser ela própria. Penso que há no terapeuta uma experiência profunda da comunidade subjacente – dever-se-ia dizer da fraternidade? – dos homens. Por conseguinte, ele sente em relação ao cliente uma reação afetiva, calorosa e positiva. Isso coloca um problema ao cliente que, muitas vezes, como nesse caso, acha difícil aceitar o sentimento positivo de outra pessoa. Mas, uma vez que o aceitou, a reação inevitável por parte do cliente é a de se descontrair, de permitir que o calor e a afeição do outro reduzam a tensão e o medo que o rodeiam para olhar a vida de frente.

Mas estamos indo muito depressa. Examinemos alguns dos outros aspectos dessa experiência, tal como foi vivida pela cliente. Nas primeiras sessões, ela falara do fato de *não* gostar da humanidade e, de uma maneira vaga e obstinada, sentir que tinha razão, mesmo que os outros pensassem que ela estava errada. Volta a mencionar o fato, discutindo como essa experiência esclareceu a sua atitude em relação aos outros.

C: A coisa que me ocorreu a seguir, e em que pensei durante muito tempo, é mais ou menos... e não sei bem por que... a mesma espécie de interesse que sinto quando digo "Não gosto da humanidade". O que foi sempre, quer dizer, que eu sempre estive convencida disso. Isso significa portanto, não é... eu sabia que era uma boa coisa, sabe. E eu penso que isso me esclareceu... o que isto tem a ver com a presente situação, não sei. Mas descobri isso, não, eu não gosto, mas me *interesso* muitíssimo.

T: Hum. Hum. Entendo...

C: Eu podia exprimir isto melhor dizendo que me toca muito de perto tudo o que acontece. Mas o interesse, a preocupação é um... toma a forma de... a sua estrutura é a de tentar compreender e não querer deixar-se tomar, ou contribuir para essas coisas que eu sinto que são falsas e... parece-me que no... no amor há uma espécie de fator *definitivo*. Se o faz, fê-lo, por assim dizer, *bastante*. É um...

T: É *isso*, por assim dizer.

C: Sim. Parece-me que essa outra coisa, esse interesse, não é uma boa palavra... quer dizer, seria provavelmente necessária outra coisa para descrever este sentimento. Dizer que é alguma coisa de impessoal não significa nada, pois não é uma coisa impessoal. Quer dizer, eu sinto que é muito mais parte de um todo. Mas é alguma coisa que não para... Parece-me que se podia ter este sentimento de que se gosta da humanidade, de que se gosta das pessoas e, ao mesmo tempo, contribuir para os fatores que tornam as pessoas neuróticas, que as tornam doentes... quando o que eu sinto é uma resistência a essas coisas.

T: Interessa-se o suficiente para querer compreender e para querer evitar contribuir de alguma maneira que seja para aumentar as neuroses ou estes aspectos na vida humana.

C: Sim. E isso é... (*pausa*). Sim, é qualquer coisa desse gênero... Bem, tenho de voltar a falar do que sinto a propósito dessa outra coisa. É... não fui realmente chamada a dar-me a mim mesma como... como num leilão. Não há nada de definitivo... É uma coisa que me perturbava algumas vezes quando era forçada a dizer a mim mesma "não gosto da humanidade" e, mesmo assim, sempre soube que havia alguma coisa de positivo. Que eu tinha provavelmente razão. E... talvez eu esteja agora completamente enganada, mas parece-me que isto está ligado de uma certa maneira com o... com o sentimento que eu agora tenho, que o valor terapêutico pode ser permanente. Não, agora não posso estabelecer a ligação, não posso explicar-me melhor... bem, quer dizer que o processo de aprendizagem, o prosseguimento da minha realização... sim, você se *interessa* pela situação criada. É tão simples como isso. Nunca tinha tomado consciência antes. Eu teria podido fechar a porta e ir-me embora e ao falar sobre terapia dizer, sim, o terapeuta deve ter estes ou aqueles sentimentos, mas, quer dizer, eu não teria tido a experiência dinâmica.

Nessa parte da entrevista, apesar da dificuldade que experimenta em traduzir seus sentimentos, parece que o que ela está dizendo seria igualmente característico da atitude do terapeuta em relação ao cliente. Sua atitude, no pior dos casos, está desprovida desse aspecto de *quid pro quo* da maior parte das experiências a que chamamos amor. É muito simplesmente o sentimento que impele um ser humano para o outro, sentimento que me parece ainda mais fundamental do que o instinto sexual ou os sentimentos familiares. É um interesse pelo outro suficientemente grande para que não se deseje interferir no seu desenvolvimento ou servir-se dele para fins egoístas. A satisfação vem do fato de tê-lo deixado livre para crescer à sua maneira.

A nossa cliente explica em seguida como tinha sido difícil para ela no passado aceitar qualquer ajuda ou os sentimentos positivos dos outros e como a sua atitude está mudando.

C: Eu sinto... que se deve fazer as coisas mais ou menos sozinha, mas que também se deve ser capaz de fazê-lo com outras pessoas. (*Ela menciona que houve "inúmeras" circunstâncias em que poderia ter aceitado a simpatia e a gentileza dos outros.*) Sinto que devia ter medo de que isso me destruísse. (*Ela volta a falar das suas relações com o terapeuta e dos seus sentimentos para com ele.*) Quer dizer que eu devia abrir o caminho por mim mesma. Quase até... parece-me... que procurei dizer por palavras em determinada ocasião... uma espécie de... às vezes eu não queria mesmo que você reformulasse, não queria que refletisse, a coisa era *minha*. É claro que posso dizer que era uma resistência. Mas isso não significa que agora me preocupe, quer dizer... porventura em certos momentos, na relação... essa coisa particular... tinha o sentimento muito forte de que era minha, de que é *minha*. Era preciso que eu me desembaraçasse sozinha. Compreende?

T: É uma experiência extremamente difícil de exprimir com precisão por palavras e no entanto parece-me que há aqui uma diferença nas relações que, partindo do sentimento de que "isto é meu", "eu preciso que seja eu a fazê-lo", "vou fazê-lo", etc., chegou a um sentimento um pouco diferente "eu posso deixá-lo ocupar-se também disso".

C: Sim. Pois... bem... é isso, será o que se poderia chamar o segundo volume. Enfim, pois... eu ainda estou sozinha na coisa, mas eu *não* sou... entende... eu sou...

T: Hum. Sim, essa espécie de paradoxo resume a situação, não é?

C: É isso.

T: Em todo caso, há um sentimento, existe ainda... qualquer aspecto da minha experiência que é meu e isto é inevitável e necessário. E no entanto, isto não é o quadro todo. Apesar de tudo pode-se participar ou mostrar interesse pelo outro e, de alguma maneira, isso é novo.

C: Sim, é isso. É como se fosse, como se as coisas devessem ser assim. Quer dizer... como isso tinha de ser. Há... há o sentimento de que "isto é bom". Pois, isso exprime bem o que quero dizer, torna-o mais claro. Tenho o sentimento, a propósito desse... desse interesse que você mostra pelo assunto, que você está lá atrás, não muito perto, e eu quero abrir um caminho para essa coisa, é como ir cortando mato e você também faz o mesmo, não se sente embaraçado por seguir esse caminho. Eu não sei. Isto não faz sentido. Quer dizer...

T: Exceto que tem um sentido muito real da justeza deste sentimento que experimenta, não é?

C: Hum, hum.

Não se poderá dizer que esses trechos retratam o cerne do processo de socialização? Descobrir que *não* se é destruído por se aceitar os sentimentos positivos que vêm dos outros, que isso não faz necessariamente mal, que na realidade "uma pessoa sente-se bem" quando tem alguém consigo nas lutas para enfrentar a vida – este é talvez um dos mais profundos aprendizados que o indivíduo poderá encontrar, estando ou não em terapia.

A Sra. Oak descreve alguns aspectos da novidade e do nível não verbal dessa experiência no fim da trigésima sessão.

C: Estou tendo uma experiência de um novo tipo, um... provavelmente a única lição que vale a pena, um... eu sei que tenho... eu sempre disse que o que sei não me ajuda aqui. O que eu quero dizer é que os conhecimentos que adquiri não me servem de ajuda. Contudo, parece-me que o processo de aprendizagem aqui foi de tal modo dinâmico, de tal maneira uma parte de... uma parte de tudo, ou seja, de mim, se eu não tirar senão isso, é alguma coisa que... enfim, espanto-me se algum dia for capaz de expor em forma de conhecimento o que aqui experimentei.

T: Em outras palavras, o que aqui aprendeu foi de um tipo completamente diferente e um nível muito mais profundo, muito vital, muito real. E foi muito importante para si, mas a questão que coloca é esta: será que poderei formar uma imagem intelectual clara do que se passou nesse nível de aprendizagem mais profundo?

C: Hum... qualquer coisa assim.

Aqueles que pretendessem aplicar à terapia as chamadas leis da aprendizagem, extraídas da memorização de sílabas sem sentido, fariam bem em estudar este excerto cuidadosamente. A aprendizagem tal como ocorre na terapia é algo total, organísmico, frequentemente não verbal, que pode seguir ou não os princípios que regem a aprendizagem intelectual de dados sem importância e sem qualquer relação com o eu. Isto, porém, é uma digressão.

Concluamos esta seção reformulando os seus aspectos essenciais. Parece ser possível que uma das características da terapia profunda ou significativa é que o cliente descobre que não é destrutivo admitir plenamente na sua própria experiência o sentimento positivo que uma outra pessoa, o terapeuta, mantém em relação a ele. Talvez uma das razões que tornam essa experiência tão difícil é que ela implica fundamentalmente a aceitação desse sentimento: "Eu sou digno de que gostem de mim." É este o ponto que vamos estudar na seção seguinte. De momento, pode se sublinhar que esse aspecto da terapia é uma vivência livre e total de uma relação afetiva que se pode formular em termos gerais da seguinte maneira: "Posso permitir que alguém se preocupe comigo e posso aceitar plenamente sem qualquer reserva esse interesse. Isto me permite reconhecer que eu também me preocupo e me interesso profundamente pelos outros."

A afeição em relação a si mesmo

Nos vários artigos e pesquisas publicados sobre a terapia centrada no cliente, insistiu-se na aceitação de si como sendo uma das direções e um dos resultados da terapia. Estabelecemos o fato de que, numa psicoterapia bem-sucedida, as atitudes negativas em relação ao eu diminuem e as atitudes positivas aumentam. Medimos o aumento progressivo da aceitação de si e estudamos o crescimento correlativo da aceitação do outro. Mas, ao examinar essas fórmulas e ao compará-las com o nossos casos mais recentes, ficamos com a impressão de que não são inteiramente verídicas. O cliente não apenas se aceita – expressão que pode arrastar consigo a conotação de uma aceitação relutante e sem agrado do inevitável – mas chega a *gostar* de si verdadeiramente. Não se trata de uma presunção ou de uma maneira de se afirmar: é mais uma satisfação tranquila de ser quem se é.

A Sra. Oak ilustra perfeitamente esse aspecto na trigésima terceira entrevista. É significativo que essa entrevista se passe dez dias depois daquela em que foi capaz de admitir, pela primeira vez, que o terapeuta se interessava realmente pelo seu caso? Sejam quais forem as nossas teorias sobre esse ponto, esse fragmento traduz muito bem a alegria tranquila de ser quem se é, ao mesmo tempo que a atitude de desculpa que, na nossa cultura, as pessoas pensam que se deve ter em face de uma experiência desse gênero. Nos últimos minutos da entrevista, sabendo que o seu tempo está prestes a terminar, ela diz:

C: Uma coisa que me incomoda... eu vou ser breve porque posso em qualquer momento voltar a isso... um sentimento que eu nem sempre posso repelir. O sentimento de estar completamente satisfeita comigo mesma. Outra vez a técnica Q^2. Saí daqui uma vez e impulsivamente tirei o meu primeiro cartão, "eu sou uma personalidade atraente"; olhei para o cartão com uma certa consternação, mas deixei-o lá, isto é, honestamente era isso exatamente o que eu pensava, enfim, isto aborreceu-me e agora compreendi o que se passa. De tempos em tempos, tenho como que um sentimento agradável, nada superior, mas precisamente... não sei... mas agrada-me. É muito nítido. E isso aborreceu-me. No entanto, admiro-me... raramente me lembro das coisas que aqui disse, mas perguntei a mim mesma por que é que estava convencida e ao mesmo tempo refletia sobre o que senti, quando magoada... é o que sinto quando ouço alguém dizer a uma criança "não chores". Sempre pensei: não está certo, se ela chora é porque tem um desgosto, deixem-na chorar. Pois bem, esse sentimento de satisfação que eu tenho... comecei recentemente a sentir que é... algo de muito parecido. É... nós não nos opomos a que as *crianças* se sintam satisfeitas consigo mesmas. É... quer dizer, não é realmente vaidade. É... talvez seja assim que as pessoas *devam* sentir.

T: Você quase se censurou por experimentar esse sentimento e, apesar de tudo, vai mais longe e consegue ver os dois aspectos da realidade: se uma criança tem vontade de chorar, por que é que não há de chorar? E se quer sentir-se satisfeita consigo mesma, não terá o pleno direito de se sentir satisfeita consigo mesma? E isso parece estar relacionado com o que está dizendo, que me parece ser uma apreciação de si mesma que experimenta de tempos em tempos.

C: Sim, sim.

T: "Sou realmente uma pessoa bastante rica e interessante."

C: Algo de semelhante a isso. E então digo a mim mesma: "A nossa sociedade nos obriga a dar voltas e o perdemos". E volto às minhas ideias sobre as crianças. Talvez elas sejam mais ricas do que nós. Talvez nós... foi alguma coisa que nós perdemos quando crescemos.

T: Talvez elas tenham uma sabedoria que nós perdemos...

C: Deve ser isso. Acabou o meu tempo.

Ela atinge nesse ponto, como muitos outros clientes, a realização, hesitante e constrangida, de que passou a gostar de si, apreciar-se, estar contente consigo mesma. Temos a impressão de uma alegria espontânea, livre, de uma *joie de vivre*[3] primitiva, qualquer coisa de análogo às cambalhotas de um cabrito no prado ou dos saltos graciosos de um golfinho nas ondas. A Sra. Oak tem a impressão de que se trata de uma coisa natural ao organismo, à criança recém-nascida, algo que perdemos ao longo do processo do nosso crescimento.

Esse caso apresentou já um sinal precursor de tal sentimento, num incidente que talvez torne mais clara a sua natureza fundamental. Na nona entrevista, a Sra. Oak revela com certo embaraço algo que sempre guardou para si. O fato de ela ter tido dificuldade em exprimi-lo manifestou-se por ela ter feito preceder a confissão de uma pausa muito longa, que durou alguns minutos. Depois falou:

C: Sabe, é completamente idiota, mas eu nunca disse isso a ninguém (*ri nervosamente*) e isto me fará bem. Durante anos, talvez desde a minha juventude, tinha eu provavelmente dezessete anos, sentia o que designava para mim mesma como "raios de sanidade". Nunca disse isto a ninguém (*outro riso embaraçado*) e, no entanto, nesses momentos, sentia-me perfeitamente sã. E muito consciente da vida. E sempre com uma terrível preocupação, e uma grande tristeza, por ver até que ponto nos enganávamos no caminho. É precisamente a sensação que tenho de tempos em tempos de me sentir uma pessoa inteiramente normal num mundo terrivelmente caótico.

T: Isso tem sido passageiro e pouco frequente, mas há momentos em que lhe parece que todo o seu eu funciona e sente no mundo, um mundo verdadeiramente caótico, diga-se de passagem...

C: É isso. Quer dizer, conhecer realmente até que ponto nos enganamos, como estamos longe de sermos pessoas completamente sadias. E, evidentemente, não se fala nesses termos.

T: Sente que seria *perigoso* falar da pessoa que canta em você...[4]

    C: Onde vive essa pessoa?
    T: É quase como se não houvesse um lugar para essa pessoa existir.
    C: É claro, você sabe, isso torna-me... espere um momento... isso explica provavelmente por que é que eu me ocupo aqui sobretudo de sentimentos. É isso sem dúvida.
    T: Porque a sua pessoa total existe com todos os seus sentimentos. Tem mais consciência dos seus sentimentos, não será isto?
    C: Está certo. Não é, ela não rejeita os sentimentos e... é isso.
    T: Essa pessoa total que você é vive os sentimentos em vez de pô-los de lado.
    C: É isso (*pausa*). Suponho que de um ponto de vista prático se poderia dizer que o que devia fazer era tentar resolver alguns problemas, problemas do dia a dia. E, contudo, eu... o que eu tento fazer é resolver, resolver algo de diferente, algo que é grande, que é muito, mas muito mais importante do que os pequenos problemas do dia a dia. Talvez isto resuma tudo.
    T: Pergunto a mim mesmo se deformarei o seu pensamento dizendo que de um ponto de vista utilitário você devia passar o tempo pensando em problemas específicos. Mas se pergunta se não estará talvez à procura do seu eu total e se não será isso talvez mais importante do que a solução dos problemas do dia a dia.
    C: Penso que é isso. Penso que sim, que é isso. Deve ser sem dúvida o que eu queria dizer.

    Se nos for legitimamente possível reunir essas duas experiências, e se tivermos razão em considerá-las típicas, poderemos então dizer que, tanto no decurso da terapia como em breves experiências durante a vida, ela se viu a si própria de uma forma saudável e satisfatória, como uma pessoa total e que funcionava bem; e que essa experiência ocorre quando ela não rejeita os seus sentimentos, mas os vive.
    Nesse ponto me parece residir uma verdade importante e muitas vezes desprezada sobre o processo terapêutico. Este opera de modo a permitir à pessoa uma experiência integral, e plenamente consciente, de todas as suas reações, incluindo os seus

sentimentos e as suas emoções. Quando isso ocorre, o indivíduo sente uma afeição positiva por si mesmo, uma apreciação autêntica de si mesmo como uma unidade total de funcionamento, o que representa um dos mais importantes pontos de chegada da terapia.

A descoberta de que o centro da personalidade é positivo

Um dos conceitos mais revolucionários que se destacaram da nossa experiência clínica foi o reconhecimento progressivo de que o centro mais íntimo da natureza humana, as camadas mais profundas da sua personalidade, a base da sua "natureza animal", tudo isso é naturalmente positivo – fundamentalmente socializado, dirigido para diante, racional e realista.

Esse ponto de vista é tão estranho à nossa cultura atual que não tenho esperanças que venha a ser aceito, e é tão revolucionário nas suas implicações que não deveria ser aceito sem uma investigação profunda. Mas, mesmo se resistir à prova, será difícil de admitir. A religião, de modo particular a tradição cristã protestante, impregnou a nossa cultura da ideia de que o homem era fundamentalmente pecador e que só por milagre pode ser anulada a sua natureza pecadora. Em psicologia, Freud e os seus sucessores demonstraram com argumentos convincentes que o *id*, a natureza fundamental e inconsciente do homem, é constituído em primeiro lugar pelos instintos que, se pudessem se exprimir, levariam ao incesto, ao assassinato e a outros crimes. Todo o problema da terapia, tal como este grupo o vê, é saber como dominar essas forças selvagens, de uma forma saudável e construtiva, em vez de ser através das formas penosas da neurose. Mas aceita-se sem discussão o fato de o homem ser no fundo irracional, associal, destruidor dos outros e de si próprio. Há protestos ocasionais. Maslow (1) defende vigorosamente a natureza animal do homem, fazendo notar que as emoções antissociais – a hostilidade, a inveja, etc. – resultam da frustração dos impulsos mais profundos do amor, da segurança e da posse, que são em si mesmos desejáveis. Montagu (2) sustenta a tese de que a cooperação, mais do que a luta, é a lei fundamental da vida humana. Essas vozes solitárias, porém, são pouco escutadas. No conjunto, a opinião dos profissionais como dos não profissionais é de que o homem, tal como é na sua natureza básica, deve ser guardado sob controle, dissimulado, ou ambas as coisas.

Quando me debruço sobre os anos que passei na experiência clínica e na investigação, penso que demorei muito tempo para reconhecer a falsidade desse conceito popular e profissional. Creio que a razão disso residia no fato de que, na terapia, se revelam constantemente sentimentos hostis e antissociais, de modo que é fácil chegar à suposição de que esses sentimentos indicam a natureza profunda e, por conseguinte, a natureza fundamental do homem. Somente pouco a pouco foi se tornando evidente que esses sentimentos ferozes e associais não são nem os mais profundos nem os mais fortes e que o núcleo da personalidade do homem é o próprio organismo, que é essencialmente autopreservador e social.

Para dar um significado mais específico a essa discussão, voltemos ao caso da Sra. Oak. Uma vez que se trata de um aspecto importante, citarei algumas longas passagens da gravação do caso, para ilustrar esse tipo de experiência em que fui basear as minhas afirmações precedentes. Talvez esses excertos possam ilustrar a progressiva abertura da personalidade até atingir as suas camadas mais profundas.

Foi na oitava entrevista que a Sra. Oak levantou a primeira camada defensiva e pôs a descoberto uma amargura e um desejo de vingança.

C: O senhor sabe que neste domínio de, de perturbações sexuais, tive a impressão de que começo a descobrir que é realmente muito amargo. Eu... eu não entro em mim mesma... eu penso que provavelmente tenho a impressão de um certo elemento de... "ter sido enganada" (*a sua voz é muito tensa e a gar-*

ganta está contraída). Eu encobri tudo isso muito bem, até deixar de me preocupar conscientemente. Mas eu, eu fiquei espantada por verificar que na prática de, como dizer?... de uma espécie de sublimação, que precisamente por abaixo... outra vez palavras... há uma espécie de força passiva que é, é pas... muito passiva, ao mesmo tempo, *assassina*.

T: Há portanto o sentimento "fui realmente enganada. Recalquei e fingi que não me preocupava e que não dava importância mas, lá no fundo, há como que uma *amargura* latente, mas presente e muito, muito forte".

C: É muito forte. Eu... eu sei disso. É terrivelmente potente.

T: Quase como uma força dominadora.

C: De que raramente tenho consciência. Quase nunca... Bem, a única coisa que sou capaz de descrever é uma espécie de coisa criminosa, mas sem violência... É mais como que um sentimento de querer me vingar... E, evidentemente, não vou me vingar, mas gostaria. Realmente gostaria de me vingar.

Até aqui a explicação habitual parece aplicar-se perfeitamente. A Sra. Oak conseguiu ver por debaixo da superfície socialmente controlada do seu comportamento, e descobriu então um sentimento assassino de ódio e um desejo de vingança. Foi apenas muito mais tarde que ela aprofundou a exploração desse sentimento particular. Retoma o tema na trigésima primeira entrevista da terapia. Teve muita dificuldade em começar, sentia-se emocionalmente bloqueada e não conseguia captar o sentimento que nela se ia acumulando.

C: Tenho a impressão de que não é culpa (*pausa; chora*). É claro, quer dizer, não sou ainda capaz de exprimi-lo por palavras. (*Depois, num arranque de emoção*) Isso me fez um *mal terrível*!

T: Hum. Não há culpa exceto neste sentido de que você sofreu de certa maneira um rude golpe.

C: (*Chorando*) É que... sabe... culpei-me muitas vezes, mas mais tarde, quando ouvi alguns pais dizerem aos filhos "parem de chorar", isso me impressionou, fez-me mal, bem, por que é que eles lhes dizem para deixar de chorar? Compadecem-se de si mesmos e quem é que tem mais razões para se compadecer de si mesmo do que a criança? É como se... quer dizer... eu pensava que eles deviam deixar a criança chorar. E... também talvez terem pena dela. De uma maneira mais objetiva. Pois... isto é, é uma coisa desse gênero que eu experimentei. Quer dizer, agora... precisamente agora. E na... na...

T: Descreve um pouco melhor o sabor desse sentimento: é quase como se chorasse realmente por si própria.

C: Sim, é isso. E como vê, volta a haver um conflito. A nossa cultura é de tal maneira que... quer dizer, não nos devemos compadecer de nós mesmos. Mas talvez isto... parece-me que isso não tem totalmente esse sentido. Pode ser que sim.

T: Parece pensar que existe uma objeção cultural que a impede de sentir piedade de si mesma. E, no entanto, sente que o sentimento que experimenta não é de modo nenhum aquele que a cultura proíbe.

C: E, está claro, acabei por... ver e sentir que tudo isto, sabe... encobri tudo isso (*chora*). Mas o encobri com muita *amargura* e depois, por sua vez, tive de dissimular essa amargura. (*Chorando*) Era *disso* que me queria desembaraçar. Quase não *me preocupa* se isso me fizer sofrer.

T: (*Delicadamente e com ternura em face da dor que a sua cliente está vivenciando*) Você sente que aqui, na base da sua experiência, existe um sentimento de chorar realmente por si mesma. Mas *isso* você não pode mostrar, não deve mostrar, e por isso cobriu-o com uma capa de amargura de que não gosta e de que se queria desembaraçar. Tem a impressão de que preferira absorver o sofrimento, a... a sentir amargura (*pausa*). Parece-me dizer com muita força: eu *sofro* e tentei encobri-lo.

C: Eu não *sabia* disso.

T: Hum. É realmente como que uma nova descoberta.

C: (*Falando ao mesmo tempo*) Realmente nunca soube isso. Mas... sabe, é quase uma coisa física. É... é como se olhasse para dentro de mim mesma e visse toda a espécie de... terminações nervosas e pedaços de coisas como que esmagados (*chora*).

T: Como se alguns dos aspectos mais delicados da sua pessoa física tivessem sido esmagados ou feridos.

C: Sim. Sabe, tenho a sensação de que sou coitadinha (*pausa*).

T: Precisamente por não poder deixar de sentir uma grande pena pela pessoa que é.

C: Não penso que tenha desgosto pela pessoa toda; é um determinado aspecto da coisa.

T: Desgostoso por ver essa ferida.

C: Sim.

T: Hum. Hum.

C: E é claro que existe essa maldita amargura de que me quero livrar. Ela... ela me provoca perturbações. Porque é uma coisa estranha, faz-me fazer coisas estranhas (*pausa*).

T: Dir-se-ia que essa amargura é alguma coisa de que se queria desembaraçar porque sente que não lhe faz bem.

C: (*Chora. Um longo silêncio*) Não sei. Parece-me que tenho razão em pensar: ganharia alguma coisa em chamar a isto culpabilidade? Escorraçar coisas que fariam de mim um caso clínico interessante, digamos. Que *bem* isso me faria? Tenho a impressão de que... que a chave, a realidade, está no sentimento que experimento.

T: Podia procurar uma etiqueta e fazer de tudo para encontrá-la, mas sente que o essencial da situação é o tipo de experiência que está justamente tendo aqui.

C: É isso mesmo. Quer dizer, se... não sei o que vai acontecer a esse sentimento. Talvez não aconteça nada. Não sei, mas parece-me que o que eu poderia compreender faz parte desse sentimento de ter sido ferida de... não tem importância o nome que se lhe der (*pausa*). Então eu... não se pode andar... por aí com uma ferida de tal maneira exposta. Quer dizer que me parece que a próxima etapa do processo devia ser uma espécie de cura.

T: Parece que não pode se expor enquanto uma parte de si mesma estiver assim tão ferida e então pede para que primeiro se cure a ferida (*pausa*).

C: E, contudo, sabe... é uma coisa engraçada (*pausa*). Isto soa como a afirmação de uma completa confusão ou a velha ladainha de que o neurótico não quer renunciar aos seus sintomas. Mas isto não é verdade. Quer dizer, não é verdade no caso presente, mas é... espero unicamente que isto o leve a compreender aquilo que eu sinto. Não me importo de ter sido ferida. Quer dizer, ocorre-me justamente a ideia de que isso não me preocupa muito. É um... o que mais me preocupa... esse sentimento de amargura que é, eu sei, a causa desta frustração, quer dizer... isso é mais importante para mim.

T: Será que é isso? Que embora não goste da ferida, sente no entanto que pode aceitar esse fato. É suportável. Mas são as coisas que disfarçaram essa ferida, como a amargura, por exemplo, que precisamente nesse momento não pode suportar.

C: Sim. É justamente isso. Bem, é como se, parece-me, como se fosse, pois bem, algo com que eu posso lidar. Mas o sentimento de, bem, mesmo assim posso ainda aproveitar da vida. Mas essa outra coisa, quer dizer, essa frustração... isto é, chega por caminhos tão diferentes, estou começando a compreender, não é? Quer dizer, justamente esse tipo de coisa.

T: E uma ferida você pode aceitar. Faz parte da vida, exatamente da mesma maneira que tantas outras coisas. Pode aproveitar inúmeras coisas. Mas ter toda a sua vida embebida na frustração e na amargura, isso você não quer e tem agora maior consciência disso.

C: Sim. E agora não dá para disfarçar. Você entende, sinto-me muito mais consciente (*pausa*). Não sei. Precisamente neste momento, não sei qual será a próxima etapa. Realmente não sei (*pausa*). Felizmente, isso é uma espécie de desenvolvimento, e por isso... não tem uma grande influência sobre mim... quer dizer... o que estou querendo dizer é que, segundo creio, ainda funciono. Posso ainda divertir-me e...

T: Quer precisamente que eu fique sabendo que em muitas coisas continua a viver como sempre viveu.

C: Exatamente (*pausa*). Oh, tenho de parar e ir embora.

Nessa longa passagem, vimos claramente que, sob a amargura, o ódio, o desejo de ser vingar de um mundo que a feriu, há um sentimento muito menos antissocial, a experiência profunda de ter sido magoada. E fica igualmente bem patente que, nesse nível profundo, não tem qualquer desejo de pôr em prática os seus sentimentos criminosos. Ela os detesta e gostaria de se desembaraçar deles.

O próximo excerto foi tirado da trigésima quarta entrevista. Trata-se de um material muito incoerente, como o são com muita frequência as traduções verbais, quando um indivíduo procura exprimir algo de profundamente emotivo. Ela tenta aqui entrar no mais fundo de si mesma. Afirma que vai ser difícil exprimir-se.

C: Não sei se serei capaz de falar sobre isso ou não. Vou tentar. Qualquer coisa... quer dizer, é um sentimento... que... uma espécie de necessidade de colocar para fora. Eu sei que não é nada que venha a fazer sentido. Penso que talvez se consiga colocar um pouco para fora, bem, digamos, tornar isso um pouco mais objetivo, isso será uma coisa mais útil para mim. E eu não sei como... quer dizer, parece-me que o que quero dizer, que o que quero é falar sobre meu *eu*. Evidentemente que foi o que fiz durante todo esse tempo. Mas, não, isto... é o meu *eu*. Tomei recentemente consciência de que rejeitava certas afirmações porque elas me pareciam... não é exatamente o que eu quero dizer, me pareciam um pouco idealizadas demais. Isto é, posso lembrar-me sempre de dizer que isto é mais egoísta do que aquilo. Enfim... vem-me a ideia à cabeça começo a ver, sim, eu queria dizer exatamente isso, mas o egoísmo de que falo tem um sentido completamente diferente. Vinha usando um termo: "egoísmo". Tive depois a sensação de... eu nunca falei disto antes, de egoísmo... o que não significa nada. Vou continuar falando. Uma espécie de pulsação. E era qualquer coisa consciente, permanente. E ainda o é. E eu gostaria de ser capaz de utilizá-la, também... como uma espécie de descida para essa coisa. Entende, é como se... não sei... ora bolas! Ganhei de certa maneira alguma coisa e uma espécie de familiaridade nova com essa estrutura. Como se a conhecesse de cor. É uma tomada de consciência. Quer dizer... um sentimento de não ter sido enganada, não ter sido metida lá dentro, de não ser arrastada para a coisa, e um sentido crítico de conhecimento. Mas, de certa maneira, porque é uma coisa escondida, não pode fazer parte da vida de todos os dias. E, por outro lado, em determinados momentos, tenho um sentimento muito desagradável, mas, em outros momentos, não o acho assim tão mau. E por quê? Penso que sei. E isso... também me explica muitas coisas. É... é algo que está *totalmente* desprovido de ódio. Eu quero precisamente dizer *totalmente*. Não com amor, mas *totalmente sem ódio*. Mas é uma coisa excitante, também... penso que talvez eu seja o tipo de pessoa que... quer dizer, talvez goste de se atormentar ou que procura compreender as coisas até ao fundo, que tenta ver o conjunto. E eu disse a mim mesma, agora veja, é um tipo de sentimento muito forte que você tem. Não é constante. Entretanto você o sente algumas vezes e quando você se permite senti-lo, você o sente. Sabe, há termos para esse gênero de coisa em psicopatologia. Talvez isto pudesse ser o sentimento que se atribui às coisas sobre as quais a gente lê. Quer dizer, há elementos... quer dizer, esta pulsação, esta excitação, este conhecimento. E eu disse... eu compreendi uma coisa, quer dizer, eu fui muito, muito forte, como direi... uma sublimação do instinto sexual. Então pensei, bem é *isso*. Tinha realmente resolvido o problema. Não era nada senão isso. E durante um certo tempo fiquei muito satisfeita comigo mesma. Era isso. E depois tive de admitir que não, que não era isso. Porque havia qualquer coisa que eu tinha muito tempo antes de ter sido de tal maneira frustrada sexualmente. Quer dizer, não era... mas nisto... comecei a ver um pouco, no próprio centro da questão, uma aceitação das relações sexuais, única espécie que eu julgava que seria possível. Estava nessa coisa. Nada disso tinha sido... quer dizer, não tinha havido sublimação ou substituição do instinto sexual. Não. No que eu sei disso... é um outro tipo de sentimento sexual, tenho certeza. Quer dizer, despojado de tudo o que se associa com a vida sexual, se entende o que digo. Não havia busca, nem perseguição, nem luta, nem... bem, nenhuma espécie de ódio, como me parece acontecer habitualmente nessas coisas. E, no entanto, esse sentimento era, sem dúvida, um pouco perturbador.

T: Gostaria de ver se consegui captar algo do que isso significa para você. É como se tivesse feito a experiência de si mesma em profundidade, num conhecimento objetivo e, nesse sentido, se tivesse tornado mais *ego*-ísta*, e a noção de realidade... na

---
*Self-ish.

descoberta do que é o centro de si, como uma coisa separada de todos os outros aspectos, você chega à percepção, que é muito profunda e emocionante, de que o centro desse eu não é apenas ausência de ódio, mas é realmente algo mais parecido com um santo, alguma coisa realmente muito pura, é esse o termo que eu queria empregar. E que você podia tentar depreciar. Pode dizer que talvez seja uma sublimação, talvez uma manifestação patológica, uma piração, e assim por diante. Mas dentro de você, sabe que não é isso. Essa experiência encerra sentimentos que poderiam conduzir a uma rica expressão sexual, mas é mais vasto do que isso e realmente mais profundo. E, no entanto, é inteiramente suscetível de incluir tudo o que fizesse parte da expressão sexual.

C: É provavelmente qualquer coisa como isso... É uma espécie de... quer dizer, uma espécie de descida. Desce-se quando se poderia julgar que se devia subir, mas não... tenho certeza, é uma espécie de descida.

T: É quase uma descida e um mergulho em si mesma.

C: Sim. E eu... não posso simplesmente jogá-lo fora. Parece-me que é isso, oh, *é* justamente *isso*. Parece-me uma coisa extremamente importante que eu simplesmente tinha de dizer.

T: Vou retornar uma das suas ideias para ver se compreendi. Parece que você está exprimindo a ideia de que deve capturar alguma coisa que ainda *não é* completamente. Embora o sentimento exista, é uma descida para capturar alguma coisa mais profunda.

C: É isso. Realmente... há qualquer coisa nisso... quer dizer... tenho um caminho, e é claro que às vezes vamos ter de entrar nisso, rejeitando quase violentamente tudo o que é virtuoso, rejeitar o ideal, o... como... e isso o exprime; quer dizer, é uma coisa assim que eu quero dizer. Uma pessoa sobe para, não sei. Quer dizer, tenho precisamente um sentimento, não sou capaz de seguir. Quer dizer, isto não é muito forte se começamos a derrubá-lo. Mas, pergunto por que tenho verdadeiramente a impressão de descer.

T: Não se trata de subir para um ideal frágil. Trata-se de penetrar em algo que é espantosamente real, sólido, que...

C: Sim.

T: ... que é verdadeiramente mais surpreendente do que...
C: Sim. Quer dizer, algo que não se pode derrubar. É isso... não sei... parece-me ser assim depois de você ter explicado tudo. Isto dura...

Tudo isso foi apresentado de uma forma confusa, mas talvez valha a pena destacar os diferentes temas que foram expressos:

Eu vou falar de mim mesma como *ego*-ísta, mas com uma outra conotação da palavra.

Ganhei uma familiaridade com a minha própria estrutura, conheço-me profundamente.

Ao descer dentro de mim mesma, descubro algo de muito interessante, um centro totalmente desprovido de ódio.

Isto não pode fazer parte da vida de todos os dias... talvez seja mesmo anormal.

Julguei a princípio que era simplesmente uma sublimação do instinto sexual.

Mas não, é mais vasto, mais profundo do que o sexo.

Podia-se pensar que era o tipo de coisas que se descobre ao subir ao frágil reino dos ideais.

Mas, agora, descobri realmente que é uma descida em profundidade no interior de mim mesma.

Parece-me ser algo de essencial, que permanece.

Será uma experiência mística que ela está descrevendo? Podia-se pensar que é essa a impressão do terapeuta, pelo tom das suas respostas. Podemos atribuir qualquer significado a esse tipo de expressão à maneira de Gertrud Stein? O autor queria simplesmente fazer notar que muitos clientes acabaram por chegar a uma conclusão semelhante sobre si próprios, embora nem sempre tivessem se exprimido com tanta emoção. Mesmo a Sra. Oak, na entrevista seguinte, a trigésima quinta, dá uma versão mais clara e mais concisa das suas impressões, sob uma forma mais realista. Explica igualmente por que é que foi uma experiência difícil de enfrentar.

C: Penso que estou tremendamente contente por me achar ou por ter sido levada ou por ter vontade de falar sobre mim. Quer dizer, é uma coisa muito pessoal, muito particular, sobre a qual não se fala. Posso compreender agora a minha sensação de oh, uma ligeira apreensão. É... bem, é como se eu rejeitasse precisamente tudo o que representa a civilização ocidental, compreende? A perguntar a mim mesma se tinha razão, quer dizer, se estava no caminho certo, e sentia ao mesmo tempo que tinha, apesar de tudo, razão. Era forçoso que houvesse um conflito. E agora isso, quer dizer, agora tenho esta impressão, bem, que é evidentemente como eu me sinto. Quer dizer que isso é uma coisa... a que eu chamo uma ausência de ódio, que é muito real. Isto faz-se sentir naquilo que faço, eu creio em... eu penso que isso está certo. É como se eu estivesse dizendo para mim mesma: bem, tentaram encher-me a cabeça, desde sempre, com superstições, tabus, doutrinas e leis mal compreendidas, e a sua ciência, os seus frigoríficos, as suas bombas atômicas. Mas eu não vou nisso; entende, eu... a coisa não deu resultado. Eu penso que o que estou dizendo é isso, pois bem, eu não me conformo, e é... bem, é justamente assim.

T: Sente neste momento que teve uma grande consciência de todas as pressões culturais... nem sempre muito consciente, mas "existiram tantas na minha vida – e agora desço mais profundamente em mim mesma para saber o que verdadeiramente sinto" e parece-me que presentemente está muito longe da sua civilização e isso causa um certo receio, mas é ao mesmo tempo fundamentalmente bom. É isso...

C: Sim. Bem, nesse momento sinto que está tudo certo, realmente... Há ainda mais qualquer coisa... um sentimento que começa a crescer; bem, que está quase formado. Uma espécie de conclusão, que eu vou deixar de procurar algo de terrivelmente errado. Já não sei por quê. Mas, quero dizer, justamente... é esse tipo de coisa. Estou quase dizendo a mim mesma aquilo que sei, aquilo que descobri... estou praticamente segura de que me desembaracei do medo e estou certa de que não recearei ter um choque.. ele até seria bem-vindo. Mas, dado os lugares onde estive, o que aprendi, é preciso considerar também aquilo que não sei, é uma descoberta que marcará uma data na minha vida. Entende?

E agora, sem qualquer espécie de desculpa ou tentativa de dissimulação, afirmo simplesmente que não sou capaz de encontrar o que agora parece ser mau.

T: Surpreende-se com isso? À medida que for descendo cada vez mais profundamente em si mesma e for pensando no que aprendeu e descobriu, torna-se cada vez mais forte a convicção de que, por mais longe que vá, não encontrará coisas más e terríveis. Elas têm um caráter muito diferente.

C: Sim, é qualquer coisa desse tipo.

Nesse ponto, embora reconhecendo que a sua impressão vai contra o que ensina a sua cultura, sente-se obrigada a dizer que o futuro de si mesma não é mau, nem terrivelmente defeituoso, mas é algo de positivo. Sob a camada de um comportamento superficial controlado, sob a amargura e sob o sofrimento reside um eu que é positivo e que não sente ódio. Creio que é essa a lição que os nossos clientes nos ensinam desde há muito tempo e que nós só tardiamente aprendemos.

Se a ausência de ódio parece mais um conceito neutro ou negativo, vamos talvez deixar a Sra. Oak explicar-nos o seu significado. Na sua trigésima nona entrevista, como sente que está próximo o fim da terapia, volta a referir-se a esse aspecto.

C: Pergunto a mim mesma se devo esclarecer... isso é claro para mim, e talvez seja isso o que realmente interessa, aqui, a minha forte impressão sobre uma atitude sem ódio. Agora que nos situamos num campo racional, eu sei... isto parece negativo. E contudo, na minha maneira de pensar, na minha... não realmente de pensar, mas na minha maneira de sentir, *e* também de pensar, sim de pensar também, é uma coisa muito mais positiva do que isso... do que o amor... e a mim parece-me mais fácil de realizar, muito menos limitativo. Mas... compreendo que isto deva assemelhar-se a uma rejeição total de muitas coisas, de muitas crenças, é talvez seja verdade. Não sei. Mas isso parece-me mais positivo.

T: Você é capaz de ver como isso pode parecer mais negativo para alguém de fora mas, para si, não parece tão restrito e tão

possessivo, segundo creio, como o amor. É como se isso pudesse assumir os mais variados aspectos, ser mais útil do que...
C: Sim.
T: ... qualquer destes termos mais restritos.
C: É como julgo que é. É mais fácil. Bem, de qualquer modo, é mais fácil para mim sentir deste modo. E não sei. Parece-me que é como se eu tivesse encontrado um lugar onde não se é forçado a recompensar e onde se é obrigado a castigar. É... é muito importante. Parece-me precisamente estar a experimentar uma espécie de liberdade.
T: Hum. Hum. Quando se fica livre da necessidade de recompensar ou de castigar, parece que todos se tornam mais livres.
C: É isso (*pausa*). Estou preparada para algumas depressões pelo caminho.
T: Não está à espera que tudo caminhe por si.
C: Não.

Esta seção é a história – muito resumida – da descoberta feita por uma cliente de que, quanto mais cavava em si mesma, menos tinha a recear; que em vez de descobrir algo de terrivelmente errado, descobria gradualmente um centro do seu eu que não pretendia nem recompensar nem castigar os outros, um eu sem ódio, um eu profundamente socializado. Ousaremos generalizar a partir desse tipo de experiência e afirmar que, se penetrarmos até a nossa natureza organísmica, chegaremos à conclusão de que o homem é um animal positivo e social? É esta a sugestão que nos oferece a nossa experiência clínica.

Ser o seu próprio organismo, a sua própria experiência

O fio condutor que percorre quase todo o material apresentado nesse capítulo é que a psicoterapia (pelo menos aquela centrada no cliente) é um processo pelo qual o homem se torna seu próprio organismo – sem deformação, sem se iludir sobre si mesmo. O que é que isto significa?

Falamos aqui de alguma coisa que se situa no nível da experiência, de um fenômeno que não se traduz facilmente em palavras e que, se só for apreendido no nível verbal, será, por isso mesmo, deformado. Talvez, se empregarmos diversas fórmulas descritivas, consigamos um eco, por fraco que seja, na experiência do leitor que o leve a dizer: "Ah, agora percebo, pela minha própria experiência, o que é que ele quer dizer".

A terapia parece ser um regresso às percepções sensoriais de base e à experiência visceral. Antes da terapia, o indivíduo é levado a perguntar a si mesmo, muitas vezes sem qualquer intenção: "O que é que os outros pensam que eu devia fazer nessa situação?", "O que é que os meus pais ou a minha cultura pretendem que eu faça?", "O que é que eu penso que é *necessário* fazer?". O indivíduo age assim constantemente segundo as formas que seriam impostas ao seu comportamento. Isso não significa necessariamente que ele atue sempre *de acordo* com as opiniões dos outros. Pelo contrário, o indivíduo pode procurar agir de forma a contradizer o que os outros esperam dele. Ele age todavia sempre *em função* do que os outros esperam (muitas vezes reage a expectativas introjetadas dos outros). Durante o processo terapêutico, o indivíduo acaba por perguntar a si mesmo, a propósito de áreas cada vez mais vastas da sua experiência: "Como é que *eu* vivencio isso?", "O que é que isso significa para *mim*?", "Se eu me comporto de determinada maneira, como é que eu simbolizo a significação que isso *terá* para mim?". Ele acaba por chegar a uma maneira de agir em função do que se poderia chamar um realismo – um realismo que oscila entre as satisfações e as insatisfações que a sua ação lhe trouxer.

Talvez ajude aqueles que, como eu, têm tendência para pensar em termos concretos e clínicos, poder esquematizar algumas dessas ideias em que se formula o processo vivido pelo paciente. Para um, isso pode querer dizer: "Pensei que não devia ter senão amor pelos meus pais, mas descobri que sentia ao mesmo tempo amor e um ressentimento amargo. Talvez eu seja uma pessoa capaz de sentir livremente ambas as coisas, amor *e* ressentimento". Para um outro cliente, o aprendizado pode ser: "Pensei que era apenas mau e sem valor. Agora, tenho por vezes a impressão de ter muito valor; noutros momentos penso que não tenho muito valor nem muita utilidade. Talvez eu seja uma pessoa que tem uma experiência variável do que vale". Para um outro: "Pensei que ninguém poderia realmente gostar de mim por mim mesmo. Agora sinto a afeição de uma outra pessoa por mim. Talvez eu seja uma pessoa que pode ser amada pelos outros, talvez *eu seja* essa pessoa". Para outro ainda: "Educaram-me de forma a sentir que não devia apreciar a mim mesmo, mas eu me aprecio. Posso chorar por mim mesmo, mas posso também alegrar-me comigo. Talvez eu seja uma personalidade rica, que pode sentir ao mesmo tempo alegria e desgosto". Ou para retomar o exemplo da Sra. Oak: "Eu pensava que era fundamentalmente má e que os meus aspectos mais profundos eram terríveis. Não vivencio esses aspectos como sendo maus, mas, pelo contrário, como um desejo positivo de viver e de deixar viver. Talvez eu possa ser uma pessoa que é, no fundo, positiva".

O que é que torna possível tudo isto que segue a primeira parte dessas formulações? É a acumulação das tomadas de consciência. Na terapia, a pessoa acrescenta à experiência ordinária a consciência integral e não distorcida da sua experiência – das suas reações sensoriais e viscerais. O indivíduo deixa de deformar, ou pelo menos diminui a consciência distorcida que tem das suas experiências. Pode tomar consciência daquilo que está realmente vivenciando, não simplesmente daquilo que se permite experimentar depois de ter passado por um filtro conceitual. Nesse sentido, a pessoa torna-se pela primeira vez o potencial total do organismo humano, com o elemento enriquecedor da consciência livremente acrescentada ao aspecto fundamental das reações sensoriais e viscerais. A pessoa *torna-se* o que *é*, como o cliente diz com tanta frequência durante a terapia. O que isto parece querer indicar é que o indivíduo *se torna* – na sua consciência – aquilo que *é* – na experiência. O indivíduo é, em outras palavras, um organismo humano completo e em pleno funcionamento.

Pressinto já as reações de alguns dos meus leitores: "Quer dizer que o resultado da terapia é apenas tornar o homem um *organismo* humano, um *animal* humano? Quem o controlará? Quem o socializará? Ele irá rejeitar todas as suas inibições? Terá sido simplesmente libertada a besta, o *id*, no homem?". A resposta mais adequada parece ser esta: "Na terapia o indivíduo *torna-se* verdadeiramente um organismo humano, com todas as riquezas que isso implica. Ele é realmente capaz de se controlar a si próprio e está incorrigivelmente socializado nos seus desejos. E isto não é a besta do homem. Apenas existe homem no homem, e foi este que conseguimos libertar".

Desse modo, a descoberta fundamental da psicoterapia parece-me ser que, se as nossas observações têm alguma validade, não devemos recear ser "apenas" *Homo sapiens*. É a descoberta de que, se pudermos acrescentar à experiência visceral e sensorial, que caracteriza todo o reino animal, o dom de uma tomada de consciência livre e não deformante da qual unicamente o ser humano parece ser integralmente capaz, teremos então um organismo, que é perfeita e construtivamente realista. Teremos então um organismo consciente das exigências da cultura como das suas próprias exigências fisiológicas de alimentação ou de satisfação sexual – igualmente consciente da sua necessidade de relações de amizade como do seu desejo de engrandecimento pessoal – consciente da sua ternura delicada e sensível em relação aos outros, como dos seus sentimentos de hostilidade. Quando essa capacidade única de ser consciente que o homem possui funciona dessa forma livre e integral, vemos que temos diante de nós, não um animal que devemos temer, não uma besta que devemos controlar, mas um organismo capaz de alcançar, graças à notável capacidade integrativa do seu sistema nervoso central, um comportamento equilibrado, realista, valorizando-se a si mesmo e valorizando o outro, comportamento que é a resultante de todos esses elementos da consciência. Para exprimir a mesma coisa em outras palavras, quando o homem é menos do que um homem integral, quando ele se recusa a tomar consciência dos diversos aspectos da sua experiência, temos nesse caso, de fato, todas as razões para receá-lo e recear o seu comportamento, como o demonstra a atual situação do mundo. Mas quando ele é plenamente homem, quando ele é um organismo integral, quando a consciência da sua experiência, esse atributo especificamente humano, funciona plenamente, pode-se ter então confiança nele, o seu comportamento é então construtivo. Nem sempre será convencional. Será individualizado. Mas será igualmente socializado.

Para concluir

Expus a seção precedente tão veementemente quanto me era possível porque representa uma convicção profunda nascida de muitos anos de experiência. Estou, no entanto, plenamente consciente da diferença entre convicção e verdade. Não peço a ninguém para estar de acordo com a minha experiência, peço apenas que se verifique se as formulações aqui feitas estão de acordo com a experiência de cada um.

Também não peço desculpas pelo caráter especulativo desse capítulo. Há um tempo para a especulação, como há um tempo para a filtragem dos fatos. Deve esperar-se que pouco a pouco algumas das especulações, das opiniões e das sugestões clínicas desse capítulo possam ser submetidas a uma prova definitiva e operacional.

Referências bibliográficas

1. Maslow, A. H. – "Our maligned animal nature", *Jour. of Psychol.*, 1949, *28*, pp. 273-278.

2. Montagu, A. – *On Being Human*, Nova York, Henry Schuman, Inc., 1950.

3. Rogers, C. R. – *Client-Centered Therapy*, Houghton Mifflin Co., 1951, cap. IV. "The Process of Therapy".

Capítulo 6
O que significa tornar-se pessoa

Este capítulo foi primeiramente elaborado como uma palestra em uma reunião no Oberlin College em 1954. Estava tentando aprimorar de forma mais completamente organizada algumas das concepções de terapia que vêm se desenvolvendo em mim. Procedi a uma ligeira revisão.

Como de costume, estava tentando manter meu pensamento próximo às bases da experiência real em entrevistas terapêuticas, de forma que recorri em grande parte às entrevistas gravadas como fonte das generalizações que fiz.

Em meu trabalho no Centro de Aconselhamento da Universidade de Chicago, tive a oportunidade de trabalhar com pessoas que apresentam uma ampla variedade de problemas pessoais. Há o aluno preocupado em repetir o ano; a dona de casa perturbada a respeito de seu casamento; o indivíduo que sente que está à beira de um completo colapso emocional ou psicose; o profissional responsável que consome a maior parte de seu tempo em fantasias sexuais e funciona de maneira ineficiente em seu trabalho; o aluno brilhante, o primeiro da classe, que se vê paralisado pela convicção de que é irremediavelmente e impotentemente inadequado; os pais que se vêm perturbados pelo comportamento de seu filho; a garota popular que se vê inexplicavelmente tomada por transes agudos de depressão negra; a mulher que teme que a vida e o amor passem longe dela, e que suas notas de graduação constituam uma fraca recompensa; o homem que se tornou convicto de que forças sinistras e poderosas estão armando um complô contra ele. Poderia continuar enumerando os problemas mais diversos e únicos que as pessoas nos trazem. Eles cobrem a gama completa de experiências da vida. Ainda assim, não há satisfação em fornecer esse tipo de catálogo, pois como terapeuta, sei que o problema conforme exposto na primeira entrevista não será o problema conforme visto na segunda ou terceira sessão, e por volta da décima entrevista ainda será um problema diferente ou série de problemas.

Todavia, venho a acreditar que apesar dessa multiplicidade horizontal desconcertante, e camada após camada de complexidade vertical, há talvez somente um problema. À medida que acompanho a experiência de muitos clientes na relação terapêutica que nos esforçamos para criar, me parece que cada um está levantando a mesma questão. Abaixo do nível da situação-problema sobre a qual o indivíduo está se queixando – atrás do problema com os estudos, ou esposa, ou patrão, ou com seu próprio comportamento incontrolável ou bizarro, ou com seus sentimentos assustadores, se encontra uma busca central. Parece-me que no fundo cada pessoa está perguntando: "Quem sou eu, *realmente*? Como posso entrar em contato com este eu real, subjacente a todo o meu comportamento superficial? Como posso me tornar eu mesmo?"

O processo de tornar-se

Por trás da máscara

Deixe-me tentar explicar o que quero dizer quando digo que parece que a meta que o indivíduo mais pretende alcançar, o fim que ele intencionalmente ou inconscientemente almeja, é o de se tornar ele mesmo.

Quando uma pessoa me procura, perturbada por sua combinação única de dificuldades, constatei ser muito válido tentar criar uma relação com ela na qual esteja segura e livre. É meu propósito compreender a maneira como se sente em seu próprio mundo interior, aceitá-la como ela é, criar uma atmosfera de liberdade na qual ela possa se mover, ao pensar, sentir e ser, em qualquer direção que desejar. Como ela usa esta liberdade?

Em minha experiência, a pessoa a utiliza para se tornar cada vez mais ela mesma. Começa a derrubar as falsas frentes, ou as máscaras, ou os papéis, com os quais encarou a vida. Parece estar tentando descobrir algo mais básico, algo mais verdadeiramente ela mesma. Primeiro, coloca de lado máscaras que até certo ponto está consciente de estar usando. Uma jovem estudante descreve em uma entrevista de aconselhamento uma das máscaras que vinha usando, e como não tinha certeza se, embaixo desta frente pacífica, agradável, haveria algum eu real com convicções.

Estava pensando a respeito desse assunto de padrões. De alguma forma desenvolvi um tipo de jeito, acho, de – bem – um hábito – de tentar fazer com que as pessoas se sintam à vontade ao meu redor, ou fazer com que as coisas corram tranquilamente. Sempre tem que haver algum apaziguador por perto, do tipo panos quentes. Em uma pequena reunião, ou uma festinha, ou algo – eu poderia ajudar para que as coisas decorressem de maneira agradável e parecer estar me divertindo. E, algumas vezes, me surpreenderia atacando uma ideia em que realmente acreditava quando via que a pessoa envolvida ficaria bastante insatisfeita se eu não o fizesse. Em outras palavras, eu simplesmente não era nunca – quero dizer, eu não me via nunca sendo clara e definida a respeito das coisas. Agora a razão por que o fazia provavelmente era por estar fazendo tanto isto em casa. Eu simplesmente não defendia as minhas próprias convicções, até mesmo não sei se tenho quaisquer convicções para defender. Não tenho realmente sido honestamente eu mesma, ou na verdade não tenho sabido quem é meu eu real, e estou simplesmente desempenhando um tipo de falso papel.

Pode-se, neste excerto, vê-la examinando a máscara que vinha utilizando, reconhecendo sua insatisfação com a mesma, e procurando saber como chegar ao verdadeiro eu que se encontra embaixo, se tal eu existe.

Nessa tentativa de descobrir seu próprio eu, o cliente tipicamente utiliza a relação para explorar, examinar os vários aspectos de sua experiência, para reconhecer e enfrentar as contradições profundas que frequentemente descobre. Aprende quanto do seu comportamento, até mesmo dos sentimentos que vivencia, não é real, não sendo algo que flui das reações genuínas de seu organismo, mas sim constitui uma fachada, uma frente, atrás da qual está se escondendo. Descobre o quanto sua vida é guiada por aquilo que pensa que ele *deveria* ser, e não por aquilo que é. Frequentemente descobre que ele só existe em resposta às exigências dos outros, que parece não ter nenhum eu próprio, e que está somente tentando pensar, e sentir e se comportar de acordo com a maneira que os outros acreditam que *deva* pensar, e sentir e se comportar.

Quanto a esse assunto, fico admirado em constatar quão acuradamente o filósofo dinamarquês, Soren Kierkegaard, ilustrou o dilema do indivíduo há mais de um século, com um *insight* psicológico aguçado. Ele destaca que o desespero mais comum é estar desesperado por não escolher, ou não estar disposto a ser ele mesmo; porém, a forma mais profunda de desespero é escolher "ser outra pessoa que não ele mesmo". Por outro lado "desejar ser aquele eu que realmente se é, constitui na verdade o oposto do desespero", e esta escolha constitui a mais profunda responsabilidade do homem. À medida que leio alguns de seus escritos, quase que sinto que ele esteve escutando algumas das afirmações feitas por nossos clientes ao buscarem e explorarem a realidade do eu – frequentemente uma busca dolorosa e inquietante.

Essa exploração se torna até mais perturbadora quando se veem envolvidos em remover as falsas faces que não sabiam ser falsas faces. Começam a ingressar na tarefa assustadora de explorar os sentimentos turbulentos e algumas vezes violentos dentro de si. Remover uma máscara que se acreditava constituir parte de seu verdadeiro eu pode ser uma experiência profundamente perturbadora, porém quando há liberdade para pensar, sentir e ser, o indivíduo se volta para tal meta. Algumas declarações de uma pessoa que havia completado uma série de entrevistas psicoterapêuticas ilustram isso. Ela faz uso de muitas metáforas ao contar como lutou para chegar ao âmago dela mesma.

Conforme vejo a situação hoje, estava descascando camada após camada de defesas. Eu as construía, as experimentava e então as descartava quando permanecia a mesma. Não sabia o que se encontrava no fundo e estava com muito medo de descobrir, mas eu *tinha* que continuar tentando. Primeiro senti que não havia nada dentro de mim – somente um grande vazio onde eu necessitava e desejava um núcleo sólido. Então comecei a sentir que estava diante de uma parede de tijolos sólida, alta demais para subir e espessa demais para atravessar. Um dia a parede se tornou translúcida, ao invés de sólida. Depois disso, a parede pareceu dissipar-se mas, atrás dela, descobri um açude que represava águas violentas e turbulentas. Senti como se estivesse retendo a força dessas águas e que, se eu abrisse um pequenino buraco, eu e tudo o que se encontrava ao meu redor seríamos destruídos na torrente que, de sentimentos representados pela água que se seguiria. Finalmente não pude mais suportar o esforço e deixei fluir. Tudo o que fiz, na verdade, foi sucumbir à autopiedade, depois ao ódio e então ao amor completos e absolutos. Após essa experiência, senti como se houvesse saltado uma margem e me encontrasse a salvo do outro lado, embora ainda cambaleasse um pouco em sua beira. Não sei o que estava procurando ou para onde me dirigia, mas senti então como sempre senti toda vez que realmente vivi, que eu estava me movendo para frente.

Acredito que isto representa muito bem a sensação de muitos indivíduos de que se a frente falsa, a parede, a represa, não forem mantidas, então tudo será arrastado na violência dos sentimentos que ele descobre estarem enclausurados em seu mundo particular. Todavia, isso também ilustra a necessidade premente que o indivíduo sente de buscar a si mesmo e de tornar-se ele próprio. Isso também começa a indicar a maneira pela qual o indivíduo determina a realidade em si mesmo – quando ele vivencia plenamente os sentimentos que ele *é* num nível orgânico, da mesma forma que esta cliente sentiu autopiedade, ódio e amor, então ele tem certeza de que está sendo uma parte de seu eu real.

A experiência de sentir

Gostaria de dizer algo mais a respeito dessa vivência de sentir. É realmente a descoberta dos elementos desconhecidos do eu. O fenômeno que estou tentando descrever é algo que acho bastante difícil de ser transmitido de alguma maneira que faça sentido. Em nossas vidas cotidianas, há mil e uma razões para que não nos deixemos experienciar nossas atitudes plenamente, razões oriundas de nosso passado e do presente, razões que residem na situação social. Experienciá-los livre e plenamente parece perigoso, potencialmente prejudicial. Porém, na segurança e liberdade da relação terapêutica, eles podem ser vivenciados plenamente, claro que até o limite daquilo que são. Eles podem ser e são experienciados de uma maneira que eu gosto de imaginar como uma "cultura pura", de modo que naquele momento a pessoa *é* seu medo, ou *é* sua raiva, ou *é* sua ternura, ou o que quer que seja.

Talvez possa novamente esclarecer isso fornecendo um exemplo de um cliente que indicará e transmitirá aquilo que quero dizer. Um jovem, um pós-graduando que se encontra profundamente envolvido na terapia, vem tentando decifrar um sentimento vago que percebe em si mesmo. Ele gradualmente o identifica como um sentimento assustador de algum tipo, um medo de fracassar, um medo de não obter o seu PhD. Então vem uma longa pausa. Deste ponto em diante deixaremos que a entrevista gravada fale por si só.

Cliente: Eu estava como que dando um tempo para assimilar isso. Mas também liguei esse fato a você e à minha relação com você. E uma coisa que sinto a respeito disso é um tipo de medo de que vá embora; ou isso é uma outra coisa – é tão difícil de compreender – é como se houvesse dois sentimentos contrários. Ou dois "eus" de certa forma. Um é o eu apavorado que deseja se apegar às coisas, e este creio poder sentir bem claramente neste exato momento. Você sabe, eu como que preciso de coisas para me apegar – e me sinto meio amedrontado.

Terapeuta: M-hm. Isto é algo que pode sentir nesse exato minuto, e vem sentindo e talvez *esteja* sentindo com respeito à nossa relação também.

C: Será que você não me deixaria *ter* isso, pois, você sabe, eu como que *preciso disso*. Fico tão solitário e amedrontado sem isso.

T: M-hm, m-hm. Deixe eu me apoiar nisso pois ficaria terrivelmente amedrontado se não o fizesse. Deixe eu me *apegar* a isso. (*Pausa.*)

C: É quase que a mesma coisa – *Será que você* não me deixaria ter a minha tese ou PhD para que... Pois eu como que *preciso* desse pequeno mundo. Quero dizer..

T: Em ambos os exemplos é uma coisa meio suplicante também, não é? Deixe eu *ter* isso pois preciso *muito* disso. Ficaria terrivelmente assustado sem isso. (*Longa pausa*)

C: Sinto que... Não posso de certa forma ir além... É esse tipo de garotinho *suplicante*, de alguma forma, mesmo... O que é esse gesto de imploração? (*Unindo suas mãos como se estivesse orando.*) Não é engraçado? Pois isso.

T: Você une suas mãos em um tipo de súplica.

C: Sim, é isso! Será que você *faria* isso para mim, como que... Oh, isso é *terrível*! Quem, eu, *implorar*?

Talvez este excerto transmita um pouco daquilo de que venho falando, a vivência de um sentimento até o seu limite. Aqui está ele, por um momento, experienciando-se como nada além de garotinho suplicante, rogante, implorador, dependente. Nesse momento ele não é nada além de sua súplica, até o fim.

Para se certificar ele quase que imediatamente se afasta dessa vivência ao dizer "Quem, eu, *implorar*?", mas o fato já deixou sua marca. Como diz instantes depois: "É uma coisa tão assombrosa que todas essas coisas novas surjam em mim. Isso me surpreende tanto a cada vez, e então novamente há este mesmo sentimento, como se me sentisse amedrontado que tenha tanto disso que estou guardando ou algo assim." Ele se dá conta de que isso transbordou, e que por um momento ele *é* sua dependência, de uma forma que o deixa perplexo.

Não é somente a dependência que é experienciada sem reservas. Pode ser mágoa, ou pesar, ou inveja, ou raiva destrutiva, ou desejo profundo, ou confiança e orgulho, ou ternura sensível, ou amor extrovertido. Pode ser qualquer das emoções de que o homem é capaz.

O que aprendi gradualmente, a partir de experiências como essa, é que o indivíduo num momento como esse, está chegando a *ser* o que ele *é*. Quando uma pessoa experienciou dessa forma, durante toda a terapia, todas as emoções que organismicamente afloram nela, tendo-as vivenciado dessa maneira consciente e aberta, então ela vivenciou *ela mesma*, em toda a riqueza que existe dentro de si. Ela se tornou aquilo que ela é.

A descoberta do eu na experiência

Prossigamos ainda mais nesta questão do que significa tornar-se o seu próprio eu. É uma questão demasiado desconcertante e novamente tentarei obter uma sugestão de resposta a partir da declaração de uma cliente, escrita entre entrevistas. Ela nos conta como as várias fachadas por meio das quais estava vivendo, de algum modo se amarfanharam e desmoronaram, trazendo um sentimento de confusão, mas também um sentimento de alívio. Ela prossegue:

> Você sabe, é como se toda a energia que se aplicava à manutenção do padrão arbitrário fosse desnecessária – um desperdício. Você acha que tem de fazer o padrão por si mesma; mas há

tantos pedaços, e é tão difícil ver onde se encaixam. Algumas vezes, você os coloca no lugar errado, e quanto mais pedaços mal encaixados, mais esforço se dispende para mantê-los no lugar, até que finalmente você se vê tão cansada que mesmo aquela confusão horrível é melhor do que continuar por mais tempo. Então você descobre que entregues a eles mesmos os pedaços embaralhados caem bem naturalmente em seus próprios lugares, e um padrão vivo emerge sem qualquer esforço de nossa parte. Sua tarefa é somente descobrir isso, e ao fazê-lo, você encontra a si mesmo e o seu próprio lugar. Você deve até deixar que a sua própria experiência lhe revele seu próprio sentido; no momento em que *você* revela o que ela significa, você entra em guerra consigo mesmo.

Deixe-me ver se posso tomar sua expressão poética e traduzi-la no sentido que ela encerra para mim. Acredito que o que ela está dizendo é que ser ela mesma significa encontrar o padrão, a ordem subjacente que existe no fluxo incessantemente mutável de sua experiência. Ao invés de tentar sustentar a sua experiência na forma de uma máscara, ou fazer com que seja uma forma ou estrutura que não é, ser ela mesma significa descobrir a unidade e harmonia que existe em seus próprios sentimentos e reações reais. Significa que o eu verdadeiro é algo que se descobre tranquilamente por meio da própria experiência, e não algo imposto sobre esta.

Ao fornecer excertos das declarações desses clientes, venho tentando sugerir o que acontece no clima de afeto e compreensão de uma relação facilitadora com o terapeuta. Parece que gradualmente, dolorosamente, o indivíduo explora o que está por detrás das máscaras que apresenta ao mundo, e mesmo atrás das máscaras com as quais vem se enganando. De forma profunda e frequentemente vívida, ele experiencia os vários elementos de si mesmo que se encontravam escondidos dentro dele. Dessa forma, cada vez mais ele se torna ele mesmo – não uma fachada de conformidade aos outros, não uma negação cínica de todos os sentimentos, nem uma frente de racionalidade intelectual, mas um processo vivo, que respira, sente e oscila – em suma, ele se torna uma pessoa.

A pessoa que aflora

Imagino que alguns de vocês estejam perguntando: "Mas que *tipo* de pessoa ele se torna? Não é suficiente dizer que ele deixa cair as fachadas. Que tipo de pessoa se encontra por baixo?". Como um dos fatos mais evidentes é que cada indivíduo tende a se tornar uma pessoa separada, distinta e única, a resposta não é fácil. Todavia, gostaria de ressaltar algumas das tendências características que tenho observado. Nenhuma pessoa exemplificaria plenamente essas características, ninguém se conforma completamente à descrição que darei, mas vejo que certas generalizações podem ser feitas, baseadas na vivência de uma relação terapêutica com muitos clientes.

Abertura à experiência

Primeiro gostaria de dizer que nesse processo o indivíduo se torna mais aberto à sua experiência. Esta é uma frase que veio a se tornar fecunda em significado para mim. É o oposto da defesa. A pesquisa psicológica tem mostrado que se a evidência de nossos sentidos está em oposição à nossa imagem do eu, então a evidência é distorcida. Em outras palavras, não podemos ver tudo o que nossos sentidos relatam, mas somente as coisas que se ajustam à imagem que temos.

Já em uma relação segura do tipo que descrevi, essa defesa ou rigidez tende a ser substituída por uma abertura cada vez maior à experiência. O indivíduo se torna mais abertamente consciente de seu próprios sentimentos e atitudes conforme estes existam nele em um nível orgânico, da maneira como tentei descrever. Também se torna mais consciente da realidade conforme esta existe fora de si mesmo, ao invés de percebê-la em categorias preconcebidas. Ele vê que nem todas as árvores são verdes, nem todos os homens são pais rígidos, nem todas as mulheres são rejeitadoras, nem todas as experiências de fracasso provam que ele não é bom, e assim por diante. Está apto a assimilar a evidência em uma nova situação, *como ela é*, ao invés de distorcê-la para se ajustar ao padrão que ele já sustém. Como seria de esperar, essa capacidade crescente de ser aberto à experiência o torna muito mais realista ao lidar com nossas pessoas novas, novas situações, novos problemas. Significa que suas crenças não são rígidas, que ele pode tolerar a ambiguidade. Ele pode obter as evidências mais conflitantes sem que isto o force a se fechar diante da situação. Essa abertura de consciência àquilo que existe *neste momento* em *si mesmo* e *na situação* constitui, acredito, um elemento importante na descrição da pessoa que emerge da terapia.

Talvez possa conferir a esse conceito um significado mais vívido se o ilustrar a partir de uma entrevista gravada. Um jovem profissional relata na quadragésima oitava entrevista a maneira como se tornou mais aberto a algumas de suas sensações corporais, assim como outros sentimentos.

C: Não me parece ser possível a ninguém relatar todas as mudanças que sente. Mas eu certamente tenho sentido nos últimos tempos que tenho mais respeito pela minha constituição física, mais objetividade com relação a esta. Quero dizer que não espero demais de mim mesmo. É assim que funciona: parece-me que no passado costumava lutar contra um certo cansaço que sentia após as refeições. Bem, agora tenho plena certeza de que realmente *estou cansado* – de que não estou me fazendo de cansado – que estou simplesmente fisiologicamente mais fraco. Parece que eu estava constantemente criticando meu cansaço.

T: Então você se deixa *estar* cansado, ao invés de sentir, além disso uma espécie de crítica.

C: Sim, de que eu não deveria estar cansado ou algo assim. E me parece de um certo modo ser bem profundo o fato de que simplesmente não posso lutar contra esse cansaço, e isto é acompanhado também por um sentimento real de que *tenho* que ir mais devagar, de modo que estar cansado não é uma coisa tão horrível. Acho que também posso como que estabelecer uma ligação aqui de por que eu deva ser assim, da maneira como meu pai é, e da maneira como encara algumas dessas coisas. Por exemplo, digamos que eu estivesse doente, e eu lhe contasse, e pareceria que abertamente ele gostaria de fazer algo a respeito, mas também faria transparecer: "Oh meu Deus, mais problemas". Você sabe, algo assim.

T: Como se houvesse algo bem importuno com o fato de se estar fisicamente doente.

C: Sim, tenho certeza de que meu pai tem o mesmo desrespeito pela sua própria fisiologia que eu tive. No verão passado, eu torci minhas costas, eu a distendi, a ouvi estalar e tudo o mais. Primeiro houve uma dor real ali todo o tempo, realmente aguda. Fui ao médico para que me examinasse e ele disse que não era sério, que curaria por si só contanto que não me curvasse muito. Bem, isso aconteceu há alguns meses – e tenho percebido ultimamente que – puxa vida, é uma dor real e ainda persiste – e não é minha culpa.

T: Isto não prova algo ruim a seu respeito.

C: Não. E uma das razões por que pareço ficar mais cansado do que deveria talvez seja essa tensão constante, e então – já marquei uma consulta com um dos médicos no hospital para que me examinasse e tirasse uma radiografia ou algo assim. De uma certa forma acho que poderia dizer que estou simplesmente mais acuradamente sensível – ou objetivamente sensível a esse tipo de coisa... E isto constitui uma mudança realmente profunda como disse, e evidentemente minha relação com minha esposa e meus dois filhos está – bem, você não a reconheceria se pudesse me ver por dentro – como aliás, fez você – quero dizer – parece simplesmente não haver nada mais maravilhoso do que verdadeira e genuinamente – realmente *sentir* amor por seus próprios filhos e ao mesmo tempo recebê-lo. Não sei como colocar isso. Temos tido um respeito cada vez maior – ambos – por Judy e temos notado que – à medida que participamos disso – observamos uma enorme mudança nela – isso parece ser um tipo de coisa bem profunda.

T: Parece-me que está dizendo que pode ouvir mais acuradamente a si mesmo. Se o seu corpo diz que está cansado, você o ouve e acredita nele, ao invés de criticá-lo; se está com dor, você pode ouvir isto; se o sentimento é realmente amor por sua esposa ou filhos, você pode *sentir* isto, e isto parece se revelar também nas diferenças provocadas neles.

Aqui, em um excerto relativamente menor porém simbolicamente importante, pode-se ver muito daquilo que venho tentando dizer sobre abertura à experiência. Anteriormente ele não poderia sentir livremente dor ou doença, pois estar doente significava ser inaceitável. Nem poderia sentir ternura e amor por seus filhos pois esses sentimentos significavam ser fraco, e ele tinha de manter sua fachada de forte. Mas agora ele pode ser genuinamente aberto às experiências de seu organismo – pode estar cansado quando estiver cansado, pode sentir dor quando seu organismo estiver com dor, pode experienciar livremente o amor que sente por sua filha e pode também sentir e expressar aborrecimento com relação a ela, conforme continua a dizer na próxima porção da entrevista. Ele pode viver plenamente as experiências de seu organismo total, ao invés de recusar-se a permitir que sejam percebidas.

Confiança no próprio organismo

Uma segunda característica das pessoas que emergem da terapia é difícil de ser descrita. Parece que a pessoa descobre cada vez mais que seu próprio organismo é digno de confiança, que constitui um instrumento adequado para descobrir o comportamento mais satisfatório em cada situação imediata.

Se isto parece estranho, deixe-me tentar expressá-lo mais completamente. Talvez lhe ajude a compreender minha descrição se pensar no indivíduo que depara com alguma escolha existencial: "Devo ir para casa de minha família durante as férias, ou devo me virar sozinho?"; "Devo beber este terceiro coquetel que está sendo oferecido?"; "É esta a pessoa que gostaria de ter como meu parceiro no amor e na vida?"'. Pensando nessas situações, o que parece verdadeiro a respeito da pessoa que emerge do processo terapêutico? Na medida em que esta pessoa está aberta a toda a sua experiência, ela tem acesso a todos os dados disponíveis na situação, sobre os quais basear seu comportamento. Ela tem conhecimento de seus próprios sentimentos e impulsos, que são frequentemente complexos e contraditórios. Ela está livremente apta para perceber as exigências sociais, desde as "leis" sociais relativamente rígidas até os desejos de amigos e familiares. Ela tem acesso às suas memórias de situações semelhantes e às consequências de diferentes comportamentos naquelas situações. Ela tem uma percepção relativamente acurada de sua situação externa em toda a sua complexidade. Ela está mais apta a permitir que seu organismo total, seu pensamento consciente participativo, considere, pondere e equilibre cada estímulo, necessidade e exigência, e seu peso e intensidade relativos. A partir dessa ponderação e equilíbrio complexos, ela está apta a descobrir o curso de ação que parece mais se aproximar à satisfação de todas as suas necessidades na situação, tanto as necessidades de longo alcance como aquelas imediatas.

Nessa ponderação e equilíbrio de todos os componentes de uma determinada escolha de vida, seu organismo não seria de forma alguma infalível. Escolhas errôneas podem ser feitas. Mas devido ao fato de tender a estar aberto às suas experiências, há uma consciência maior e mais imediata de consequências insatisfatórias, uma correção mais rápida de escolhas que estão erradas.

Pode nos ajudar se nos dermos conta de que na maioria de nós o que interfere nessa ponderação e equilíbrio é o fato de incluirmos coisas que não fazem parte de nossa experiência, e excluirmos elementos que fazem. Dessa forma, um indivíduo pode persistir no conceito de que "Eu posso me controlar com bebidas alcoólicas", quando uma abertura às suas experiências passadas indicariam que isso dificilmente é a verdade. Ou uma jovem pode ver somente as boas qualidades de seu futuro companheiro, quando uma abertura à experiência indicaria que ele também apresenta falhas.

Em geral, então, parece ser verdade que quando um cliente está aberto à sua experiência, ele vem a confiar mais em seu organismo. Ele sente menos medo das reações emocionais que tem. Há um crescimento gradual de confiança, e mesmo afeição pela amostragem complexa, rica e variada de sentimentos e tendências que existem nele em nível orgânico. A consciência, ao invés de ser a sentinela dos inúmeros impulsos perigosos e imprevisíveis, dentre os quais, poucos são autorizados a ver a luz do sol, torna-se o habitante tranquilo de uma sociedade de impulsos e sentimentos e pensamentos, que se constata serem muito satisfatoriamente autogovernantes quando não são vigiados com receio.

Um foco interno de avaliação

Uma outra tendência que se faz evidente neste processo de tornar-se pessoa se relaciona à fonte ou foco de escolhas e decisões, ou julgamentos apreciativos. O indivíduo passa a perceber cada vez mais que esse foco de avaliação se encontra dentro de si mesmo. Cada vez menos olha para os outros em busca de aprovação ou desaprovação; de padrões a seguir; de decisões e escolhas. Ele reconhece que cabe a ele mesmo escolher; que a única questão que importa é: "Estarei vivendo de uma maneira que é profundamente satisfatória para mim, e que me expressa verdadeiramente?" Esta talvez seja *a* pergunta mais importante para o indivíduo criativo.

Talvez ajudaria se eu fornecesse uma ilustração. Gostaria de apresentar um trecho breve de uma entrevista gravada com uma jovem, aluna de pós-graduação, que me procurou para aconselhamento. Ela se mostrou inicialmente muito perturbada com relação a muitos problemas, e estava considerando a possibilidade de suicídio. Durante a entrevista, um dos sentimentos que descobriu foi um grande desejo de ser dependente, simplesmente de deixar que outra pessoa assumisse a direção de sua vida. Criticava muito aqueles que não haviam lhe dado orientação suficiente. Mencionou vários de seus professores, sentindo amargamente que nenhum deles lhe havia ensinado algo com significado profundo. Gradualmente, começou a se dar conta de que parte da dificuldade residia no fato de que ela não havia tomado nenhuma iniciativa em *participar* nessas aulas. Então vem o trecho que gostaria de citar.

Acredito que vocês constatarão que este excerto dá uma certa ideia do que significa, em experiência, aceitar o foco de avaliação como estando dentro de si. Aqui então está a citação extraída de uma das últimas entrevistas com esta jovem, à medida que começa a se dar conta de que talvez ela seja parcialmente responsável pelas deficiências em sua própria educação.

C: Bem, agora me pergunto se eu tenho levado a vida fazendo isso, obtendo somente as noções básicas das coisas, e não compreendendo, e não realmente me aprofundando nelas.

T: Talvez você venha somente se alimentando de colheradas aqui e ali, ao invés de realmente cavar em algum lugar mais profundamente.

C: M-hm. É por isso que digo – (*lentamente e muito compenetradamente*), ora, com esse tipo de bases, bem, isso realmente cabe a *mim*. Quero dizer, parece-me de fato evidente que *não posso depender de outra pessoa* para me dar uma educação. (*Muito suavemente.*) Eu realmente terei de obtê-la por minha conta.

T: Começa realmente a lhe ocorrer – há somente uma pessoa que pode educá-la – que talvez ninguém mais *possa lhe dar* uma educação.

C: M-hm. (*Longa pausa – enquanto está sentada pensando.*) Tenho todos os sintomas de pavor. (*Ri brandamente.*)

T: Pavor? Pois isso é algo assustador, é isso que quer dizer?

C: M-hm (*Pausa muito longa – obviamente lutando contra os sentimentos dentro de si*).

T: Você gostaria de dizer algo mais sobre o que quer dizer com isso? Que isso realmente lhe faz sentir os sintomas de pavor?

C: (*Ri*) Eu, uh – Não tenho certeza se realmente sei. Quero dizer – bem, realmente é como se eu estivesse solta (*pausa*) e parece que me encontro – não sei – em uma posição vulnerável, mas eu, uh, eu levantei essa questão e esse, uh, de alguma forma quase que saiu sem que eu houvesse dito. Parece que é algo que escapou.

T: Como se não fosse uma parte de você.

C: Bem, fiquei surpresa.

T: Como se "Ora, pelo amor de Deus, eu disse isso"? (*Ambos riem furtivamente.*)

C: Realmente, não acredito que tenha tido esse sentimento antes. Eu – uh, bem, isto é como se estivesse dizendo algo que, uh, *é* uma parte de mim realmente. (*Pausa*) Ou, uh, (*bastante perplexa*), parece como se eu tivesse, uh, não sei. Tenho um sentimento de *força*, e ainda assim, tenho um sentimento – me dou conta de que é tão assustador, de pavor.

T: Isto é você quer dizer que o fato de dizer algo desse tipo ao mesmo tempo lhe dá um sentimento de força ao dizê-lo, e mesmo assim, ao mesmo tempo lhe dá um sentimento assustador *daquilo* que acabou de dizer, é isso?

C: M-hm. Estou sentindo isto. Por exemplo, estou sentindo isso internamente agora – uma espécie de onda repentina, ou força ou escape. Como se isso fosse algo realmente grande e forte. E porém, uh, bem primeiro era quase que um sentimento físico de estar simplesmente lá fora sozinha, e como que desligada de um – um apoio que vinha levando comigo.

T: Você sente que é algo profundo e forte, e que se avoluma, e ao mesmo tempo, você sente como se tivesse se desligado de qualquer apoio quando diz isso.

C: M-hm. Talvez isso seja – não sei – uma perturbação de um tipo de padrão que vinha levando comigo, acho.

T: Isso como que abala um padrão bem significativo, sacode-o até que se solte.

C: M-hm. (*Pausa, então cautelosamente, porém com convicção.*) Eu, acho que – não sei, mas tenho a impressão de que então começarei a *fazer* mais coisas que sei que deveria fazer... Há tantas coisas que preciso fazer. Parece que em tantas áreas da minha vida tenho que elaborar novas formas de comportamento, mas – talvez – posso me ver melhorando um pouco em algumas coisas.

Espero que esta ilustração dê uma noção da força que é vivenciada quando se é uma pessoa única, responsável por si, e também o desconforto que acompanha essa assunção de responsabilidade. Reconhecer que "sou aquele que escolhe" e "sou aquele que determina o valor de uma experiência para mim" constitui tanto uma realização animadora quanto assustadora.

Desejo de ser um processo

Gostaria de ressaltar uma característica final desses indivíduos à medida que lutam para descobrirem a si mesmos e tornarem-se eles mesmos. É a de que o indivíduo parece se mostrar mais satisfeito em ser um processo ao invés de um produto. Quando ingressa na relação terapêutica, o cliente provavelmente deseja alcançar algum estado fixo; ele deseja chegar ao ponto em que seus problemas serão resolvidos, ou onde será eficiente em seu trabalho, ou onde seu casamento será satisfatório. Ele tende, na liberdade da relação terapêutica, a abandonar essas metas fixas, e aceitar uma compreensão mais satisfatória de que não constitui uma entidade fixa, mas um processo de tornar-se.

Um cliente, na conclusão da terapia, diz de uma maneira bastante perplexa: "Eu não encerrei a tarefa de integrar-me e reorganizar-me, mas isso é somente confuso, não desencorajador, agora que percebo que este é um processo contínuo... É excitante, algumas vezes preocupante, mas profundamente encorajador sentir-se em ação, aparentemente sabendo para onde você se dirige mesmo que não saiba sempre conscientemente onde é isto." Pode-se ver aqui tanto a expressão de confiança no organismo, que já mencionei, como também a percepção do eu como um processo. Aqui está uma descrição pessoal da sensação de aceitar-se como um curso do tornar-se, e não como um produto acabado. Significa que uma pessoa é um processo fluído, não uma entidade fixa e estática; um rio corrente de mudanças, não um bloco de material sólido; uma constelação de potencialidades continuamente mutáveis, não uma quantidade fixa de traços.

Aqui está uma outra declaração desse mesmo elemento de fluidez ou viver existencial: "Toda essa sucessão de vivências, e os significados que até agora descobri nesta, parece ter desencadeado em mim um processo que é tanto fascinante quanto em alguns momentos um pouco assustador. Parece querer dizer que devo deixar que minhas experiências me façam prosseguir, em uma direção que parece ser para frente, rumo às metas que posso definir vagamente, à medida que procuro compreender ao menos o significado atual daquela experiência. A sensação é a de viajar em uma corrente complexa de experiência, com a possibilidade fascinante de tentar compreender a sua complexidade constantemente mutável."

Conclusão

Procurei lhes contar o que pareceu ocorrer nas vidas das pessoas com as quais tive o privilégio de compartilhar uma relação à medida que lutavam para se tornarem elas mesmas. Tentei descrever, o mais acuradamente possível, os significados que parecem estar envolvidos nesse processo de tornar-se pessoa. Tenho certeza de que esse processo *não* ocorre somente em terapia. Estou certo de que não o vejo claramente ou completamente, já que continuo mudando minha compreensão e entendimento do mesmo. Espero que o leitor aceite este como um quadro atual e experimental, não como algo final.

Uma razão para ressaltar a natureza experimental daquilo que disse é que desejo deixar claro que não estou dizendo: "Isto é o que você deve se tornar; aqui está uma meta para você." Ao invés disso, estou dizendo que estes são alguns dos significados que observo nas experiências que meus clientes e eu compartilhamos. Talvez este quadro de experiência dos outros possa iluminar ou dar mais sentido a algumas de suas próprias experiências.

Tenho ressaltado que cada indivíduo parece estar fazendo uma pergunta dupla: "Quem sou eu?" e "Como posso tornar-me eu mesmo?". Tenho afirmado que num clima psicológico favorável um processo de tornar-se ocorre; que o indivíduo deixa cair as máscaras defensivas com as quais vinha encarando a vida, uma após a outra; que ele vivencia plenamente os aspectos ocultos de si mesmo; que descobre nessas experiências o estranho que vinha vivendo por detrás destas máscaras, o estranho que é ele mesmo. Tentei exibir o meu quadro dos atributos característicos da pessoa que aflora; uma pessoa que está mais aberta a todos os elementos de sua experiência orgânica; uma pessoa que está desenvolvendo uma confiança em seu próprio organismo como um instrumento de vida sensível; uma pessoa que aceita o foco de avaliação como residindo dentro de si mesmo; uma pessoa que está aprendendo a viver em sua vida como um participante em uma processo fluído, contínuo, em que está constantemente descobrindo novos aspectos de si mesmo no fluxo de sua experiência. Estes são alguns dos elementos que me parecem estar envolvidos em tornar-se pessoa.

Capítulo 7
A psicoterapia considerada como um processo

No outono de 1956 tive a grande honra de receber da Associação Americana de Psicologia um dos três primeiros prêmios por contribuição científica. Havia no entanto uma obrigação ligada ao prêmio, obrigação que previa para um ano mais tarde que cada um dos premiados apresentasse um artigo para a Associação. Resolvi que, em vez de dedicar um ano a uma nova tarefa, o melhor seria estudar o processo pelo qual a personalidade se modifica. Assim fiz, mas, quando o outono se aproximava, compreendi que as ideias que elaborara eram ainda pouco claras, provisórias, difíceis de apresentar. Procurei, no entanto, transcrever as confusas impressões que foram importantes para mim, das quais emergia um conceito de processo diferente de tudo aquilo que antes vira com clareza. Quando terminei, verifiquei que escrevera um artigo demasiado longo para poder ser entregue e, por isso, procedi a uma redução que lhe desse uma forma mais breve, que apresentei no dia 2 de setembro de 1957 na Convenção Americana de Psicologia, em Nova York. Este capítulo não é tão longo quanto a forma primitiva, nem tão abreviado quanto a segunda.

Se nos capítulos precedentes o processo terapêutico é encarado de um ponto de vista quase exclusivamente fenomenológico, a partir do quadro de referência do cliente, este procura *captar aquelas qualidades de expressão que podem ser observadas por outra pessoa e situa-se, portanto, num quadro de referência externa.*

A partir das observações contidas neste capítulo, elaborou-se uma "Escala do processo terapêutico" que pode ser experimentalmente aplicada a excertos de entrevistas gravadas. O método está ainda na fase de revisão e aperfeiçoamento. Mesmo sob sua forma atual oferece, na opinião da maior parte dos especialistas, uma fidedignidade aceitável e fornece resultados significativos. Casos que, por outros critérios, foram considerados bem-sucedidos apresentam nessa "Escala do processo" um movimento mais amplo do que os casos menos bem-sucedidos. Do mesmo modo, e para nossa grande surpresa, verificou-se que os casos bem-sucedidos começam *num nível mais elevado da Escala do que os casos em que a terapêutica não teve um resultado tão bom. Evidentemente, não sabemos ainda com um grau suficiente de segurança como ajudar terapeuticamente os indivíduos cujo comportamento, quando se apresentam perante nós, é típico dos estágios 1 e 2 adiante descritos. Por isso, as ideias expressas neste capítulo, embora me tivessem parecido naquela altura pobremente elaboradas e mal-formuladas, representam já uma abertura para novos e interessantes domínios do pensamento e da investigação.*

O enigma do processo terapêutico

Gostaria que me acompanhassem numa viagem de exploração. O objetivo da viagem, a meta da investigação, é procurar obter informações sobre o *processo* da psicoterapia, ou seja, o *processo* através do qual a personalidade se altera. Devo apontar desde já que o objetivo ainda não foi atingido e que tudo se passa como se a expedição tivesse avançado apenas alguns quilômetros no interior da selva. No entanto, se me quiserem acompanhar, talvez sejam tentados a descobrir novas vias de acesso que nos permitam avançar nas nossas investigações.

Minha razão pessoal para entrar numa tal exploração é muito simples. Da mesma maneira que muitos psicólogos se interessaram pelos aspectos constantes da personalidade – os aspectos invariáveis da inteligência, do temperamento, da estrutura da personalidade –, também eu me interessei, desde há muito tempo, pelas constantes que intervêm na *modificação* da personalidade. A personalidade e o comportamento se modificam? Que existe de comum nessas alterações? Quais são os pontos comuns entre as condições que precedem a modificação? Mas, e é o que sobretudo importa, qual é o processo pelo qual essas modificações ocorrem?

Até pouco tempo atrás, tentamos sobretudo saber alguma coisa sobre esse processo pelo estudo dos resultados. Temos à mão muitos fatos referentes, por exemplo, às alterações que ocorrem na autopercepção e na percepção do outro. Não nos limitamos a medir essas alterações considerando o processo global da terapia, mas fizemo-lo durante o tratamento com uma determinada regularidade. Mas mesmo esta última técnica forneceu-nos poucas indicações quanto ao *processo* em si mesmo. Estudos sobre resultados segmentados são ainda medidas de resultados e, por conseguinte, fornecem poucas indicações sobre a maneira como se opera a transformação.

Ao debruçar-me sobre esse problema, pude compreender como é restrito na investigação objetiva o estudo do processo, seja em que campo for. A investigação objetiva, para nos fornecer uma representação exata das inter-relações que ocorrem num determinado momento, oferece-nos, em partes, momentos cristalizados do tratamento. Mas nossa compreensão de um movimento permanente – quer se trate do processo de fermentação, da circulação do sangue ou da fissão atômica – é de um modo geral fornecida por uma formulação teórica, muitas vezes acompanhada, quando isso é possível, de uma observação clínica do processo. Percebi então que talvez eu estivesse alimentando uma excessiva esperança de ver os procedimentos de investigação iluminarem diretamente os processos em que a personalidade se modifica. Talvez só a teoria o possa fazer.

Um método rejeitado

Quando resolvi, há mais de um ano, fazer nova tentativa para compreender o modo como se dão essas modificações, comecei por considerar as diversas maneiras de descrever a experiência terapêutica em termos de um outro quadro de referência qualquer. Há muito me sentia atraído pela teoria da comunicação, com os seus conceitos de *feedback*, com os sinais "de entrada e de saída", e assim por diante. Havia igualmente a possibilidade de descrever o processo terapêutico em termos da teoria da aprendizagem ou em termos da teoria geral dos sistemas. Quando estudei essas diferentes vias de compreensão, ganhei a convicção de que seria possível transpor o processo psicoterapêutico para qualquer desses quadros de referência teórica. Julgo que haveria algumas vantagens em proceder desse modo. Mas fui me convencendo de que, num campo de investigação tão novo, não era essa a maior necessidade.

Cheguei à conclusão, que outros antes de mim já tinham atingido, de que um novo domínio talvez exija em primeiro lugar que nos fixemos nos *acontecimentos*, que nos aproximemos dos fenômenos com o mínimo de preconceitos possível, que assumamos a atitude observadora e descritiva do naturalista, extraindo inferências elementares que parecem ser mais próprias ao material estudado.

O modo de abordagem

Por isso, desde o ano passado, empreguei o método que muitos de nós utilizamos para levantar hipóteses, um método que os psicólogos do nosso país parecem relutantes em expor ou comentar. Usei-me como instrumento.

Como instrumento, tenho qualidade e defeitos. Durante muitos anos vivenciei a terapia como terapeuta. Fiz a experiência do outro lado da mesa, como cliente. Refleti sobre a terapia, fiz investigações nesse campo, familiarizei-me com os trabalhos de investigação dos meus colegas. Mas adquiri igualmente preconceitos, uma visão pessoal da psicoterapia, e tentei desenvolver considerações teóricas sobre a terapia. Esses pontos de vista e essas teorias tenderiam a tornar-me menos receptivo para os próprios acontecimentos. Seria capaz de me abrir aos fenômenos da terapia de uma forma nova, ingênua? Poderia fazer da minha experiência global um instrumento tão eficaz quanto possível, ou impedir-me-iam os meus preconceitos de ver o que realmente se passava? Só me restava ir em frente e fazer a tentativa.

Assim, durante este último ano, passei muitas horas a ouvir gravações de entrevistas terapêuticas – tentando ouvi-las tão ingenuamente quanto possível. Procurei absorver todos os indícios que fosse capaz de apreender referentes ao processo e aos elementos significativos nas alterações verificadas. Procurei em seguida abstrair dessas impressões as ideias mais simples que pudessem descrevê-las. Sob esse aspecto, fui muito estimulado e auxiliado pelos trabalhos de alguns dos meus colegas, mas gostaria de citar de modo particular, com o meu maior reconhecimento, Eugene Gendlin, William Kirtner e Fred Zimring, cuja capacidade manifesta para abrir novos caminhos nessas matérias me foi particularmente útil, a eles recorrendo constantemente.

A fase seguinte consistiu em reunir essas observações e abstrações elementares e formulá-las de modo a poder destacar imediatamente hipóteses verificáveis. Foi este o ponto até onde cheguei. Não tenho que me desculpar por não apresentar as investigações experimentais que estão na base dessas formulações. Se a experiência passada for de algum modo um guia, posso ter certeza de que as hipóteses que apresentar, se forem de alguma maneira conformes à experiência subjetiva de outros terapeutas, contribuirão para estimular a investigação em grande escala e, dentro de alguns anos, será possível determinar com clareza o grau de verdade e de falsidade das afirmações que se seguem.

As dificuldades e o caráter instigante da investigação

Pode parecer-lhes estranho que vá descrever tão pormenorizadamente o caminho pessoal que percorri à procura de algumas fórmulas simples e sem dúvida inadequadas. Procedi deste modo porque estou convencido de que nove décimos da investigação nos escapam completamente e que o estudo da fração que podemos ver conduz-nos a falsas conclusões. Apenas ocasionalmente alguém como Mooney (6, 7) descreve todo o método de investigação tal como existe no indivíduo. Eu também gostaria de revelar um pouco o conjunto desse estudo, tal como se foi formando em mim, e não somente a parte impessoal.

Gostaria de fazê-los participar intensamente das alegrias e desânimos do esforço para compreender o processo terapêutico. Gostaria de lhes contar uma descoberta que fiz recentemente sobre a maneira como os sentimentos "tocam" os clientes – um termo que eles empregam frequentemente. O cliente está falando sobre um tema importante quando, subitamente, é "tocado" por um sentimento – nada que tenha um nome ou uma classificação, mas a experiência de algo desconhecido que deve ser cuidadosamente explorado, mesmo antes que se lhe possa apontar uma designação. Como dizia um cliente: "É um sentimento que me arrasta. Nem mesmo sei a que é que ele se liga." A frequência desse fenômeno me impressionava.

Um outro assunto de interesse foi a variedade dos caminhos seguidos pelos clientes para entrarem em contato com seus próprios sentimentos. Esses sentimentos vêm à superfície como "bolhas de ar", eles "brotam". O cliente "mergulha" nas suas emoções, muitas vezes com cautela e com receio: "Eu queria mergulhar neste sentimento, mas você sabe como isso é difícil".

Outra dessas observações naturalistas liga-se à importância que o cliente atribui à *exatidão* da simbolização. Ele quer exatamente a palavra precisa com a qual possa exprimir o sentimento por que passou. Uma aproximação não lhe basta. E isto para conseguir uma melhor comunicação consigo próprio, até porque, se se tratasse de comunicar com o outro, ele teria à sua disposição várias palavras de significado equivalente.

Acabei, desse modo, por reconhecer o valor dos chamados "momentos dinâmicos", isto é, aqueles em que parece que uma mudança realmente ocorre. Esses momentos, com as suas concomitantes fisiológicas mais evidentes, serão mais tarde objeto de uma tentativa de descrição.

Queria igualmente mencionar o profundo sentimento de desespero que por vezes sinto, ingenuamente perdido na inacreditável complexidade da relação terapêutica. Não admira de forma alguma que preferíssemos, ao iniciar o tratamento, dispor de rígidos preconceitos. Sentimos que é necessário conferir uma ordem *a tudo isso*. Não ousamos esperar que se possa descobrir uma ordem *nessa* relação.

Aqui estão algumas das descobertas pessoais, dos embaraços e dos desânimos que fui encontrando ao trabalhar sobre esses problemas. Foi a partir daqui que se formaram as ideias mais teóricas que gostaria agora de apresentar.

Uma condição básica

Se estudássemos o mecanismo do crescimento das plantas, teríamos de aceitar algumas condições constantes de temperatura, de umidade e de iluminação, ao elaborar a nossa teoria sobre o processo a que assistimos. Do mesmo modo, ao teorizar sobre o processo da modificação da personalidade em psicoterapia, tenho de aceitar um conjunto ótimo de condições constantes que facilitem essa modificação. Tentei recentemente estabelecer com algum pormenor essas condições (8). Para o nosso objetivo de momento, creio poder resumir essas condições numa palavra. Ao longo de toda a exposição que se segue, parto do princípio de que o cliente se sente plenamente *aceito*. Com isso pretendo significar que, sejam quais forem os seus sentimentos – temor, desespero, insegurança, angústia –, seja qual for o seu modo de expressão – silêncio, gestos, lágrimas ou palavras –, seja qual for a impressão sobre a sua situação nesse momento, ele sente que está sendo psicologicamente *aceito* tal qual é, pelo terapeuta. Isto implica, portanto, o conceito de uma compreensão por empatia e o conceito de aceitação. Convém igualmente sublinhar que é a vivência que o cliente tem dessa condição que a otimiza e não apenas o fato de tal condição existir no terapeuta.

Logo, em tudo o que vou dizer sobre o processo de modificação da personalidade, admitirei como uma constante uma condição ótima e máxima de ser aceito.

O contínuo emergente

Ao procurar captar e conceituar o processo de mudança, comecei por buscar os elementos suscetíveis de caracterizarem a própria mudança. Pensava na mudança como uma entidade e procurava seus atributos específicos. Pouco a pouco, fui compreendendo, à medida que me expunha à matéria bruta da mudança, que se tratava de um "contínuo" de uma espécie diferente daquele que eu antes imaginara.

Comecei a entender que os indivíduos não se movem a partir de um ponto fixo ou uma homeostase para um novo ponto fixo, embora um processo desse gênero seja possível. Mas o contínuo mais significativo é o que vai da fixidez para a mobilidade, da estrutura rígida para o fluxo, da estase para o processo. Emiti a hipótese provisória de que talvez as qualidades da expressão do cliente pudessem, em qualquer momento, indicar a sua posição nesse contínuo, indicar onde se encontra no processo de mudança.

Desenvolvi progressivamente esse conceito de processo, distinguindo nele sete fases, mas insisto em que se trata de um contínuo e que todos os pontos intermediários persistem, quer se distingam três ou cinquenta fases.

Acabei por descobrir que determinado cliente, tomado como um todo, revela habitualmente comportamentos que se aglomeram em torno de uma seção relativamente curta do contínuo. Ou seja, é pouco provável que numa esfera da sua existência o cliente manifeste uma fixidez total e numa outra esfera uma mobilidade absoluta. Ele tenderia, globalmente, a situar-se nessa ou naquela etapa do processo. Contudo, o processo que pretendo descrever relaciona-se mais propriamente com determinados domínios das significações pessoais – onde levanto a hipótese de que o cliente se acha neste domínio num estágio completamente definido e não apresenta nenhuma característica dos outros estágios.

Os sete estágios do processo

Vou tentar delinear a forma como vejo os estágios sucessivos do processo através do qual o indivíduo muda da fixidez para a fluidez, de um ponto situado perto do polo estático do contínuo para um ponto situado perto do seu polo "em movimento". Se a minha observação é correta, é possível que, examinando e delimitando as qualidades da experiência e da expressão num indivíduo determinado, num clima que ele próprio sente de completa aceitação, sejamos capazes de determinar o ponto em que ele se encontra nesse contínuo da mudança da personalidade.

Primeiro estágio

O indivíduo que se encontra neste estágio de fixidez e de distanciamento da sua experiência não virá seguramente de boa vontade à terapia. No entanto, posso ilustrar, em certa medida, as características desse estágio.

Recusa de comunicação pessoal. Comunicação apenas sobre assuntos exteriores.
  Exemplo: "Pois bem, dir-lhe-ei que sempre me pareceu um

pouco idiota falar de si mesmo, a não ser em caso de extrema necessidade."[1]

Os sentimentos e os significados pessoais não são apreendidos nem reconhecidos como tais.

Os construtos pessoais (segundo a expressão empregada por Kelly (3) são extremamente rígidos.

As relações íntimas e comunicativas são encaradas como perigosas.

Nesse estágio, nenhum problema pessoal é reconhecido ou captado.

Não existe desejo de mudança.
Exemplo: "Acho que estou perfeitamente bem."

Existem muitos bloqueios na comunicação interna.

Talvez essas curtas frases e exemplos possam ilustrar em parte a rigidez psicológica inerente a essa extremidade do contínuo. O indivíduo tem pouco ou mesmo nenhum reconhecimento do fluxo e do refluxo da sua vida afetiva. Os caminhos que segue para construir a sua experiência foram determinados pelo seu passado e não são, de maneira rígida, afetados pelo presente. No seu modo de vivenciar, ele está (para empregar uma expressão de Gendlin e Zimring) determinado pelas estruturas da sua forma de experienciar (*structure-bound*). Ou seja, reage "à situação presente assimilando-a a uma experiência passada e reage depois a esse passado, sentindo-o" (2). A diferenciação das significações pessoais da experiência é sumária ou global, sendo esta vista em termos de preto-e-branco. O indivíduo não *se* comunica e não comunica senão aspectos exteriores. Ele tende a se ver como não tendo problemas, ou os problemas que reconhece são apreendidos como completamente exteriores a si mesmo. A comunicação interna entre o eu e a experiência imediata está seriamente bloqueada. O indivíduo, nesse estágio, está representado por termos como estase, fixidez, em oposição a fluxo ou mudança.

Segundo estágio do processo

Quando a pessoa no primeiro estágio pode vivenciar a si mesma como é totalmente aceita, segue-se então o segundo estágio. Parecemos saber muito pouco sobre como proporcionar a experiência de ser aceito para a pessoa no primeiro estágio, mas por vezes isso se consegue pela terapia lúdica ou em grupo. Nessas circunstâncias, a pessoa se beneficia de um clima de aceitação, sem ser obrigada a tomar qualquer iniciativa pessoal, durante um tempo suficientemente longo para se sentir *aceito*. Em cada situação em que vivencia isso, nota-se que a expressão simbólica se torna um pouco mais maleável e fluida, o que se caracteriza por:

A expressão em relação aos tópicos referentes ao não eu começa a ser mais fluente.
Exemplo: "Suspeito que meu pai sempre tenha se sentido pouco seguro nas suas relações de negócios."

Os problemas são captados como exteriores ao eu.
Exemplo: "A desorganização continua a aparecer inesperadamente na minha vida."

Não existe o sentimento de responsabilidade pessoal em relação aos problemas.
Exemplo: Isto é ilustrado pela citação precedente.

Os sentimentos são descritos como não próprios ou, às vezes, como objetos passados.
Exemplo: O terapeuta: "Se quiser me dizer o que a traz aqui..." A cliente: "O sintoma era... era... estar muito deprimida." Aqui está um exemplo excelente da maneira como os problemas interiores podem ser apreendidos e comunicados como se fossem completamente exteriores. A clientes não diz: "Eu estou deprimida", nem mesmo: "Eu estava deprimida." Ela

trata o seu sentimento como um objeto remoto, que não possui, que lhe é inteiramente exterior.

Os sentimentos podem ser exteriorizados, mas não são reconhecidos como tais, nem pertencentes ao próprio indivíduo. A experiência está determinada pela estrutura do passado.
    Exemplo: "Suponho que a compensação que sempre procurei foi, mais do que tentar me comunicar com as pessoas ou ter boas relações com elas, compensar, bem, como direi, ficar num nível intelectual." Aqui a cliente começa a reconhecer a maneira como a sua experiência presente está determinada pelo passado. Suas afirmações ilustram igualmente o distanciamento da vivência a este nível. É como se ela mantivesse sua experiência à distância.

Os construtos pessoais são rígidos, não reconhecidos como construtos, mas concebidos como fatos.
    Exemplo: "Nunca posso fazer nada direito... não posso acabar nada."

A diferenciação das significações pessoais e dos sentimentos é muito limitada e global.
    Exemplo: A citação precedente é uma boa ilustração – "*Nunca* posso" é um aspecto de diferenciação em branco e preto, como o é igualmente o emprego de "direito" num sentido tão absoluto.

As contradições podem ser expressas, mas com um pequeno reconhecimento delas enquanto contradições.
    Exemplo: "Eu quero aprender, mas fico olhando para a mesma página durante uma hora."

    Como comentário a esse segundo estágio do processo pode-se dizer que um determinado número de clientes que vêm voluntariamente à terapia estão nessa fase, mas nós (e provavelmente os terapeutas em geral) conseguimos obter um grau muito modesto de resultados favoráveis ao trabalhar com eles. Parece ser essa pelo menos a conclusão do estudo de Kirtner (5), conclusão aceitável embora o seu quadro de referência conceitual seja um pouco diferente no nosso. Sabemos muito pouco sobre a forma como uma pessoa nesse estágio acaba por experimentar-se a si mesma como "aceita".

Terceiro estágio

Se a leve maleabilidade e o início do fluxo no segundo estágio não forem bloqueados e o cliente se sentir sob esses aspectos totalmente aceito tal qual é, dá-se uma maior maleabilidade e fluência da expressão simbólica. Eis algumas das características que parecem acompanhar aproximadamente esse ponto do contínuo:

Há um fluir mais livre da expressão do eu como um objeto.

Exemplo: "Esforço-me muito para ser perfeito com ela – entusiasta, amigável, inteligente, falador – porque quero que ela goste de mim."

Há também uma expressão das experiências pessoais como se tratassem de objetos.

Exemplo: "E depois, ainda tem esse negócio de saber o quanto você se sente preparada para o casamento, e se a sua vocação profissional é importante, e isso é o que você realmente é nesse ponto, isso limita os contatos que possa ter." Nesse caso, o eu da cliente é um objeto tão longínquo que essa reação devia antes situar-se entre o segundo e o terceiro estágio.

Há igualmente expressão sobre o eu como um objeto refletido, que existe primariamente nos outros.

Exemplo: "Sou capaz de me sentir sorrindo com suavidade como a minha mãe ou sendo teimoso e seguro de mim como meu pai às vezes é – deslizo para a personalidade seja de quem for, mas que não é a minha."

O cliente exprime e descreve sentimentos e significados pessoais que não estão presentes.

Habitualmente, como se evidencia, são comunicações sobre sentimentos passados.

Exemplo: "Havia tantas coisas que eu não podia dizer às pessoas, tantas coisas más que eu fiz. Sentia-me tão vil e tão mau!"

Outro exemplo: "E o que agora sinto é precisamente o que me lembro de ter sentido quando era criança."

Há uma aceitação muito reduzida dos sentimentos. A maior parte dos sentimentos é revelada como algo vergonhoso, mau, anormal, ou inaceitável de outras maneiras.

Manifestam-se sentimentos e, nesse caso, algumas vezes são reconhecidos como tais.

A experiência é descrita como passada, ou como algo afastado do eu.

Os exemplos precedentes ilustram estas asserções.

Os construtos pessoais são rígidos, mas podem ser reconhecidos como construtos e não como fatos exteriores.

Exemplo: "Sentia-me de tal maneira culpado durante a minha juventude que julgava merecer ser sempre castigado fosse pelo que fosse. Se julgava que não merecia ser castigado por uma coisa, sentia que o merecia por outra." Obviamente, o cliente vê a situação como o modo como construiu a experiência, e não como um fato estabelecido.

Outro exemplo: "Sempre sinto medo quando há afeto envolvido porque isso implica submissão. Detesto isso, mas acho que identifico as duas coisas e que se alguém manifesta afeição por mim isso significa que devo aceder a tudo o que essa pessoa quiser."

A diferenciação dos sentimentos e dos significados é um pouco mais nítida, menos global do que nas fases precedentes.

Exemplo: "Já o disse várias vezes, mas agora realmente sinto isso. Será de admirar o fato de ter me sentido tão infeliz nessas condições, vistas as sujeiras que me fizeram? E, por outro lado, também não fui um anjo, bem sei."

Há um reconhecimento das contradições da experiência.

Exemplo: O cliente explica que, por um lado, espera fazer alguma coisa de grande e, por outro, sente que pode facilmente fracassar.

As opções pessoais são muitas vezes vistas como ineficazes.

O cliente "decide" fazer uma coisa, mas descobre que o seu comportamento não está de acordo com essa decisão.

Julgo evidente que muitas das pessoas que vêm à procura de ajuda psicológica se situam aproximadamente nesse terceiro estágio. Podem permanecer aí durante muito tempo, descrevendo sentimentos que não sentem no momento e explorando seu eu como um objeto, antes de estarem preparadas para passar à próxima fase.

Quarto estágio

Quando o cliente se sente compreendido, bem-vindo, aceito tal como é nos vários aspectos da sua experiência, no nível do terceiro estágio, dá-se então uma maleabilidade gradual de seus construtos e uma fluência mais livre dos sentimentos, características de movimento no contínuo. Podemos tentar captar algumas características dessa descontração e designá-las como o quarto estágio do processo.

O cliente descreve sentimentos mais intensos do tipo "não presentes agora".

Exemplo: "Pois bem, eu era realmente – tocou-me profundamente."

Os sentimentos são descritos como objetos no presente. Exemplo: "Fico desanimado por me sentir dependente, porque isso quer dizer que não acredito em mim."

Os sentimentos são por vezes expressos no presente, outras vezes surgem como que contra os desejos do cliente. Exemplo: Um cliente, depois de relatar um sonho onde aparecia um espectador perigoso, porque observava os seus "crimes", diz ao terapeuta: "Bem, *não tenho* confiança em você".

Há uma tendência para experimentar sentimentos no presente imediato, mas que é acompanhada de desconfiança e de medo perante essa possibilidade.
Exemplo: "Sinto-me preso por alguma coisa. Devo ser eu! Não encontro outra explicação. Não posso atribuir isso a ninguém. Há este *nó*... em alguma parte, dentro de mim... Isso me dá vontade de ficar louco – e gritar – e fugir!"

Há pouca aceitação dos sentimentos, embora já se manifeste alguma aceitação.
Os dois exemplos precedentes indicam que o cliente manifesta uma suficiente aceitação da sua experiência para enfrentar sentimentos que lhe metem medo. A sua aceitação, porém, é pouco consciente.

A experiência está menos determinada pela estrutura do passado, é menos longínqua e surge mesmo, por vezes, com um ligeiro atraso.
Os mesmos dois exemplos anteriores ilustram muito bem esta maneira menos rigidamente determinada de enfrentar a experiência.

Surge uma maleabilidade na forma como a experiência é construída. Ocorrem algumas descobertas de construtos pessoais; dá-se um reconhecimento definitivo do seu caráter de construções; começa a pôr-se em questão a sua validade.

Exemplo: "Isso é engraçado. Por quê? Ora, porque é um pouco estúpido da minha parte... sinto-me um pouco inquieto, um pouco embaraçado com isso... e um pouco impotente (*a sua voz adoça-se e ele fica triste*). O humor foi minha defesa toda a vida; talvez não seja muito apropriado para realmente ver a mim mesmo. Uma cortina que se corre... Sinto-me um pouco perdido agora. Onde é que eu estava? O que estava dizendo? Perdi o domínio sobre alguma coisa que servia para me agarrar." Este exemplo ilustra o choque e a alteração que resultam de pôr em questão um construto básico, nesse caso, o humor empregado como defesa.

Há uma maior diferenciação dos sentimentos, dos construtos, das significações pessoais, com certa tendência para procurar uma simbolização exata.

Exemplo: Esta característica está adequadamente ilustrada em cada um dos exemplos dessa fase.

Dá-se uma preocupação diante das contradições e incongruências entre a experiência e o eu.

Exemplo: "Eu não estou vivendo de acordo com o que sou. Poderia realmente fazer mais do que faço. Quantas horas não gastei no banheiro nessa posição, enquanto a minha mãe me dizia: 'Não saia daí enquanto não tiver feito alguma coisa'. Produzir!... Isso aconteceu com um monte de coisas." Este exemplo ilustra ao mesmo tempo a preocupação perante as contradições e o questionamento da forma como a experiência foi construída.

O indivíduo toma consciência da sua responsabilidade perante os seus problemas pessoais, mas com alguma hesitação.
Embora uma relação estreita ainda lhe pareça perigosa, o cliente aceita o risco até um certo grau de afetividade.

Alguns dos exemplos precedentes ilustram este aspecto, principalmente aquele onde o paciente diz: "Bem, *não tenho confiança em você.*"

Não há dúvida de que essa fase, bem como a seguinte, constitui a maior parte da psicoterapia, tal como a conhecemos. Esses comportamentos são muito comuns em qualquer forma de terapia.

Seria bom recordar outra vez que uma pessoa nunca está exclusivamente nesse ou naquele estágio do processo. Ouvindo as entrevistas e examinando as transcrições datilografadas, sou levado a crer que as expressões de um cliente numa dada entrevista podem incluir frases e comportamentos que são sobretudo característicos da terceira fase, com momentos frequentes de rigidez da segunda fase ou com maior maleabilidade da quarta fase. Não me parece, porém, provável que se encontrem exemplos do sexto estágio numa tal entrevista.

O que foi dito refere-se à variabilidade no estágio geral do processo em que o cliente se encontra. Se limitarmos nossa investigação a uma área determinada dos significados pessoais expressos pelo cliente, proporei a hipótese de uma regularidade muito maior: o terceiro estágio encontrar-se-á raramente antes do segundo, o quarto estágio seguir-se-á raramente ao segundo sem que o terceiro se interponha. É esse o gênero de hipóteses provisórias que podem ser estudadas de um modo experimental.

O quinto estágio

À medida que avançamos no contínuo, podemos tentar fixar novo ponto, a que chamaremos quinto estágio. Se o cliente se sente aceito nas suas expressões, comportamentos e experiências no quarto estágio, isso irá favorecer uma maleabilidade ainda maior e uma renovada liberdade no fluxo organísmico. Creio que podemos novamente delinear aproximadamente as características desse estágio do processo[2].

Os sentimentos são expressos livremente como se fossem experimentados no presente.

Exemplo: "Eu esperava ser rejeitado... estou sempre à espera disso... tenho até a impressão de sentir a mesma coisa com você... Custa-me falar disso, porque queria ser o melhor que posso com você." Aqui, os sentimentos em relação ao terapeuta e ao cliente na sua relação com ele, emoções frequentemente muito difíceis de manifestar, são abertamente expressos.

Os sentimentos estão prestes a ser plenamente experimentados. Começam a "vir à tona", "brotar", apesar do receio e da desconfiança que o cliente experimenta em vivê-los de um modo pleno e imediato.

Exemplo: "Isto apareceu assim e não sou capaz de compreender como. (*Longa pausa.*) Estou procurando compreender que terror é este."

Exemplo: A cliente está falando sobre um acontecimento exterior. Subitamente, tem um olhar angustiado, aterrorizado.

O terapeuta: "O que é... que é que se passa?"

A cliente: "Não sei (*chora*)... Devo ter me aproximado de alguma coisa de que não queria falar..." Aqui, a cliente tomou consciência de um sentimento quase involuntariamente.

Exemplo: "Sinto-me detido precisamente neste momento. Por que é que a minha mente ficou vazia? Tenho a impressão de me agarrar a qualquer coisa, mas larguei outras e algo em mim está dizendo: 'A que mais será preciso ainda renunciar?'"

Principia a despontar uma tendência para perceber que vivenciar um sentimento envolve uma referência direta.

Os três exemplos acima citados ilustram justamente este aspecto. Em cada um dos casos, o cliente sabe que sentiu alguma coisa, mas percebe que não pode exprimir claramente aquilo que sentiu. Mas começa igualmente a esboçar-se a compreensão de que o objeto desses conhecimentos vagos reside nele, num acontecimento organísmico em relação ao qual pode verificar a exatidão das suas simbolizações e das suas formulações cognitivas. Isso é muitas vezes revelado por expressões que indicam o caráter próximo ou longínquo que ele sente em relação a esse ponto de referência.

Exemplo: "Realmente não aprofundei muito, limitei-me a descrever".

Há surpresa e receio, raramente prazer, quando os sentimentos "vêm à tona".

Exemplo: O cliente, falando sobre suas antigas relações familiares: "Isso já não tem qualquer importância. Hum. (*Pausa*). Era no entanto muito importante, mas não faço a menor ideia por que razão... Sim, é isso! Posso esquecer-me disso agora... isso *não tem* importância. Ai, que miséria e que estupidez!".

Exemplo: O cliente acabara de exprimir o seu desespero: "Ainda me sinto *espantado* com a força disto. Parece-me ser *isso* exatamente que eu sinto."

Há cada vez mais uma chamada a si dos próprios sentimentos e o desejo de vivê-los, de ser o "verdadeiro eu".

Exemplo: "A verdade é que eu não sou o indivíduo agradável e tolerante que procuro mostrar que sou. Há coisas que me irritam. Sinto-me ríspido com as pessoas e sinto-me por vezes egoísta; e não sei por que é que havia de fingir que *não* sou assim".

Isso mostra com toda clareza o maior grau de aceitação de todos os sentimentos.

A vivência é descontraída, já não distante e ocorre frequentemente com um ligeiro atraso.

Há um pequeno intervalo entre o acontecimento organísmico e a sua plena vivência subjetiva. É isso que um cliente nos descreve com uma admirável precisão.

Exemplo: "Sinto ainda alguma dificuldade ao tentar exprimir o que significa essa tristeza e as crises de lágrimas. Apenas sei que sinto isso quando chego a um determinado sentimento e... habitualmente, quando choro muito, isso me ajuda a franquear uma barreira que levantei por causa de certas coisas que aconteceram. Sinto-me ferido por qualquer coisa e então, automaticamente, é como se esse escudo escondesse o que se passa e fico com a impressão de não poder entrar em contato seja com o que for, de não poder sentir nada... se fosse capaz de sentir ou pudesse aceitar imediatamente que estou ferido, poderia começar imediatamente a chorar, mas não sou capaz."

Vemo-lo aqui considerando seu sentimento como a única referência interna para a qual pode se voltar a fim de ver mais claro. No momento em que está prestes a chorar, dá-se conta de que isso representa o sentimento parcial e retardado de ter sido ferido. Reconhece então que suas defesas são tais que não é capaz, nessa fase, de vivenciar realmente o acontecimento que o fere no momento em que este ocorre.

Os modos segundo os quais se constrói a experiência são muito mais maleáveis. Há muitas descobertas novas dos construtos pessoais como construtos e uma análise e discussão crítica destes.

Exemplo: Um homem declara: "Essa ideia da necessidade de agradar – de *ter* de fazer isso – é realmente uma espécie de asserção fundamental da minha vida (*chora calmamente*). Sabe, é uma espécie de axioma indiscutível isso de que eu *tenho* de agradar. Não tenho outra saída. Eu simplesmente *tenho* de fazer isso."

Aqui fica claro para ele que essa asserção foi construída e é evidente que o seu estatuto de indiscutível está prestes a terminar.

Há uma tendência forte e evidente para a exatidão na diferenciação dos sentimentos e das significações.

Exemplo: "... uma tensão que cresce em mim, uma espécie de desespero, como que uma incompletude – e a minha vida atual está realmente muito vazia... Não sei. Parece-me que o que mais se aproxima é o sentimento do *desespero*". Obviamente, o indivíduo tenta captar o termo exato que simboliza para ele sua experiência.

O indivíduo aceita cada vez mais enfrentar suas próprias contradições e incongruências na experiência.

Exemplo: "Minha consciência me diz que sou boa pessoa. Mas, em qualquer parte, dentro de mim, não acredito nisso. Penso que sou um covarde, um inútil. Não tenho confiança na minha capacidade para fazer seja o que for."

O indivíduo aceita cada vez com maior facilidade a sua própria responsabilidade perante os problemas que tem de enfrentar, e preocupa-se mais em determinar como contribui para eles. O diálogo interior torna-se mais livre, melhora a comunicação interna e reduz-se o seu bloqueio.

Às vezes esses diálogos são verbalizados.

Exemplo: "Alguma coisa em mim me diz: 'A que mais terei eu ainda de renunciar? Você já levou tanta coisa de mim'. Isto sou *eu* a falar *comigo* – o *eu* interior que fala ao *eu* que dirige o espetáculo. Agora está se lamentando dizendo: 'Você está se aproximando demais. Vá embora'!"

Exemplo: Frequentemente esses diálogos assumem a forma de se ouvir a si mesmo, para verificar as formulações cognitivas segundo uma referência direta à experiência. Assim, um cliente diz: "Não é engraçado? Nunca pensei nisso dessa forma. Só estou tentando ver se é isso. Sempre me pareceu que a tensão era devida em medida muito maior a causas externas... que não era simplesmente algo que *eu utilizava* dessa forma. Mas isto é verdade, é realmente verdade."

Espero que os exemplos dados deste quinto estágio do processo possam esclarecer alguns pontos. Em primeiro lugar, essa fase está, psicologicamente, a muitos quilômetros do primeiro estágio descrito. Nesse ponto, muitos aspectos da personalidade do cliente tornaram-se móveis, ao contrário da rigidez do primeiro estágio. Ele está muito mais próximo do seu ser orgânico, que está sempre em movimento. Abandona-se muito mais facilmente à corrente dos seus sentimentos. Suas construções da experiência são decididamente maleáveis e constantemente postas à prova pelo confronto com pontos de referência e com evidências tanto externas como internas. A experiência é muito mais diferenciada e, portanto, a comunicação interior, já fluente, pode ser muito mais exata.

Exemplos de processos em determinada área

Uma vez que me inclinei a falar do cliente como um todo que se situasse num estágio ou em outro, é novamente necessário insistir, antes de passar à descrição do estágio seguinte, que, em determinadas áreas da significação pessoal, o processo pode descer abaixo do nível geral do cliente devido a experiências que estão em profundo desacordo com o conceito de eu.

Talvez possa exemplificar referindo-me a uma determinada área da esfera afetiva de um cliente, algo sobre o modo como o processo que estou descrevendo opera num segmento estreito da experiência.

Num caso relatado minuciosamente por Shlien (5), a qualidade da expressão do eu nas entrevistas se situava aproximadamente nos estágios três e quatro do processo contínuo que consideramos. Depois, quando a cliente aborda os problemas sexuais, o processo desce a um nível mais baixo no contínuo.

No decurso da sexta entrevista, ela sente que há coisas impossíveis de dizer ao terapeuta e então "depois de uma longa pausa, menciona, de forma quase inaudível, uma sensação de comichão na zona do reto, para a qual o médico não encontrava explicação". Nesse caso, um problema é encarado como completamente exterior ao eu, e a qualidade da vivência é muito remota. Isto poderia ser característico do segundo estágio do processo tal como aqui o descrevemos.

Na décima entrevista, o comichão tinha passado para os dedos. Foi então que, com grande embaraço, descreveu brincadeiras da sua infância em que se despia, e outras atividades sexuais. Temos aqui igualmente o aspecto característico da descrição de atividades estranhas ao eu, sendo os sentimentos considerados como objetos do passado. Estamos, no entanto, num estágio mais adiantado do processo Ela conclui: "É simplesmente porque eu sou má, suja". Aqui está um juízo sobre o eu e um construto pessoal, rígido e não diferenciado. Tudo isto é característico do terceiro estágio do processo, como também o é a seguinte declaração sobre si mesma, mostrando uma maior diferenciação nas significações pessoais: "Acho que por dentro sou hipersexuada, mas por fora não sou suficientemente *sexy* para atrair a resposta que quero... gostaria de ser a mesma por dentro e por fora". Esta última frase liga-se ao quarto estágio pela tênue discussão de uma construção pessoal.

Durante a décima segunda entrevista, ela vai mais longe nessa discussão, declarando que não tinha *nascido* para a promiscuidade. Essa afirmação se reveste claramente do aspecto característico do quarto estágio, recusando de forma definitiva uma maneira profundamente arraigada de construir a experiência pessoal. Durante a mesma entrevista, ela ganha coragem para dizer ao terapeuta: "Você é um homem, um belo homem, e todo o meu problema se refere a homens como você. Seria mais fácil se você fosse um pouco mais velho, mas não seria melhor a longo prazo". Ela fica perturbada e embaraçada por ter dito isto e sente que "é como estar nua, nada lhe podendo esconder". Vemos exprimir-se aqui um sentimento imediato, com relutância e com receio, sem dúvida, mas expresso, não descrito. A vivência é muito menos remota e determinada, e ocorre pouco distanciada no tempo, mas recusa-se ainda a aceitá-la. A diferenciação mais nítida das significações está claramente patente na frase "seria mais fácil, mas não melhor". Tudo isso é plenamente característico do quarto estágio do processo.

Na décima quinta entrevista, a cliente descreve muitas experiências e emoções passadas em relação a sexo, num estilo característico do terceiro e quarto estágios tal como os descrevemos. Num determinado momento diz: "Eu desejava ferir-me, por isso comecei a sair com homens que me pudessem ferir... com o seu pênis. Gozava com isso e sofria, e tinha assim a satisfação de ser castigada pelo meu prazer no mesmo momento". Aqui está uma forma de construir a experiência, forma que é apreendida como tal e não como um fato exterior. Também é evidente que ela a coloca em questão, embora de uma maneira implícita. Há um reconhecimento e uma certa inquietação perante os elementos contraditórios do prazer experimentado, embora pensando que devia ser castigada. Esses aspectos são absolutamente característicos do quarto estágio, ou mesmo um pouco anteriores.

Alguns instantes depois, ela descreve os sentimentos intensos de vergonha que experimentou no prazer sexual. Suas duas irmãs, "elegantes e respeitáveis", não eram capazes de chegar ao orgasmo "e assim eu era novamente a que era má". Até aqui estas palavras ilustram o quarto estágio. Então, subitamente, ela pergunta: "Ou será que sou feliz?". Nesta expressão no presente de um sentimento de perplexidade, na qualidade de "irrupção", na vivência imediata desse espanto, na franca e decisiva discussão de seu construto pessoal anterior, encontramos os aspectos característicos do quinto estágio que acabamos de descrever. Ela avançou muito no processo, num clima de aceitação, situando-se a uma distância considerável do segundo estágio.

Espero que esse exemplo tenha indicado a forma como um indivíduo, numa determinada área das significações pessoais, se torna cada vez mais maleável, mais fluente, num processo mais movimentado, na medida em que se sente aceito. Talvez o exemplo ilustre igualmente o que acredito, ou seja, que esse processo de uma maior mobilidade não é algo que possa acontecer em minutos ou horas, mas em semanas e meses. É um processo de avanço irregular, por vezes de recuo, por vezes parecendo estático quando abrange uma área maior, mas acabando por retomar sempre o seu curso.

O sexto estágio

Se consegui dar uma ideia da extensão e da natureza da maleabilidade crescente dos sentimentos, das vivências e das construções em cada estágio, podemos então passar ao estágio seguinte, que surge, a quem o observa, como crucial. Vou tentar explicar o que me parecem ser suas qualidades características.

Supondo que o cliente continua a ser plenamente aceito na relação terapêutica, os aspectos característicos do quinto estágio tendem a ser seguidos por um estágio muito distinto e frequentemente dramático. Caracteriza-se do seguinte modo:

Um sentimento que antes estava "bloqueado", inibido na sua evolução, é experimentado agora de um modo imediato.

Um sentimento flui para o seu fim pleno.

Um sentimento presente é diretamente experimentado com toda a sua riqueza num plano imediato da experiência e o sentimento com toda a sua riqueza num plano imediato.

Esse caráter imediato da experiência e o sentimento que constitui seu conteúdo são aceitos. Isto é algo real e não uma coisa para ser negada, temida ou combatida.

Todas as asserções precedentes procuram descrever as diferentes facetas de um fenômeno que, quando ocorre, é claro e bem definido. Seria necessário recorrer a exemplos gravados para comunicar plenamente essa qualidade, mas tentarei dar um exemplo sem recorrer às gravações. Um extrato bastante longo tirado da octogésima entrevista com um rapaz talvez nos possa dar uma ideia da forma como um cliente chega ao sexto estágio.

Exemplo: "Podia mesmo acontecer que eu tivesse uma espécie de ternura em relação a mim próprio... No entanto, como seria eu capaz de ser terno, de me preocupar *comigo mesmo*, pois somos uma mesma e única coisa? Contudo, *sinto* isso claramente... Sabe, é como quem cuida de uma criança. Você quer lhe dar isso e aquilo... Posso compreender isso quando se trata de outra pessoa... mas nunca o poderia ver para... mim próprio, que eu pudesse agir assim para comigo. Será possível que eu queira agora tomar realmente conta de mim e que isso seja o principal objetivo da minha vida? Isto quer dizer que eu teria de abordar o mundo como se eu fosse o guardião do bem mais precioso e mais ambicionado, que este *eu* estaria entre *esse eu* precioso de que eu quero cuidar e o mundo todo... É quase como se eu me *amasse* a mim mesmo – entende? – isso é estranho... mas é verdade."

O terapeuta: "Isso parece ser um conceito estranho e difícil de compreender. Poderia significar: Eu enfrentaria o mundo como se uma parte essencial da minha responsabilidade fosse cuidar desse indivíduo precioso que eu sou... que eu amo."

O cliente: "Com quem eu me preocupo... de quem eu me sinto tão *próximo*. Ora, aqui está mais uma coisa *estranha*."

O terapeuta: "Isso só parece esquisito."

O cliente: "Sim! E vai mesmo mais longe. A ideia de me amar a mim próprio e de me preocupar (*os seus olhos umedecem-se*). Seria uma coisa muito bonita... muito bonita."

A gravação ajudaria a ver que se trata de um sentimento que ele nunca tinha sido capaz de deixar correr nele e que era sentido nesse momento de forma imediata. É um sentimento que evolui para o seu fim pleno, sem inibições. É experimentando com aceitação, sem qualquer tentativa para desviá-lo ou para negá-lo.

A experiência é vivida subjetivamente e não como objeto de um sentimento.

O cliente, nas suas *palavras*, pode se afastar o suficiente da sensação a ponto de sentir *sobre* ela, como no exemplo anterior. No entanto, a gravação mostra bem o caráter periférico dessas palavras em relação à experiência que está fazendo consigo e na qual está vivendo. A melhor expressão desse fato em suas palavras é: "Ora, aqui está mais uma coisa estranha."

O eu como objeto tende a desaparecer.

O eu, nesse momento, *é* esse sentimento. Ele existe no momento, com uma consciência de si reduzida, mas principalmente com uma consciência reflexiva, como Sartre a designa. O eu é, subjetivamente, no momento existencial. Não é alguma coisa que se percebe.

A vivência, nesse estágio, assume a qualidade de um processo real.

Exemplo: Um cliente, um homem que se aproxima desse estágio, diz que se sente receoso a propósito da fonte de um grande número de pensamentos secretos. E prossegue: "Os pensamentos mais próximos da superfície são borboletas. Por baixo há uma corrente mais profunda. Sinto-me muito afastado dela. A corrente mais profunda é como um grande cardume que se desloca debaixo d'água. Eu vejo os peixes que surgem na superfície e estou sentado com a minha linha de pesca numa mão, com um anzol na ponta – tentando encontrar algo melhor do que esse anzol ou, melhor ainda, uma forma de mergulhar nessa corrente. É uma coisa que me mete medo. Vem-me à cabeça a ideia de que quero ser eu próprio um peixe."

O terapeuta: "Quer mergulhar na corrente e deixar-se levar."

Embora o cliente não esteja vivenciando ainda plenamente a evolução no interior de um processo e, portanto, não possa servir completamente de ilustração desse sexto estágio do contínuo, ele o prevê de uma maneira tão clara que sua descrição revela o sentido profundo desse estágio.

Uma outra característica desse estágio do processo é a maleabilidade fisiológica que o acompanha.

Os olhos úmidos, as lágrimas, os suspiros, o relaxamento muscular são frequentemente evidentes. Há muitas vezes outros sintomas fisiológicos concomitantes. Proporei de bom grado a hipótese de que nessas ocasiões, tendo meios para o observar, descobriríamos uma melhoria da circulação e da condutividade dos impulsos nervosos. Pode indicar-se um exemplo da natureza "primitiva" de algumas dessas sensações através da seguinte passagem.

Exemplo: O cliente, um rapaz, exprimira o desejo de que seus pais morressem ou desaparecessem: "É um pouco como se eu quisesse vê-los desaparecer, como se desejasse que eles nunca tivessem existido... E tenho de tal maneira vergonha de mim próprio que quando eles me chamam eu vou logo! A sua presença é ainda muito forte. Não sei. É qualquer coisa de visceral – quase que posso sentir isso dentro de mim" (*e começa a gesticular puxando o umbigo, como se quisesse se arrancar*).

O terapeuta: "Eles realmente prendem-no pelo cordão umbilical."

O cliente: "É engraçado como é real o que sinto... É como uma sensação de queimadura, mais ou menos, e quando eles dizem alguma coisa que me deixa ansioso, sinto isso exatamente aqui (*apontando*). Nunca pensei nisso assim."

O terapeuta: "Tudo se passa como se, quando há uma perturbação nas relações entre vocês, tivesse precisamente a impressão de uma tensão no umbigo."

O cliente: "Sim, é como se fosse aqui. E é tão difícil definir o que sinto aqui."

Nesse caso, o indivíduo está vivendo subjetivamente no sentimento da dependência em relação aos seus pais. Todavia, seria bastante inexato afirmar que ele se apercebe desse sentimento. Está *nele*, experimentando-o como uma tensão no seu cordão umbilical.

Nessa fase, a comunicação interior é livre e relativamente pouco bloqueada.

Creio que isto é perfeitamente ilustrado com os exemplos citados. De fato, como cada um desses exemplos mostra, o momento crucial é um momento de integração, no qual a comunicação entre os diferentes focos internos já não é necessária porque se tornou *una*.

A incongruência entre a experiência e a consciência é vivamente experimentada no momento mesmo em que desaparece no interior da congruência.

O *construto pessoal correspondente dissolve-se no momento dessa experiência e o cliente sente-se separado do seu quadro de referência anterior estável.*

Julgo que essas duas características se tornarão claras por meio do exemplo seguinte. Determinado rapaz tinha sentido dificuldade em precisar um certo sentimento desconhecido: "Aquilo que eu sinto é quase exatamente... a minha vida tal como eu a vivia, tal como eu a via dominada pelo terror de qualquer coisa." Conta como suas atividades profissionais lhe deram uma certa segurança e "um pequeno mundo em que eu estaria seguro, entende? E pela mesma razão (*pausa*). É como se eu o deixasse infiltrar-se, mas ligo-o também a você e às minhas relações consigo e o que eu sinto é o medo de deixá-lo escapar. (*O tom muda como que para representar mais precisamente o seu sentimento.*) Permita-me que o conserve. Tenho uma verdadeira *necessidade* disso. Eu fico tão só e tão atemorizado sem isso."

O terapeuta: "Hum, hum. Deixe que me agarre a isso porque se não ficaria com um medo terrível!... é uma espécie de súplica, não é?"

O cliente: "Sim, é isso: *não quer* fazer isso por mim?, mais ou menos. Oh, isso é terrível! Quem? Eu? Implorar?... É uma emoção que eu nunca senti com grande clareza – alguma coisa que nunca foi... (*pausa*)... sinto-me tão confuso. Primeiro, é uma coisa tão extraordinária ter estas coisas novas surgindo diante de mim! Isso me espanta sempre, e há esse mesmo sentimento de receio perante tudo o que se encontra em mim (*chora*)... Eu não me conheço. Aqui está uma coisa que nunca percebera, de que não tinha a menor suspeita – haver uma *coisa* que eu queria ou uma *maneira de ser* que eu desejava."

Temos aqui uma tomada de consciência completa da sua súplica e um reconhecimento claro da discrepância entre a sua experiência e o conceito que fazia de si mesmo. Contudo, essa vivência da discrepância existe no próprio momento em que desaparece. Daqui em diante ele *é* uma pessoa que tem o sentimento de *suplicar*, como tem muitos outros. Nesse momento, essa descoberta dissolve os seus construtos pessoais e anteriores e ele sente-se liberto do mundo onde até então vivera – uma sensação ao mesmo tempo maravilhosa e temível.

O momento da vivência integral torna-se uma referência clara e definida.
Os exemplos dados parecem indicar que o cliente não tem uma consciência muito nítida do que lhe aconteceu durante esses momentos. Contudo, isso não parece ser demasiado importante porque esse acontecimento é uma entidade, uma referência, a que se pode voltar sempre, se necessário, para explorá--lo mais profundamente. Não se pode provar que os sentimentos de suplicar, ou de "me amar a mim mesmo", que figuram nesses exemplos, sejam exatamente como descritos. São, no entanto, sólidos pontos de referência a que o cliente pode voltar até ter adquirido um conhecimento satisfatório da sua própria natureza. Talvez eles constituam um acontecimento fisiológico bem definido, um substrato da vida consciente a que o cliente pode regressar para novas investigações. Gendlin chamou-me a atenção para a qualidade significativa da vivência como ponto de referência. Ele está tentando construir uma extensão da sua teoria psicológica a partir desta base (1).

A diferenciação da vivência é clara e fundamental.
Como cada um desses momentos é um ponto de referência, uma entidade específica, não se pode confundir com qualquer outro. O processo de diferenciação nítida constrói-se sobre ele e em referência a ele.

Nessa fase, já não há "problemas", exteriores ou interiores. O cliente está vivendo subjetivamente uma fase do seu problema. Este não é um objeto.
Parece-me evidente que em todos os exemplos dados seria grosseiramente inexato dizer que o cliente se apercebe do seu problema como interior ou que o está discutindo como um problema interior. Carecemos de uma forma de indicar que ele ultrapassou essa fase e que está, como é evidente, muito longe de perceber seu

problema como exterior. A melhor descrição parece ser afirmar que ele não percebe o seu problema nem o põe em discussão. Vive simplesmente uma parcela do problema, conhecendo-o e aceitando-o. Demorei-me longamente na definição do sexto estágio do processo contínuo porque o julgo particularmente importante. Observei que esses momentos da vivência imediata, integral, assumida, são de alguma maneira irreversíveis. Para retomar o conteúdo dos meus exemplos, o que observei e o que ponho como hipótese é que, com estes clientes, todas as vezes que ocorrer uma nova experiência desse gênero, ela será conscientemente reconhecida por aquilo que é: conforme os casos, uma terna solicitude para consigo mesmo, um cordão umbilical que faz dele uma parte dos seus pais, ou a dependência de um rapazinho que implora. Pode-se notar de passagem que, uma vez que a experiência se tornou plenamente consciente e aceita, ela pode ser enfrentada com eficácia, como qualquer outra situação real.

O sétimo estágio

Nas áreas em que se atingiu o sexto estágio, já não é tão necessário que o cliente se sinta plenamente aceito pelo terapeuta, embora isso ainda pareça ser de grande ajuda. No entanto, devido à tendência do sexto estágio para ser irreversível, o cliente parece alcançar muitas vezes o sétimo e último estágios sem ter uma grande necessidade da ajuda do terapeuta. Esse estágio ocorre tanto fora da relação terapêutica como dentro dela, e é muitas vezes relatada mais do que vivenciada no decurso da sessão terapêutica. Vou procurar descrever algumas das suas características como as julgo ter observado.

São experimentados novos sentimentos de modo imediato e com uma riqueza de detalhes, tanto na relação terapêutica como fora dela.
A experiência de tais sentimentos é utilizada como um claro ponto de referência.

O cliente procura com absoluta consciência utilizar esses pontos de referência para saber de uma forma mais clara e mais diferenciada quem é, o que deseja e quais são as suas atitudes. Isto é verdade mesmo que os seus sentimentos sejam desagradáveis ou provoquem temor.

Há um sentido crescente e continuado de aceitação pessoal desses sentimentos em mudança e uma confiança sólida na sua própria evolução.

Essa confiança não assenta primariamente nos processos conscientes que ocorrem, mas antes na totalidade do processo organísmico. Um cliente descreve a forma que para ele reveste a experiência característica de sexto estágio, utilizando termos característicos do sétimo:

"Em terapia, aqui, o que contava era sentar-me e dizer: 'é este o meu problema' e andar à volta disso durante um tempo até que qualquer coisa venha à superfície através de um *crescendo* emocional, e a coisa está resolvida – parece diferente. Mesmo nessa altura não sou capaz de dizer precisamente o que se passou. Eu expunha qualquer coisa, agitava-a, dava voltas: depois, tudo ia melhor. É um pouco frustrante porque gostaria de saber exatamente o que está se passando... É engraçado, porque sinto que, no fundo, não fiz grande coisa para isso. A única parte *ativa* que tomei consistiu em estar alerta e em agarrar uma ideia quando ela passava... É uma espécie de sentimento como... 'bem, o que é que eu vou fazer agora, uma vez que já vi o que acontece?...' Não se tem mão nisso, pode-se falar e deixar correr. E, aparentemente, é tudo. No entanto, isso me deixa com uma sensação de insatisfação, com a sensação de não ter feito nada. Isso fez-se sem o meu conhecimento e sem o meu acordo... O fato é que não estou seguro da qualidade do reajustamento porque não consegui vê-lo ou verificá-lo... Tudo o que posso fazer é observar os fatos – verificar que olho para as coisas de um modo diferente, que sinto menos ansiedade, que estou muito mais ativo. Em geral tudo vai melhor. Sinto-me muito feliz com o caminho que as coisas tomaram. Mas tenho a impressão de ser um espectador." Um pouco mais tarde, continuando a aceitar, embora contrariado, o processo que nele se opera, acrescenta: "Parece-me que trabalho melhor quando conscientemente tenho apenas fatos à minha frente e deixo a sua análise prosseguir por si, sem lhe prestar qualquer atenção."

A vivência imediata perdeu quase completamente os seus aspectos determinados e torna-se a vivência de um processo – ou seja, a situação é vivenciada e interpretada na sua novidade e não como passado. O exemplo dado no sexto estágio sugere a qualidade que tento descrever. Um outro exemplo, tomado numa área bem determinada, nos é dado por outro cliente, no decurso de uma entrevista de acompanhamento em que ele descreve as diferentes qualidades que seu trabalho criativo adotou. Habitualmente tentava ser ordenado: "Começa-se pelo princípio e avança-se com regularidade até o fim." Agora tem consciência de que o seu processo interior é diferente: "Quando trabalho uma ideia, esta se revela totalmente, tal como a imagem latente que aparece quando se revela uma fotografia. Não há um ponto de partida para chegar a um outro ponto, mas espalha-se por *toda* a superfície. De início, tudo o que se vê é um vago contorno e pergunta-se o que será que vai aparecer; e então, gradualmente, uma coisa se encaixa aqui, outra ali e, de repente, tudo se torna claro." "É óbvio que ele não passou simplesmente a acreditar no processo, mas que o experimenta como ele *é* e não em termos de coisa passada."

O eu torna-se cada vez mais simplesmente a consciência subjetiva e reflexiva da experiência. O eu surge cada vez menos frequentemente como um objeto percebido e muito mais frequentemente como alguma coisa sentida em processo e na qual se confia.

Vou buscar um exemplo na entrevista mencionada anteriormente. Nesta entrevista, o cliente, porque está relatando a sua experiência depois do tratamento, toma novamente consciência de si como objeto, mas é evidente que isso não representa a qualidade da sua experiência do dia a dia. Após ter relatado um grande número de transformações, diz: "Realmente, não tinha relacionado essas coisas com o tratamento até hoje à tarde... (*sorrindo*). Puxa! Talvez algo *tenha* acontecido. Porque a partir de então minha vida tem sido diferente. Meu rendimento cresceu. Minha confiança aumentou. Vi-me metido em situações que antes teria evitado e, por outro lado, tornei-me menos audacioso em situações onde antes me mostrava atrevido". Fica bem claro que só posteriormente ele se deu conta do que fora o seu eu.

Os construtos pessoais são provisoriamente reformulados, a fim de serem revalidados pela experiência em curso, mas, mesmo então, se mantêm maleáveis.

Um cliente descreve o modo como um construto se modificou no intervalo entre entrevistas, perto do fim da terapia.

"Não sei o que é que (se modificou), mas sinto-me absolutamente diferente no que diz respeito às minhas recordações da infância, e uma parte da hostilidade para com minha mãe e para com meu pai se evaporou. Substituí o ressentimento que sentia em relação a eles pela aceitação do fato de que houve um grande número de coisas inconvenientes que me fizeram. Mas, sobretudo, descobri com intensa alegria a ideia – agora que me apercebi do que não está certo – de que *eu* posso fazer algo a respeito, corrigindo os erros deles." Nesse caso, a maneira como o indivíduo constrói sua experiência com os pais foi profundamente alterada.

Citarei um outro exemplo, extraído de uma entrevista com um cliente que sempre sentiu que devia agradar às pessoas: "Eu vejo agora... como seria – que não tem importância nenhuma o fato de não lhe agradar. Quer lhe agrade quer não, a coisa não tem para mim qualquer importância. Se eu pudesse dizer essas coisas às pessoas – entende?... a ideia de dizer qualquer coisa espontaneamente... sem se preocupar se isso agrada ou não. – Oh, meu

Deus!, dizer praticamente *tudo*: mas isso é verdade, percebe?". E um pouco mais tarde interroga-se a si mesmo com incredulidade: "Quer dizer que, se eu pudesse ser realmente aquilo que tenho vontade de ser, tudo estaria certo?". Ele está lutando para reconstruir alguns dos aspectos fundamentais da sua experiência.

A comunicação interior é clara, com sentimentos e símbolos bem combinados e com termos novos para sentimentos novos. Há a experiência de uma efetiva escolha de novas maneiras de ser.

Uma vez que todos os elementos da experiência estão disponíveis para a consciência, a escolha torna-se real e efetiva. Vejamos o caso de um cliente que acaba de se dar conta disso: "Estou tentando encontrar uma maneira de falar que seja uma forma de escapar ao meu terror de tomar a palavra. Pensar em voz alta talvez seja a maneira de consegui-lo. Mas eu tenho *tantos* pensamentos que apenas poderia fazer isso até um certo ponto. Mas talvez pudesse deixar que as minhas palavras fossem uma expressão dos meus pensamentos reais, em vez de tentar aplicar frases já feitas a cada situação." Aqui, o indivíduo começa a sentir a possibilidade de uma escolha efetiva.

Um outro cliente começa a contar uma discussão que tivera com a mulher: "Eu não estava assim tão zangado comigo. Não me irritei muito comigo. Compreendi que estava reagindo como uma criança e, de alguma maneira, foi exatamente isso que decidi fazer."

Não é fácil encontrar exemplos que ilustrem esse sétimo estágio, porque é relativamente pequeno o número de clientes que atinge plenamente esse ponto. Vou tentar resumir de uma maneira breve as qualidades desse ponto final do contínuo.

Quando o indivíduo atingiu, no seu processo de transformação, o sétimo estágio, encontramo-nos a nós mesmos englobados numa nova dimensão. O cliente integrou nesse momento a noção de movimento, de fluxo, de mudança, em todos os aspectos da sua vida psicológica, e isso torna-se a sua principal característica. Ele vive no interior dos seus sentimentos, conhecendo-os com uma confiança fundamental neles e aceitando--os. Os modos como constrói a sua experiência estão em permanente alteração e seus construtos pessoais modificam-se devido a cada novo acontecimento vivido. A natureza da sua experiência é a de um processo, sentindo a novidade de cada situação e interpretando-a de uma maneira nova, recorrendo aos termos do passado apenas na medida em que o novo é idêntico ao passado. Vive a experiência de um modo imediato, sabendo ao mesmo tempo *que* está vivenciando. Ele aprecia a exatidão na diferenciação dos sentimentos e das significações pessoais da sua experiência. A comunicação interior dos diferentes aspectos de si mesmo é livre e sem bloqueios. Comunica-se livremente nas relações com os outros, e estas relações não são estereotipadas, mas de pessoa a pessoa. Tem consciência de si mesmo, mas não como de um objeto. É antes uma consciência reflexiva, uma vida subjetiva da sua pessoa em movimento. Percebe-se responsável pelos seus problemas. Sente-se além disso plenamente responsável em relação à sua vida em todos os seus aspectos em movimento. Vive plenamente em si mesmo como um processo em permanente mudança.

Alguns problemas referentes a esse processo contínuo

Tentemos antecipar alguns problemas que se poderiam levantar a propósito do processo que procurei descrever.

Será este o *único* processo através do qual a personalidade se modifica, ou será apenas uma entre várias modalidades de mudanças? Ignoro-o. Talvez existam diferentes tipos de processos de modificação da personalidade. Apenas quis especificar que me parece ser este o processo que se desencadeia quando o indivíduo faz a experiência de ser plenamente aceito.

Aplicar-se-á isso a todas as psicoterapias, ou esse processo apenas se verifica numa determinada orientação psicoterapêutica? Não podemos responder a essa questão enquanto não tivermos mais gravações de terapias segundo outras orientações. No entanto, a minha opinião é a de que talvez as abordagens terapêuticas que acentuam bastante os aspectos cognitivos e menos os aspectos emocionais da experiência possam provocar um processo de mudança completamente diferente. Concordarão todos que se trata de um processo de mudança desejável, orientado para direções válidas? Não creio. Julgo que certas pessoas não dão valor à fluidez. Este é um dos juízos de valor social que os indivíduos e as culturas terão de fazer. O processo de mudança pode ser facilmente evitado pela redução ou pela eliminação das relações em que o indivíduo seja plenamente aceito como é.

Será rápida a mudança nesse contínuo? Minha observação leva-me a afirmar exatamente o contrário. Minha interpretação do estudo de Kirtner (4), que pode ser um tanto diferente da sua, é que um cliente pode iniciar um tratamento próximo do segundo estágio e terminá-lo por volta do quarto, ficando tanto o cliente como o terapeuta absolutamente satisfeitos com os progressos substanciais que foram atingidos. Ocorre muito raramente, se é que ocorre alguma vez, que um cliente característico do primeiro estágio chegue a um ponto em que apresente as características do sétimo estágio. Se isso acontecer, serão necessários alguns anos.

Estarão os aspectos descritos agrupados adequadamente em cada estágio? Tenho certeza de ter cometido muitos erros na maneira como agrupei minhas observações. Também me pergunto quais os elementos importantes que foram omitidos. Não se poderiam descrever os diversos elementos desse contínuo de uma forma mais sucinta? A todas essas questões, no entanto, poderá ser dada uma resposta empírica, se a hipótese que proponho tiver algum mérito aos olhos de um certo número de pesquisadores.

Resumo

Tentei esboçar em traços largos, e de uma maneira provisória, o desenrolar de um processo de modificação da personalidade que ocorre quando um cliente sente que é aceito, bem-

-vindo e compreendido tal qual é. Esse processo engloba várias linhas de força, a princípio separadas, mas que se tornam cada vez mais uma unidade à medida que o processo se desenrola.

Esse processo implica uma maleabilidade crescente de sentimentos. No extremo inferior do contínuo eles são descritos como longínquos, impessoais e não presentes. Posteriormente são descritos como objetos presentes e em certa medida reivindicados pelo indivíduo. A seguir são expressos como sentimentos pessoais em termos mais próximos da sua experiência imediata. Num grau ainda mais elevado da escala são experimentados e expressos como imediatamente presentes, com um receio decrescente desse processo. Nesse ponto, mesmo os sentimentos que foram anteriormente rejeitados da consciência começam a surgir, são experimentados e cada vez mais reconhecidos pelo indivíduo como seus. No ponto superior do contínuo, no interior do processo da experiência, um incessante fluxo de sentimentos caracteriza daí em diante o indivíduo.

O processo implica uma transformação das formas de vivenciar. O contínuo começa com uma fixidez na qual o indivíduo está muito afastado da sua vivência e é incapaz de extrair ou de simbolizar a sua significação implícita. A vivência é relegada para o passado, antes de poder ser compreendida, e o presente é interpretado em termos das significações passadas. O indivíduo passa desse afastamento em relação à sua vivência para o reconhecimento desta mesma vivência como de um processo perturbador que se desenrola dentro dele. A experiência torna-se gradualmente um ponto de referência interior mais aceito, ao qual se pode voltar para obter significações cada vez mais adequadas. Por último, o indivíduo torna-se capaz de viver livremente e de se aceitar num processo fluido de experiências, utilizando-as com segurança como a principal referência para o seu comportamento.

O processo implica a passagem da incongruência à congruência. O contínuo desenrola-se a partir de um máximo de incongruência que é absolutamente desconhecido para o indivíduo, passa através de diferentes fases onde se dá um crescente reconhecimento das contradições e das discrepâncias que existem nele, para terminar numa experiência da incongruência imediatamente presente, de tal maneira que a dissolve. No extremo superior do contínuo nunca se verifica mais do que uma incongruência temporária entre a vivência e a consciência, pois o indivíduo já não tem necessidade de se defender contra os aspectos ameaçadores da sua própria experiência.

O processo implica uma alteração na maneira como o indivíduo é capaz e como deseja comunicar-se num clima receptivo, implicando também uma extensão dessas capacidades. O contínuo vai de uma repugnância rica e mutável da experiência interior que se comunica facilmente quando o indivíduo deseja.

O processo implica uma maleabilidade crescente dos mapas cognitivos da experiência. O cliente passa de uma experiência construída em formas rígidas, percebidas como fatos externos, para um desenvolvimento elaborado a partir de significações mais fluidas da experiência, recorrendo a construções que se modificam a cada nova experiência.

Há uma alteração no relacionamento do indivíduo com seus problemas. Numa extremidade do contínuo, os problemas não são reconhecidos e não há desejo de mudança. Vai-se depois reconhecendo gradualmente que existem problemas. Num estágio mais adiantado, há o reconhecimento de que o indivíduo contribuiu para esses problemas, que eles não derivam apenas de fontes exteriores. Há um sentido crescente de autorresponsabilidade pelos problemas. Em seguida, há uma vivência de alguns aspectos dos problemas. A pessoa vive seus problemas subjetivamente, sentindo-se responsável pela contribuição que deu no desenvolvimento deles.

Dá-se uma mudança na maneira de estabelecer relações. No início do contínuo evita as relações íntimas que lhe parecem ameaçadoras. Na outra ponta do contínuo, ele vive aberta e livremente na relação com o terapeuta e com os outros, orientando o seu comportamento na relação a partir da sua experiência imediata.

De um modo geral, o processo parte de um ponto de fixidez onde todos os elementos e linhas de força acima descritos são facilmente discerníveis e compreensíveis isoladamente, até o ponto culminante da terapia em que todas essas linhas de força convergem de modo a formar um todo homogêneo. Nas novas vivências imediatas que ocorrem nesses momentos, os sentimentos e os conhecimentos interpenetram-se, o eu está subjetivamente presente na experiência, a vontade é simplesmente a sequência de um equilíbrio harmonioso na direção organísmica. Assim, à medida que o processo se aproxima desse ponto, a pessoa torna-se uma unidade em movimento. O indivíduo modificou-se, mas o que parece ser mais significativo é o fato de ele ter se tornado um processo integrado de transformação.

Referências bibliográficas

1. Gendlin, E. – *Experiencing and the Creation of Meaning*, Glencoe, Illinois, Free Press. (Especialmente o cap. 7).

2. Gendlin, E., e F. Zimring – "The qualities or dimensions of experiencing and their change", *Counseling Center Discussion Papers*, I, 3, outubro de 1955, Centro de Consulta da Universidade de Chicago.

3. Kelly, G. A. – *The Psychology of Personal Constructs*, vol. 1, Nova York, Norton, 1955.

4. Kirtner, W. L., e D. S. Cartwright – "Success and failure in client-centered therapy as a function of initial in-therapy behavior". *J. Consult. Psychol.*, 1958, *22*, pp. 329-333.

5. Lewis, M. K., C. R. Rogers e John M. Shlien – "Two cases of time-limited client-centered psychotherapy", in Burton A. (ed.). *Case Studies of Counseling and Psychotherapy*. Nova York, Prentice-Hall, 1959, pp. 309-352.

6. Mooney, R. L. – "The researcher himself", in *Research for Curriculum Improvement*, National Educ. Association, 1957, cap. 7.

7. Mooney, R. L. – "Problems in the development of research men", *Educ. Research Bull.*, *30*, 1951, pp. 141-150.
8. Rogers, C. R. – "The necessary and sufficient conditions of therapeutic personality change". *Consult. Psychol.*, 1957, *21*, pp. 95-103

Quarta Parte
Uma filosofia da pessoa

> *Fui formando algumas opiniões filosóficas sobre a vida e o objetivo para que caminha o indivíduo quando é livre.*

Capítulo 8
"Ser o que realmente se é": os objetivos pessoais vistos por um terapeuta[1]

Em nossos dias, muitos psicólogos considerariam um insulto se fossem acusados de pensar num nível filosófico. Não compartilho dessa reação. Não posso deixar de me interrogar sobre o significado daquilo que observo. Julgo que o sentido que descubro no que observo tem implicações apaixonantes para o nosso mundo moderno.

Em 1957, um amigo, Dr. Russell Becker, que foi meu aluno e depois meu colega, convidou-me a fazer uma conferência especial perante toda a faculdade reunida no Wooster College, em Ohio. Decidi então elaborar melhor o significado das orientações pessoais que o cliente parece tomar no clima de liberdade da relação terapêutica. Quando a conferência terminou, fiquei com muitas dúvidas sobre se exprimira algo de novo ou de significativo. Mas os aplausos prolongados e bastante inesperados da assistência libertaram-me em parte das minhas apreensões.

O tempo que passou depois disso permitiu-me olhar com mais objetividade para aquilo que tinha dito e sinto-me satisfeito em relação a dois pontos. Creio ter exprimido bem as observações que para mim se condensaram à volta de dois importantes temas: a minha confiança no organismo humano quando funciona livremente e a qualidade existencial de uma vivência satisfatória, um tema abordado por alguns dos nossos mais modernos filósofos, mas que fora maravilhosamente expresso há mais de vinte e cinco séculos por Lao-Tse, quando disse: "A maneira de agir é ser."

As questões

"Qual meu objetivo na vida?", "O que procuro?", "Qual é a minha finalidade?". Tais são as questões que qualquer homem põe a si mesmo, uma vez ou outra, às vezes calma e meditativamente, outras vezes na agonia da incerteza e do desespero. São questões antigas, muito antigas, que foram feitas e respondidas em todos os séculos da história. São também questões que todo indivíduo, a seu modo, deve colocar e responder para si mesmo. São questões que eu, como terapeuta, ouço exprimir das mais variadas formas por mulheres e por homens perturbados que tentam aprender, compreender ou escolher as direções que a sua vida deve seguir.

Num certo sentido, nada de novo se pode dizer sobre essas questões. De fato, a frase de introdução que tomei como título dessa conferência é tirada dos escritos de um homem que com elas se debateu há mais de um século. Pareceria presunção exprimir simplesmente mais uma opinião pessoal sobre esse problema dos objetivos e das intenções. Mas, como trabalhei durante muitos anos com indivíduos perturbados e desajustados, julgo poder discernir um padrão, uma direção, um elemento comum, uma orientação nas respostas provisórias a essas questões que eles encontraram para si próprios. Por isso gostaria de comunicar minha maneira de ver o que é que o ser humano parece procurar quando tem a liberdade de escolher.

Algumas respostas

Antes de tentar fazê-los entrar no mundo da minha própria experiência com meus clientes, gostaria de lembrar-lhes que essas questões não são pseudoproblemas e que nem os homens do passado nem os do presente se puseram de acordo quanto às respostas. Quando os homens do passado perguntaram a si mesmos qual o objetivo da vida, alguns responderam, com as palavras do catecismo, que "o fim principal do homem é glorificar a Deus". Outros pensaram que o fim da sua vida era a preparação de cada um para a imortalidade. Outros assentaram numa finalidade muito mais terrena – gozar, abandonar-se e satisfazer todos os desejos sensuais. Outros ainda – e isto aplica-se a muitos hoje – consideram que o objetivo da vida é conseguir o máximo de bens materiais, uma posição, conhecimentos ou poder. Alguns tiveram como objetivo darem-se completa e devotadamente a uma causa que está para além deles, como por exemplo o cristianismo ou o comunismo. Um Hitler considerou como finalidade da sua vida tornar-se o chefe de uma raça superior que dominaria tudo. Exatamente ao contrário, muitos orientais se esforçaram por eliminar os desejos pessoais e exercer sobre si o controle mais absoluto. Mencionei essa variedade de opções para indicar alguns dos fins extremamente diferentes a que os homens consagraram a sua vida, para sugerir que existem de fato muitos objetivos possíveis.

Charles Morris, num recente e importante estudo, investigou objetivamente os padrões de vida preferidos por estudantes de seis países diferentes: a Índia, a China, o Japão, os Estados Unidos, o Canadá e a Noruega (5). Como seria de esperar, encontrou nítidas diferenças de objetivos entre esses grupos nacionais. Procurou igualmente, através de uma análise aprofundada desses dados, determinar as dimensões valorativas subjacentes que pareciam orientar as milhares de preferências individuais específicas. Sem entrar nos pormenores da análise, podemos ver que emergem cinco dimensões, as quais, combinadas de diversas maneiras, positivas e negativas, surgem como responsáveis pelas opções individuais.

A primeira dessas dimensões de valor implica uma preferência por uma participação na vida responsável, moral, comedida, apreciando e conservando aquilo que o homem conseguiu.

A segunda acentua o gosto pela ação vigorosa na superação dos obstáculos. Esse valor implica uma abertura confiante à mudança, quer para resolver os problemas pessoais e sociais, quer para vencer obstáculos no mundo natural.

A terceira dimensão enfatiza o valor de uma vida interior autônoma com uma consciência de si rica e elevada. O controle sobre as pessoas e as coisas é rejeitado em favor de uma mais profunda e simpática percepção de si e dos outros.

A quarta dimensões subjacente valoriza a receptividade às pessoas e à natureza. A inspiração é vista como brotando de uma fonte que nasce fora do eu e a pessoa vive e se desenvolve numa delicada correspondência a essa fonte.

A quinta e última dimensão acentua o prazer dos sentidos, a procura do próprio prazer. São valorizados os prazeres simples da vida, um abandono ao momento, uma abertura descontraída à vida.

Este estudo é significativo e é um dos primeiros a medir objetivamente as respostas dadas em diferentes culturas à questão sobre qual será o objetivo final da vida. Isso aumentou o nosso conhecimento das respostas dadas. Ajudou igualmente a definir algumas das dimensões fundamentais nos termos das quais se realizam as opções. Como Morris diz, referindo-se a essas dimensões, "é como se as pessoas das diferentes culturas tivessem em comum as cinco tonalidades principais da escala musical em que compõem as diversas melodias" (5, p. 185).

Outra perspectiva

No entanto, sinto-me vagamente insatisfeito com esse estudo. Nenhuma das "maneiras de viver" que Morris coloca perante os estudantes como escolha possível, e nenhum dos fatores envolvidos, parece encerrar de modo satisfatório o objetivo de vida que emerge da minha experiência com meus clientes. Ao ver uma pessoa após outra lutar nas suas sessões terapêuticas para encontrar uma forma de vida, parece destacar-se um padrão geral que não é totalmente captado por nenhuma das descrições de Morris.

Creio que a melhor forma de expor essa finalidade da vida, tal como a vejo à luz das relações com os meus clientes, é utilizar as palavras de Soeren Kierkegaard – "ser o que realmente se é" (3, p. 29). Estou perfeitamente consciente de que essa afirmação pode parecer simples a ponto de ser absurda. Ser o que se é parece mais a formulação de uma evidência do que um objetivo. O que quer dizer isso? O que isso implica? Vou me dedicar à análise destes dois pontos. Direi simplesmente, para concluir, que a afirmação parece querer dizer e implicar coisas estranhas. A partir da minha experiência com meus clientes e das minhas próprias investigações, acabei por chegar a conclusões que me teriam parecido muito estranhas dez ou quinze anos atrás. Por isso, espero que considerem essas conclusões com um ceticismo crítico e que as aceitem apenas na medida em que correspondam a uma verdade da sua própria experiência.

Direções tomadas pelos clientes

Procurarei esboçar com clareza algumas das inclinações e tendências que registrei no trabalho com os clientes. Na relação com as pessoas, a minha preocupação era criar um clima onde se respirasse muita segurança, calor, compreensão empática, na medida em que eu o pudesse criar com toda a sinceridade. Não achei que fosse bom ou que auxiliasse intervir na experiência do cliente com diagnósticos ou explanações interpretativas ou com sugestões e orientações. Por isso, as tendências a cuja formação assisti partem do próprio cliente, mais do que de mim[1].

Por detrás das fachadas

Observei em primeiro lugar que, de uma forma característica, o cliente mostra tendência para se afastar, com hesitações e com receio, de um eu que ele *não* é. Em outras palavras, mesmo que não saiba para onde se encaminha, desvia-se de alguma coisa. E, como é evidente, ao proceder desse modo, começa a definir, embora negativamente, o que ele *é*.

A princípio, isso pode exprimir-se simplesmente como o temor de mostrar o que é. Vejamos o que diz um rapaz de dezoito anos, numa das primeiras entrevistas: "Eu sei que não sou assim tão exuberante e tenho receio de que o descubram. É por isso que faço essas coisas... Qualquer dia descobrem que eu não sou assim tão exuberante. Estou precisamente fazendo tudo para que esse dia seja o mais longínquo possível... Se me conhecesse como eu me conheço (*pausa*). Não lhe vou dizer que pessoa eu penso realmente que sou. Há apenas uma coisa com que eu não quero cooperar e que é esta... não melhoraria a sua opinião a meu respeito saber o que eu penso de mim mesmo."

Está bem patente que, em grande parte, a expressão desse receio é tornar-se aquilo que ele é. Em vez de *ser* simplesmente uma fachada, como se fosse apenas isso, torna-se cada vez mais *ele* mesmo, torna-se especificamente uma pessoa com medo, que se esconde atrás de uma fachada porque olha para si mesma como uma coisa feia demais para ser vista.

Para além do "devia"

Uma outra tendência do mesmo gênero surge no cliente que se desvia de uma imagem compulsiva daquilo que ele "devia ser". Alguns indivíduos absorveram tão completamente dos pais a ideia de "Eu devo ser bom" ou "Eu tenho de ser bom" que só na maior das lutas interiores são capazes de se afastar desse objetivo. É o caso de uma jovem que, ao descrever as suas relações pouco satisfatórias com o pai, conta como primeiramente desejara o seu amor: "Penso que em tudo o que sentia em relação ao meu pai *desejei realmente* estar em boas relações com ele... Queria ardentemente que ele se preocupasse comigo sem no entanto conseguir o que realmente desejava". Ela sentia-se sempre obrigada a corresponder aos seus pedidos e a tudo o que ele esperava dela, e isso "acabava por ser muita coisa, porque uma vez feita uma coisa, havia outra e outra e outra, e eu realmente nunca podia acabar. Era uma espécie de exigência sem fim". Ela sente que era como sua mãe, submissa e complacente, procurando corresponder permanentemente às suas exigências. "E na verdade eu *não* queria ser esse tipo de pessoa. Não acho que isso seja uma maneira desejável de ser, mas julgo ter estado convencida de que, de certo modo, era assim que eu *tinha* de ser para que se preocupassem comigo e gostassem de mim. Mas quem *haveria* de gostar de alguém assim tão sem graça?" O terapeuta respondeu: "Quem é que gostaria realmente de um capacho?" Ela prossegue: "Pelo menos não queria ser amada pelo tipo de pessoa que gostasse de um capacho!"

Pois bem, embora essas palavras não nos digam nada do eu para o qual ela se encaminha, o cansaço e o desdém da sua voz e das afirmações feitas mostram claramente que ela se afasta de um eu que *tem* de ser bom, que *tem* de ser submisso.

Curiosamente, muitos indivíduos descobrem que se sentiam compelidos a se verem como maus e é desta ideia de si que se afastam. Um jovem descreve perfeitamente esse movimento, ao dizer: "Não sei onde é que fui buscar essa impressão de que ter vergonha de mim era um maneira *apropriada* de sentir... Ter vergonha de mim era precisamente como *tinha* de ser... Havia um mundo onde ter vergonha de mim mesmo era a melhor maneira de sentir... Se somos qualquer coisa que muitos desaprovam, a única forma de termos qualquer respeito por nós é termos vergonha dessa parte de nós que é reprovada...

"Agora, porém, recuso-me terminantemente a pensar como antigamente... É como se eu estivesse convencido de alguém ter dito: 'A maneira como *tem* de ser é ter *vergonha* de si – então, *seja* assim!'. Admiti semelhante coisa durante muito tempo, dizendo: 'De acordo, eu sou assim!'. Agora faço frente a quem quer que seja e digo: 'Não me importo com o *que* você diz. Eu *não* vou ter vergonha de mim!'...". É claro que esse jovem está abandonando o conceito de si como vergonhoso e mau.

Para além do que os outros esperam

Outros clientes se percebem fugindo daquilo que a cultura espera que eles sejam. Na nossa civilização industrial atual, por exemplo, como Whyte destacou com tanta firmeza no seu recente livro (7), existem enormes pressões para levar as pessoas a terem as características do "homem da organização". Assim, uma pessoa deve ser um membro completo do grupo, deve saber subordinar a sua individualidade às necessidades do grupo, deve tornar-se "o homem bem desenvolvido que é capaz de se entender com homens bem desenvolvidos".

Num estudo recentemente levado a cabo sobre os valores dos estudantes no nosso país, Jacob resume suas conclusões com as seguintes palavras: "O principal resultado do ensino superior sobre os valores dos estudantes é provocar uma aceitação gerando um conjunto de normas e de atitudes características dos universitários da comunidade americana... O impacto da experiência universitária é... socializar o indivíduo, refiná-lo, poli-lo e 'moldar' seus valores de modo a que se integre confortavelmente nas fileiras dos diplomados americanos" (1, p. 6).

Em oposição a essas pressões a favor do conformismo, observei que, quando os clientes são livres para serem como quiserem, mostram tendência para se irritar e para discutir essa tendência da organização, da universidade ou da cultura, para os moldarem segundo um determinado modelo. Um dos meus clientes afirma com grande animação: "Procurei durante muito tempo conformar-me com o que era significativo para as outras pessoas e que não tinha, efetivamente, qualquer sentido para mim! E no entanto, num certo nível, sentia-me muito *mais* do que isso." Desse modo, ele, como outros, tendem a se afastar daquilo que é esperado.

Para além de agradar aos outros

Observei que muitos indivíduos se formaram procurando agradar aos outros, mas que, quando são livres, se modificam.

Assim, um homem de profissão liberal, vendo retrospectivamente o processo que atravessara, escreve perto do fim do tratamento: "Senti afinal que *tinha* simplesmente de começar a fazer o que *queria* e não o que eu pensava que *devia* fazer, sem me preocupar com a opinião dos outros. Foi uma completa reviravolta de toda minha vida. Sempre sentira que *tinha* de fazer as coisas porque era o que esperavam de mim ou, o que era mais importante, para que os outros gostassem de mim. Tudo isso acabou! Penso a partir de agora que serei precisamente o que sou – rico ou pobre, bom ou mau, racional ou irracional, lógico ou ilógico, famoso ou desconhecido. Portanto, obrigado por ter me ajudado a redescobrir o 'Sê verdadeiro para *ti mesmo*', de Shakespeare".

Pode-se dizer, portanto, que, de uma forma um pouco negativa, os clientes definem seus objetivos, suas intenções, por meio da descoberta, na liberdade e na segurança de relações compreensivas, de algumas direções que *não* querem seguir. Eles preferem não esconder, nem a si nem aos seus sentimentos, de si mesmos ou de qualquer outra pessoa que seja para eles importante. Não querem ser o que "deviam" ser, quer esse imperativo venha dos pais, ou da sociedade, quer ele seja definido de uma forma positiva ou negativa. Não querem moldar-se a si mesmos ou ao seu comportamento dentro de um modelo que seja do agrado dos outros. Não querem, em outras palavras, escolher o que quer que seja de artificial, algo que lhes seja imposto ou definido do exterior. Compreenderam que esses objetivos ou finalidades não têm valor, mesmo que por eles tenham vivido até agora.

A caminho da autodireção

Mas, o que implica de positivo a experiência dos clientes? Vou tentar descrever um certo número das facetas que observei nas direções em que se movimentam.

Em primeiro lugar, o cliente encaminha-se para a autonomia. Isso significa que começa gradualmente a optar por objetivos que *ele* pretende atingir. Torna-se responsável por si mesmo. Decide que atividade e comportamentos significam alguma coisa para si e os que não significam nada. Julgo que essa tendência para a autodireção está amplamente ilustrada nos exemplos que dei.

Não gostaria de dar a impressão de que meus clientes tomam essa direção com alegria e confiança. Pelo contrário. A liberdade para uma pessoa ser ela mesma é uma liberdade cheia de responsabilidade, e um indivíduo procura atingi-la com precaução, com receio e, no início, quase sem confiança nenhuma.

Também não queria dar a impressão de que o cliente faz sempre escolhas criteriosas. Ser responsavelmente autodirigido implica opções – e aprender das consequências. É essa a razão por que os clientes acham que se trata de uma experiência austera, mas apaixonante. Como dizia um deles: "Tenho medo, sinto-me vulnerável e sem qualquer apoio, mas sinto igualmente crescer em mim a força ou o poder." Esse modo de reagir é habitual no cliente quando ele assume a autodireção da sua própria vida e do seu comportamento.

A caminho de ser um processo

A segunda observação é difícil de formular porque não dispomos de termos adequados. Os clientes parecem encaminhar-se mais abertamente para se tornarem um processo, uma fluidez, uma mudança. Não ficam perturbados ao descobrir que não são os mesmos em cada dia que passa, que não têm sempre os mesmos sentimentos em relação a determinada experiência ou pessoa, que nem sempre são consequentes. Eles estão num fluxo e parecem contentes por permanecerem nele. O esforço para estabelecer conclusões e afirmações definitivas parece diminuir.

Um cliente declara: "As coisas certamente estão mudando porque nem mesmo posso prever mais o meu próprio comportamento. Antes era capaz disso. Nesse momento não sei o que vou dizer a seguir. É um sentimento e tanto... Estou mesmo surpreso por ter dito essas coisas... Vejo coisas novas de cada vez. É uma aventura, é o que é – no interior do desconhecido... Estou começando a gostar disto, sinto-me satisfeito, mesmo a propósito dessas velhas coisas negativas." Esse indivíduo começa a apreciar-se a si mesmo como um processo fluido, a princípio apenas na sessão de terapia, mais tarde na sua vida. Não posso deixar de pensar na descrição que Kierkegaard faz do indivíduo na sua existência real: "Um indivíduo que existe está num processo constante de tornar-se... e traduz tudo o que pensa em termos de processo. Passa-se (com ele)... o mesmo que com o escritor e seu estilo; só quem nunca deu nada por acabado, mas 'agita as águas da linguagem', recomeçando sempre, tem um estilo. E é por isso que a mais comum das expressões assume nele a frescura de um novo nascimento" (2, p. 79). Julgo que esta é uma excelente descrição da direção em que o cliente se move, para ser um processo de possibilidades nascentes, mais do que para ser ou para tornar-se qualquer objetivo cristalizado.

A caminho de ser

Isto implica igualmente ser uma complexidade do processo. Talvez um exemplo possa ajudar nesse aspecto. Um dos nossos terapeutas, para quem a psicoterapia também fora de grande ajuda, veio ter comigo recentemente para discutir as suas relações com um cliente muito difícil e muito perturbado. Reparei com interesse que ele não vinha discutir o cliente, salvo de passagem. Ele queria sobretudo ter certeza de que estava claramente consciente da complexidade dos seus próprios sentimentos no relacionamento – seus sentimentos calorosos para com o cliente, suas ocasionais frustrações e irritações, sua simpatia para com o bem-estar do cliente, seu receio de que o cliente se tornasse psicótico, sua preocupação com o que os outros pensariam se o caso não se resolvesse bem. Percebi que sua atitude central era de que, se pudesse *ser*, de uma forma absolutamente aberta e transparente, todos os seus sentimentos complexos na relação, às vezes inconstantes e contraditórios, tudo iria bem. Se, pelo contrário, ele fosse apenas uma parte dos seus sentimentos e outra parte fachada ou defesa, estava certo que a relação não seria boa. Notei que esse desejo de ser *tudo* de si mesmo em cada momento – toda a riqueza e toda a complexidade, sem nada esconder para si mesmo e sem nada temer de si mesmo – era um desejo comum a todos aqueles que pareciam mostrar muito dinamismo na terapia. Não é necessário acrescentar que é um objetivo difícil, se não impossível em sentido absoluto. No entanto, uma das mais evidentes tendências nos clientes é assumir toda a complexidade do seu eu em mutação em cada momento significativo.

A caminho de uma abertura para a experiência

"Ser o que realmente se é" implica ainda outros componentes. Um deles, que talvez já tenha sido sugerido, é a tendência do indivíduo para viver numa relação aberta, amigável e estreita com a sua própria experiência. Isso não acontece facilmente. Muitas vezes, quando o cliente se apercebe de uma nova faceta sua, inicialmente a rejeita. É apenas quando vivencia um aspecto de si mesmo negado até então, num clima de aceitação, que pode tentar assumi-lo como uma parte de si mesmo. Eis como se exprime um cliente um pouco impressionado depois de ter vivenciado o aspecto dependente e infantil de si próprio: "É uma emoção que nunca senti claramente – uma emoção que nunca havia sentido!". Ele não é capaz de tolerar a experiência dos seus sentimentos infantis. Mas, pouco a pouco, começa a aceitá-los e a assumi-los como uma parte de si mesmo, para viver ligado a eles e neles quando se manifestam.

Um outro rapaz, com um grave problema de gagueira, abre-se perto do fim do tratamento a alguns dos seus sentimentos escondidos. Diz ele: "Era uma luta terrível. Nunca o tinha compreendido. Acho que foi muito penoso atingir esse nível. Quer dizer, estou começando a senti-lo agora. Oh, o *terrível* sofrimento... era *terrível* falar... Quer dizer, eu queria falar e, então não queria... Eu sinto – acho que eu sei – é pura e simplesmente uma tensão – uma tensão terrível – uma *pressão*, é esta a palavra, uma *pressão* enorme era o que eu sentia. Começo apenas agora a *sentir* isso depois de todos este anos... é terrível. Custa-me retomar o fôlego, eu sufoco todo. Sinto-me como que apertado *interiormente* (*começa a chorar*). Nunca compreendi isso, nunca soube o que era" (6). Ele está se abrindo a sentimentos interiores que evidentemente não são novos para ele, mas que até então não tinha experimentado plenamente. Agora que pode permitir-se experimentá-los, eles serão menos terríveis para ele e será capaz de viver mais ligado à sua própria vivência.

Os clientes aprendem pouco a pouco que a experiência é um recurso amigável e não um inimigo a recear. Penso num cliente que, perto do fim da terapia, quando uma questão o embaraçava, colocava a cabeça entre as mãos e dizia: "Vejamos o que *é* que eu estou sentindo. Quero aproximar-me disso. Quero saber o que é". E depois esperava, tranquila e pacientemente, até poder discernir a natureza exata dos sentimentos que nele ocorriam. Sinto muitas vezes que o cliente tenta ouvir a si mesmo, tenta ouvir as mensagens e as significações que lhe são comunicadas a partir das suas próprias reações fisiológicas. Não tem mais tanto medo do que irá descobrir. Não tarda a compreender que suas reações e experiências internas, as mensagens dos seus sentimentos e das suas vísceras, são amigas. Começa a querer estar próximo das suas fontes internas de informação mais do que permanecer fechado a elas.

Maslow, no seu estudo das pessoas a quem chama autorrealizadas, nota essa mesma característica. Falando desses indivíduos, diz: "Sua facilidade de penetração na realidade, sua maior aproximação da uma aceitação parecida com a do animal ou com a da criança, e sua espontaneidade implicam uma consciência superior dos seus próprios impulsos, dos seus próprios desejos, opiniões e reações subjetivas em geral" (4, p. 210).

Essa maior abertura ao que se passa no interior está associada a uma abertura semelhante à experiência da realidade exterior. Maslow poderia estar falando de clientes que conheci quando diz: "Os indivíduos autorrealizados têm uma maravilhosa capacidade para uma apreciação constante, fresca e ingênua dos bens fundamentais da vida, com fervor, prazer, encanto e mesmo êxtase, por mais gastas que estas experiências possam parecer aos outros" (4, p. 214).

A caminho de uma aceitação dos outros

Intimamente ligada a essa abertura à experiência, tanto interior como exterior, dá-se de um modo geral uma abertura e uma aceitação das outras pessoas. À medida que um indivíduo se torna capaz de assumir sua própria experiência, caminha em direção à aceitação da experiência dos outros. Ele aprecia e valoriza tanto sua experiência como a dos outros por aquilo que elas *são*. Para citarmos novamente Maslow, referindo-se aos seus indivíduos autorrealizados: "Ninguém se queixa da água por ser úmida, nem das rochas por serem duras... Como a criança olha para o mundo com uns grandes olhos inocentes e que não criticam, limitando-se simplesmente a observar e a reparar no que se passa, sem raciocinar nem perguntar se poderia ser de outra maneira, assim o indivíduo autorrealizado olha para a natureza humana tanto em si como nos outros" (4, p. 207). Essa atitude de aceitação em relação ao que existe desenvolve-se no cliente ao longo da terapia.

Caminhando para a confiança em si mesmo

Outra forma de descrever esse padrão, que encontro em cada cliente, é dizer que, cada vez mais, ele confia nesse processo que é ele mesmo, valorizando-o. A observação dos meus clientes fez-me compreender muito melhor as pessoas criadoras. El Greco, por exemplo, deve ter compreendido, ao olhar para alguns de seus trabalhos iniciais, que "os bons artistas não pintam assim". Mas confiava suficientemente na sua própria experiência de vida e em si mesmo para poder continuar a exprimir as suas percepções pessoais e únicas. Era como se dissesse: "Os bons artistas não pintam assim, mas *eu* pinto". Num outro campo, Ernest Hemingway estava certamente consciente de que "os bons escritores não escrevem assim". Felizmente, porém, resolveu ser Hemingway, ser ele próprio, de preferência a tornar-se qualquer outra concepção de bom escritor. Einstein parecia nunca pensar no fato de que os bons físicos não pensavam como ele. Mais do que a renunciar devido à sua inadequada preparação acadêmica em física, preferiu simplesmente ser Einstein, com os seus pensamentos próprios, ser ele mesmo de uma maneira tão verdadeira e tão profunda quanto possível. Não se trata de um fenômeno que ocorra apenas com o artista ou com o gênio. Repetidas vezes vi alguns dos meus clientes, pessoas simples, adquirirem uma importância e uma criatividade na sua esfera própria, à medida que ganhavam maior confiança no processo que neles se desenvolvia e ousavam ter os seus próprios sentimentos, viver com valores que descobriram dentro de si e exprimi-los na sua forma pessoal e única.

A direção geral

Vou procurar indicar concisamente o que é que está implicado nesse padrão de movimento que observei nos meus clientes, cujos elementos venho tentando descrever. Parece indicar que o indivíduo se move em direção *a ser*, com conhecimento de causa e numa atitude de aceitação, o processo que ele *é* de fato em profundidade. Afasta-se do que não é, de ser uma fachada. Não procura ser mais do que é, com todos os sentimentos de insegurança e os mecanismos de defesa que isso implica. Não tenta ser menos do que é, com os sentimentos implícitos de culpabilidade ou depreciação de si. Está cada vez mais atento ao que se passa nas profundezas do seu ser fisiológico e emocional e descobre-se cada vez mais inclinado a ser, com uma precisão e uma profundidade maiores, aquilo que é da maneira mais verdadeira. Um cliente, sentindo a direção que está tomando, pergunta a si mesmo com espanto e incredulidade, durante uma entrevista: "Você quer dizer que se eu realmente fosse como eu sinto que sou, tudo estaria certo?" A sua própria experiência e a de muitos outros clientes faz tender para uma resposta positiva. Ser realmente o que é, eis o padrão de vida que lhe parece ser o mais elevado, quando é livre para seguir a direção que quiser. Não se trata simplesmente de uma escolha intelectual de valores, mas parece ser a melhor descrição do comportamento hesitante, provisório e incerto através do qual procede à exploração daquilo que quer ser.

Alguns mal-entendidos

Para muitas pessoas a trajetória de vida que eu me esforcei por descrever parecer estar longe de ser satisfatória. Desde que isso corresponda a uma efetiva diferença de valores, eu a respeito enquanto diferença. Descobri, porém, que às vezes uma atitude dessas é devida a certos mal-entendidos. Gostaria de esclarecê-los na medida do possível.

Isto implica fixidez?

Para alguns, ser o que se é é permanecer estático. Eles veem um tal objetivo ou valor como sinônimo de estar fixo ou imutável. Nada pode estar mais longe da verdade. Ser o que se é é mergulhar inteiramente num processo. A mudança encontra-se facilitada, e provavelmente levada ao extremo, quando se assume ser o que verdadeiramente se é. Na realidade, é a pessoa que nega os seus sentimentos e as suas reações que procura tratamento. Essa pessoa tentou durante muitos anos modificar-se, mas encontrou-se fixada em comportamentos que lhe desagradam. Foi apenas ao tornar-se mais no que é, que pôde ser mais o que em si mesma negaram e encarar assim qualquer mudança.

Isso implica maldade?

Uma reação ainda mais habitual em relação a essa trajetória de vida que se descreveu é que ser o que realmente se é significaria ser mau, descontrolado, destrutivo. Significaria largar uma espécie de monstro no mundo. É uma opinião que conheço muito bem, pois a encontro em quase todos os meus clientes: "Se eu ousasse deixar correr os sentimentos que represei aqui dentro, se por qualquer hipótese eu vivesse esses sentimentos, seria uma catástrofe." É esta a atitude, expressa ou não expressa, de quase todos os clientes recém-chegados que experimentam os aspectos desconhecidos de si mesmos. Mas sua vivência na terapia contraria esses receios. O indivíduo descobre pouco a pouco que pode ser a sua irritação, quando essa irritação é sua verdadeira reação, e que, aceita ou transparente, essa irritação não é destrutiva. Descobre que pode ser o seu receio e que saber que tem medo não o dissolve. Descobre que pode ter pena de si e que isso não é "mau". Ele sente que pode ser e sentir suas reações sexuais, ou os seus sentimentos de preguiça ou de hostilidade, sem que lhe caia o céu em cima. A razão parece ser esta: quanto mais ele for capaz de permitir que esses sentimentos fluam e existam nele, melhor estes encontram o seu lugar adequado numa total harmonia. Descobre que tem outros sentimentos que se juntam a estes e que se equilibram. Ele sente que ama, que é terno, respeitoso, cooperador, como também é hostil, sensual ou colérico. Sente interesse, zelo e curiosidade, como sente preguiça ou apatia. Sente-se corajoso e ousado como se sente medroso. Seus sentimentos, quando os vive de uma maneira íntima e os aceita na sua complexidade, realizam uma harmonia construtiva e não um mergulho em qualquer forma de vida descontrolada.

As pessoas exprimem por vezes essa preocupação dizendo que, se um indivíduo for o que realmente é, estará libertando a besta que traz em si. Isto me faz rir, porque penso que deveríamos observar as bestas mais de perto. O leão é muitas vezes o símbolo do "animal feroz". Mas o que é que se passa na realidade? A não ser que tenha sido modificado pelo contato com os homens, o leão possui um certo número das qualidades que venho descrevendo. Sem dúvida que ele mata quando tem fome, mas sem fazer uma carnificina inútil e sem se satisfazer para além das suas necessidades. Ele se porta melhor do que alguns de nós. Quando pequeno, é dependente e indefeso, mas procura a independência. Não se obstina na dependência. É egoísta e autocentrado na infância, mas na idade adulta manifesta um razoável grau de cooperação e alimenta, protege e cuida dos mais novos. Satisfaz seus desejos sexuais, mas isso não significa que se entregue a orgias desenfreadas. Suas diversas tendências e impulsos harmonizam-se dentro dele. Ele é, no sentido próprio, um membro construtivo e confiável da espécie *felis leo*. E tento lhes sugerir que ser verdadeira e profundamente um membro único da espécie humana não é algo que deva suscitar horror. Tal coisa significa, pelo contrário, que se vive plena e abertamente o processo complexo de ser uma das criaturas mais sensíveis, mais dotadas e mas criadoras deste planeta. Ser completamente esse nosso caráter único como ser humano não é, segundo a minha experiência, um processo que se deva qualificar de mau. As palavras mais apropriadas seriam as de que é um processo positivo, construtivo, realista e digno de confiança.

Implicações sociais

Examinemos durante uns momentos algumas das consequências sociais da trajetória de vida que tentei descrever. Apresentei-a como uma direção que parece ter um grande significado para os indivíduos. Terá, poderá ter, qualquer significação ou importância para os grupos ou organizações? Será uma direção válida para um sindicato, para um grupo religioso, para uma corporação industrial, para uma universidade ou para uma nação? A minha opinião é que isso seria possível. Tomemos como exemplo o comportamento do nosso país nas suas relações internacionais. Verificamos geralmente, depois de ouvir as declarações dos nossos dirigentes ao longo dos últimos anos e de ler os seus discursos, que a nossa diplomacia se baseia sempre nos mais altos objetivos morais; que vem sempre na linha de políticas anteriormente seguidas; que não implica desejos egoístas; e que nunca errou nos seus juízos e nas suas opções. Julgo que talvez estejam de acordo comigo ao dizer que, se ouvíssemos um indivíduo falar nesses termos, veríamos imediatamente que se trata de uma fachada, que semelhantes afirmações não podem realmente representar o processo real que nele ocorre.

Imaginemos por um momento como é que nós, como nação, deveríamos nos apresentar na diplomacia internacional, se fôssemos abertos, conhecendo e aceitando ser o que verdadeiramente somos. Não sei com toda a precisão o que somos, mas é provável que se tentássemos nos exprimir como somos, então as nossas comunicações com países estrangeiros deviam encerrar elementos do seguinte tipo:

Como nação, estamos progressivamente tomando consciência da nossa enorme força e do poder e responsabilidade que essa força acarreta.

Dirigimo-nos, ignorantes e um pouco cegos, para a aceitação da posição de dirigentes responsáveis do mundo.

Cometemos muitos erros. Somos muitas vezes inconsequentes.

Estamos longe de ser perfeitos.

Estamos profundamente receosos da força do comunismo, uma visão de vida diferente da nossa.

Temos uma atitude de extrema competição com o comunismo e sentimo-nos irritados e humilhados quando os russos nos ultrapassam em qualquer campo.

Temos interesses muito egoístas no estrangeiro, como por exemplo o petróleo no Oriente Médio.

Por outro lado, não ambicionamos exercer um domínio sobre os povos.

Manifestamos sentimentos complexos e contraditórios em relação à liberdade, independência e autodeterminação dos indivíduos e dos países: desejamo-las, sentimo-nos orgulhosos de ter dado o nosso apoio no passado a essas tendências, e no entanto temos muitas vezes medo do que elas possam querer dizer.

Tendemos a valorizar e respeitar a dignidade e o mérito de cada indivíduo, mas quando temos medo afastamo-nos dessa direção.

Suponhamos que nos apresentemos dessa maneira, aberta e transparente, nas nossas relações exteriores. Tentaremos ser a nação que realmente somos, em toda a nossa complexidade e mesmo nas nossas contradições. Qual seria o resultado? Na minha opinião, o resultado seria semelhante à experiência de um cliente quando é mais verdadeiramente o que é. Vejamos algumas dessas consequências prováveis.

Viveríamos muito mais tranquilamente porque não teríamos nada que esconder.

Poderíamos concentrar-nos sobre o fundo do problema, em vez de gastar nossas energias provando que o nosso comportamento é moral e consequente.

Poderíamos usar a nossa imaginação criadora na resolução dos problemas, em vez de a empregarmos na nossa defesa.

Poderíamos manifestar abertamente nossos interesses egoístas e nossas simpatias em relação aos outros e deixar que esses desejos em conflito se equilibrassem de uma maneira aceitável para nós, como povo.

Poderíamos livremente evoluir e crescer na nossa posição de liderança, porque não nos acharíamos presos por conceitos rígidos daquilo que fomos, daquilo que temos de ser, daquilo que devemos ser.

Descobriríamos que éramos muito menos temidos porque os outros estariam menos inclinados a suspeitar do que se esconderia por detrás da fachada.

Tenderíamos, através da nossa própria abertura, a provocar uma maior abertura e um maior realismo por parte dos outros.

Aplicar-nos-íamos na solução dos problemas mundiais partindo das questões reais, em vez de nos basearmos em termos das fachadas exibidas pelos negociadores.

Em resumo, o que estou sugerindo por intermédio desse exemplo imaginário é que as nações e as organizações podem descobrir, tal como os indivíduos o fizeram, que ser o que se é em profundidade é uma experiência enriquecedora. Estou sugerindo que essa perspectiva encerra a semente de uma perspectiva filosófica de uma vida integral, de que essa perspectiva é mais do que uma tendência observada na experiência dos clientes.

Resumo

Comecei este capítulo com a pergunta que cada indivíduo faz a si mesmo – qual é o objetivo, qual é a meta da minha vida? Procurei dizer-lhes o que aprendi dos meus clientes que, na relação terapêutica, libertos de toda a ameaça e com possibilidade de escolha, revelam nas suas vidas uma similitude de direção e de finalidade.

Observei que tendem a afastar-se da ideia já feita sobre si, daquilo que os outros esperavam deles. Afirmei que o movimento característico do cliente é o que lhe permite ser ele mesmo livremente, o processo instável e fluido que ele é. Encaminha-se igualmente para uma abertura amigável ao que nele se passa – aprendendo a ouvir-se com sensibilidade. Isso significa que ele é cada vez mais uma harmonia de sensações e de reações complexas, em vez da clareza e da simplicidade da rigidez, ou seja, que caminha para a aceitação da sua "essência"[2], aceitando os outros de um modo mais atento e compreensivo. Confia e valoriza os complexos processos internos de si mesmo, quando eles emergem para a expressão. Ele é criadoramente realista e realisticamente criador. Descobre que ser este processo em si mesmo é elevar ao máximo a capacidade de transformação e de crescimento. Está permanentemente comprometido na descoberta de que ser plenamente ele mesmo, em toda a sua fluidez, não é sinônimo de ser mau ou descontrolado. Pelo contrário, é sentir, com um crescente orgulho, que é um membro sensível, aberto, realista, autônomo, da espécie humana, adaptando-se com coragem e imaginação à complexidade das situações em mudança. Isto quer dizer que caminha continuamente para ser, na consciência e na expressão, aquilo que é conforme com o conjunto das reações organísmicas. Para utilizarmos as palavras de Kierkegaard, esteticamente mais adequadas, isto significa "ser o que realmente se é". Alimento a esperança de ter mostrado que não se trata de uma direção fácil de seguir ou que alguma vez se possa plenamente realizar. É uma forma de vida sempre a prosseguir.

Procurando explorar os limites de um tal conceito, sugeri que essa direção não é uma via necessariamente exclusiva dos indivíduos submetidos à terapia, nem tampouco aos indivíduos que buscam um objetivo para a sua vida. Na minha opinião, ela teria o mesmo sentido para um grupo, uma organização ou uma nação e implicaria as mesmas consequências benéficas.

Admito perfeitamente que esta forma de vida que delineamos seja uma opção de valores que se afasta decididamente dos objetivos habitualmente escolhidos ou seguidos no comportamento. Mas como se trata de indivíduos que gozam de uma liberdade maior do que a habitual para escolherem, e porque essa forma de vida parece traduzir uma tendência generalizada nesses indivíduos, proponho-a à consideração de vocês.

Referências bibliográficas

1. Jacob, P. E. – *Changing Values in College*, New Haven, Hazen Foundation, 1956.
2. Kierkegaard, S. – *Concluding Unscientific Postscript*, Princeton University Press, 1941.

3. Kierkegaard, S. – *The Sickness Unto Death*, Princeton University Press, 1941.

4. Maslow, A. H. – *Motivation and Personality*, Harper and Bros., 1954.

5. Morris, C. W. – *Varieties of Human Value*, University of Chicago Press, 1956.

6. Seeman, Julius – *The Case of Jim*, Nashville, Tennessee, Educational Testing Bureau, 1957.

7. Whyte, W. H., Jr. – *The Organization Man*, Simon and Schuster, 1956.

Capítulo 9
A visão de um terapeuta sobre a vida boa: a pessoa em pleno funcionamento

Em 1952 ou 1953, durante uma das minhas fugas do inverno para climas mais quentes, escrevi um artigo intitulado "O conceito da pessoa em pleno funcionamento". Era uma tentativa de esboçar o quadro da pessoa que surgiria na hipótese de o tratamento terapêutico atingir o seu resultado positivo máximo. Sentia-me um pouco receoso com a pessoa maleável, individualista, "relativista", que parecia ser o resultado lógico do processo terapêutico. Surgiram-me duas questões. Seria correta a minha lógica? Se o fosse, era a esse gênero de pessoa que eu dava valor? Para dar a mim mesmo a oportunidade de meditar sobre essas ideias, fiz cópias do artigo e, durante os anos seguintes, distribuí centenas delas a pesquisadores interessados. Como estava cada vez mais seguro do seu conteúdo, submeti-o a uma das mais importantes revistas de psicologia. O editor escreveu-me dizendo que o publicaria, mas que era necessário apresentá-lo num quadro psicológico muito mais convencional. Sugeriu-me muitas alterações fundamentais. Isso me fez pensar que o meu artigo não seria provavelmente aceito pelos psicólogos na forma em que o havia escrito e renunciei à ideia de publicá-lo. A partir de então continuou a ser um centro de interesse para pessoas muito diferentes, e o Dr. Hayakawa escreveu um artigo sobre este conceito na revista de semântica ETC. Por *conseguinte, foi este um dos artigos que me vieram à mente quando resolvi escrever este livro.*

No entanto, quando o reli, descobri que, durante os anos que decorreram desde a sua redação, os seus temas e ideias mais centrais tinham sido absorvidos, e talvez melhor expostos, em outros artigos aqui incluídos. Por isso, coloquei-o mais uma vez de lado, com alguma relutância, e o substituí por um artigo sobre a minha visão da "vida boa", artigo que tinha por base "A pessoa em pleno funcionamento" e que exprime, segundo creio, os aspectos essenciais deste artigo de uma forma mais breve e mais legível. A minha única concessão ao passado foi ter dado a este capítulo um subtítulo.

As minhas ideias sobre a significação da "vida boa" baseiam-se amplamente na minha experiência de trabalhar com indivíduos numa relação muito íntima e estreita a que se dá o nome de psicoterapia. Essas ideias têm portanto um fundamento empírico ou vivencial em contraste talvez com um fundamento teórico ou filosófico. Aprendi o que a "vida boa" era através da observação e da participação na luta de pessoas perturbadas e inquietas para atingir essa vida.

Devo esclarecer desde o princípio que a experiência que adquiri vem de uma orientação particular dada à psicoterapia, orientação que foi se elaborando ao longo dos anos. Muito possivelmente, todas as formas da psicoterapia são fundamentalmente semelhantes, mas como tenho agora menos certeza disso do que antigamente, queria insistir em esclarecer que a minha experiência terapêutica seguiu linhas que me parecem ser as mais eficazes, isto é, o tipo conhecido como terapia "centrada no cliente".

Procurarei dar de forma muito resumida uma descrição de como seria essa terapia se ela fosse, em todos os aspectos, a melhor possível, pois penso que onde mais aprendi sobre a vida boa foi nas experiências terapêuticas que se revestiram de um profundo dinamismo. Se a terapia atingisse um nível ótimo, tanto intensiva como extensivamente, isso significaria que o terapeuta teria sido capaz de estabelecer com o cliente uma relação intensamente pessoal e subjetiva – não uma relação como a do cientista com o seu objeto de estudo, nem como a de um médico que procura diagnosticar e curar, mas como uma relação de pessoa a pessoa. Isso significaria que o terapeuta considera seu cliente como uma pessoa incondicionalmente válida: válida sejam quais forem os seus comportamentos, os seus sentimentos ou a sua condição. Isso significaria que o terapeuta é autêntico, que não se esconde atrás de uma fachada defensiva, mas que vai ao encontro do cliente com os sentimentos que está experimentando organicamente. Significaria igualmente que o terapeuta é capaz de se abandonar para compreender o seu cliente, que não existem barreiras interiores que o impeçam de sentir como é ser o cliente em cada momento da relação, e que pode transmitir algo dessa compreensão empática ao cliente. Isso significa, por último, que o terapeuta está à vontade ao introduzir-se plenamente na relação com o cliente, sem conhecer de antemão para onde se encaminham, satisfeito com o fato de proporcionar um clima que torna possível ao indivíduo a maior liberdade para se tornar ele próprio.

Para o cliente, essa terapia ótima significaria uma exploração em si mesmo de sentimentos cada vez mais estranhos, desconhecidos e perigosos, exploração que apenas é possível devido à progressiva compreensão de que é incondicionalmente aceito. Começa então o confronto com elementos da sua experiência, que no passado tinham sido negados à consciência como demasiado ameaçadores, demasiado traumatizantes para a estrutura do eu. Descobre-se vivenciando plenamente esses sentimentos na relação, de modo que, em cada momento, ele *é* o seu medo, a sua irritação, a sua ternura ou a sua força. E à medida que vive esses sentimentos variados, em todos os seus graus de intensidade, descobre que vivenciou a *si mesmo*, que ele *é* todos esses sentimentos. Depara com o seu comportamento mudando de uma forma construtiva em conformidade com seu eu, do qual teve recentemente a experiência. Começa a compreender que já não tem necessidade de ter receio do que a experiência pode lhe propor, mas que pode acolhê-la livremente como uma parte do seu eu em transformação e em desenvolvimento.

Eis um rápido esboço de onde chega a terapia centrada no cliente quando alcançou o seu grau ótimo. Apresento este esboço aqui simplesmente como uma imagem do contexto em que fui formando a minha concepção da "vida boa".

Uma observação negativa

Ao procurar viver e compreender as experiências dos meus clientes, cheguei pouco a pouco a uma conclusão negativa acerca da "vida boa". Parece-me que esta não é um estado fixo. Não é, na minha opinião, um estado de virtude, de contentamento, de nirvana ou de felicidade. Não é uma condição em que o indivíduo esteja adaptado, realizado ou preenchido. Recorrendo a termos da psicologia, não é um estado de redução de impulsos, de redução de tensão ou de homeostase.

Penso que todos estes termos têm sido utilizados de um modo que implica que, se um desses estados é atingido, o objetivo da vida também o é. Com certeza para muitas pessoas a felicidade ou a adaptação são consideradas como estados sinônimos da "vida boa". Por seu lado, as ciências sociais falam frequentemente de redução de tensão, de obtenção da homeostase ou do equilíbrio, como se esses estados constituíssem a finalidade do processo da vida.

É, portanto, com uma certa surpresa e uma certa preocupação que verifico que a minha experiência não confirma nenhuma dessas definições. Se me concentrar sobre a experiência dos indivíduos que parecem ter evidenciado o grau mais elevado de dinamismo durante a relação terapêutica, e sobre aqueles que nos anos seguintes a esta relação mostram ter feito e fazem ainda progressos reais em direção da "vida boa", então parece-me que esses indivíduos não são adequadamente descritos por nenhum desses termos que conotam estados fixos de existência. Julgo que eles próprios se sentiriam insultados se fossem descritos como "adaptados", e que considerariam uma falsidade serem descritos como "felizes", "contentes" ou mesmo "realizados". De minha parte, consideraria extremamente inexato afirmar que todas as suas tensões impulsivas foram reduzidas ou que se encontram em estado homeostático. Sou assim forçado a perguntar a mim mesmo se existe qualquer definição adequada da "vida boa" que respeite os fatos como os observei. Não acho que se trate de coisa fácil e o que se segue não passa de uma tentativa provisória.

Uma observação positiva

Ao procurar captar em poucas palavras o que parece ser para mim a verdade a respeito dessas pessoas, julgo que chegarei mais ou menos a isto:

A "vida boa" é um *processo*, não um estado de ser.

É uma direção, não um destino.

A direção representada pela "vida boa" é aquela que é escolhida pelo organismo total, quando existe liberdade psicológica para se mover em *qualquer* direção.

Esta direção selecionada de modo organísmico parece ter determinadas qualidades gerais distintas que se revelam como sendo as mesmas numa grande variedade de indivíduos singulares.

Desse modo, posso integrar as afirmações feitas até agora numa definição que pode, pelo menos, servir de base de estudo e de discussão. A "vida boa", do ponto de vista da minha experiência, é o processo de movimento numa direção que o organismo humano seleciona quando é interiormente livre para se mover em qualquer direção, e as características gerais dessa direção escolhida revelam uma certa universalidade.

As características do processo

Especifiquemos agora o que se revela como característico desse processo de movimento e que surge nas pessoas durante a terapia.

Uma abertura crescente à experiência

Em primeiro lugar, o processo parece implicar uma abertura crescente à experiência. Esta proposição tem para mim um significado cada vez maior. É o polo oposto à atitude defensiva. Descrevi esta última atitude como sendo a resposta do organismo a experiências apreendidas ou antecipadas como ameaçadoras, como incongruentes com a imagem que o indivíduo faz de si mesmo ou de si em relação com o mundo. Essas experiências ameaçadoras são temporariamente tornadas inofensivas, ao serem deformadas pela consciência ou negadas por ela. Eu, literalmente, não posso ver com exatidão essas experiências, sentimentos, reações que em mim diferem sensivelmente da imagem que já possuía de mim mesmo. Uma grande parte do processo terapêutico é a descoberta constante por parte do indivíduo de que está experimentando sentimentos e atitudes que antes não tinha sido capaz de tornar conscientes, que não tinha sido capaz de tornar "próprios" como fazendo parte de si mesmo.

Se, contudo, uma pessoa pudesse se abrir completamente à sua experiência, todo estímulo – quer a sua origem seja o organismo ou o ambiente – seria livremente retransmitido através do sistema nervoso sem ser distorcido por nenhum mecanismo de defesa. Não haveria necessidade do mecanismo da "subcepção"[1] por intermédio do qual o organismo se previne contra qualquer experiência ameaçadora para o eu. Pelo contrário, quer o estímulo fosse o impacto de uma configuração de forma, de cor ou de som no meio exterior agindo sobre os nervos sensitivos, quer fosse uma recordação vinda do passado ou uma sensação visceral de medo, de prazer ou de repugnância, a pessoa

Uma filosofia da pessoa

"viveria" essa experiência, torná-la-ia inteiramente disponível à consciência.

Por isso, um dos aspectos deste processo que designo como a "vida boa" aparece como um movimento que se afasta do polo de uma atitude defensiva, em direção ao polo da abertura à experiência. O indivíduo torna-se progressivamente mais capaz de ouvir a si mesmo, de vivenciar o que se passa em si. Está mais aberto aos seus sentimentos de receio, de desânimo e de desgosto. Fica igualmente mais aberto aos seus sentimentos subjetivamente, como existem nele, e é igualmente livre para tomar consciência deles. Torna-se mais capaz de viver completamente a experiência do seu organismo, em vez de mantê-la fora da consciência.

Aumento da vivência existencial

Uma segunda característica do processo que representa para mim a "vida boa" é que ela implica uma tendência crescente para viver plenamente cada momento. Esta ideia pode ser facilmente mal-entendida e talvez seja até um pouco vaga no meu próprio espírito. Vejamos se consigo exprimir o que quero dizer.

Julgo ser evidente que uma pessoa que estivesse plenamente aberta a cada experiência nova, completamente desprovida de uma atitude defensiva, viveria cada momento da sua vida como novo. A configuração complexa de estímulos internos e externos que existe num determinado momento nunca antes existira exatamente da mesma maneira. Por conseguinte, essa pessoa compreenderia que "aquilo que eu vou ser no próximo momento e aquilo que eu vou fazer nasce desse momento e não pode ser previsto de antemão nem por mim nem pelos outros". Não é raro encontrar clientes que exprimem precisamente esse tipo de sentimento.

Uma forma de exprimir a fluidez que está presente numa tal vivência existencial é dizer que o eu e a personalidade emergem *da* experiência, em vez de dizer que a experiência foi traduzida ou deformada para se ajustar a uma estrutura preconcebida do eu. Isso quer dizer que uma pessoa se torna um participante e um observador do processo em curso da experiência organísmica, em vez de controlá-lo.

Esse viver no momento significa uma ausência de rigidez, de organização estreita, de imposição de uma estrutura à experiência. Significa, pelo contrário, um máximo de adaptabilidade, uma descoberta da estrutura *na* experiência, uma organização fluente, mutável, do eu e da personalidade.

É essa tendência para uma vivência existencial que a mim se revela de uma forma bem patente nas pessoas envolvidas no processo da "vida boa". Poder-se-ia quase dizer que é a sua característica mais importante. Ela implica a descoberta da estrutura da experiência no processo de viver essa experiência. A maior parte de nós, por outro lado, aplica à experiência uma estrutura e uma avaliação pré-formada, e nunca as abandona, comprimindo e deformando a experiência para adaptá-la às nossas ideias preconcebidas, irritando-se com os aspectos fluidos que a tornam tão difícil de adaptar aos nossos escaninhos cuidadosamente construídos. Abrir o espírito para aquilo que está acontecendo *agora*, e descobrir nesse processo presente qualquer estrutura que se apresente – tal é, na minha opinião, uma das qualidades da "vida boa", da vida amadurecida, como a que vejo os clientes alcançarem.

Uma confiança crescente no seu organismo

Outra característica da pessoa que vive o processo da "vida boa" revela-se por uma confiança crescente no seu organismo como meio de alcançar um comportamento cada vez mais satisfatório em cada situação existencial. Passo a explicar o que pretendo dizer com esta afirmação.

Muitas pessoas, ao escolherem a atitude a tomar numa situação qualquer, apoiam-se em princípios orientadores, num código de ação estabelecido por um grupo ou uma instituição, no juízo dos outros (desde a esposa e os amigos a Emily Post[2]) ou na forma como se comportaram numa situação semelhante no passado. No entanto, observando os clientes cuja experiência de vida tanto me ensinou, descobri que esses indivíduos se tornavam cada vez mais capazes de confiar nas suas reações organísmicas totais diante de uma nova situação por que foram progressivamente descobrindo que, se estivessem abertos à sua experiência, se fizessem o que sentem que seria bom fazer, essas reações revelar-se-iam um guia competente e digno de confiança do comportamento que realmente satisfaz.

Ao tentar compreender a razão disso, dei por mim seguindo a seguinte linha de pensamento: a pessoa que estiver completamente aberta à sua experiência terá acesso a todos os dados possíveis da situação, sobre os quais fundamentará seu comportamento; as exigências sociais, as suas próprias necessidades complexas e possivelmente em conflito, a sua recordação de situações semelhantes, a sua percepção do caráter único dessa situação determinada, etc., etc. Os dados seriam de fato muito complexos. Mas o indivíduo poderia permitir ao seu organismo total, com a participação da sua consciência, considerar cada estímulo, cada necessidade e cada exigência, sua intensidade e importância relativas e, a partir dessa ponderação e dessa apreciação complexas, descobrir a atitude que mais integralmente satisfizesse suas necessidades perante a situação. Uma analogia a que se poderia recorrer quase como uma descrição seria a de comparar essa pessoa com um gigantesco computador eletrônico. Uma vez que está aberto à sua experiência, todos os dados das suas impressões sensoriais, da memória, da aprendizagem anterior, dos estados internos e viscerais, são introduzidos na máquina. Esta registra todas essas tendências e forças que lhe são fornecidas e calcula rapidamente a ação que será o vetor mais econômico da satisfação das necessidades nessa situação existencial. Tal é o comportamento do nosso hipotético indivíduo.

Os defeitos que invalidam a confiança no processo em muitos de nós são a inclusão de informações que *não* pertencem à situação presente, ou a exclusão de informações que *pertencem*. É quando as memórias e aprendizagens anteriores se introduzem nos cálculos, como se fossem *esta* realidade e não memória e aprendizagem, que aparecem respostas comportamentais erradas. Ou, então, quando certas experiências ameaçadoras ficam inibidas em relação à consciência e, por conseguinte, são subtraídas aos cálculos ou introduzidas de uma maneira distorcida, também ocorrem erros. O nosso hipotético indivíduo, porém, consideraria seu organismo perfeitamente seguro, porque todos os dados possíveis seriam utilizados e estariam presentes de uma forma exata, sem deformações. Seu comportamento satisfaria da melhor maneira possível todas as suas necessidades – necessidade de ser reconhecido, de estar associado a outros indivíduos e outras do mesmo gênero.

Nesse cálculo, ponderação ou apreciação, seu organismo não seria de maneira nenhuma infalível. Daria sempre a melhor resposta tendo em conta os dados fornecidos, mas estes por vezes seriam insuficientes. No entanto, devido ao elemento de abertura à experiência, qualquer erro, qualquer comportamento que não satisfizesse, seria rapidamente corrigido. Os cálculos estariam sempre de alguma maneira num processo de correção porque seriam continuamente postos à prova no comportamento.

Talvez não gostem da minha analogia com o computador eletrônico. Pois bem, voltemos aos clientes que conheço. À medida que se tornam mais abertos à sua experiência integral, descobrem que é cada vez mais possível ter confiança nas suas reações. Se têm vontade de exprimir irritação, exprimem-na e verificam que o resultado é satisfatório, porque estão igualmente conscientes dos seus outros desejos de afeto, de associação e de relação. Ficam surpreendidos com a sua própria capacidade intuitiva de encontrar as soluções comportamentais para relações humanas complexas e perturbadas. Somente depois compreendem como suas relações internas eram espantosamente confiáveis para possibilitar-lhes um comportamento satisfatório.

O processo de um funcionamento mais pleno

Gostaria de reunir esses três itens que descrevem o processo da "vida boa" numa imagem mais coerente, mostrando que a pessoa que é psicologicamente livre move-se na direção de se tornar uma pessoa funcionando de um modo mais pleno. O indivíduo é mais capaz de viver plenamente em e com cada um dos seus sentimentos e reações. Faz um uso cada vez maior do seu equipamento orgânico para sentir, tão exatamente quanto possível, a situação existencial interior e exterior. Faz uso de todas as informações que o seu sistema nervoso lhe pode fornecer, utilizando-as com toda a consciência, embora reconhecendo que seu organismo total pode ser, e muitas vezes é, mais sábio do que a sua consciência. O indivíduo torna-se mais capaz de permitir que seu organismo total funcione livremente em toda a sua complexidade, escolhendo, entre um grande número de possibilidades, o comportamento que num determinado momento o satisfará de um modo mais geral e mais genuíno. O indivíduo é capaz de confiar mais no seu organismo no que se refere ao seu funcionamento, não porque seja infalível, mas porque pode estar completamente aberto às consequências de cada um dos seus atos e corrigi-los se eles não o satisfizerem.

O indivíduo é mais capaz de experimentar todos os seus sentimentos e tem menos medo deles; ele é seu próprio crivo diante dos fatos e mostra-se mais aberto aos fatos que provêm de outras fontes; mergulha completamente no processo de ser e de se tornar o que é, descobrindo então que é um ser social de modo profundo e realista; vive de um modo mais completo o momento, mas aprende que é sempre essa a maneira mais saudável de viver. O indivíduo torna-se um organismo que funciona mais plenamente e, devido à consciência de si mesmo que corre livremente na e através da sua experiência, torna-se uma pessoa com um funcionamento mais pleno.

Algumas implicações

Qualquer opinião sobre o que constitui a "vida boa" arrasta consigo muitas implicações, e a que lhes apresentei não representa uma exceção. Espero que essas implicações possam alimentar a reflexão. Gostaria de comentar duas ou três dessas consequências.

Uma nova perspectiva sobre a liberdade versus *determinismo*

A primeira dessas implicações talvez não seja imediatamente evidente. Ela se refere ao velho problema do "livre-arbítrio". Procurarei mostrar como é que concebo esse problema agora sob uma luz diferente.

Durante algum tempo senti-me perplexo com o paradoxo vivo que existe em psicoterapia entre liberdade e determinismo. Na relação terapêutica, algumas das experiências subjetivas mais intensas são aquelas em que o cliente sente dentro de si mesmo o poder nítido da escolha. Ele é *livre* – para se tornar no que é ou para se esconder atrás de uma fachada; para progredir ou para retroceder; para seguir por caminhos que o destroem ou que destroem os outros, ou caminhos que o enriquecem; ele é literalmente livre para viver ou para morrer, tanto no sentido fisiológico como no sentido psicológico destes termos. E, no entanto, quando penetramos no domínio da psicoterapia com métodos objetivos de investigação, somos obrigados, como todos os cientistas, a adotar um determinismo estrito. Desse ponto de vista, qualquer pensamento, sentimento ou ação do cliente está determinado por aquilo que lhe é imediatamente anterior. Não pode haver uma coisa chamada liberdade. O dilema que estou procurando descrever não é diferente daquele que encontramos em outros campos – ele é simplesmente mais central e parece mais insolúvel.

Esse dilema, contudo, pode ser visto sob uma nova perspectiva se o considerarmos em termos da definição que demos da pessoa em pleno funcionamento. Poderíamos dizer que, no ponto ótimo da terapia, a pessoa experimenta justamente a mais completa e absoluta liberdade. O indivíduo quer ou escolhe seguir a linha de ação que representa o vetor mais econômico em relação a todos os estímulos internos e externos, porque é esse o comportamento que pode satisfazê-lo de um modo mais profundo. Mas é a mesma linha de ação que, de um outro ponto de vista, se pode afirmar como determinada por todos os fatores da situação existencial. Comparemos essa descrição com a imagem de uma pessoa defensivamente organizada. Ela quer ou escolhe seguir determinada linha de ação mas descobre que *não pode* comportar-se da forma que escolhera. O indivíduo está determinado por fatores da situação existencial, mas esses fatores incluem sua atitude de defesa, sua negação ou distorção de alguns aspectos importantes. Seu comportamento, portanto, com certeza não o satisfará plenamente. Seu comportamento está determinado, mas ele não é livre para fazer uma escolha eficaz. A pessoa que funciona plenamente, pelo contrário, não apenas experimenta mas utiliza a maior liberdade, quando espontânea, livre, e voluntariamente escolhe e quer o que também está absolutamente determinado.

Não sou tão ingênuo para supor que essa posição resolve completamente o conflito entre o subjetivo e o objetivo, entre a liberdade e a necessidade. Mas, pelo menos, isso significa para mim que quanto mais a pessoa viver uma "vida boa", mais experimentará a liberdade de escolha e mais a sua escolha se traduzirá eficazmente no seu comportamento.

A criatividade como um elemento da "vida boa"

Julgo ter ficado claro que uma pessoa que se vê envolvida no processo direcional que designei como a "vida boa" é uma pessoa criativa. Com a sua abertura sensível ao mundo, a confiança na sua própria capacidade para formar novas relações com o seu ambiente, seria o tipo de pessoa de quem provêm as produções e vivências criativas. Não estaria necessariamente "adaptada" à sua cultura, e certamente não seria um conformista. Mas, em qualquer época e em qualquer cultura, viveria de uma maneira construtiva, em grande harmonia com o seu meio cultural para conseguir uma satisfação equilibrada das suas necessidades. Em determinadas situações culturais, poderia em alguns aspectos ser uma pessoa muito infeliz, mas continuaria a progredir para se tornar ela própria e para se comportar de tal forma que satisfizesse de um modo tão completo quanto possível suas necessidades mais profundas.

Uma pessoa assim seria, segundo creio, reconhecida como o tipo mais capaz de se adaptar e de sobreviver em caso de alteração das condições ambientais. Seria capaz de se adaptar devidamente, tanto às novas como às antigas condições. Estaria justamente na vanguarda da evolução humana.

A natureza humana é fundamentalmente digna de confiança

Torna-se evidente que outra implicação da perspectiva que estou apresentando é que a natureza profunda do ser humano, quando funciona livremente, é construtiva e digna de confiança. Esta é para mim uma conclusão irrecusável de um quarto de século de experiências em psicoterapia. Quando conseguimos libertar o indivíduo da sua atitude de defesa, de modo a que ele se abra ao vasto campo das suas próprias necessidades bem como ao campo igualmente vasto das exigências do meio e da sociedade, podemos confiar que suas reações serão positivas, progressivas e construtivas. Não precisamos perguntar quem o socializará, pois uma das suas próprias necessidades mais profundas é a de se associar e de se comunicar com os outros. À medida que o indivíduo se torna mais plenamente ele mesmo, torna-se igualmente socializado de maneira mais realista. Não precisamos perguntar quem controlará seus impulsos agressivos; à medida que se for tornando mais aberto a todos os seus impulsos, sua necessidade de ser querido pelos outros e sua tendência para oferecer afeição serão tão fortes como os impulsos de violência ou de ataque. O indivíduo será agressivo em situações onde a agressão seja realmente adequada, mas não sentirá uma necessidade desordenada de agressão. O seu comportamento total, nestes e noutros campos, como se dirige sempre para a abertura à experiência, será mais equilibrado e realista, comportamento que é adequado à sobrevivência e ao desenvolvimento de um animal altamente social.

Sinto pouca simpatia pela ideia bastante generalizada de que o homem é fundamentalmente irracional e que os seus impulsos, quando não controlados, levam à destruição de si e dos outros. O comportamento humano é extremamente racional, evoluindo com uma complexidade sutil e ordenada para os objetivos que seu organismo se esforça por atingir. A tragédia para muitos de nós deriva do fato de que nossas defesas nos impedem de perceber essa racionalidade, de modo que estamos conscientemente caminhando numa direção quando organismicamente seguimos outra. Mas, na pessoa de quem estamos falando e que vive o processo da "vida boa", haveria um número decrescente dessas barreiras de defesa e uma participação cada vez maior da racionalidade do seu organismo. O único controle dos impulsos que existiria, ou que se mostraria necessário, é o equilíbrio natural e interno de uma necessidade em relação a outra e a descoberta de comportamentos que seguem um vetor mais intimamente ligado à satisfação de todas as necessidades. A experiência da satisfação extrema de uma necessidade (agressiva, sexual, etc.) de forma que violentasse a satisfação de outras necessidades (de amizade, de ternura, etc.) – uma experiência muito comum na pessoa organizada defensivamente – ficaria bastante reduzida. O indivíduo passaria a participar das atividades autorreguladoras complexas do seu organismo – os controles termostáticos tanto psicológicos como fisiológicos – de maneira a viver numa harmonia crescente consigo mesmo e com os outros.

A maior riqueza da vida

Uma última implicação que gostaria de mencionar é que esse processo de viver a "vida boa" implica um campo mais vasto, uma riqueza maior do que a vida restrita em que grande parte de nós se encontra. Participar nesse processo significa que se está mergulhado em experiências, muitas vezes temíveis e muitas vezes satisfatórias, de uma vida mais sensível, com uma amplitude maior, maior variedade e maior riqueza. Parece-me que os clientes que fizeram progressos significativos na terapia vivem de um modo mais íntimo com os seus sentimentos dolorosos, mas vivem também mais intensamente os seus sentimentos de felicidade; a raiva é mais claramente sentida, mas o amor também; o medo é uma experiência feita mais profundamente, mas também a coragem. E a razão pela qual eles podem viver de uma maneira tão plena num campo tão vasto é que têm em si mesmos uma confiança subjacente de serem instrumentos dignos de confiança para enfrentar a vida.

Penso que se torna evidente por que é que, para mim, adjetivos tais como feliz, satisfeito, contente, agradável, não parecem adequados para uma descrição geral do processo a que dei o nome de "vida boa", mesmo que a pessoa envolvida nesse processo experimente cada um desses sentimentos nos devidos momentos. Mas os adjetivos que parecem de um modo geral mais apropriados são: enriquecedor, apaixonante, gratificante, estimulante, significativo. Estou convencido de que esse processo da "vida boa" não é um gênero de vida que convenha aos que desanimam facilmente. Esse processo implica a expansão e a maturação de todas as potencialidades de uma pessoa. Implica a coragem de ser. Significa que se mergulha em cheio na corrente da vida. E, no entanto, o que há de mais profundamente apaixonante em relação aos seres humanos é que, quando o indivíduo se torna livre interiormente, escolhe essa "vida boa" como processo de transformação.

Quinta Parte
A observação dos fatos: o papel da investigação em psicoterapia

> *Procurei confrontar minha experiência clínica com a realidade, não sem sentir uma certa perplexidade filosófica sobre qual seria a "realidade" mais válida.*

Capítulo 10
Pessoa ou ciência? Um problema filosófico

Considero este artigo um dos que mais gostei de escrever e que continua sendo uma expressão satisfatória dos meus pontos de vista. Julgo que uma das razões para gostar tanto assim dele é o fato de tê-lo escrito apenas para mim. Não pensava em publicá-lo ou utilizá-lo para outro objetivo que não fosse o de me esclarecer sobre um problema e um conflito crescentes dentro de mim mesmo.

Uma visão retrospectiva leva-me a reconhecer a origem do conflito. Tratava-se de uma oposição entre o positivismo lógico em que eu fora educado e pelo qual tinha um profundo respeito e um pensamento existencial orientado subjetivamente que crescia em mim porque me parecia adequar-se perfeitamente à minha experiência terapêutica.

Não estudei filosofia existencial. O primeiro contato que tive com a obra de Soeren Kierkegaard e de Martin Buber deve-se à insistência de alguns estudantes de teologia de Chicago que empreenderam um trabalho comigo. Eles tinham certeza de que o pensamento desses homens ressoaria com o meu, o que era bastante correto. Embora houvesse em Kierkegaard, por exemplo, muitos pontos que para mim não significavam nada, havia e há, de vez em quando, intuições e convicções profundas que exprimem perfeitamente perspectivas que eu tinha mas que não conseguira formular. Embora Kierkegaard tenha vivido há cerca de cem anos, não posso deixar de considerá-lo um amigo, sensível e altamente perceptivo. Julgo que esse artigo mostrará minha dívida para com ele, sobretudo porque a leitura de sua obra me abriu perspectivas e me levou a confiar e a exprimir minha própria experiência.

Um outro fator que me ajudou a escrever este artigo foi o fato de me encontrar longe dos meus colegas, passando o inverno em Taxco, onde escrevi a sua maior parte. Um ano mais tarde, quando me encontrava na ilha de Granada, no Caribe, terminei-o, escrevendo a última seção.

Como fiz em relação a outros capítulos deste livro, distribuí cópias deste artigo para meus colegas e para estudantes. Alguns anos depois, por sugestão de outras pessoas, submeti-o a publicação e foi aceito, com alguma surpresa de minha parte, pelo American Psychologist. Incluo-o aqui porque me parece exprimir, melhor do que qualquer outro artigo meu, o contexto em que encaro a investigação e porque esclarece a razão da minha "vida dupla" de subjetividade e de objetividade.

Introdução

Este é um documento muito pessoal, escrito em primeiro lugar para mim mesmo, com o objetivo de esclarecer uma questão que me intrigava cada vez mais. Terá interesse para as outras pessoas na medida em que a questão também existir para elas. Vou, portanto, descrever nessa introdução o modo como esse capítulo foi se formando.

Com a experiência que adquiri como terapeuta, acompanhando a experiência estimulante e enriquecedora da psicoterapia, e tomando em consideração o meu trabalho como investigador científico para descobrir algumas das verdades sobre a terapia, fui tomando uma consciência maior da separação entre essas duas funções. Quanto melhor terapeuta me tornava (e creio que isso é verdade), mais consciência ganhava da minha completa subjetividade quando exercia melhor essa função. Mas, ao tornar-me melhor investigador, mais teimoso e mais científico (como creio ter acontecido), sentia um embaraço crescente perante a distância entre a minha objetividade rigorosa como cientista e a minha subjetividade quase mística como terapeuta. Este artigo é o resultado disso.

A primeira coisa que fiz foi funcionar como terapeuta e descrever da maneira mais breve possível a natureza essencial da psicoterapia como a vivi com muitos clientes. Gostaria de enfatizar que se trata de uma formulação muito fluida e pessoal e que, se tivesse sido feita por uma outra pessoa ou por mim há dois anos ou daqui a dois anos, seria diferente sob alguns aspectos. Depois deixei-me funcionar como cientista – como um espírito teimoso à procura dos fatos no reino da psicologia – e esforcei-me por imaginar o significado que a ciência poderia encontrar para a terapia. Depois disso, prossegui o debate interior, levantando as questões que cada ponto de vista legitimamente propunha ao outro.

No meio dos meus esforços descobri que apenas tinha agravado o conflito. Os dois pontos de vista pareciam-me mais do que nunca inconciliáveis. Discuti esse assunto num seminário de professores e estudantes e seus comentários foram para mim de grande ajuda. Durante o ano seguinte continuei a ruminar esse problema, até que comecei a sentir emergir em mim uma integração das duas perspectivas. Mais de um ano depois de ter escrito as primeiras seções, procurei expressar em palavras essa tentativa e, talvez, fazer uma integração temporária.

Por isso, o leitor que acompanha minha luta nesta matéria verá que inconscientemente ela assumiu uma forma dramática – estando todas as *dramatis personae* dentro de mim mesmo: Primeiro Protagonista, Segundo Protagonista, o Conflito e, por último, a Resolução. Sem mais preâmbulos, vou apresentar o primeiro protagonista, eu próprio como terapeuta, traçando tão claramente quanto possível o quadro do que a *experiência* da terapia parece ser.

A essência da terapia em termos de sua experiência

Lanço-me na relação com uma hipótese, ou uma convicção, de que minha simpatia, minha confiança e minha compreensão do mundo interior da outra pessoa provocarão um significativo processo de transformação. Entro na relação, não como um cientista, não como um médico que procura diligentemente o diagnóstico e a cura, mas como uma pessoa que se insere numa relação pessoal. Enquanto eu olhar para o cliente como um objeto, ele tenderá a tornar-se apenas um objeto.

Arrisco-me, porque à medida que a relação se aprofunda, se o que se desenvolve é um fracasso, uma regressão, uma rejeição de mim e da relação pelo cliente, nesse caso sinto que perco a mim mesmo, inteiramente ou em parte. Às vezes esse risco é muito real e sentido de forma bastante aguda.

Abandono-me ao caráter imediato da relação a ponto de ser todo o meu organismo, e não simplesmente minha consciência, que é sensível à relação e se encarrega dela. Não respondo conscientemente de uma forma planejada ou analítica, mas reajo simplesmente de uma forma não reflexiva para com o indivíduo, baseando-se a minha reação (embora não conscientemente) na minha sensibilidade total organísmica a essa outra pessoa. Eu vivo a relação nessa base.

A essência de algumas das partes mais profundas da terapia parece ser uma unidade de vivência. O cliente é capaz de vivenciar livremente os sentimentos em toda a sua intensidade, como uma "pura cultura", sem inibições ou precauções intelectuais, sem ficar preso pelo conhecimento de sentimentos contraditórios; e eu sou capaz de vivenciar com igual liberdade minha compreensão desse sentimento, sem pensar nele conscientemente, sem qualquer apreensão ou preocupação de saber onde é que isso levará, sem qualquer espécie de diagnóstico ou análise, sem quaisquer barreiras, emocional ou cognitiva, para uma entrada total na compreensão. Quando há essa unidade completa, essa singularidade, essa plenitude da vivência na relação, então esta alcança a qualidade de "fora desse mundo" conforme as observações de grande número de terapeutas, uma espécie de sentimento de êxtase na relação da qual o cliente e eu emergimos no fim da sessão como quem sai de um poço ou de um túnel. Dá-se nesses momentos uma verdadeira relação "Eu–Tu", para empregar uma expressão de Buber, uma vivência atemporal da experiência que existe *entre* o cliente e eu. Está-se no polo oposto de uma visão do cliente ou de mim mesmo como um objeto. É o ponto culminante da subjetividade pessoal.

Tomei muitas vezes consciência do fato de não *saber*, cognitivamente, onde conduzem as relações imediatas. É como se nós dois, o cliente e eu, nos deixássemos deslizar, muitas vezes com receio, para a corrente do devir, uma corrente ou processo que nos arrasta. É o fato do terapeuta já ter se deixado flutuar nessa corrente da experiência ou da vida anteriormente, ter descoberto que isso é gratificante, que o torna cada vez menos receoso de mergulhar. É minha confiança que torna mais fácil ao cliente embarcar também, um pouco mais de cada vez. Parece com frequência que a corrente da experiência se dirige para um determinado objetivo. Contudo, é provavelmente mais exato dizer que o seu caráter gratificante permanece interno ao próprio processo e que seu maior benefício é possibilitar a ambos, ao cliente e a mim, mais tarde, independentemente, entregarmo-nos ao processo de tornar-se.

Quanto ao cliente, à medida que a terapia decorre, descobre que ousa tornar-se ele mesmo, apesar de todas as consequências terríveis que supõe ter de suportar se se permitir ser ele mesmo. O que significa tornar-se no que se é? Isso parece indicar menos medo das reações organísmicas, reações não refletidas que se tem, uma confiança progressiva acompanhada mesmo de afeição pelo complexo, variado e rico sortimento de sentimentos e tendências que existem em si no nível orgânico ou organísmico. A consciência, em vez de ser a sentinela de um amontoado de impulsos perigosos e imprevisíveis dos quais só poucos poderão ver a luz do dia, torna-se o habitante bem instalado de uma rica e variada sociedade de impulsos, sentimento e concepções, que se manifestam autogovernando-se satisfatoriamente quando não estão guardados com medo ou de um modo autoritário.

Implicada neste processo de se tornar no que se é está uma profunda experiência da opção pessoal. O cliente compreende que pode optar por continuar a esconder-se atrás de uma fachada ou que pode assumir os riscos que envolve o fato de ser ele mesmo; que é um agente livre, detentor do poder de destruir o outro, ou de se destruir a si mesmo, senhor igualmente do poder de elevar o outro e de se elevar a si próprio. Confrontado com a realidade nua da decisão, escolhe tomar a direção de ser ele mesmo.

Mas ser o que se é não "resolve os problemas". Abre simplesmente um novo modo de vida no qual se faz a experiência dos seus sentimentos de um modo mais profundo e elevado, num campo mais extenso e mais dilatado. O indivíduo sente-se mais único e mais só, mas é muito mais real, de tal maneira que suas relações com os outros perdem seu caráter artificial, tornam-se mais profundas, satisfatórias, e introduzem mais a realidade da outra pessoa no seio da relação.

Uma outra forma de ver esse processo, essa relação, é considerá-la como uma aprendizagem pelo cliente (e pelo terapeuta num grau menor). Mas é um tipo estranho de aprendizagem. Quase nunca é uma aprendizagem que se note pela sua complexidade e, mesmo quando atingiu o grau mais profundo, nunca parece adaptar-se bem aos símbolos verbais. A aprendizagem assume muitas vezes formas tão simples como: "Eu *sou* diferente dos outros"; "Realmente eu o detesto"; "Eu *tenho* medo de me sentir dependente"; "Sinto pena de mim mesmo"; "Estou centrado em mim mesmo"; "Tenho sentimentos de ternura e de amor"; "Eu poderia ser aquilo que quero ser"; etc. Mas, apesar da sua simplicidade aparente, essas descobertas têm um imenso significado num domínio muito difícil de definir. Podemos encará-lo de diversas formas. São descobertas autoapropriadas baseadas, de uma maneira ou de outra, na experiência e não em símbolos. São semelhantes à descoberta da criança que sabe que "dois e dois são quatro" e que um dia, brincando com dois objetos e com mais dois objetos, apercebe-se subitamente *na* experiência de uma descoberta absolutamente inédita, que "dois e dois são *realmente* quatro".

Um outro modo de compreender essas descobertas é considerá-las uma tentativa retardada para fazer corresponder símbolos e significações no mundo dos sentimentos, um empreendimento já há muito acabado no domínio do conhecimento. Intelectualmente, fazemos corresponder com todo o cuidado o símbolo que escolhemos com o significado que um experiência assume para nós. Assim, digo que qualquer coisa aconteceu "gradualmente", depois de ter rapidamente passado em revista (e em grande parte inconscientemente) termos como "lentamente", "imperceptivelmente", "passo a passo", etc., rejeitando-os porque não exprimiam o significado preciso da experiência. No domínio dos sentimentos, porém, nunca aprendemos a atribuir os símbolos à experiência com a preocupação do significado preciso. Esta coisa que eu sinto subir em mim, na segurança de uma relação de aceitação – o que é? É tristeza, irritação, arrependimento, pena de mim mesmo, é a irritação pelas oportunidades perdidas – e ando às voltas, tentando extrair de um grande sortimento de símbolos um que se "ajuste", que corresponda, que pareça adaptar-se realmente à experiência organísmica. Ao proceder desse modo, o cliente descobre que tem de aprender a linguagem do sentimento e da emoção como se fosse uma criança aprendendo a falar; pior ainda, ele se vê obrigado a desaprender uma falsa linguagem antes de aprender a verdadeira.

Procuremos ainda dar uma outra definição desse tipo de aprendizagem, descrevendo dessa vez o que ela não é. É um tipo de aprendizagem que não pode ser ensinada. A sua essência é este aspecto de autodescoberta. O "conhecimento", tal como estamos habituados a concebê-lo, pode ser ensinado de uma pessoa para outra desde que ambas tenham motivação e capacidade adequadas. A aprendizagem significativa que ocorre na terapia, porém, ninguém pode ensiná-la seja a quem for. O ensino destruiria a aprendizagem. Eu poderia ensinar a um cliente que, para ele, é seguro ser ele próprio, que realizar livremente seus sentimentos não é perigoso, etc. Quanto mais lhe ensinasse isto, menos ele aprenderia de uma forma significativa, experiencial e autoapropriante. Kierkegaard considera esta última forma de aprendizagem como a verdadeira subjetividade, acentuando que não pode haver nenhuma comunicação direta disso ou sobre isso. O máximo que uma pessoa pode fazer por outra é criar determinadas condições que tornam *possível* essa forma de aprendizagem. A pessoa não pode ser obrigada.

Uma última forma de tentar descrever essa aprendizagem é dizer que o paciente aprende progressivamente a simbolizar um estado total e unificado, no qual o estado do organismo, em experiência, sentimento e conhecimento, pode ser completamente descrito de forma unificada. Para tornar o assunto ainda mais vago e insatisfatório, parece absolutamente desnecessário que esta simbolização se deva exprimir. Normalmente ela é expressa porque o cliente quer comunicar pelo menos uma parte de si mesmo ao terapeuta, mas isso, provavelmente, não é essencial. O único aspecto necessário é a compreensão íntima do estado do organismo total, unificado, imediato, "instantâneo", que sou eu. Por exemplo, compreender inteiramente que neste momento essa unidade em mim é simplesmente o fato de que "eu tenho um medo profundo da possibilidade de me tornar diferente" é a essência da terapia. O cliente que reconhece esse fato pode ter a certeza absoluta de que compreenderá esse estado do seu ser e tomará consciência dele sempre que torne a acontecer de forma semelhante. Segundo todas as probabilidades, reconhecerá e compreenderá mais plenamente alguns dos outros sentimentos existenciais que nele ocorrem. Nesse caso, está se dirigindo para um estado em que será mais verdadeiramente ele mesmo. *Será*, de um modo mais unificado, aquilo que organismicamente *é*, e isto parece ser a essência da terapia.

A essência da terapia em termos de ciência

Vou dar agora a palavra ao segundo protagonista, eu próprio como cientista, e deixá-lo apresentar sua visão desse mesmo campo.

Abordando os fenômenos complexos da terapia com a lógica e os métodos da ciência, a finalidade é trabalhar para uma *compreensão* dos fenômenos. Em ciência, isto significa um conhecimento objetivo dos acontecimentos e das relações funcionais entre esses mesmos acontecimentos. A ciência pode proporcionar igualmente a possibilidade de uma maior previsão e controle desses acontecimentos, mas isso não é um resultado necessário da investigação científica. Se o fim científico fosse atingido nesse domínio, saberíamos provavelmente que em terapia determinados elementos se devem associar a certos tipos de resultados. É como se, conhecendo isto, fôssemos capazes de prever que uma situação particular de uma relação terapêutica teria determinado resultado (dentro de certos limites de probabilidade) porque envolve certos elementos. Poderíamos então controlar muito facilmente os resultados da terapia manipulando os elementos contidos na relação terapêutica.

Esclareçamos que, por mais profunda que seja nossa investigação científica, ela nunca nos permitiria descobrir uma verdade absoluta, mas apenas descrever relações que teriam uma probabilidade de ocorrência cada vez maior. Nunca poderíamos descobrir uma realidade subjacente no que diz respeito às pessoas, às relações ou ao universo. Poderíamos apenas descrever relações entre acontecimentos observáveis. Se, nesse campo, a ciência seguisse o mesmo curso que em outros domínios, os modelos operacionais da realidade que emergiriam (durante a construção da teoria), afastar-se-iam cada vez mais da realidade captada pelos sentidos. A descrição científica das relações terapêuticas e da terapia tornar-se-ia cada vez *menos semelhante* aos fenômenos tais como eles são vividos.

É evidente desde o princípio que a terapia, por ser um fenômeno complexo, é difícil de medir. No entanto, "tudo o que existe se pode medir" e, se a terapia é considerada uma relação significativa, com implicações que se estendem para além dela, vale a pena superar as dificuldades para se descobrirem as leis da personalidade e das relações interpessoais.

Uma vez que já existe na terapia centrada no cliente um rudimento de teoria (embora não se trate de uma teoria no sentido científico do termo), temos um ponto de partida para a seleção das hipóteses. Para o objetivo da presente discussão, consideremos algumas das hipóteses rudimentares que se podem extrair dessa teoria, e vejamos o que uma abordagem científica pode fazer com elas. Deixemos de lado, por enquanto, a tradução integral da teoria em termos de uma lógica formal, o que seria muito bom, e consideremos apenas algumas das hipóteses.

Citemos, inicialmente, três delas na sua forma rudimentar:
1. A aceitação do cliente pelo terapeuta conduz a uma maior aceitação de si próprio por parte do cliente.
2. Quanto mais o terapeuta apercebe o cliente como uma pessoa e não como um objeto, tanto mais o cliente se apreende a si mesmo como uma pessoa e não como um objeto.
3. Ao longo do tratamento terapêutico, dá-se no cliente um tipo de descoberta de si vivencial e eficaz.

Como procederemos para traduzir cada uma dessas hipóteses[1] em termos operacionais e como iremos testá-las? Quais seriam os resultados de semelhante demonstração?

Não é este o lugar oportuno para uma resposta pormenorizada a essas questões, mas a investigação já efetuada fornece as respostas de uma forma geral. No caso da primeira hipótese, pode-se escolher ou inverter determinados dispositivos para medir a aceitação. Poder-se-ia usar testes de atitudes, objetivos ou projetivos, a técnica Q ou qualquer coisa do mesmo gênero. Pode-se presumir que os mesmos instrumentos, com instruções ou estados de espírito ligeiramente diferentes, poderiam ser utilizados para medir a aceitação do cliente pelo terapeuta e a autoaceitação do cliente. Então, de um modo operacional, o grau de aceitação do terapeuta poderia ser equacionado matemáticamente. A alteração da autoaceitação do cliente durante a terapia poderia ser indicada através de medidas efetuadas prévia e posteriormente. A relação da alteração com o tratamento seria determinada pela comparação das alterações na terapia com as alterações durante um período de controle ou num grupo de controle. Seríamos finalmente capazes de dizer quando é que existem relações entre a aceitação do terapeuta e a autoaceitação do cliente, definidas operacionalmente, e qual a correlação que existe entre ambas.

A segunda e a terceira hipóteses envolvem uma real dificuldade de mensuração, mas não há razão que nos leve a supor que não possam ser objetivamente estudadas, à medida que aumenta o grau de sofisticação das nossas medidas psicológicas. Como instrumento de medida da segunda hipótese poderia empregar-se algum teste de atitudes ou um tipo de técnica Q, medindo a atitude do terapeuta para com o cliente, e deste para consigo mesmo. Nesse caso, haveria uma continuidade entre a consideração objetiva de um objeto exterior e uma experiência pessoal e subjetiva. Os instrumentos para a terceira hipótese poderiam ser fisiológicos, uma vez que parece provável que uma descoberta vivencial tenha repercussões fisiológicas mensuráveis. Uma outra possibilidade seria a de inferir a descoberta vivencial a partir da sua eficácia e, nesse caso, poder-se-ia medir essa eficácia em diferentes campos. Na presente fase da nossa metodologia, talvez a terceira hipótese nos ultrapasse, mas sem dúvida, num futuro próximo, ela poderá ser definida em termos operacionais e posta à prova.

Os resultados desses estudos seriam da seguinte ordem. Tomemos como ponto de partida o campo das suposições para se chegar ao concreto. Suponhamos que descobríssemos que a aceitação pelo terapeuta leva o cliente à autoaceitação e que a correlação entre as duas variáveis se situa em torno de 0,70. Na segunda hipótese, poderíamos achar que esta não se justifica, mas descobrir que quanto mais o terapeuta considera o cliente como uma pessoa, tanto mais o cliente se aceita a si próprio.

Assim ficaríamos sabendo que centrar-se na pessoa é um fator de aceitação, mas que não tem grande coisa a ver com o fato de o cliente se tornar uma pessoa perante si mesmo. Suponhamos igualmente que a terceira hipótese é confirmada pela descoberta vivencial de certos elementos descritíveis que se observam muito mais na terapia do que no grupo de controle.

Sem prestar atenção a todas as qualificações e ramificações que poderiam surgir nos resultados, e omitindo a referência às novas indicações que se acumulariam a propósito da dinâmica da personalidade (dado que são difíceis de imaginar de antemão), o parágrafo precedente fornece-nos, no entanto, uma noção daquilo que a ciência pode oferecer nesse campo. A ciência pode dar-nos uma descrição cada vez mais exata dos acontecimentos da terapia e das transformações que nela ocorrem. A ciência pode começar a formular algumas leis provisórias da dinâmica das relações humanas. Pode fazer afirmações públicas e reproduzíveis de que, se existirem no terapeuta ou na relação determinadas condições operacionalmente definíveis, então podem esperar-se do cliente determinados comportamentos, com um grau conhecido de probabilidade. A ciência pode sem dúvida fazê-lo no domínio da terapia e das alterações da personalidade, como o faz nos domínios da percepção e da aprendizagem. Eventualmente, as formulações teóricas poderiam conjugar os diferentes campos, enunciando as leis que parecem governar as alterações do comportamento humano, quer se trate de situações que classificamos como percepção ou que classificamos como aprendizagem ou nas alterações mais globais e maciças que ocorrem na terapia e que implicam simultaneamente a percepção e a aprendizagem.

Algumas questões

Eis dois métodos muito diferentes de captar os aspectos essenciais da psicoterapia, duas abordagens bem diversas do domínio que consideramos. Tal como as expusemos aqui, e tal como elas frequentemente são na realidade, parece não haver nenhuma medida comum entre as duas descrições. Cada uma representa uma forma definida de encarar a terapia. Cada uma parece constituir uma via de acesso às verdades significativas da terapia. Quando esses pontos de vista são adotados por indivíduos ou por grupos diferentes, formam a base de um grave desacordo. Quando cada uma dessas maneiras de ver parece verdadeira a uma única pessoa, como é o meu caso, então há um conflito interno. Se bem que possam ser superficialmente reconciliadas, ou consideradas como complementares entre si, manifestam-se como fundamentalmente antagônicas, e de muitas maneiras. Gostaria de apontar algumas questões que esses dois pontos de vista me colocam.

As questões do cientista

Vou indicar em primeiro lugar algumas questões que o cientista levanta para o que vivencia (emprego os termos ciência e vivência apenas como designações arbitrárias dos dois pontos de vista). O cientista rigoroso ouve o relatório do que vivencia e levanta as seguintes questões minuciosas:
1. Antes de tudo, quer saber "como você pode saber que esse relatório, ou qualquer outro relatório anterior ou posterior, é verdadeiro? Como sabe se ele corresponde à realidade? Se estamos confiando nessa experiência interior e subjetiva, como sendo a verdade no que diz respeito às relações humanas ou às diferentes formas de alterar a personalidade, nesse caso a Ioga, a Christian Science e os delírios de um psicótico que se julga Jesus Cristo, tudo é verdadeiro, tão verdadeiro como esse relatório. Cada uma dessas posições representa a verdade tal como ela é captada interiormente, por um indivíduo ou por um grupo. Se queremos evitar este amontoado de verdades múltiplas e contraditórias, temos de voltar ao único método que conhecemos para chegar a uma aproximação cada vez maior da realidade, o método científico".

2. "Em segundo lugar, essa abordagem vivencial impede que se melhore a habilidade técnica ou que se descubram os elementos menos satisfatórios das relações. A menos que consideremos essa descrição como perfeita, o que não parece acontecer, ou o nível atual de experiência na relação terapêutica como o mais eficaz possível, o que não é mais provável que aconteça, então há defeitos, imperfeições, lacunas no relatório tal como ele se apresenta. Como poderemos descobri-los e corrigi-los? A abordagem vivencial não pode propor nada a não ser um processo por tentativa e erro, um processo lento e que não oferece garantias de alcançar o fim que tem em vista. Mesmo as críticas e as sugestões dos outros são de pouca ajuda, pois não surgem do interior da experiência e não têm, portanto, a autoridade vital da própria relação. O método científico, porém, e os processos do positivismo lógico contemporâneo, têm muito para oferecer. Qualquer experiência que possa ser descrita pode sê-lo em termos operacionais. As hipóteses podem ser formuladas e postas à prova e os 'bons' que detêm a verdade podem ser separados dos 'maus' que vivem no erro. Isto parece ser o único caminho seguro para o aperfeiçoamento, para a autocorreção, para o avanço do saber."

3. O cientista tem ainda outra observação a fazer: "Está implícita na sua descrição da experiência terapêutica a ideia de que existem elementos que *não* podem ser previstos – que há como que uma espécie de espontaneidade ou (desculpe o termo) de livre-arbítrio em ação. Você fala como se uma parte do comportamento do cliente – e talvez também do terapeuta – não tivesse causa, não representasse um elo na sequência de causa e efeito. Sem pretender entrar na metafísica, talvez eu possa perguntar se não se trata de derrotismo. Uma vez que podemos descobrir com certeza o que causa *grande parte* do comportamento – você mesmo fala em criar as condições nas quais certos resultados de comportamento apareçam –, então por que recuar noutro ponto? Por que não *procurar* descobrir as causas de *todo* o comportamento? Isto não quer dizer que o indivíduo

deva se considerar um autômato, mas, na nossa investigação dos fatos, não nos veremos embaraçados pela crença de que algumas portas nos estão fechadas".

4. Por último, o cientista não pode compreender por que é que o terapeuta, o "experiencialista", põe em questão o único instrumento, o único método que é responsável pela maior parte dos progressos que admiramos. "Na cura das doenças, na prevenção da mortalidade infantil, no desenvolvimento de maiores colheitas, na conservação dos alimentos, na fabricação de tudo o que torna a vida mais confortável, desde os livros ao náilon, na compreensão do universo, qual é a pedra angular do edifício? É o método científico, aplicado a cada um desses casos e a muitos outros. É verdade que a ciência faz avançar igualmente os métodos da guerra, servindo aos instintos destruidores do homem ao mesmo tempo que serve os seus objetivos construtivos, mas mesmo aqui a potencialidade de utilização social é imensa. Por isso, qual a razão para duvidar do mesmo método no domínio das ciências sociais? Sem dúvida alguma que aqui se avança lentamente, que ainda não demonstrou nenhuma lei tão fundamental como a lei da gravidade, mas abandonaremos esse método por causa da nossa impaciência? Qual é a alternativa que oferece uma esperança semelhante? Se estamos de acordo sobre o fato de os problemas sociais do mundo atual serem prementes, se a psicoterapia abre uma janela para a dinâmica mais decisiva e importante da alteração do comportamento humano, é por conseguinte evidente que se deve aplicar à psicoterapia os cânones mais rigorosos do método científico, e na maior escala possível, a fim de alcançar o mais rapidamente possível um conhecimento das leis do comportamento individual e da modificação das atitudes."

As questões do "experiencialista"

Embora as interrogações do cientista pareçam a alguns resolver o problema, seus comentários estão longe de satisfazer completamente o terapeuta que viveu a experiência da terapia. Esta tem várias observações a fazer em relação à perspectiva científica.

1. "Em primeiro lugar, faz notar o 'experiencialista', a ciência tem sempre de se ocupar com o outro, com o objeto. Diversos lógicos da ciência, incluindo o psicólogo Stevens, mostraram que o elemento básico da ciência é que ela sempre se ocupa do objeto observável, o outro observável. Isso é verdade mesmo que o cientista faça a experiência sobre si mesmo, porque nesse caso trata a si mesmo como o outro observável. E não tem nada a ver com o eu da vivência. Pois bem, essa qualidade da ciência não mostra que ela será sempre irrelevante em uma experiência como a terapia, que é intensamente pessoal, altamente subjetiva na sua interioridade e completamente dependente da relação de dois indivíduos onde cada um deles é um eu da vivência? A ciência pode, como é evidente, estudar os acontecimentos que ocorrem, mas sempre de uma forma irrelevante para aquilo que está acontecendo. Poder-se-ia dizer por analogia que a ciência é capaz de executar uma autópsia dos acontecimentos mortos da terapia, mas que por sua natureza nunca poderá penetrar na fisiologia viva da terapia. É essa a razão pela qual os terapeutas reconhecem – habitualmente por intuição – que qualquer progresso na terapia, qualquer novo conhecimento nesse campo, quaisquer hipóteses significativas, derivam da experiência dos terapeutas e dos clientes, e nunca podem vir da ciência. Recorramos a uma nova analogia. Alguns corpos celestes foram descobertos apenas pela análise das mensurações científicas das trajetórias estelares. Depois, os astrônomos procuraram os corpos hipotéticos e os encontraram. Parece decididamente pouco provável que um dia se verifique algo de semelhante em terapia, uma vez que a ciência nada tem a dizer sobre a experiência pessoal interior que 'eu' tenho na terapia. A ciência unicamente pode falar dos acontecimentos que ocorrem no 'ele'."

2. "O fato de o campo da ciência ser o 'outro', o 'objeto', significa que tudo aquilo em que toca se torna objeto. Isto nun-

ca levantou problemas nas ciências físicas. Nas ciências biológicas provocou algumas dificuldades. Um determinado número de médicos se pergunta se a tendência crescente para considerar o organismo humano como um objeto, apesar da sua eficácia científica, não será prejudicial para o paciente. Eles preferem que este seja novamente visto como uma pessoa. É todavia nas ciências sociais que isso se torna numa questão verdadeiramente séria. Quer dizer, as pessoas estudadas pelos cientistas sociais são sempre objetos. Em terapia, tanto o paciente como o terapeuta se tornam objetos de dissecação, mas não pessoas com quem se mantêm relações vivas. À primeira vista, isso pode parecer sem importância. Pode-se dizer que é apenas no seu papel de cientista que o indivíduo considera os outros como objetos. Ele pode também abandonar o seu papel e tornar-se uma pessoa. Olhando, porém, mais de perto, veremos que se trata de uma resposta superficial. Se nos projetarmos no futuro e supusermos já ter as respostas para a maior parte das questões que a psicologia hoje investiga, o que aconteceria? Iríamos nos ver obrigados a tratar os outros, e a nós mesmos, cada vez mais como objetos. O conhecimento de todas as relações humanas seria tão grande que as conheceríamos em vez de vivê-las espontaneamente. Sabemos desde já o sabor que isso tem na atitude sofisticada dos pais que sabem que a afeição 'é boa para a criança'. Este conhecimento impede-os frequentemente de serem eles próprios, livre e espontaneamente – afetuosos ou não. Logo, o desenvolvimento da ciência num domínio como o da terapia, ou é irrelevante para a experiência, ou pode, de fato, tornar mais difícil viver a relação como um acontecimento pessoal, vivencial."

3. O "experiencialista" tem uma outra preocupação. "Quando a ciência transforma as pessoas em objetos, como acima se referiu, tem um outro efeito: o resultado final da ciência é levar à manipulação. Isso é menos verdadeiro em campos como o da astronomia, mas nas ciências médicas e sociais o conhecimento dos acontecimentos e das suas relações permite a manipulação

de alguns elementos da equação. Isto é indubitavelmente certo na psicologia e seria verdadeiro na terapia. Se sabemos tudo o que se passa com a aprendizagem, utilizamos esses conhecimentos para manipular as pessoas como se fossem objetos. Esta verificação não implica qualquer juízo de valor sobre a manipulação, que pode ser feita de um modo altamente ético. Podemos inclusive manipular a nós próprios como objetos, recorrendo a esses conhecimentos. Por isso, sabendo que a aprendizagem se realiza muito mais rapidamente com umas revisões repetidas do que com uma longa concentração numa lição, posso utilizar este conhecimento para manipular minha aprendizagem do espanhol. Mas saber é poder. Ao aprender as leis da aprendizagem, utilizo-as para manipular os outros por meio da publicidade, da propaganda, da previsão das suas respostas e do controle delas. Não será exagerado afirmar que o aumento do conhecimento das ciências sociais encerra dentro de si uma poderosa tendência para o controle social, para o controle da maioria por uma minoria. Pode verificar-se uma tendência igualmente forte para o enfraquecimento ou para a destruição da pessoa existencial. Quando todos são considerados objetos, o indivíduo subjetivo, o eu interior, a pessoa em processo de transformação, a consciência espontânea de ser, todo o lado interior da vida é enfraquecido, desvalorizado ou destruído. Talvez o melhor exemplo disso sejam dois livros. O *Walden Two* de Skinner é uma imagem do paraíso visto por um psicólogo. Skinner devia julgá-lo desejável, a não ser que estivesse escrevendo uma tremenda sátira. É o paraíso da manipulação, onde a possibilidade de alguém ser verdadeiramente uma pessoa está extremamente reduzida, a não ser que seja membro do conselho supremo. O *Admirável mundo novo* de Huxley é francamente satírico, mas retrata com vivacidade a perda da condição de pessoa associada por ele a um aumento dos conhecimentos psicológicos e biológicos. Desse modo, para ir direto ao assunto, parece que o desenvolvimento da ciência social (tal como é concebida e levada a cabo) conduz à ditadura social e à perda individual da condição de pessoa. Os perigos entrevistos por Kierkegaard sobre o mesmo assunto há cerca de um século parecem agora muito mais reais do que poderiam parecer então".

4. "Por último, declara o 'experiencialista', não indica tudo isto que a ética é uma consideração mais fundamental do que a ciência? Não estou cego para a ciência como um instrumento e tenho consciência de que ela pode ser um instrumento muito valioso. Mas, a não ser que seja o instrumento de *pessoas* éticas, com tudo o que o termo pessoa implica, não se poderia tornar objeto de devoção cega? Levamos muito tempo reconhecendo esse problema, porque em física a questão ética levou séculos para tornar-se crucial, mas acabou por sê-lo. Nas ciências sociais, os problemas mais éticos surgem muito mais rapidamente porque estão em jogo pessoas. Mas, em psicoterapia, os problemas surgem mais rapidamente ainda e num nível mais profundo. Aqui, tudo o que é subjetivo, interior, pessoal é levado ao ponto extremo; aqui a relação é vivida, não analisada, e é uma pessoa que emerge, não um objeto; uma pessoa que sente, que escolhe, que acredita, que atua, não como um autômato, mas como uma pessoa. E o fim supremo da ciência é a exploração objetiva dos aspectos mais subjetivos da vida; a redução a hipóteses e, eventualmente, a teoremas, de tudo o que fora até então considerado o mais pessoal, o mais completamente interior, o mundo mais particular. E porque esses dois pontos de vista são aqui focados em cheio, temos de escolher – uma opção pessoal de valores éticos. Podemos fazê-lo por omissão, não levantando o problema. Podemos fazer uma escolha que conserve algo dos dois valores – mas temos de escolher. E peço que pensemos longamente e com seriedade antes de abandonar os valores relacionados com ser uma pessoa, com a experiência imediata, com a vivência de uma relação, com o tornar-se, com o eu como processo, com o eu no momento existencial, com o eu interior subjetivo e vivo."

O dilema

Aqui estão as perspectivas contraditórias que se manifestam às vezes explicitamente, mas muito mais frequentemente de uma maneira implícita, nas concepções psicológicas correntes. Aqui está o debate que se dá em mim. Para onde vamos? Qual direção seguiremos? Terá sido o problema corretamente descrito ou será um problema ilusório? Quais são os erros da percepção? Ou, se as coisas se passam como as descrevemos, temos de escolher uma das duas perspectivas? E se for esse o caso, qual das duas devemos escolher? Ou haverá uma formulação mais ampla que englobe de uma maneira feliz os dois pontos de vista sem nenhum dano para o outro?

Uma visão modificada da ciência

Durante o ano que se seguiu ao da redação do texto já mencionado, discuti de vez em quando esses problemas com estudantes, colegas e amigos. A alguns devo, sem dúvida nenhuma, certas ideias que se foram desenvolvendo em mim[2]. Comecei pouco a pouco a acreditar que o erro fundamental na formulação primitiva residia na descrição da ciência. Gostaria de tentar corrigir nesta seção esse erro e de reconciliar na seção seguinte as duas perspectivas revistas.

Julgo que o maior erro estava no fato de considerar a ciência como qualquer coisa de exterior, como um C maiúsculo, um "corpo de conhecimentos" que existisse num determinado ponto do espaço e do tempo. De acordo com muitos psicólogos, eu pensava na ciência como quem pensa numa coleção sistemática e organizada de fatos mais ou menos verificados, e via a metodologia da ciência como o meio socialmente aprovado de acumular esse corpo de conhecimento e de prosseguir a sua verificação. Esta descrição podia comparar-se à de um reservatório onde todos pudessem mergulhar o seu balde para conseguir água – com a garantia de 99% de pureza. Quando se via a ciência desse modo exterior e impessoal, não era absurdo atribuir-lhe um caráter altivo e uma certa despersonalização, uma tendência para a manipulação, uma negação da liberdade de escolha fundamental com que eu encontrei vivencialmente na terapia. Gostaria agora de considerar a abordagem científica de uma perspectiva diferente e, segundo espero, mais adequada.

A ciência nas pessoas

A ciência apenas existe nas pessoas. Qualquer projeto científico tem o seu impulso criativo, o seu processo, a sua conclusão provisória, numa pessoa ou em várias. O conhecimento – mesmo o científico – é aquele que é subjetivamente aceitável. O conhecimento científico só pode ser comunicado àqueles que estão subjetivamente preparados para receber a sua comunicação. A utilização da ciência apenas se dá por meio de pessoas que procuram valores que significam alguma coisa para elas. Estas afirmações resumem de uma maneira muito breve algo da mudança da ênfase a que eu queria proceder na minha descrição da ciência. Sigamos as diversas fases da ciência partindo desse ponto de vista.

A frase criativa

A ciência tem o seu impulso inicial numa determinada pessoa que procura fins, valores, objetivos, que se revestem para ela de uma significação pessoal e subjetiva. Como parte dessa busca, o cientista, num determinado campo, "quer descobrir". Logo, se pretende ser um bom pesquisador, mergulha na experiência em questão, quer se trate do laboratório de física, do mundo da vida vegetal ou animal, do hospital, do laboratório ou clínica de psicologia ou do que quer que seja. A imersão é completa e subjetiva, semelhante à imersão do terapeuta na terapia, como anteriormente se descreveu. O indivíduo sente o campo em que está interessado, vive-o. Mais do que "pensar" nele, ele deixa seu organismo apoderar-se dele e reagir, tanto num nível consciente como inconsciente. Acaba por sentir sobre esse campo mais do que poderia verbalizar, e reage organismicamente em termos de relações que não estão presentes à consciência.

Dessa imersão subjetiva completa emerge uma forma criativa, um sentido de direção, uma vaga formulação de relações até então desconhecidas. Esta forma criativa, aguçada, polida, formulada em termos mais claros, torna-se numa hipótese – a afirmação de uma crença provisória, pessoal e subjetiva. O cientista declara, apoiando-se em toda a sua experiência conhecida e desconhecida: "Tenho a intuição de que existe esta ou aquela relação, e a existência deste fenômeno corresponde a algo dos meus valores pessoais."

O que estou descrevendo é a fase inicial da ciência, provavelmente a sua fase mais importante, mas que os cientistas americanos, e de modo particular os psicólogos, tenderam a minimizar ou ignorar. Não tanto por ter sido negada, mas por ter sido rapidamente posta de lado. Kenneth Spence afirmou que esse aspecto da ciência "é, simplesmente aceito sem discussão"[3]. Como muitas outras experiências consideradas evidentes, esta arrisca-se a ficar esquecida. Mas é realmente no seio dessa experiência imediata, pessoal e subjetiva, que toda a ciência e que toda a investigação científica individual têm sua origem.

Confrontando com a realidade

O cientista estabeleceu de um modo criador a sua hipótese, a sua crença provisória. Mas corresponderá essa hipótese à realidade? A experiência mostrou-se a cada um de nós que é muito fácil nos enganarmos, acreditarmos em qualquer coisa que uma experiência posterior mostra não ser assim. Como poderei afirmar que esta convicção tem qualquer relação real com os fatos observados? Eu posso utilizar não apenas uma linha de evidência, mas várias. Posso cercar minha observação dos fatos de diversas precauções para ter a certeza de que não estou me iludindo. Posso consultar outras pessoas também preocupadas em não se iludirem e aprender a detectar minhas convicções injustificadas, fundadas numa interpretação errada das observações. Numa palavra, posso começar a utilizar toda a elaborada metodologia que a ciência foi acumulando. Descubro que o fato de expor minha hipótese em termos operacionais evita que me perca por caminhos sem saída e em falsas conclusões. Aprendo que os grupos de controle podem me ajudar a evitar falsas deduções. Aprendo que as correlações, os testes, as avaliações críticas e todo o aparelho dos processos estatísticos também podem me ajudar a atingir apenas deduções corretas.

A metodologia científica é vista nesse caso como realmente é: um meio de evitar que eu me engane relativamente às intuições subjetivas formadas de uma maneira criativa, elaboradas a partir da relação entre o meu material e eu. É nesse contexto, e talvez seja apenas nele, que as imensas estruturas do operacionalismo, do positivismo lógico, dos planos de investigação, dos testes de significância, etc., têm o seu lugar. Estes existem, não independentemente, mas como auxiliares na tentativa de confrontar o sentimento subjetivo, a intuição ou a hipótese de uma pessoa com o fato objetivo.

E, no entanto, apesar do emprego de métodos tão rigorosos e impessoais, as opções importantes do cientista são efetuadas de um forma subjetiva. Quais as hipóteses a que vou dedicar o meu tempo? Qual o grupo de controle mais favorável para evitar enganar-me nesse tipo particular de investigação? Até onde levarei a análise estatística? Até que ponto posso confiar nos resultados obtidos? Cada um desses juízos é necessariamente subjetivo e pessoal, acentuando o fato de a ciência, nas suas esplêndidas estruturas, permanecer fundamentalmente submetida à sua utilização subjetiva por parte das pessoas. É o melhor instrumento que fomos capazes de inventar até agora para comprovar nossa intuição organísmica do universo.

As descobertas

Se, como cientista, aprecio o modo como conduzi minhas investigações, se me abri a todas as evidências, se selecionei e utilizei inteligentemente todas as precauções contra a autoilusão que fui capaz de assimilar dos outros ou inventar por mim próprio, nesse caso posso ter uma confiança provisória nos resultados obtidos. Passo a considerá-los como ponto de partida para investigações mais profundas.

Creio que o objetivo primário da ciência é fornecer uma hipótese, uma convicção e uma fé mais seguras e que satisfaçam melhor o próprio investigador. Na medida em que o cientista procura provar qualquer coisa a alguém – um erro em que incorri mais de uma vez –, creio que ele está se servindo da ciência para remediar uma insegurança pessoal, desviando-a do seu verdadeiro papel criativo a serviço do indivíduo.

Em relação às descobertas da ciência, o seu fundamento subjetivo está bem patente no fato de que, eventualmente, o investigador pode se recusar a acreditar nas suas próprias descobertas. "O experimento mostrou isto e aquilo, mas creio que isso é falso" – eis o que qualquer investigador experimentou uma vez ou outra. Algumas descobertas muito fecundas são provenientes da *descrença* persistente do cientista em relação às suas próprias descobertas e às dos outros. Em última análise, ele pode ter mais confiança nas suas reações organísmicas totais do que nos métodos da ciência. Não há dúvida de que daqui tanto podem resultar erros graves, como descobertas científicas; isto mostra mais uma vez o papel primordial do subjetivo no uso da ciência.

A comunicação das descobertas científicas

Passeando esta manhã ao longo de um recife de coral no Caribe, vi um grande peixe azul – ou julgo que vi. Se mais alguém o tivesse visto, independentemente, eu confiaria na minha própria observação. É a isto que se chama a verificação intersubjetiva e que tem uma função importante na nossa compreensão da ciência. Se me acompanharem (numa conversa, num artigo ou de qualquer outro modo) através das etapas que segui na minha investigação e se forem de opinião de que não me enganei, de que descobri uma nova relação relevante para meus valores e que é justificado que eu tenha uma fé provisória nessa relação, então começa a Ciência com C maiúsculo. É neste ponto que provavelmente podemos pensar que criamos um corpo de conhecimentos. Até agora esse corpo de conhecimentos não existe. Existem apenas crenças provisórias, existindo subjetivamente em determinadas pessoas. Se essas crenças não são provisórias, então trata-se de um dogma, não de ciência. Se, por outro lado, o investigador é o único a acreditar na sua descoberta, então essa descoberta, ou é uma questão pessoal, um caso de psicopatologia, ou uma verdade excepcional descoberta por um gênio em quem ninguém está ainda subjetivamente preparado para acreditar. Isto leva-me a fazer um comentário sobre o grupo que pode crer de modo provisório numa determinada descoberta científica.

Comunicação para quem?

É evidente que as descobertas científicas só podem ser comunicadas àqueles que aceitarem as mesmas regras de investigação. O aborígine da Austrália não se impressionará com as descobertas da ciência no que diz respeito à infecção bacteriana. Ele sabe que a doença é realmente provocada pelos maus espíritos. É apenas quando ele aceita o método científico como um meio eficaz de se precaver da autoilusão que é suscetível de aceitar as suas conclusões.

Mas, mesmo entre aqueles que aceitaram as regras fundamentais da ciência, a crença provisória nos resultados da investigação científica apenas se dá quando existe uma preparação subjetiva para ela. Os exemplos abundam. A maior parte dos psicólogos encontra-se absolutamente preparada para acreditar no fato evidente de que o sistema de leitura produz um aumento significativo da aprendizagem, mas não está nada preparada para acreditar que se possa descobrir o reverso de uma carta de baralho graças a um dom denominado percepção extra-sensorial. E, no entanto, as provas científicas para o último caso são muito mais consideráveis do que para o primeiro. O mesmo se passa com os chamados "estudos de Iowa" que, quando surgiram, mostrando que a inteligência podia ser consideravelmente alterada devido às condições ambientais, não foram aceitos por muitos psicólogos que criticaram os métodos científicos utilizados. As provas científicas desta descoberta não são hoje mais convincentes do que quando os estudos de Iowa apareceram, mas a preparação subjetiva dos psicólogos para acreditarem nessa descoberta modificou-se grandemente. Um historiador da ciência notou que os empiristas, se naquela altura existissem, teriam sido os primeiros a pôr em dúvida as descobertas de Copérnico.

Ressalta de tudo isto que a possibilidade de eu acreditar nas descobertas científicas dos outros, ou nos meus próprios estudos, depende em parte da minha prontidão para acreditar nessas descobertas[4]. Uma das razões por que não temos plena consciência desse fato subjetivo é que, de modo particular nas ciências físicas, adotamos progressivamente um vasto campo de experiência no qual estamos preparados para aceitar qualquer descoberta se se puder provar que ela se assenta nas regras do jogo científico, jogado corretamente.

A utilização da ciência

Mas não é apenas a origem, o desenvolvimento e a conclusão da ciência que existe unicamente na experiência subjetiva das pessoas – é também sua utilização. A "Ciência" nunca despersonalizará, manipulará ou controlará os indivíduos. Apenas as pessoas o poderão fazer. Esta observação é certamente evidente e trivial, mas para mim foi muito importante uma compreensão mais profunda deste fato. Isso quer dizer que a utilização que se der às descobertas científicas no domínio da personalidade é e será uma matéria de decisão subjetiva e pessoal – o mesmo tipo de opção que a pessoa faz em terapia. Na medida em que o indivíduo, por defesa, fechou à sua consciência diversas zonas de experiência, terá uma tendência maior para realizar escolhas que são socialmente destrutivas. Na medida em que se abre a todas as fases da sua experiência, podemos estar certos de que essa pessoa terá muito mais probabilidade de utilizar os resultados e os métodos da ciência (ou qualquer outro instrumento ou capacidade) de uma forma que será social e pessoalmente construtiva[5]. Não existe, portanto, qualquer entidade ameaçadora, chamada "Ciência", que possa de algum modo afetar o nosso destino. Apenas existem as pessoas. Embora muitas delas sejam efetivamente ameaçadoras e perigosas devido à sua atitude de defesa, e o conhecimento científico moderno multiplique os perigos e as ameaças sociais, isto não é tudo: há duas outras facetas significativas.

1. Existem muitas pessoas que estão relativamente abertas à própria experiência e, portanto, suscetíveis de serem socialmente construtivas.

2. A experiência subjetiva da psicoterapia e as descobertas científicas neste campo revelam que os indivíduos têm motivos para evoluir e que podem ser ajudados a modificar-se, em direção a uma maior abertura à experiência e, por conseguinte, numa linha de conduta que favorece a pessoa e a sociedade, em vez de destruí-las.

Resumindo, a Ciência nunca pode nos ameaçar. Apenas as pessoas podem fazê-lo. Que os indivíduos possam ser imensamente destrutivos com os instrumentos que o conhecimento científico coloca nas suas mãos é apenas um dos aspectos do problemas. Já temos um conhecimento subjetivo e objetivo dos princípios fundamentais que permitem aos indivíduos adotarem o comportamento social mais construtivo, segundo a natureza do seu processo organísmico de desenvolvimento.

Uma nova integração

O que essa linha de pensamento me ajudou a atingir foi uma nova integração em que o conflito entre o "experiencialista" e o "cientista" tende desaparecer. Essa integração particular pode ser inaceitável para os outros, mas tem um significado para mim. Os seus principais elementos estão em grande parte implícitos na seção precedente, mas vou tentar expô-los agora sob uma forma que leve em consideração os argumentos dos pontos de vista opostos.

A ciência, como a terapia e todos os outros aspectos da vida, tem sua raiz e se baseia na experiência imediata, subjetiva, de uma pessoa. Ela brota da vivência interior total, organísmica, que é comunicável apenas em parte e imperfeitamente. É uma das fases da vivência subjetiva.

É por reconhecer o valor e a satisfação nas relações humanas que entro numa relação chamada terapêutica, onde os sentimentos e o conhecimento se fundem numa experiência unitária que é vivida em vez de ser analisada, cuja consciência é não reflexiva e em que eu sou mais um participante do que um observador. Mas porque sinto curiosidade em relação à ordenação delicada que parece existir no universo e, nessa relação, posso abstrair da experiência e olhá-la como um observador, fazendo de mim mesmo e/ou dos outros, objetos dessa observação. Como observador, utilizo todas as intuições que nascem dessa experiência vivida. Como observador, para não me enganar, para conseguir obter um quadro mais adequado da ordem reinante, utilizo todos os processos da ciência. A ciência não é algo impessoal, mas simplesmente uma pessoa que vive subjetivamente uma outra fase de si mesma. Uma compreensão mais profunda da terapia (ou de qualquer outro problema) pode surgir do fato de vivê-la ou de observá-la de acordo com as regras da ciência, ou da comunicação interior ao eu entre os dois tipos de experiência. Quanto à experiência subjetiva da escolha, ela não é apenas fundamental na terapia, mas é igualmente primordial na utilização do método científico por uma pessoa.

Aquilo que irei fazer com o conhecimento adquirido por meio do método científico – quer seja para compreender, elevar, enriquecer ou para controlar, manipular e destruir – é uma questão de escolha subjetiva e depende dos valores que têm uma significação pessoal para mim. Se, por medo ou por defesa, afasto da minha consciência vastas zonas da experiência – se apenas sou capaz de observar os fatos que suportam minhas convicções atuais e me torno cego para todos os outros – se unicamente sou capaz de ver os aspectos objetivos da vida e não posso aperceber-me dos aspectos subjetivos – se, seja de que maneira for, impeço minha percepção de utilizar toda a extensão da sua sensibilidade real – nesse caso talvez eu seja socialmente destrutivo, quer utilize como instrumento o conhecimento e os recursos da ciência, ou o poder e a força emocional das relações subjetivas. E, por outro lado, se estou aberto à minha experiência e posso permitir que todas as impressões do meu complexo organismo estejam disponíveis à minha consciência, então estou apto a utilizar a mim mesmo, minha experiência subjetiva e meu conhecimento científico, de modo realisticamente construtivo.

É esse, portanto, o grau de integração que fui capaz de atingir até agora entre as duas abordagens, primeiramente experimentadas como conflitantes. Isto não resolve inteiramente todas as questões levantadas na primeira seção, mas parece indicar uma solução. Recoloca-se o problema ou revê-se a questão, colocando a pessoa subjetiva, existencial, com os valores que ela tem, como base e raiz da relação terapêutica e da relação científica. Também para a ciência, desde o primeiro momento, está em causa uma relação "Eu–Tu", com uma pessoa ou com várias. E é unicamente como uma pessoa subjetiva que posso penetrar em qualquer dessas relações.

Capítulo 11
A modificação da personalidade em psicoterapia

Este capítulo oferece algumas das características mais notáveis de uma investigação em larga escala levada a cabo no Centro de Aconselhamento da Universidade de Chicago, nos anos que vão de 1950 a 1954, investigação que se tornou possível graças ao generoso apoio da Fundação Rockefeller, através do seu Departamento de Ciências Médicas. Fui convidado a apresentar um trabalho no Fifth International Congress on Mental Health, *em Toronto, em 1954, e resolvi descrever alguns pontos desse programa de investigação. Um mês após a entrega deste artigo, foi publicado pela University of Chicago Press o nosso livro que expunha todo o programa. Embora Rosalind Dymond e eu fôssemos os organizadores e autores de determinadas partes, o mérito pertence igualmente aos outros autores, pelo livro e pela quantidade de trabalho cujos aspectos mais importantes este artigo sublinha. Esses outros autores são: John M. Butler, Desmond Cartwright, Thomas Gordon, Donald L. Grummon, Gerard V. Haigh, Eve S. John, Esselyn C. Rudikoff, Julius Seeman, Rolland R. Tougas e Manuel J. Vargas.*

A razão principal para incluir este artigo no presente volume reside no fato de ele apresentar sob uma forma resumida alguns dos progressos apaixonantes que fizemos na medição desse aspecto instável, nebuloso, altamente significativo e determinante da personalidade que é o eu.

O objetivo deste artigo é apresentar alguns dos principais aspectos da experiência que os meus colegas e eu fizemos quando resolvemos medir, recorrendo a métodos científicos objetivos, os resultados de uma forma de psicoterapia individual. A fim de tornar compreensíveis esses pontos essenciais, vou descrever de uma maneira breve o contexto em que essa investigação foi empreendida.

Trabalhei durante muitos anos com meus colegas psicólogos no campo da psicoterapia. Procuramos aprender através da experiência que efetuávamos nesse campo o que é eficaz para provocar uma mudança construtiva na personalidade e comportamento de pessoas perturbadas ou mal-adaptadas que procuram ajuda. Fomos formulando pouco a pouco uma abordagem psicoterapêutica baseada nessa experiência, método que foi designado como não diretivo ou centrado no cliente. Este método e os seus fundamentos teóricos já foram descritos em muitos livros (1, 2, 5, 6, 8) e em inúmeros artigos.

Um dos nossos objetivos permanentes foi o de submeter a dinâmica e os resultados da terapia a rigorosas investigações experimentais. Estamos convencidos de que a psicoterapia é uma experiência existencial profundamente subjetiva tanto para o cliente como para o terapeuta, repleta de sutilezas complexas e englobando inúmeros matizes de interação pessoal. Contudo, estamos igualmente convencidos de que, se nossa experiência significa alguma coisa, se nela surgem profundos ensinamentos que provocam uma modificação da personalidade, nesse caso essas alterações devem poder ser verificadas pela investigação experimental.

Durante os últimos catorze anos, levamos a efeito muitas investigações desse gênero, incidindo ao mesmo tempo sobre o processo e sobre os resultados dessa forma de terapia (ver 5, de modo especial os capítulos 2, 4 e 7 para um resumo desse conjunto de investigações). Ao longo dos últimos cinco anos, no Centro de Aconselhamento da Universidade de Chicago, ampliamos os limites da investigação graças a uma série coordenada de pesquisas destinadas a esclarecer os resultados dessa forma de psicoterapia. Desejaria apresentar alguns aspectos significativos desse programa de pesquisas ainda em curso.

Três aspectos da nossa investigação

Os três aspectos da nossa investigação que teriam, segundo creio, maior interesse para quem nos lê, são os seguintes:

1. Os critérios de que nos servimos no nosso estudo da psicoterapia, critérios que se afastam da maneira de pensar convencional neste campo.

2. O plano da investigação, com cuja elaboração resolvemos determinadas dificuldades que até então tinham prejudicado a nitidez dos resultados.

3. Os progressos que levamos a cabo na medição objetiva de fenômenos subjetivos e sutis.

Esses três elementos do nosso programa poderiam ser utilizados em qualquer tentativa para medir uma modificação da personalidade. Eles são, portanto aplicáveis a investigações sobre qualquer forma de psicoterapia, ou a pesquisas sobre qualquer processo que procure modificar a personalidade ou o comportamento.

Voltemos agora nossa atenção para os três elementos a que nos referimos, examinando-os pela ordem em que foram enunciados.

Os critérios da investigação

Qual é o critério de investigação em psicoterapia? Eis uma questão difícil que tivemos de enfrentar no início do nosso planejamento. É largamente aceita a ideia de que o objetivo da investigação neste domínio é medir o grau de "êxito" em psicoterapia, ou o grau de "cura" alcançado. Embora não deixássemos de sofrer a influência dessa maneira de pensar, abandonamos essa ideia depois de uma cuidadosa consideração, por não ser passível de definição, por implicar essencialmente um juízo de valor e por não poder, portanto, ser considerada como científica neste campo. Não existe um acordo geral sobre o que se deve entender por "êxito" – o desaparecimento dos sintomas, a solução dos conflitos, a melhoria do comportamento social ou qualquer outro tipo de alteração. O conceito de "cura" é absolutamente inadequado, uma vez que, na maior parte dos distúrbios em questão, temos de lidar com um comportamento aprendido e não com uma doença.

Em consequência da nossa maneira de pensar, não perguntamos durante a investigação: "Tivemos êxito? Curamos a doença?". Em vez disso, colocamos uma questão que é, cientificamente, muito mais defensável, ou seja: "Quais são as modificações concomitantes da terapia?".

A fim de ter uma base para responder a esta pergunta, partimos da teoria da psicoterapia que estamos desenvolvendo e dela extraímos a descrição teórica das alterações que supomos ocorrer no tratamento. O objetivo da investigação é determinar se essas alterações hipotéticas ocorrem ou não num grau que se possa medir. Foi assim que, a partir da teoria centrada no cliente, estabelecemos hipóteses como estas: durante o tratamento, sentimentos que anteriormente tinham sido negados à consciência são vivenciados e são assimilados ao conceito de eu; durante a terapia, o conceito do eu torna-se mais congruente com o conceito do eu ideal; ao longo e depois da terapia o comportamento observado do cliente torna-se mais socializado e mais amadurecido; durante e depois da terapia, o cliente mostra uma atitude de maior autoaceitação, atitude que está em correlação com uma maior aceitação dos outros.

Estas são algumas das hipóteses que fomos capazes de investigar. Talvez tenha ficado claro que abandonamos completamente a ideia de um critério geral para nossos estudos e que o substituímos por um determinado número de variáveis claramente definidas, cada uma específica da hipótese que estávamos analisando. Isto significa que confiávamos poder expor na investigação as nossas conclusões sob uma forma como esta: a psicoterapia centrada no cliente provoca alterações mensuráveis nas características *a*, *b*, *d* e *f*, por exemplo, mas não produz alterações nas variáveis *c* e *e*. Quando são possíveis conclusões desse tipo, o psicólogo profissional e o leigo estão em posição de emitir um juízo de valor e de decidir se consideram um "êxito" um processo que provoca semelhantes alterações. No entanto, esses juízos de valor não devem alterar em nada os fatos concretos no nosso lento e progressivo conhecimento científico da dinâmica efetiva da alteração da personalidade.

Por isso, na nossa investigação, utilizamos, em vez do critério global de "êxito", vários critérios específicos variáveis, cada um extraído da nossa teoria da terapia e definido operacionalmente.

Esta solução do problema dos critérios representou uma grande ajuda ao proceder-se a uma escolha inteligente dos instrumentos de investigação suscetíveis de serem utilizados na nossa bateria de testes. Não levantamos a questão insolúvel de saber quais seriam os instrumentos capazes de medir o êxito ou a cura. Em vez disso, interrogamo-nos sobre problemas específicos suscitados por cada hipótese. Qual é o instrumento capaz de medir o conceito que o indivíduo tem do seu eu? Qual é o instrumento que pode dar uma medida satisfatória da maturidade do comportamento? Como é que podemos calcular o grau da aceitação dos outros pelo indivíduo? Embora se trate de perguntas difíceis, pode-se descobrir respostas operacionais. Por conseguinte, nossa decisão em relação aos critérios serviu-nos bastante para resolver todo o problema da instrumentação das pesquisas.

O plano da investigação

O fato de não haver nenhuma prova objetiva de uma alteração construtiva da personalidade, provocada pela psicoterapia, foi referido por um certo número de escritores sérios. Hebb declara que "não existe nenhum conjunto de fatos para mostrar que a psicoterapia é válida" (4, p. 271). Eysenck, depois de passar em revista alguns dos estudos disponíveis, aponta que "não existem dados para provar que a psicoterapia, quer seja freudiana ou não, facilite o restabelecimento dos pacientes neuróticos" (3, p. 322).

Essa situação lamentável chamou nossa atenção e pareceu-nos que nosso estudo devia processar-se de um modo suficientemente rigoroso para que a confirmação ou refutação de nossas hipóteses pudesse demonstrar dois pontos: a) que uma alteração significativa ocorreu ou não ocorreu, e b) que essa modificação, tendo sido verificada, pode ser atribuída à terapia e não a nenhum outro fator. Num domínio tão complexo como a terapia, não é fácil imaginar um plano de investigação que cumpra esses objetivos, embora acreditemos que fizemos reais progressos nessa direção.

Tendo escolhido as hipóteses que desejávamos pôr à prova e os instrumentos mais adequados para o seu cálculo operacional, estávamos agora preparados para a próxima etapa. Uma série selecionada de instrumentos de investigação objetiva foram utilizados para calcular as diversas características de um grupo de clientes antes do tratamento, imediatamente após e, por último, num momento situado entre os seis meses e um ano depois, como está indicado na figura 1. Os clientes eram, *grosso modo*, do tipo dos que se apresentavam no Centro de Aconselhamento da Universidade de Chicago. O objetivo consistia em reunir esses dados, incluindo a gravação de todas as entrevistas de pelo menos vinte e cinco clientes. A escolha realizada permitia um estudo intensivo de um grupo restrito, em vez da análise superficial de um grupo maior.

Uma parte do grupo em terapia foi destacada como um grupo de controle interno. Este grupo foi submetido à bateria dos instrumentos da pesquisa, pediu-se-lhe que esperasse durante um período de controle de dois meses e realizou-se pela segunda vez a bateria antes de iniciar o tratamento. A justificação deste processo era a de que, se ocorresse uma alteração nos indivíduos simplesmente porque estavam motivados para a terapia ou porque tinham um determinado tipo de estrutura de personalidade, essa alteração deveria ocorrer durante o *período de controle*.

Um outro grupo de indivíduos que não estavam em terapia foi selecionado como um grupo de controle equivalente. Este grupo era equivalente ao grupo em terapia na distribuição das idades e mais ou menos equivalente nas condições socioeconô-

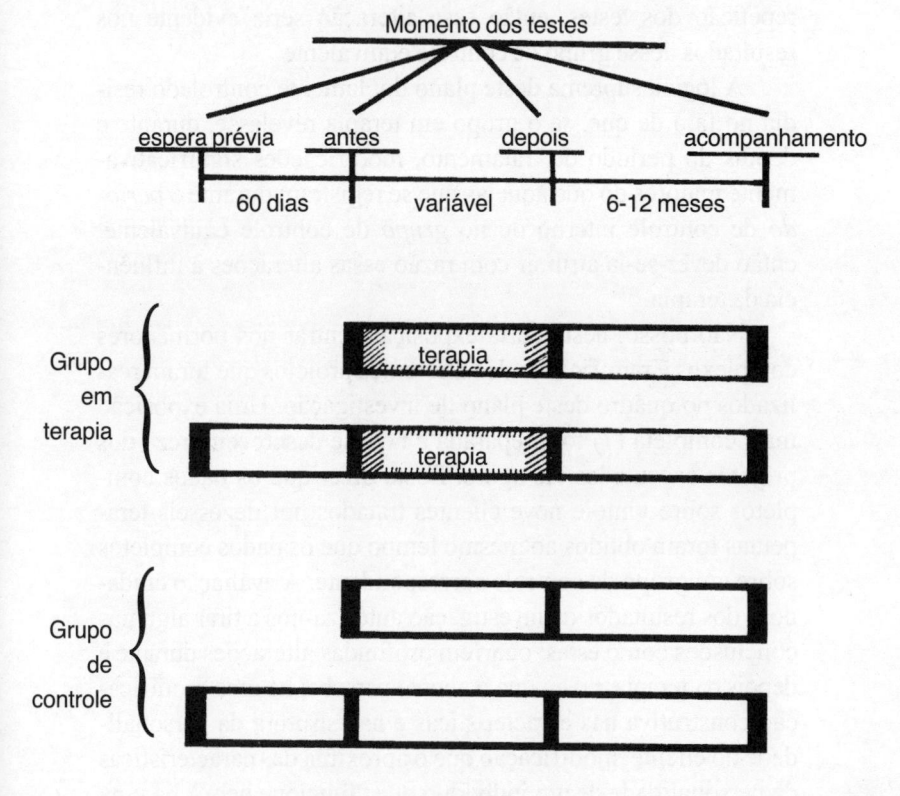

Figura 1 – *Plano de investigação*

micas, na proporção de homens e mulheres, de estudantes e não estudantes. Foi submetido aos mesmos testes que o grupo em terapia, nos mesmos intervalos de tempo. Uma parte deste grupo foi submetida à bateria de testes quatro vezes, de modo a torná-la rigorosamente comparável ao grupo de controle interno em terapia. A justificação deste grupo de controle equivalente é que, se se verifica uma alteração nos indivíduos como resultado da passagem do tempo, da influência de variáveis randômicas ou ainda de modificações artificiais provocadas pela repetição dos testes, então essa alteração seria evidente nos resultados desse grupo de controle equivalente.

A lógica suprema deste plano duplamente controlado residia no fato de que, se o grupo em terapia revelasse, durante e depois do período de tratamento, modificações significativamente maiores do que aquelas que se registram durante o *período* de controle interno ou no *grupo* de controle equivalente, então dever-se-ia atribuir com razão essas alterações à influência da terapia.

Não posso, nesta curta exposição, entrar nos pormenores complexos e ramificados dos diferentes projetos que foram realizados no quadro deste plano de investigação. Uma exposição mais completa (7) foi preparada e nela se descrevem treze dos projetos executados até agora. Basta dizer que os dados completos sobre vinte e nove clientes tratados por dezesseis terapeutas foram obtidos ao mesmo tempo que os dados completos sobre um grupo de controle correspondente. A avaliação cuidadosa dos resultados da investigação autoriza-nos a tirar algumas conclusões como estas: ocorrem profundas alterações durante e depois da terapia, no eu que o cliente percebe; há uma modificação construtiva nas características e na estrutura da personalidade do cliente, modificação que o aproxima das características da personalidade de um indivíduo que "funcione bem"; há uma alteração em direções definidas como integração e adaptação pessoais; verificam-se alterações na maturidade do comportamento do cliente, como os amigos o observam. Em cada caso, a transformação é significativamente maior do que aquela que se encontra no grupo de controle ou nos clientes durante o período de controle interno. É apenas em relação às hipóteses referentes a atitudes democráticas e de aceitação nas relações com os outros que os resultados revelam uma certa confusão e uma relativa ambiguidade.

Na nossa opinião, o programa de investigação que já tinha sido realizado era suficiente para alterar afirmações como as de Hebb e Eysenck. Em relação à psicoterapia centrada no cliente, pelo menos, há agora uma prova objetiva de modificações positivas na personalidade e no comportamento em direções que são habitualmente consideradas como construtivas, e essas alterações podem ser atribuídas à terapia. Foi a adoção de múltiplos critérios específicos de investigação e a utilização de um plano de investigações rigorosamente controlado que tornou possível chegar a tal conclusão.

A mensuração das alterações no eu

Uma vez que só posso apresentar aqui um número muito restrito de exemplos dos nossos resultados, vou escolhê-los num domínio onde temos a impressão de ter conseguido o progresso metodológico mais significativo e os resultados mais surpreendentes, ou seja, as nossas tentativas para medir as alterações na percepção que o cliente tem de si mesmo e a relação da autopercepção com um certo número de outras variáveis.

A fim de conseguir obter uma indicação objetiva da autopercepção do cliente, empregamos a nova técnica Q elaborada por Stephenson (9). Extraiu-se um amplo "universo" de declarações autodescritivas de entrevistas gravadas e de outras fontes. Algumas declarações típicas são do seguinte teor: "Sou uma pessoa submissa", "Não tenho confiança nas minhas emoções", "Sinto-me à vontade e nada me incomoda", "Tenho medo das questões sexuais", "De uma maneira geral gosto das pessoas", "Tenho uma personalidade atraente", "Tenho receio do que as outras pessoas pensam de mim". O instrumento de trabalho consistiu numa centena destas declarações escolhidas ao acaso e editadas com vistas à sua clareza. Teoricamente, tínhamos agora à nossa disposição uma amostra de todos os modos como um indivíduo pode perceber a si mesmo. Cada uma dessas cem declarações foi impressa num cartão. Foram depois dadas ao cliente, pedindo-se-lhe para agrupar os cartões que o representassem "tal como ele é agora", repartindo-os em nove pilhas, a começar pelos traços mais característicos e terminando pelos menos característicos. Pediu-se-lhe para colocar um certo número dessas características em cada pilha, a fim de obter uma distribuição aproximadamente normal delas. O cliente efetuava esta divisão e este agrupamento nos momentos principais do processo terapêutico, antes da terapia, no fim da terapia, e num período de acompanhamento, assim como em diversas ocasiões durante a terapia. De cada vez que reunia os cartões para traçar uma imagem de si, pedia-se-lhe igualmente para agrupá-los de modo a representar o que ele gostaria de ser, o seu eu ideal.

Pormenorizamos e objetivamos desse modo as representações da autopercepção do cliente em diversos momentos e a percepção do seu eu ideal. Os diferentes agrupamentos foram depois correlacionados, uma correlação elevada entre dois grupos indicando a similitude ou a ausência de modificação, e uma correlação baixa indicando uma dessemelhança ou um acentuado grau de alteração.

A fim de ilustrar a forma como esse instrumento foi utilizado para testar algumas das nossas hipóteses em relação ao eu, vou apresentar alguns dos resultados do estudo de uma cliente (tirado de 7, cap. 15) em relação a várias hipóteses. Creio que isso definirá a natureza animadora dos resultados de forma mais adequada do que se apresentássemos as conclusões gerais do nosso estudo da autopercepção, embora procure mencionar de passagem esses resultados gerais.

A cliente que forneceu os dados de onde tirei as informações que se seguem era uma mulher de quarenta anos, muito infeliz no casamento. Sua filha, adolescente, sofrera uma depressão nervosa de que ela se sentia culpada. Sofria de perturbações muito profundas e o diagnóstico revelava-a como seriamente neurótica. Não fazia parte do grupo de controle interno e por isso iniciou imediatamente a terapia depois de ter efetuado a primeira bateria de testes. Apresentou-se a quarenta entrevistas que se estenderam por um período de cinco meses e meio, e terminou então a terapia. Os testes de acompanhamento foram administrados sete meses mais tarde e nessa altura resolveu ter mais oito entrevistas. Um segundo estudo de acompanhamento foi realizado cinco meses depois. O terapeuta considerou que tinha havido uma considerável mudança na terapia.

A figura 2 apresenta alguns dados sobre a modificação da autopercepção dessa cliente. Cada círculo representa um agrupamento para descrever o eu ideal ou o eu. Os agrupamentos foram efetuados antes da terapia, depois da sétima e da vigésima quinta entrevistas e no fim da terapia, assim como nos dois momentos posteriores indicados no parágrafo anterior. As correlações são dadas entre muitos desses agrupamentos.

Examinemos agora esses dados que se referem a uma das hipóteses submetidas à análise, aquela que afirmava que o eu que o cliente percebe se modificará mais durante a terapia do que durante um período de não terapia. Nesse caso particular, a alteração foi maior durante a terapia (r = 0,39) do que durante cada um dos períodos de acompanhamento (r = 0,74; 0,70) ou do que no período total de doze meses de acompanhamento (r = 0,65). Por conseguinte, neste caso = a hipótese se confirma. Sob esse aspecto, nossa cliente tinha características de todos os nossos clientes, residindo o resultado final na descoberta de que a alteração no eu que o cliente percebe durante a terapia era significativamente maior do que durante os períodos de controle ou posteriores à terapia, assim como era também significativamente maior do que a alteração verificada no grupo de controle.

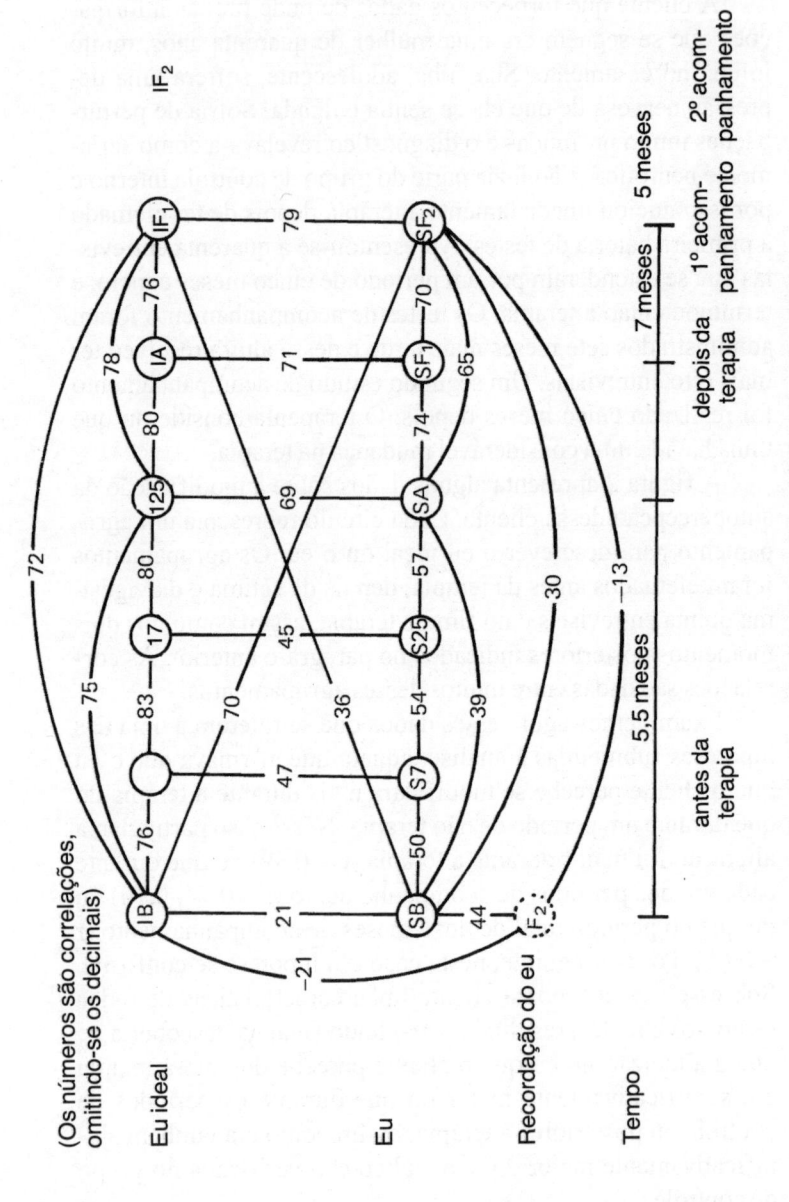

Figura 2 – *As relações em mudança entre o Eu e o Eu ideal*

Consideremos agora uma segunda hipótese. Tinha-se previsto que, durante e depois da terapia, o eu que o cliente percebe seria avaliado de uma forma mais positiva, ou seja, se tornaria mais congruente com o eu ideal ou o eu valorizado.

A cliente a que nos referimos manifestava, quando entrou em contato com a terapia, uma discrepância notável entre o eu que ela era e o eu que gostaria de ser ($r = 0,21$). Durante e após a terapia, essa discrepância diminuiu, registrando-se um incontestável grau de congruência na altura do estudo de acompanhamento final ($r = 0,79$), o que confirmava a nossa hipótese. Isto é típico das nossas conclusões gerais, que mostram um desenvolvimento significativo na congruência entre eu e ideal, para o grupo como um todo.

Uma análise atenta da figura 2 mostra que, no fim do nosso estudo, a cliente se percebe a si mesma como tendo se tornado muito semelhante à pessoa que desejava ser quando iniciou a terapia (r IA. $EF_2 = 0,70$). Pode notar-se igualmente que o eu ideal final se torna ligeiramente mais semelhante ao seu eu inicial (r EA. $IF_2 = 0,36$) do que era o seu ideal inicial.

Consideremos sucintamente uma outra hipótese, segundo a qual a alteração do eu percebido não se faria ao acaso, mas numa direção que avaliadores competentes classificariam como adaptação.

Como contribuição para o nosso estudo, os cartões Q foram entregues a um grupo de psicólogos clínicos não associados à investigação, pedindo-se-lhes que agrupassem os cartões da forma como o faria uma pessoa "bem adaptada". Chamou-se a isto "coeficiente de adaptação", indicando os coeficientes mais elevados um maior grau de "adaptação".

No caso da referida cliente, consideramos que os coeficientes de adaptação para os seis agrupamentos sucessivos de cartões definindo o eu indicados na figura 2, começando pelo eu tal como era percebido antes da terapia e acabando no segundo acompanhamento, são os seguintes: 35, 44, 41, 52, 54, 51. A tendência para uma melhor adaptação, tal como se definiu operacionalmente, é evidente. É igualmente verdade para o grupo no seu conjunto, ocorrendo um nítido aumento no coeficiente de adaptação durante o período de terapia e uma regressão muito ligeira no período posterior à terapia. Não se registrou uma alteração essencial no grupo de controle. Desse modo, tanto para esta nossa cliente como para o grupo todo, confirmava-se a nossa hipótese.

Quando se procede a uma análise qualitativa dos diferentes agrupamentos que definem o eu, os resultados posteriores confirmam essa hipótese. Quando se compara a imagem inicial do eu com as descrições posteriores à terapia, verifica-se que, depois do processo terapêutico, a cliente se vê modificada sob muitos aspectos. Ela sente que tem mais confiança em si, que está mais segura de si, que se compreende melhor, que sente uma maior tranquilidade interior e tem relações mais confortáveis com os outros. Sente-se menos culpada, menos ressentida, menos ameaçada e menos insegura, tendo uma menor necessidade de se refugiar em si. Estas alterações qualitativas são semelhantes às que outros clientes manifestaram no decurso da investigação e estão de um modo geral de acordo com a teoria da terapia centrada no cliente.

Gostaria de indicar alguns resultados adicionais interessantes que se podem descobrir na figura 2.

Vê-se claramente que a representação do eu ideal é muito mais estável do que a representação do eu. As intercorrelações estão todas acima de 0,70, e a concepção da pessoa que ela gostaria de ser altera-se relativamente pouco durante todo o período. Isto é característico de quase todos os nossos clientes. Embora não tivéssemos formulado uma hipótese sobre este aspecto, esperávamos que nossos clientes conseguissem alcançar uma maior congruência entre o eu e o eu ideal, primeiro pela alteração dos seus valores, depois pela alteração do eu. Nossa experiência mostrou claramente que não era assim e que, salvo exceções ocasionais, se revelou ser o conceito do eu o que manifesta maior alteração.

No entanto, verifica-se uma certa alteração no eu ideal no caso da nossa cliente, e a direção dessa ligeira alteração é interessante. Se calcularmos o "coeficiente de adaptação" anteriormente descrito das sucessivas representações do eu ideal da referida cliente, acharemos que a cotação média para as três primeiras é 0,57, mas a cotação das três que se seguem à terapia é 0,51. Em outras palavras, o eu ideal tornou-se menos perfeitamente "adaptado" ou mais acessível. É, até certo ponto, um objetivo que exige menos esforços penosos. Também sob este aspecto, a nossa cliente é característica da tendência de todo o grupo.

Uma outra conclusão diz respeito ao "eu recordado" que nos é apresentado na figura 2. Conseguiu-se este agrupamento de cartões pedindo à cliente, no momento do segundo estudo de acompanhamento, que escolhesse os cartões que melhor representassem o que ela era quando iniciou a terapia. Este eu recordado revelou-se muito diferente da descrição que fizera no momento de iniciar o processo terapêutico. A correlação com a autorrepresentação feita naquele tempo foi de apenas 0,44. Além disso, era uma descrição muito menos favorável e com uma diferença muito maior em relação ao seu ideal (r = –0,21), e com um baixo coeficiente de adaptação – um coeficiente de 26 comparado com um de 35 para a descrição inicial do eu. Isto leva a pensar que, no agrupamento relativo ao eu recordado, temos uma grosseira medida objetiva da redução da atitude de defesa que se operou ao longo dos dezoito meses do período do nosso estudo. No contato final, a cliente é capaz de dar uma imagem muito mais verdadeira da pessoa perturbada e mal adaptada que ela era quando iniciou a terapia, imagem que é confirmada, como veremos, por um outro testemunho. E, assim, o grau de alteração do eu durante o período total de um ano e meio é talvez melhor representado pela correlação –0,13 entre o eu recordado e o eu final, do que pela correlação 0,30 entre o eu inicial e o final.

Consideremos agora uma nova hipótese. Na terapia centrada no cliente, nossa teoria é que na segurança psicológica da relação terapêutica o indivíduo é capaz de aceitar na sua consciência sentimentos e experiências que normalmente seriam reprimidos ou negados à consciência. Essas experiências anteriormente recusadas são agora incorporadas ao eu. Por exemplo, um cliente que reprimiu todos os sentimentos de hostilidade pode vir a vivenciar, durante a terapia, sua hostilidade de uma maneira livre. Seu conceito de si mesmo reorganizou-se, portanto, de modo a incluir essa compreensão de que tem, de tempos em tempos, sentimentos hostis em relação aos outros. A sua autoimagem torna-se, nesse nível, um mapa ou uma representação mais adequada da totalidade da sua experiência.

Tentamos traduzir esta parte da nossa teoria numa hipótese operacional, que exprimimos da seguinte maneira: durante e após a terapia deve dar-se um aumento da congruência entre o eu, tal como é captado pelo cliente, e o cliente tal como é visto por quem faz o diagnóstico. Supomos que, quando uma pessoa treinada faz um diagnóstico psicológico do cliente, tem uma maior consciência da totalidade das formas de experiência, tanto conscientes como inconscientes, do que o próprio cliente. Por conseguinte, se este assimilar na descrição consciente que faz de si mesmo muitos dos sentimentos e das experiências que anteriormente reprimira, nesse caso, a imagem de si mesmo assemelhar-se-á mais à imagem que traça aquele que faz o seu diagnóstico.

O método para investigar esta hipótese foi a adoção de um teste projetivo (o Teste de Apercepção Temática ou TAT) a que a cliente foi submetida em cada uma das etapas, sendo o estudo desses quatro testes feito por um clínico. A fim de evitar qualquer juízo tendencioso, não se disse a esse psicólogo qual a ordem em que se tinham administrados os testes. Pediu-se-lhe para classificar os cartões Q para cada um dos testes, de modo a representar a cliente tal como ela era nessa altura. Esse processo proporcionou-nos um diagnóstico cujas apreciações estavam isentas de qualquer juízo tendencioso, expresso nos mesmos termos a que a cliente recorrera para retratar a si mesma, o que tornava possível uma comparação objetiva e direta através da correlação entre os diversos agrupamentos Q.

O resultado desse estudo em relação à cliente a que vimos nos referindo está patente na figura 3. A parte superior do diagrama é simplesmente uma condensação da informação da figura 2. A linha inferior mostra os grupos de cartões feitos pelo diagnosticador e as correlações permitem-nos pôr à prova nossa hipótese. Pode observar-se que no início da terapia não havia nenhuma relação entre a percepção de si mesma pela cliente e a percepção desta pelo diagnosticador ($r = 0,00$). Mesmo no fim do processo terapêutico a situação era a mesma ($r = 0,05$). Mas na altura do primeiro estudo de acompanhamento (não indicado) e do segundo, a percepção que a cliente tinha de si mesma tornou-se substancialmente semelhante àquela que dela tinha o diagnosticador (primeiro acompanhamento, $r = 0,56$; segundo acompanhamento, $r = 0,55$). Desse modo, a hipótese acha-se amplamente comprovada, visto ter aumentado significativamente a congruência entre o eu como é captado pela cliente e a cliente como é vista pelo diagnosticador.

Há ainda outras conclusões interessantes a partir deste aspecto do estudo realizado. Note-se que, na altura em que se iniciava a terapia, a cliente tal como é vista no diagnóstico é muito diferente do ideal que ela concebia para si mesma ($r = -0,42$). Perto do fim do estudo, o diagnosticador vê a cliente como claramente semelhante ao ideal que ela alimenta para si própria nesse momento ($r = 0,46$) e ainda mais semelhante ao ideal que possuía no momento em que iniciara a terapia ($r = 0,61$). Podemos portanto dizer que o testemunho objetivo indica que a cliente se tornou, na sua autopercepção e na descrição da sua personalidade total, substancialmente a pessoa que desejava vir a ser quando começou a terapia.

Um outro ponto digno de interesse é que a modificação da percepção da cliente por parte do diagnosticador é consideravelmente mais nítida do que a mudança no eu da cliente como ela o percebe ($r = -0,33$, comparado com $r = 0,30$). Este fato é

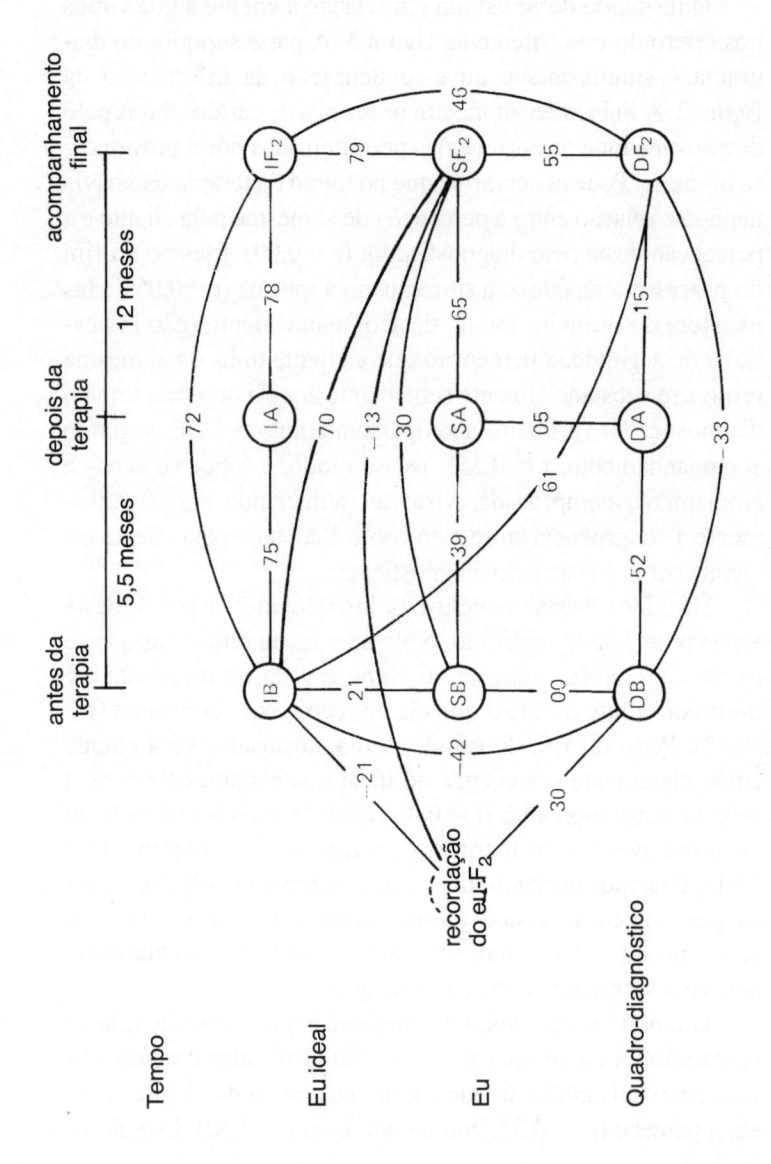

Figura 3 – *Relações entre o Eu, o Eu ideal e o Diagnóstico (os números indicam correlações, omitindo-se os decimais).*

interessante, se o aproximarmos da opinião geral dos profissionais de que os clientes exageram a mudança que eles experimentam. Sugere-se igualmente a possibilidade de que um indivíduo revele uma alteração tão nítida depois de um período de dezoito meses que se chegue à conclusão que as diferenças entre a sua personalidade e o que era no início são maiores do que as semelhanças.

Um último comentário sobre a figura 3 refere-se ao "eu recordado". Note-se que essa imagem do eu recordado está numa correlação positiva com a impressão dignóstica ($r = 0,30$), o que tende a confirmar a afirmação anteriormente feita de que ela representa uma imagem mais adequada e menos defensiva do que a cliente fora capaz de dar de si mesma no momento em que iniciou a terapia.

Resumo e conclusão

Neste capítulo, procurei indicar pelo menos as grandes linhas do vasto plano de investigação da psicoterapia, tal como foi realizada na Universidade de Chicago. Foram mencionados alguns pontos importantes.

O primeiro é a rejeição de um critério global no estudo da terapia e a adoção de critérios de modificação da personalidade específicos definidos operacionalmente, baseados em hipóteses pormenorizadas radicadas numa teoria da dinâmica da terapia. O emprego de um grande número de critérios específicos permitiu-nos realizar alguns progressos científicos na determinação dos tipos de alteração que acompanham ou não a terapia centrada no cliente.

Um segundo aspecto importante é a nova maneira de abordar o problema, até agora por resolver, do controle nos estudos de psicoterapia. O plano de investigações incluiu dois processos de controle: (1) um grupo de controle equivalente responde pela influência do tempo, pelas sessões repetidas de testes e pelas variáveis randômicas; e (2) um grupo de controle interno no qual cada cliente em terapia é comparado consigo mesmo durante um período de não terapia, com o objetivo de responder pelas variáveis da personalidade e da motivação. Com este duplo plano de controle foi possível chegar à conclusão de que as alterações que se registram durante a terapia, e que não se explicam pelas variáveis controladas, se devem ao próprio tratamento.

Um outro resultado importante que selecionei para apresentar aqui é uma amostra do progresso que se realizou ao se empreender uma investigação rigorosamente objetiva dos elementos sutis do mundo subjetivo do cliente. Podemos demonstrar: a alteração do autoconceito do cliente; o grau em que o eu que o cliente percebe se torna semelhante ao eu valorizado; o aumento de segurança e de adaptação do eu percebido; o grau em que a autopercepção do cliente se torna mais congruente com o diagnóstico feito. Esses resultados tendem a confirmar as formulações teóricas que fizemos quanto ao lugar do autoconceito no processo dinâmico da psicoterapia.

Finalizando, há duas conclusões que eu gostaria de mencionar. A primeira é que o programa de investigação que descrevi mostra claramente que uma prova objetiva, pondo em prática os critérios habituais da investigação científica rigorosa, não só pode ser conseguida no domínio da personalidade e das alterações do comportamento provocadas pela psicoterapia, como foi obtida para uma determinada orientação psicoterapêutica. Isto quer dizer que, no futuro, se poderia obter uma prova objetiva semelhante nos casos em que se verificar uma alteração da personalidade como resultado de outras psicoterapias.

A segunda conclusão é, na minha opinião, ainda mais significativa. O progresso metodológico operado nos últimos anos faz com que um grande número de sutilezas do processo terapêutico esteja agora amplamente aberto à investigação. Procurei ilustrar este aspecto, fundamentando-me na investigação das alterações no autoconceito. Mas são igualmente possíveis outros métodos semelhantes para estudar objetivamente a modificação das relações entre o cliente e o terapeuta, as atitudes de "transferência" e de "contratransferência", a alteração da fonte do sistema de valores do cliente e outros aspectos semelhantes. Creio que se poderá afirmar que quase todo o edifício teórico que se pensa estar em relação com a modificação da personalidade ou com o processo da psicoterapia está agora aberto à investigação científica, segundo novas perspectivas. Continuar nessa nova direção deveria esclarecer muito a dinâmica da personalidade, de modo particular sobre a modificação da personalidade numa relação interpessoal.

Referências bibliográficas

1. Axiline, V. M. – *Play Therapy*, Boston, Houghton Mifflin Co., 1947.
2. Curran, C. A. – *Personality Factors in Counseling*, Nova York, Grune and Stratton, 1945.
3. Eysenck, H. J. – "The effects of psychotherapy: an evaluation", *J. Consult. Psychol*, 1952, *16*, pp. 319-324.
4. Hebb, D. O. – *Organization of Behavior*, Nova York, Wiley, 1949.
5. Rogers, C. R. – *Client-Centered Therapy*, Boston, Houghton Mifflin Co., 1942.
6. Rogers, C. R. – *Counseling and Psychotherapy*, Boston, Houghton Mifflin Co., 1942.
7. Rogers, C. R. e R. Dymond (eds.) – *Psychotherapy and Personality Change*, University of Chicago Press, 1954.
8. Snyder, W. U. (ed.) – *Casebook of Nondirective Counseling*, Boston, Houghton Mifflin Co., 1947.
9. Stephenson, W. U. – *The Study of Behavior*, University of Chicago Press, 1953.

Capítulo 12
A terapia centrada no cliente no seu contexto de investigação*

Como eu poderia eu explicar a um auditório europeu, relativamente pouco habituado à tradição americana da investigação empírica em psicologia, os métodos, os resultados e o significado da investigação sobre a terapia centrada no cliente? Esta tarefa me foi imposta pelo fato de que a Dra. G. Marian Kinget e eu estávamos escrevendo um livro sobre a terapia centrada no cliente, para ser publicado primeiro em flamengo e depois em francês. A Dra. Kinget apresentou os princípios clínicos dessa terapia e eu as teorias centrais da terapia centrada no cliente (praticamente idêntica à apresentação inglesa, "A Theory of Therapy, Personality and Interpersonal Relationships", S. Koch [organ.], Psychology: A Study of a Science, vol. III, Nova York, McGraw-Hill, 1959, pp. 184-256). Pretendia introduzi-los agora na investigação que empreendemos para confirmar ou invalidar as nossas teorias. Este capítulo (ligeiramente modificado) é o resultado dessa intenção e espero que signifique algo tanto para os americanos como para os europeus.

---

* Esta é a tradução da versão inglesa do Capítulo XII do volume *Psychotherapie en menselijke verhoudingen: theorie en praktijk van de nondirectieve therapie*, de Carl R. Rogers e G. Marian Kinget. Utrecht, Holanda: Uitgeverij Het Spectrum, 1960.

Peço a indulgência do leitor para um pequeno ponto. Três parágrafos que descrevem o desenvolvimento e uso dos cartões Q, por meio dos quais é medida a autopercepção, são quase idênticos a material similar apresentado no capítulo 2. Deixei-os de forma tal que um capítulo pode ser lido independentemente, sem referência ao outro.

Este capítulo começa com as nossas mais antigas tentativas de investigação, por volta de 1940, e conclui com uma descrição de uma série de projetos incompletos que absorvem ainda o melhor do nosso esforço, em 1961. Procurei, desse modo, apresentar pelo menos uma pequena amostra do resultado de anos de esforço de investigação.

Os estímulos para a investigação

Uma das características mais importantes da orientação centrada no cliente em terapia é que, desde o início, não apenas estimulou o espírito de investigação, como se desenvolveu num contexto de pesquisa. O número e a variedade das investigações levadas a cabo até hoje são impressionantes. Em 1953, Seeman e Raskin, numa análise crítica das tendências e direções desse movimento de investigação, descreviam ou mencionavam perto de cinquenta estudos de investigação relacionados à terapia centrada no cliente, com adultos (9). Em 1957, Cartwright publicou uma bibliografia comentada de cento e vinte e dois trabalhos de investigação e de síntese teórica sobre a terapia centrada no cliente (4). Este autor, tal como Seeman e Raskin, omitiu todas as referências aos estudos sobre terapia infantil ou terapia em grupo de orientação centrada no cliente. Parece ser, portanto, indiscutível que a teoria e a prática da terapia centrada no cliente fizeram surgir um número surpreendente de trabalhos de investigação experimental. É, portanto, justificado que nos interroguemos sobre a razão desse fato.

Um primeiro fator reside em que a teoria da terapia centrada no cliente foi encarada, não como um dogma ou como uma verdade, mas como um estabelecimento de hipóteses, como um instrumento a serviço do progresso do nosso conhecimento. Teve-se sempre em mente que uma teoria, ou qualquer parte dela, apenas é útil se pode ser posta à prova. Tivemos por isso a preocupação constante de controlar objetivamente cada aspecto importante das nossas hipóteses, porque acreditamos que o único modo de isolar o conhecimento científico dos preconceitos individuais e do voluntarismo é por meio de uma investigação objetiva. Para uma investigação ser objetiva é necessário que seja realizada de tal modo que um outro investigador, recolhendo os dados da mesma maneira e submetendo-os às mesmas operações, encontre os mesmos resultados ou resultados semelhantes e chegue às mesmas conclusões. Numa palavra, partimos do princípio de que a psicoterapia só progrediria pela análise aberta e objetiva de todas as hipóteses expressas por meio de formas comunicáveis e replicáveis publicamente.

Uma segunda razão para o efeito estimulante da nossa orientação centrada no cliente é a diretriz segundo a qual um estudo científico pode começar não importa onde, seja em que nível for, elementar ou complexo; ou seja, é uma direção e não um grau fixo de instrumentação. Desse ponto de vista, uma entrevista gravada representa um pequeno começo de investigação científica porque implica uma objetivação maior do que a lembrança de uma entrevista; uma conceituação elementar da terapia e os instrumentos rudimentares criados para medir esses conceitos são mais científicos do que sua ausência. Por conseguinte, nossos investigadores pensaram que poderiam começar a seguir uma direção científica em áreas que tinham para eles o maior interesse. A partir dessa atitude, foi-se criando uma série de instrumentos cada vez mais aperfeiçoados para a análise dos protocolos das entrevistas e iniciou-se, de um modo significativo, a mensuração de construtos aparentemente impossíveis de apreender, como o autoconceito e o clima psicológico de uma relação terapêutica.

Isso me leva ao que julgo ser a terceira das razões mais importantes para o grau de sucesso que nossa teoria teve no incentivo às investigações. Os construtos da teoria tinham sido, na sua grande maioria, formulados de maneira a prestarem-se a uma definição operacional. Esta definição em termos operacionais era uma necessidade premente para psicólogos e outros investigadores, que pretendiam fazer avançar os conhecimentos no domínio da personalidade e que se viam impedidos porque seus construtos teóricos não se prestavam a uma definição operacional. Citemos, por exemplo, os fenômenos designados de uma maneira geral pelos termos eu, ego, pessoa. Se se elabora um construto – como alguns teóricos fizeram – que engloba tanto acontecimentos interiores não conscientes como fenômenos interiores conscientes do indivíduo, não é possível, no momento presente, proceder a uma definição operacional de um construto desse gênero. Mas, limitando o autoconceito ao que se passa na consciência torna-se possível a formulação teórica do construto em termos operacionais cada vez mais refinados através da técnica Q, da análise dos registros das entrevistas, etc., e isso abre ao investigador uma vasta área de pesquisas. É possível que, com o tempo e graças ao desenvolvimento da investigação, se consiga dar uma definição operacional de certas estruturas mesmo inconscientes.

O emprego de conceitos possíveis de serem definidos em termos operacionais teve ainda um outro efeito. Tornou completamente desnecessário o uso das palavras "êxito" e "fracasso" – dois termos que não são utilizáveis em ciência – como critérios nos estudos de terapia. Em vez de pensar nestes termos globais e mal-definidos, os investigadores puderam fazer previsões *específicas* em termos de construtos operacionalmente definíveis e confirmar ou invalidar essas previsões de um modo absolutamente independente dos juízos de valor sobre o caráter "bem-sucedido" ou "malsucedido" da terapia. Destruía-se assim uma das maiores barreiras ao progresso científico.

Uma outra razão que justifica a eficácia do sistema para favorecer a investigação foi a da generalidade dos construtos utilizados. Uma vez que a psicoterapia é um microcosmo de relações interpessoais significativas, de aprendizagens fundamentais e de modificações importantes na personalidade e na percepção do indivíduo, os construtos elaborados para ordenar o campo têm um elevado grau de penetração. Construtos como o autoconceito, ou a necessidade de uma aceitação positiva ou as condições da alteração da personalidade, podiam aplicar-se a uma grande variedade de atividades humanas. Podiam ser utilizados para o estudo de campos tão diferentes como a liderança militar ou industrial, a alteração da personalidade nos indivíduos psicóticos, o ambiente psicológico de uma família ou de uma classe escolar, ou ainda a inter-relação das alterações psicológicas e fisiológicas.

Mencionemos de uma maneira especial, para terminar, uma circunstância muito feliz. Ao contrário da psicanálise, por exemplo, a terapia centrada no cliente desenvolveu-se sempre no contexto das instituições universitárias. Isso implicou um processo contínuo de separar o joio do trigo, numa situação de segurança pessoal fundamental. Isso implicou também estar exposto à crítica construtiva dos colegas, exatamente da mesma maneira que as novas perspectivas abertas na química, na biologia e na genética estão submetidas a uma apreciação crítica. A atmosfera acadêmica significou sobretudo que a teoria e a técnica eram acessíveis à curiosidade entusiasta dos jovens. Os estudantes universitários interrogam e criticam; sugerem formulações alternativas; empreendem investigações experimentais para confirmar ou invalidar as diversas hipóteses teóricas. Isso ajudou muito a manter a orientação terapêutica centrada no cliente como uma perspectiva aberta e autocrítica, em vez de torná-la um ponto de vista dogmático.

Foram essas as razões que permitiram à referida orientação terapêutica desenvolver-se através da investigação científica. A partir de um ponto de vista limitado, largamente apoiado na técnica, sem verificação empírica, chegou-se a uma teoria elaborada da personalidade e das relações interpessoais bem como da terapia, que coordena à sua volta um notável corpo de conhecimentos experimentalmente estabelecidos.

O período inicial da investigação

As investigações objetivas em psicoterapia não têm uma longa história. Houve sem dúvida, antes de 1940, algumas tentativas para gravar entrevistas terapêuticas, mas o material obtido não foi utilizado para fins de investigação. Antes disso não se registraram tentativas sérias para utilizar os métodos da ciência na mensuração das alterações que se pensava ocorrerem na terapia. Estamos, portanto, falando de um domínio que ainda está, de certa maneira, no seu estado embrionário. No entanto, realizaram-se alguns progressos.

Em 1940, nosso grupo da Universidade do Estado de Ohio conseguiu gravar integralmente uma entrevista terapêutica. Nossa satisfação foi grande, mas desfez-se rapidamente. Ao ouvir a gravação, tão pouco estruturada, tão complexa, desanimávamos de alcançar o nosso objetivo que era o de utilizar esse material como dado para investigações objetivas. Parecia quase impossível reduzir esses dados a elementos suscetíveis de um tratamento objetivo.

Contudo, algum progresso se fez. O entusiasmo e o espírito criador dos nossos estudantes remediaram a carência de fundos e de equipamentos. Os elementos em bruto da terapia foram transformados, graças ao seu engenho e espírito inventivo, em categorias elementares das técnicas do terapeuta, bem como das respostas do cliente. Porter analisou o comportamento do terapeuta sob algumas facetas importantes e Snyder analisou as respostas do cliente em diversos casos, descobrindo algumas das tendências que existiam. Outros investigadores mostraram-se igualmente inventivos e, pouco a pouco, a possibilidade da investigação no domínio da psicoterapia tornou-se uma realidade.

Esses estudos iniciais eram muitas vezes rudimentares, desordenados quanto ao plano da investigação, baseados frequentemente num número insuficiente de casos, mas sua contribuição para a abertura de novos caminhos foi, no entanto, grande.

Alguns estudos ilustrativos

A fim de dar uma ideia da crescente corrente de investigação, descreverei alguns estudos com suficiente detalhe, com o objetivo de fazer compreender ao leitor a metodologia e os resultados específicos. Os estudos descritos não foram escolhidos por serem especialmente significativos, mas por representarem as diferentes tendências da investigação tal como ela se foi desenvolvendo. Serão assim apresentados em ordem cronológica[1].

O centro da valoração

Em 1949, Raskin (5) levou a cabo um estudo sobre a origem dos valores captada pelo cliente ou o centro do processo de valoração (*locus of evaluation*). Este estudo partia da simples formulação de que a função do terapeuta não era a de pensar *pelo* ou *sobre* o cliente, mas *com* ele. Nos dois primeiros casos, o centro de valoração situa-se nitidamente no terapeuta, mas no último este tenta pensar e entrar em empatia com o cliente dentro do quadro de referências deste, respeitando o processo específico de valoração do cliente.

A questão que Raskin levantava era a de saber se o centro de valoração captado pelo cliente se modificara durante a terapia. Em termos mais específicos, haverá uma diminuição do grau em que os valores e as normas do cliente dependem dos juízos e expectativas dos outros e uma maior fundamentação desses valores e normas numa confiança na sua própria experiência?

A fim de realizar esse estudo de uma maneira objetiva, Raskin determinou as seguintes fases de investigação:

1. Pediu-se a três avaliadores, que trabalhavam independentemente, para selecionarem em diversas entrevistas grava-

das as afirmações que estivessem relacionadas com a fonte dos valores e normas do cliente. A comparação dos resultados mostrou que havia mais de 80% de concordância na seleção dessas afirmações, o que indica que o estudo continha um construto discernível.

2. A partir do material assim selecionado, Raskin escolheu vinte e dois desses itens para representar uma ampla variedade de origem dos valores e os entregou a vinte avaliadores, pedindo-lhes que agrupassem essas afirmações em quatro pilhas de acordo com o contínuo em estudo, separados por intervalos aproximadamente iguais.

Raskin construiu uma escala do centro de valoração com os doze itens que revelavam uma maior consistência, escala que ia de 1,0 a 4,0. O grau 1 representava uma atitude de dependência incondicional às apreciações feitas pelos outros. O grau 2 incluía aquelas proposições em que se registrava uma preocupação predominante com o que os outros pensavam, mas manifestando simultaneamente uma certa insatisfação em relação a esse estado de dependência. O grau 3 representava aquelas expressões em que o indivíduo revela uma atitude de respeito, tanto pelo seu próprio sistema de valores como pelos valores e ideias dos outros, mostrando estar consciente da diferença entre o seu próprio processo de valoração e a dependência dos valores dos outros. O grau 4 ficou reservado para as proposições que indicavam claramente que o indivíduo baseava o seu sistema de valores na sua própria experiência e nos seus próprios juízos.

Um exemplo que ilustra o grau 3 pode dar uma descrição viva da escala. A afirmação seguinte do cliente foi considerada como pertencendo a esse grau da escala:

"Consegui assim tomar uma decisão que não sei se estará certa. Quando se pertence a uma família onde um dos irmãos foi para a universidade e onde todos são inteligentes, não sei se será acertado pensar que eu sou como sou e que não posso fazer essas coisas. Procurei sempre ser o que os outros pensavam que eu devia ser, mas agora me pergunto se não deveria ver que sou precisamente aquilo que sou" (6, p. 151).

3. Raskin utilizou em seguida essa escala para avaliar cinquenta e nove entrevistas integralmente gravadas relativas a dez casos terapêuticos breves, e que tinham sido objeto de outras investigações. Depois de avaliá-las e antes de analisá-las, quis determinar a fidedignidade dos seus juízos. Escolheu ao acaso em cada uma das cinquenta e nove entrevistas um item referente ao centro de valoração e confiou a classificação do material assim obtido a um outro avaliador que nada sabia sobre a origem desses itens, ou melhor, que não sabia se eles provinham de entrevistas que se situavam no princípio ou no fim do caso. A correlação entre os dois conjuntos de avaliações foi de 0,91, o que representa um grau de fidedignidade altamente elevado.

4. Raskin, tendo construído uma escala de intervalos aproximadamente iguais e tendo demonstrado a fidedignidade do seu instrumento, encontrava-se então preparado para determinar se se produzia um deslocamento do centro de valoração durante a terapia. O valor médio obtido para as primeiras entrevistas foi 1,97, para as entrevistas finais foi 2,73, uma diferença significante no nível de 0,01. Logo, a teoria da terapia centrada no cliente via-se confirmada nesse ponto. Era possível acrescentar-lhe uma outra confirmação. Os dez casos referidos haviam sido estudados por outros métodos objetivos, de modo que dispúnhamos de critérios objetivos provenientes de outros estudos para determinar o grau de êxito terapêutico em cada caso. Considerando-se os cinco casos que, segundo esses critérios objetivos, foram os que tiveram mais sucesso, verifica-se que o deslocamento do centro de valoração era ainda mais nítido, sendo a média para as entrevistas iniciais de 2,12 e de 3,34 para as últimas.

Esse estudo é, sob muitos aspectos, um exemplo típico de um vasto conjunto de investigações que foram levadas a cabo. Partindo de uma determinada hipótese da teoria da terapia centrada no cliente, elaborou-se um instrumento suscetível de calcular os graus de variação de um determinado construto. O próprio instrumento é então posto à prova, a fim de determinar se efetivamente mede aquilo a que se propõe e se qualquer pessoa qualificada pode utilizá-lo e obter o mesmo resultado ou um resultado semelhante. O instrumento é então aplicado aos dados da terapia segundo um método que se pode classificar de objetivo (por exemplo, no caso de Raskin, a verificação por um outro avaliador dos cinquenta e nove textos selecionados ao acaso mostra que desvios, conscientes ou inconscientes, não se introduzem de modo apreciável nas classificações feitas). Os dados que resultam do emprego do instrumento podem então ser analisados a fim de se determinar se confirmam ou invalidam a hipótese. No caso a que nos referimos, a hipótese foi confirmada, apoiando a teoria de que os clientes, em terapia centrada no cliente, manifestam menos dependência em face dos outros, deixando-se guiar cada vez menos pelos valores e pela expectativa dos outros, mostrando, pelo contrário, tendência para aumentar a confiança nas autovalorações baseadas na sua própria experiência.

As únicas deficiências importantes desse estudo residem no fato de o número de casos ser pequeno e a terapia muito breve (como era característico do primeiro período). É provável que, se voltasse a ser aplicado a um número maior de casos mais longos, os resultados continuariam a ser os mesmos. Esse estudo marca, no entanto, um grau intermediário de sofisticação em investigação, um estágio que se situa entre os estudos iniciais rudimentares e os trabalhos mais meticulosamente planejados atualmente em curso.

A relação entre a função autonômica e a terapia

Thetford empreendeu um estudo de tipo diferente, igualmente terminado em 1949 (11). Sua hipótese ultrapassa de longe a teoria terapêutica centrada no cliente, propondo-se estudar consequências fisiológicas consistentes com a teoria, mas que nunca tinham sido formuladas.

Resumindo, sua hipótese principal era de que se a terapia torna o indivíduo capaz de reorientar sua maneira de viver e de reduzir a tensão e a ansiedade que sente em relação aos seus problemas pessoais, então as reações do seu sistema nervoso automático, por exemplo numa situação de estresse, devem alterar-se. Essencialmente, propunha a hipótese de que, se na terapia ocorrer uma alteração no modo de vida e na tensão interna, isso se traduzirá em alterações organísmicas do funcionamento autonômico, área sobre a qual o indivíduo não exerce controle consciente. Em outras palavras, Thetford perguntava até que ponto seriam profundas as alterações provocadas pela terapia centrada no cliente. Seriam elas suficientes para afetar o funcionamento organísmico total do indivíduo?

Embora o seu processo fosse realmente complexo, podemos no entanto descrevê-lo nos seus elementos essenciais. Thetford recrutou um grupo de dezenove indivíduos formado por clientes do Centro de Aconselhamento da Universidade de Chicago. Estes foram convidados a participar voluntariamente num estudo sobre a personalidade. Visto que todos os convidados participaram, exceto alguns, impedidos por circunstâncias de ordem prática, tratava-se de um grupo representativo de estudantes-clientes do Centro. Dez indivíduos estavam submetidos a terapia individual, três participavam simultaneamente de terapia individual e de grupo, e os seis restantes encontravam-se em terapia de grupo. Reuniu-se depois um grupo-controle de dezessete indivíduos não submetidos a terapia, aproximadamente do mesmo nível etário e educacional que o grupo em terapia.

Todos os indivíduos, quer pertencessem ao grupo em terapia ou ao grupo-controle, foram submetidos aos mesmos processos experimentais. Os aspectos mais significativos são os descritos posteriormente. Com a ajuda de eletrodos, o indivíduo era ligado a um polígrafo que registrava simultaneamente o reflexo psicogalvânico (RPG), a tensão arterial e a respiração. Depois de um período de repouso para estabelecer a linha de base, dizia--se ao indivíduo que a memória dos números era geralmente reconhecida como um bom índice de inteligência e que o experimentador desejava submetê-lo a um teste desse tipo. As séries de números utilizados iam crescendo até um ponto em que o indivíduo falhava nitidamente. Depois de um intervalo de dois minutos, o experimentador apresentava novas séries de números que provocariam um novo fracasso evidente. Depois de um outro intervalo, mais outro fracasso frustrante. Como todos os indivíduos eram estudantes, é indubitável que o seu amor-próprio e a frustração eram evidentemente reais, uma vez que a experiência desafiava suas capacidades intelectuais e as colocava em dúvida. Depois de um último intervalo, dispensava-se o indivíduo, mas este era informado de que seria chamado mais tarde para uma segunda sessão. Nunca se estabeleceu a menor relação da experiência com a terapia dos indivíduos, e a administração dos testes era efetuada num outro edifício.

Terminada a terapia, os clientes eram novamente chamados e submetidos ao mesmo processo experimental – três episódios de frustração alternando com períodos de recuperação, sendo continuamente medidos diversos aspectos do funcionamento autonômico. Os indivíduos do grupo-controle foram também novamente chamados com intervalos correspondentes e submetidos a processo idêntico.

Foram calculados diversos índices fisiológicos para os grupos em terapia e de controle. As únicas diferenças significativas entre os grupos residiam na rapidez da recuperação da frustração durante as duas sessões. De um modo geral, o grupo submetido a terapia recuperava-se da sua frustração mais rapidamente na segunda sessão do que na primeira, ao passo que no grupo-controle os resultados eram inversos: estes indivíduos se recuperavam mais lentamente durante a segunda série de frustrações.

Tentarei explicar-me um pouco melhor. O grupo em terapia revelou uma alteração no "quociente de recuperação" baseado no RPG, alteração significante no nível de 0,02 e registrada na direção de uma recuperação mais rápida da frustração. O grupo-controle revelou uma alteração no "quociente de recuperação" significante no nível de 10% no sentido de uma recuperação retardada. Em outras palavras, eram menos capazes de superar a frustração sofrida durante a segunda sessão do que durante a primeira. Uma outra medida RPG, designada como "percentagem de recuperação", mostrou igualmente que o grupo em terapia se recuperava mais rapidamente no segundo teste, uma alteração significante no nível de 5%, ao passo que o grupo-controle não revelava alteração. No que se refere à atividade cardiovascular, a variação média da tensão arterial dos indivíduos do grupo em terapia era inferior na segunda sessão, registrando uma alteração significante no nível de 5%. O grupo-controle não manifestava qualquer alteração. Outros índices revelaram algumas alterações consistentes como as que mencionamos, mas não tão significativas.

Pode-se dizer portanto que, em geral, os indivíduos que estiveram submetidos à terapia adquiriram um limiar de frustração mais elevado e uma capacidade para recuperar o seu equilíbrio homeostático mais rapidamente nas frustrações posteriores, aquisição que foi feita durante os contatos terapêuticos. Por outro lado, no grupo-controle, registrou-se uma ligeira tendência para a redução do limiar de frustração durante a segunda sessão e uma recuperação claramente mais lenta da homeostase.

Em termos mais simples, o significado desse estudo parece ser o de que, depois da terapia, o indivíduo é capaz de enfrentar, com uma tolerância maior e uma perturbação menor, situações emocionais de depressão e de frustração; que esta alteração verifica-se mesmo que a depressão ou a frustração não tivessem sido especificamente consideradas na terapia; que o enfrentamento mais eficaz da frustração não é um fenômeno superficial, mas ocorre de uma maneira evidente nas reações autonômicas que o indivíduo não pode controlar conscientemente e de que não tem qualquer consciência.

Esse estudo de Thetford é característico de um determinado número de investigações pioneiras e das mais audaciosas que foram levadas a cabo. Suas hipóteses ultrapassam a teoria da terapia centrada no cliente como esta foi formulada, embora estejam de acordo com a teoria e talvez mesmo implícitas nela. O seu ponto de partida consistiu na afirmação de que se a terapia tornava o indivíduo capaz de dominar melhor o seu estresse ao nível psicológico, isso também era evidente ao nível do funcionamento autonômico. As atuais investigações provam o fundamento da afirmação. Não há dúvida de que o efeito de confirmação em relação à teoria é mais importante quando algumas predições longínquas são postas à prova e se descobre serem corretas.

A resposta do cliente a técnicas diferentes

Um pequeno estudo realizado por Bergman (2) em 1950 é exemplo da forma como as entrevistas gravadas se prestam a estudos microscópicos do processo terapêutico. Bergman procurou estudar o problema da natureza da relação entre o método ou a técnica do terapeuta e a resposta do cliente.

Escolheu para estudo todas as oportunidades, em dez casos gravados (os mesmos que Raskin e outros estudaram), em que o cliente requeria uma apreciação por parte do terapeuta. Recolheram-se 246 passagens nos dez casos em que isso se verificava, em que o cliente pedia uma solução para seus problemas, uma apreciação sobre sua adaptação ou progresso, uma confirmação do seu próprio ponto de vista ou uma sugestão sobre como devia proceder. Cada uma dessas passagens foi incluída no estudo como uma unidade de resposta. A unidade de resposta consistia na expressão total do cliente que incluía o pedido, a resposta imediata do terapeuta e a expressão global do cliente que se seguia à afirmação do terapeuta.

Bergman verificou que as respostas do terapeuta podiam ser divididas nas seguintes categorias:
1. Uma resposta baseada numa apreciação. Este tipo de resposta podia ser uma interpretação do material do cliente, um acordo ou desacordo com ele ou o fornecimento de sugestões ou informações.

2. Uma resposta "estruturante". O terapeuta pode explicar o seu próprio papel ou o modo como se efetua a terapia.

3. Um pedido de esclarecimento. O terapeuta pode indicar que o significado do pedido do cliente não está claro para ele.

4. Uma reflexão sobre o contexto do pedido. O terapeuta pode responder tentando compreender o contexto do pedido do cliente, mas sem um reconhecimento específico desse pedido.

5. Uma reflexão sobre o pedido. O terapeuta pode mostrar que compreende o pedido do cliente ou que o situa no contexto de outros sentimentos.

Bergman elaborou as seguintes categorias para agrupar as expressões do cliente subsequentes às respostas do terapeuta:

1. O cliente repete novamente o pedido de uma apreciação, quer do mesmo modo, quer com um certo alargamento ou modificação, ou apresenta outro pedido.

2. O cliente, aceitando ou rejeitando a resposta do terapeuta, abandona essa tentativa de explorar suas atitudes e problemas (normalmente mergulhando num material menos relevante).

3. O cliente continua a explorar suas atitudes e seus problemas.

4. O cliente verbaliza uma compreensão da relação entre os sentimentos, expressa um *insight*.

Tendo verificado a fidedignidade dessas categorias, tanto em relação ao cliente como em relação ao terapeuta, e considerando-a satisfatória, Bergman procedeu à análise dos elementos recolhidos. Determinou quais as categorias que ocorrem mais frequentemente conjugadas com outras categorias e que não se poderiam atribuir ao acaso. Seguem-se algumas das conclusões encontradas.

Existe fundamentalmente uma relação apenas fortuita entre as categorias do pedido inicial do cliente e da sua resposta subsequente. O mesmo ocorre entre o pedido inicial do cliente e a resposta do terapeuta. Por isso, nem a resposta do terapeuta, nem a expressão subsequente do cliente parecem ser "causadas" pelo pedido inicial.

Por outro lado, há uma interação significativa entre a resposta do terapeuta e a subsequente expressão do cliente.

1. A reflexão sobre o sentimento pelo terapeuta é seguida, com uma frequência maior do que seria de atribuir ao acaso, de uma autoexploração contínua ou *insight*. Esta relação é significante no nível de 1%.

2. As respostas do terapeuta dos tipos 1 e 2 (respostas baseadas numa apreciação e respostas interpretativas ou "estruturantes") são seguidas, com uma frequência superior à que seria de atribuir ao acaso, pelo abandono da autoexploração. Isto é igualmente significante nos níveis de 1%.

3. Uma resposta do terapeuta pedindo um esclarecimento tende a ser seguida da repetição do pedido ou de uma diminuição da autoexploração e *insight*. Estas consequências são significantes nos níveis de 1% e 5%, respectivamente.

Bergman é levado então a concluir que a autoexploração e o *insight*, aspectos positivos do processo terapêutico, parecem ser favorecidos pelas respostas que são "reflexões sobre os sentimentos", ao passo que as respostas avaliativas, interpretativas e "estruturantes" tendem a suscitar reações negativas no processo terapêutico.

Esse estudo ilustra bem a forma como, num determinado número de investigações, a gravação de entrevistas terapêuticas foi examinada com toda a minúcia e rigor, a fim de iluminar alguns aspectos da teoria da terapia centrada no cliente. Nesses estudos, os eventos internos da terapia foram analisados objetivamente pelo esclarecimento que podem trazer ao processo terapêutico.

Um estudo sobre o autoconceito

Realizaram-se muitas investigações sobre as alterações no conceito que o cliente tem do eu. Este construto é central na teoria da terapia centrada no cliente e na sua concepção da personalidade. Descreverei de uma maneira breve o estudo de Butler e Haigh (3).

A observação dos fatos: o papel da investigação em psicoterapia

Um método que foi usado com muita frequência para conseguir esse objetivo consistiu na técnica Q, elaborada por Stephenson (10) e adaptada ao estudo do eu. Visto Butler e Haigh terem utilizado essa técnica como instrumento, pode ser útil descrevê-la rapidamente antes de apresentar os resultados do estudo propriamente dito.

De um grande número de gravações de casos de terapia foram isoladas todas as expressões de autorreferência que constituíram uma ampla população para a pesquisa. Dessas expressões selecionaram-se cem, editadas para efeito de clareza. O objetivo era escolher o maior número possível de formas em que o indivíduo se percebe. A lista incluía pontos como estes: "Sinto muitas vezes ressentimento", "Sou sexualmente atraente", "Estou realmente perturbado", "Sinto-me pouco à vontade ao falar com os outros", "Sinto-me descontraído e nada me preocupa realmente".

No estudo de Butler e Haigh pedia-se a cada pessoa para separar os cartões onde estavam impressos os cem pontos referidos. Primeiro tinha de repartir esses cartões "de modo a descrever-se tal como hoje se vê". Pedia-se-lhe para agrupar os cartões em nove pilhas, partindo dos que estavam mais longe daquilo que pensava ser para aqueles que mais perfeitamente julgava que o descreviam. Pedia-se-lhe que colocasse um certo número em cada pilha (os números em cada pilha eram 1, 4, 11, 21, 26, 21, 11, 4, 1, representando, portanto, uma distribuição forçada e aproximadamente normal dos dados). Quando o indivíduo dava essa tarefa por terminada, pedia-se-lhe para agrupar os cartões, mas agora "de modo a descrever a pessoa que mais gostaria de ser". Assim, obtinha-se para cada item a autopercepção do indivíduo bem como o valor atribuído a essa característica.

Torna-se evidente que é possível pôr em correlação os diversos agrupamentos. É possível pôr em correlação o eu pré--terapia com o eu pós-terapia, o eu com o eu ideal, ou o eu ideal de um cliente com o eu ideal de um outro cliente. Correlações elevadas indicam uma pequena discrepância ou alteração, e as baixas correlações o inverso. O estudo dos itens específicos que mudaram de lugar durante a terapia, por exemplo, fornece uma imagem qualitativa da natureza da alteração. Devido ao grande número de itens considerados, fica salvaguardada a riqueza clínica ao longo da investigação estatística. De uma maneira geral, esse processo permitiu aos investigadores converter os dados fenomenológicos em elementos objetivos e manipuláveis.

Consideremos agora o emprego desse método no estudo de Butler e Haigh. As hipóteses eram: (1) a terapia centrada no cliente reduz a discrepância entre o eu percebido e o eu valorizado; e (2) esta redução da discrepância é mais acentuada naqueles clientes em que se reconheceu, com base em critérios independentes, um maior movimento na terapia.

No âmbito de um programa de investigações muito mais amplo (8), os investigadores dirigiram-se a vinte e cinco clientes utilizando a técnica Q para o eu e o eu ideal, por três vezes: antes do início da terapia, depois da sua conclusão e num período de acompanhamento variando entre seis e doze meses depois do seu término. O mesmo programa de provas foi aplicado a um grupo de controle fora da terapia, semelhante ao primeiro em idade, sexo e condição socioeconômica.

Os resultados foram interessantes. As correlações do eu ideal no grupo de clientes antes da terapia escalonavam-se de –0,47, uma discrepância muito acentuada entre o eu e o eu ideal, até 0,59, número que indica que o eu é apreciado como ele é. A correlação média antes da terapia era de –0,01. No fim da terapia, a média era 0,34 e no período de acompanhamento era de 0,31. Isto representa uma alteração significativa, confirmando a hipótese. O fato de a correlação baixar apenas muito ligeiramente durante o período que se segue à terapia oferece um interesse muito especial. A alteração é ainda mais marcada quando a atenção incide sobre os dezessete casos que, na opinião dos terapeutas e segundo os resultados do Teste de Apercepção Temática (TAT), revelavam o resultado mais positivo na terapia. Nesses casos, a correlação média antes da terapia era de 0,02 e no período ulterior de 0,44.

O grupo de controle interno era formado por quinze membros do grupo. Foram testados na primeira vez que requereram tratamento, pedindo-se-lhes então para esperarem sessenta dias antes de iniciar a terapia. Foram novamente testados no fim desse período de sessenta dias, assim como no término da terapia e no período de acompanhamento, dentro dos limites de seis a doze meses. Nesse grupo de controle interno a correlação eu ideal no primeiro teste foi de –0,01 e no fim do período de sessenta dias era idêntica: –0,01. Por conseguinte, a alteração que se verificou durante a terapia está claramente associada *com* a terapia e não é simplesmente o resultado da passagem do tempo ou da decisão de iniciar a terapia.

O grupo-controle revelou uma imagem muito diferente do grupo de clientes em terapia. A correlação primitiva entre eu e eu ideal era de 0,58, e pouco se alterou, sendo de 0,59 no período de acompanhamento. É óbvio que esse grupo não sentia a tensão experimentada pelo grupo de clientes, tendia para a valorização de si mesmo e, sob esse aspecto, não se alterou de modo apreciável.

É, portanto, razoável concluir desse estudo que uma das modificações associadas à terapia centrada no cliente é a da autopercepção, que se altera numa direção em que o eu é mais valorizado. Essa alteração não é transitória, mas persiste depois à terapia. A redução da tensão interior é altamente significante, mas, mesmo no fim da terapia, o eu ainda é menos valorizado do que entre os membros do grupo de controle não submetido a terapia. Em outras palavras, a terapia não estabelece uma "adaptação perfeita" ou uma completa ausência de tensão. Fica também patente que a alteração que estávamos discutindo não ocorreu simplesmente como resultado da passagem do tempo ou da determinação de recorrer à terapia, mas encontra-se decisivamente associada à terapia.

Esse estudo é um exemplo entre muitos das investigações feitas para esclarecer as relações entre a terapia e a autopercepção. Segundo esses outros estudos (mencionados por Rogers e Dymond, 8), sabemos por exemplo que é essencialmente o autoconceito que se modifica ao longo da terapia e não o eu ideal. Este último revela uma tendência para modificar-se, embora ligeiramente, e sua modificação dá-se na direção de uma menor exigência e de uma maior realização. Sabemos que a autoimagem que emerge no fim da terapia é avaliada pelos terapeutas (de um modo que exclui quaisquer possíveis desvios) como mais adaptada. Sabemos que esse eu emergente tem um maior grau de conforto interior, de autocompreensão e de autoaceitação, de responsabilidade em relação a si mesmo. Sabemos que esse eu posterior à terapia encontra uma satisfação e uma tranquilidade maiores nas relações com os outros. Pouco a pouco, fomos capazes de ir juntando ao nosso conhecimento objetivo novos conhecimentos sobre as modificações provocadas pela terapia na autopercepção do cliente.

A psicoterapia provoca mudanças no comportamento cotidiano?

Os estudos descritos até agora neste capítulo, e outros que se poderiam citar, demonstram que a terapia centrada no cliente provoca muitas alterações. O indivíduo faz opções e estabelece valores de um modo diferente; engrena a frustração com uma tensão fisiológica menos prolongada, modifica a maneira de se ver e de se apreciar. Mas isso não responde ainda à interrogação do leigo e da sociedade: "Mudará o comportamento cotidiano do cliente de maneira observável e será positiva a natureza dessa mudança?" Foi para tentar responder a essa questão que, com a ajuda de alguns colegas, empreendi uma investigação sobre as alterações na maturidade do comportamento do cliente relacionadas com a terapia, num estudo publicado em 1954 (6).

A teoria da terapia centrada no cliente coloca como hipótese que as alterações internas que ocorrem durante o processo terapêutico levam o indivíduo, após a terapia, a um comportamento menos defensivo, mais socializado, mais receptivo à realidade em si mesmo e no seu meio social, um comportamento que atesta um sistema de valores mais socializado. Em outras palavras, o seu comportamento será considerado como mais amadurecido, e as formas de comportamento infantil tendem a diminuir. A questão difícil que nos colocávamos era saber se se poderia dar uma definição operacional de uma tal hipótese com o objetivo de submetê-la a uma confirmação experimental.

Existem poucos instrumentos destinados a medir a qualidade do comportamento cotidiano de uma pessoa. O melhor teste para o nosso fim era o que Willoughby elaborara alguns anos atrás, e que era designado como Emotional Maturity Scale (Escala de Maturidade Emocional). Elaborou muitos itens que descreviam o comportamento, imprimiu-os em cartões e distribuiu-os por cem terapeutas – psicólogos e psiquiatras – para que determinassem o grau de maturidade que eles representavam. Com base nesses juízos, selecionou sessenta itens para compor a sua escala. Os graus dessa escala estendem-se do valor 1 (o mais imaturo) ao 9 (o mais amadurecido). As proposições seguintes, acompanhadas do valor de maturidade que lhes é atribuído, permitirão ao leitor fazer uma ideia da escala:

Valor 1. O Sujeito (S) pede habitualmente ajuda para resolver seus problemas (*Item 9*).
Valor 3. Quando dirige o seu automóvel, S está calmo nas situações ordinárias, mas fica com raiva quando os outros motoristas o impedem de avançar (*Item 12*).
Valor 5. Quando demonstra indiscutivelmente sua inferioridade num determinado aspecto, S fica impressionado, mas consola-se pensando nas atividades em que é superior (*Item 45*).
Valor 7. S organiza e planeja os seus esforços visando um determinado objetivo, considerando evidente que um método sistemático é um meio de realizá-lo (*Item 17*).

Valor 9. S acolhe favoravelmente as ocasiões legítimas de expressão sexual; não sente vergonha, receio ou preocupação em relação a esse aspecto (*Item 53*).

Tendo escolhido nosso instrumento, podíamos formular nossa hipótese em termos operacionais: uma vez terminada a terapia centrada no cliente, o seu comportamento será considerado por si e por aqueles que o conhecem bem como mais amadurecido, situando-se num grau mais elevado da escala de maturidade emocional (*E-M Scale*).

O método da investigação foi necessariamente complexo, pois são difíceis de obter as medidas rigorosas e constantes do comportamento cotidiano. A investigação foi realizada como parte de um programa mais vasto que envolvia perto de trinta clientes e sobre um idêntico grupo de controle (8). As diferentes fases do estudo foram as seguintes:

1. O cliente, antes de iniciar a terapia, era convidado a uma autoavaliação do seu comportamento segundo a *E-M Scale*.

2. Perguntava-se depois ao cliente o nome de dois amigos que o conhecessem bem e que estivessem dispostos a emitir avaliações a seu respeito. O contato com esses amigos era feito pelo correio e suas avaliações segundo a *E-M Scale* remetidas diretamente para o Centro de Aconselhamento.

3. Cada amigo era solicitado a avaliar, ao mesmo tempo em que avaliava o cliente, uma outra pessoa que conhecesse bem. O objetivo desse pedido era determinar a fidedignidade das avaliações feitas pelos amigos.

4. Metade dos membros do grupo em terapia foi designado como grupo de controle interno e foi submetido à *E-M Scale* quando entrou pela primeira vez em contato com o Centro e sessenta dias mais tarde, antes de iniciar a terapia. As avaliações do cliente feitas por seus dois amigos eram também efetuadas nessas mesmas ocasiões.

5. Ao término da terapia, o cliente e seus dois amigos eram novamente convidados para uma avaliação segundo a *E-M Scale*.

6. Entre os seis e os doze meses posteriores à terapia, pedia-se novamente ao cliente e aos seus amigos que fornecessem as avaliações do comportamento.

7. Os membros do grupo de controle avaliavam seu comportamento na escala *E-M* nos momentos correspondentes em que a mesma avaliação era obtida dos membros do grupo em terapia.

Essas diversas aplicações da escala forneceram um vasto conjunto de dados que permitiam diferentes ângulos de análise. Limitar-me-ei a enumerar os principais resultados.

A escala de maturidade emocional (*E-M Scale*) revelou uma fidedignidade satisfatória quando foi usada por qualquer dos avaliadores, o cliente ou um amigo-observador. Contudo, o acordo entre as diferentes avaliações não era muito nítido.

Os indivíduos do grupo-controle não submetido à terapia não revelaram qualquer alteração significativa nas suas apreciações do comportamento durante todos os períodos envolvidos nesse estudo.

Os clientes que faziam parte do grupo-controle interno não manifestaram uma alteração significativa do comportamento durante o período de sessenta dias de espera, quer segundo o seu próprio juízo, quer segundo a apreciação dos amigos.

Não houve alterações significativas nas apreciações do observador sobre o comportamento do cliente durante o período terapêutico ou durante o período de acompanhamento. Este fato era, evidentemente, contrário à nossa hipótese. Pareceu portanto, desejável que se examinasse se esses resultados negativos eram válidos para todos os indivíduos, independentemente do progresso que revelassem na terapia. Por conseguinte, os clientes foram divididos pelos terapeutas em três grupos, consoante manifestassem um progresso evidente, moderado ou mínimo em terapia.

Descobriu-se que, em relação ao grupo que revelava o maior progresso em terapia, as apreciações dos amigos sobre a maturidade do comportamento do cliente tinham aumentado de modo significante (no nível de 5%). No grupo que patenteava um progresso moderado havia uma pequena alteração, e no grupo onde fora mínimo o progresso havia uma alteração negativa no sentido de um comportamento mais imaturo.

Registrou-se uma correlação significativa e conclusiva entre as avaliações do terapeuta sobre o progresso operado em terapia e as observações dos amigos do cliente sobre a alteração do seu comportamento cotidiano. Esta correlação oferece um interesse particular, pelo fato de a avaliação do terapeuta se basear apenas nas reações do cliente durante a sessão de tratamento, com pouco ou nenhum conhecimento do comportamento exterior. As avaliações dos amigos baseavam-se unicamente na observação exterior, sem nenhum conhecimento do que se passava na terapia.

De uma maneira geral, esses resultados eram paralelos às avaliações do seu próprio comportamento por parte do cliente, com uma exceção interessante. Os clientes que tinham sido avaliados pelos seus terapeutas como revelando progressos na terapia avaliavam-se como manifestando um aumento de maturidade, e suas apreciações vinham a coincidir com as dos observadores. Mas os clientes que foram avaliados pelos terapeutas como tendo registrado progressos mínimos na terapia, e pelos observadores como revelando uma deterioração da maturidade do comportamento, descreviam-se como tendo registrado um grande aumento de maturidade, tanto no término da terapia como no fim do período de acompanhamento. Este fato parece evidenciar uma autoapreciação defensiva quando a terapia não foi bem-sucedida.

Pode-se, portanto, justificar a conclusão geral segundo a qual, quando a terapia centrada no cliente foi avaliada como reveladora de progressos ou movimento, verifica-se uma alteração significativa observável no comportamento cotidiano do cliente em direção a uma maior maturidade. Nas situações em que o terapeuta sente que houve um pequeno progresso, ou mesmo nenhum, na terapia, observa-se então uma deterioração do comportamento no sentido de uma maior imaturidade. Esta última descoberta tem um interesse particular, porque é a primeira evidência de que consequências desintegradoras podem acompanhar esforços malsucedidos para conseguir ajuda, numa relação com um terapeuta de orientação centrada no cliente. Embora essas consequências negativas não sejam significativas, elas devem, no entanto, merecer um estudo aprofundado.

Esse tipo de pesquisa ilustra as tentativas feitas para investigar os diferentes efeitos que a psicoterapia pode provocar no comportamento. Ao mesmo tempo, sugere algumas das dificuldades implícitas ao traçar um plano de investigação suficientemente rigoroso para se estar certo de que (a) houve efetivamente alterações no comportamento e (b) que essas alterações são uma consequência da terapia e não de outro fator qualquer.

Uma vez feito esse estudo global das alterações do comportamento cotidiano, é possível que as investigações sobre esses aspectos se efetuem melhor no laboratório, onde mudanças no comportamento de resolução de problemas, de adaptação, de resposta a situações de angústia ou de frustração, etc., podem ser estudadas em condições de controle mais rigoroso. No entanto, o estudo citado foi um estudo de vanguarda, ao estabelecer que a terapia bem-sucedida provoca uma alteração positiva no comportamento e que uma terapia fracassada pode produzir modificações negativas no comportamento.

*A qualidade da relação terapêutica
em relação aos progressos em terapia*

O estudo final que desejaria mencionar foi recentemente concluído por Barret-Lennard (1). Esse estudo tomava como ponto de partida uma formulação teórica minha sobre as condições necessárias para a mudança terapêutica. Ele partiu da hipótese de que, se se verificassem cinco condições de atitudes na relação, podia ocorrer no cliente uma mudança terapêutica. Para pesquisar esse problema, Barret-Lennard elaborou um "Inventário de Relações" com diferentes formas para o cliente e para o terapeuta, adequado à análise de cinco dimensões da relação. Até agora, ele analisou apenas os elementos fornecidos pela percepção da relação por parte do cliente e são os resultados a que chegou sob este aspecto que vou relatar.

Numa série de casos recentes, nos quais sabia que iria obter diversas medidas objetivas do grau de alteração, Barret-Lennard deu seu Inventário de Relações a cada cliente depois da quinta entrevista. A fim de sugerir melhor o caráter desse estudo, vou citar alguns dos itens referentes a cada uma das variáveis.

Barret-Lennard estava, por exemplo, interessado em saber em que medida o cliente se sentia empaticamente compreendido. Então incluiu itens tais como os expostos abaixo, em que o cliente avaliava o terapeuta segundo uma escala de seis graus que ia do muito verdadeiro ao extremamente não verdadeiro. É evidente que os itens a seguir representam diferentes graus da compreensão empática.

> Ele aprecia o que minha experiência quer dizer para *mim*.
> Ele tenta ver as coisas através dos meus olhos.
> Às vezes, ele pensa que eu sinto de determinada maneira porque ele sente dessa maneira.
> Ele compreende o que eu digo de um ponto de vista distante, objetivo.
> Ele compreende as minhas palavras, mas não aquilo que sinto.

Barret-Lennard procurou medir um segundo elemento, o *nível* de aceitação, o grau da estima do cliente pelo terapeuta. Para a análise desse aspecto, estabeleceu asserções como as seguintes, classificadas novamente, desde extremamente verdadeira até extremamente não verdadeira.

> Preocupa-se comigo.
> Interessa-se por mim.
> Tem curiosidade em ver "como é que eu funciono", mas não está realmente interessado em mim como pessoa.
> É indiferente em relação a mim.
> Desaprova-me.

Para medir o caráter incondicional da aceitação que o terapeuta manifesta ou o grau de profundidade da estima do terapeuta, foram incluídos itens com as seguintes formulações:

> Quer eu esteja manifestando "bons" sentimentos ou "maus" sentimentos, isso parece não fazer diferença no que ele sente por mim.
> Às vezes reponde-me de um modo mais positivo e mais amigável do que em outras.
> Seu interesse por mim depende daquilo de que estou falando com ele.

Com o objetivo de medir a congruência ou a autenticidade do terapeuta na relação, recorreu-se a asserções deste tipo:

> Comporta-se precisamente como é, na nossa relação.
> Finge que gosta de mim ou que me compreende mais do que realmente o faz.
> Às vezes, sua resposta exterior é muito diferente da sua reação interior em relação a mim.
> Está representando um papel comigo.

Barret-Lennard quis ao mesmo tempo medir uma outra variável que julgava importante – a acessibilidade ou a disposição do terapeuta a dar-se a conhecer. Para medir este aspecto, utilizou itens como os seguintes:

> Ele sempre me conta livremente seus próprios sentimentos e pensamentos quando quero saber quais são.
> Sente-se pouco à vontade quando lhe pergunto alguma coisa sobre si próprio.
> É incapaz de me dizer o que sente a meu respeito.

Alguns dos seus resultados são interessantes. O mais experiente dos seus terapeutas era visto como tendo as primeiras quatro qualidades num grau mais elevado do que os terapeutas menos experientes. Mas, na "disposição a dar-se a conhecer", o inverso é que era verdade.

Entre os clientes mais perturbados, as primeiras quatro medidas apresentam todas uma correlação significativa com o grau de modificação avaliado pelo terapeuta. A compreensão empática encontra-se significativamente associada com a modificação, mas a autenticidade, o nível de aceitação, a aceitação incondicional também se associam com a terapia bem-sucedida. A disposição a dar-se a conhecer não se mostrava associada de maneira significativa.

Podemos afirmar, portanto, com alguma segurança, que uma relação caracterizada por um elevado grau de congruência ou de autenticidade do terapeuta, por uma empatia sensível e precisa por parte do terapeuta, por um elevado grau de aceitação, de respeito, de estima em relação ao cliente, e pela ausência de condições limitativas dessa aceitação revela uma elevada probabilidade de se tornar uma relação terapêutica eficaz. Estas qualidades manifestam-se como as influências mais importantes que provocam as modificações da personalidade e do comportamento. A conclusão que se pode tirar legitimamente deste e de outros estudos do mesmo tipo é que essas qualidades podem ser medidas ou observadas em pequenas amostragens da interação, relativamente cedo na relação, e que se pode mesmo prever o resultado final dessa relação.

Esse estudo é um exemplo dos mais recentes trabalhos que se propõem como objetivo testar os aspectos mais sutis da teoria da terapia centrada no cliente. Deve-se notar que esse estudo não discute fatos técnicos ou conceituações, mas atém-se antes a qualidades experienciais e atitudinais intangíveis. Na minha opinião, a investigação em psicoterapia teve de percorrer um longo caminho para se tornar capaz de investigar esses elementos intangíveis. A demonstração positiva em relação a quatro das variáveis e a ausência de prova em relação à quinta é para mim uma indicação de que podem ser obtidos resultados discriminativos e utilizáveis de estudos realizados neste nível.

É mais do que curioso que as qualidades da relação que se acham associadas ao progresso terapêutico sejam todas referentes a atitudes. Embora se possa vir a verificar que o grau de conhecimentos profissionais, ou a competência e as técnicas, também se encontra associado à modificação da personalidade, este estudo mostra a possibilidade animadora de que determinadas qualidades de atitudes e da vivência possam por si mesmas, independentemente dos conhecimentos intelectuais ou do treino médico ou psicológico, ser suficientes para servir de estímulo a um processo terapêutico positivo.

Essa investigação é ainda pioneira sob um outro aspecto. Foi uma das primeiras explicitamente planejadas para estudar os elementos da psicoterapia que *causavam* ou provocavam as alterações. Sob esse aspecto, a teoria fez os suficientes progressos, bem como o aperfeiçoamento metodológico, de modo que podemos esperar um número crescente de estudos sobre a dinâmica das modificações da personalidade. Com o tempo, seremos capazes de distinguir e de medir as condições que causam ou que provocam as alterações positivas na personalidade e no comportamento.

Algumas investigações correntes

As investigações no domínio da psicoterapia conhecem uma notável expansão nos Estados Unidos. Mesmo o grupo psicanalítico começa a abordar uma série de estudos objetivos sobre o processo da terapia analítica. Seria, portanto, impossível pretender traçar o quadro completo do que hoje se faz neste campo, cuja configuração é tão complexa e tão rapidamente mutável. Vou me limitar a dar um ligeiro esboço de vários projetos de investigações e de programas de estudo referentes à terapia centrada no cliente que conheço de perto.

Está sendo realizado um estudo na Universidade de Chicago, sob a direção do Dr. John Shlien, que pretende investigar as alterações que ocorrem numa terapia de duração limitada e compara essas alterações com as que ocorrem na terapia habitual, sem limite de tempo. Na terapia de duração limitada, o cliente dispõe de um número preciso de entrevistas (vinte na maior parte dos casos, quarenta em alguns) e o processo terapêutico termina no fim desse período. O objetivo desse estudo consiste em analisar, por um lado, a maneira como o cliente utiliza o tempo que lhe é concedido e, por outro, a possibilidade de abreviar o período da terapia. Este programa deverá estar completo num futuro não muito distante.

Outro estudo estreitamente ligado ao anterior é uma investigação sobre a terapia adleriana de duração limitada. Com a colaboração ativa do Dr. Rudolph Dreikurs e dos seus colegas, o Dr. Shlien empreendeu um estudo exatamente paralelo ao anterior. Se o programa se realizar conforme as previsões, esse estudo provará que pode haver uma comparação direta de duas terapias nitidamente divergentes – a de Adler e a centrada no cliente – nas quais são aplicadas as mesmas baterias de testes antes e depois da terapia, ambas têm a mesma duração e todas as entrevistas são gravadas. Esta investigação constitui um marco e ampliará grandemente nossos conhecimentos dos elementos comuns e dos elementos divergentes nas diferentes formas do processo terapêutico.

Os Drs. Desmond Cartwright, Donald Fiske, William Kirtner e outros estão conduzindo na Universidade de Chicago uma outra investigação. Procuram investigar, numa base excepcionalmente ampla, muitos dos fatores que podem ser associados às alterações terapêuticas. É uma tentativa muito ampla para investigar muito desses elementos que até agora não foram considerados e que, no entanto, podem estar relacionados com o progresso ou a ausência de progresso na terapia.

Na Universidade de Wisconsin, os Drs. Robert Roessler, Norman Greenfield, Jerome Berlim e eu empreendemos um programa diversificado de estudos que, segundo se espera, levará, entre outras coisas, ao esclarecimento dos corolários fisiológicos e autonômicos da terapia centrada no cliente. Uma parte da investigação comporta o registro do reflexo psicogalvânico (RPG), da temperatura e do pulso do cliente durante a sessão de terapia. A comparação desses dados com as entrevistas gravadas talvez nos forneçam uma informação mais rica sobre a natureza fundamentalmente psicofisiológica do processo de modificação da personalidade.

Um projeto mais restrito, em que trabalham vários indivíduos, envolve o estudo objetivo do processo da psicoterapia. Num artigo recente (7), formulei um quadro teórico, baseado na observação, da sequência irregular das fases do processo psicoterapêutico. Estamos atualmente empenhados na tradução desta descrição teórica em termos de uma escala operacional que possa ser utilizada no estudo de entrevistas terapêuticas gravadas. Estão em curso estudos relacionados com a validade e a fidedignidade dessa escala.

Deve-se citar ainda um outro programa da Universidade de Wisconsin, em que o Dr. Eugene Gendlin e eu somos os principais investigadores e que tem como objetivo uma comparação do processo da psicoterapia em pacientes esquizofrênicos (tanto agudos como crônicos) com a psicoterapia em indivíduos normais. Cada terapeuta que participa no projeto atenderá três clientes de cada vez, com a mesma idade, do mesmo sexo e com idêntica situação socioeconômica: um esquizofrênico crônico, um esquizofrênico agudo e um indivíduo "normalmente" adaptado à comunidade. Graças à variedade dos testes aplicados antes e depois do tratamento, e às entrevistas gravadas, espera-se que esse estudo chegue a resultados muitos interessantes. Esta análise impele a demonstração das hipóteses da terapia centrada no cliente para um novo domínio, o do indivíduo psicótico hospitalizado. Uma parte fundamental da hipótese em que se assenta esse estudo é que, dadas as necessárias condições da terapia (tais como são descritas no estudo de Barret-Lennard), o processo de alteração revelar-se-á idêntico, tanto no indivíduo esquizofrênico como no indivíduo normal.

Confio em que essas descrições resumidas sejam suficientes para indicar o volume das investigações objetivas sugeridas pela prática e pela teoria da terapia centrada no cliente, sempre em processo contínuo de crescimento e de diferenciação.

O significado da investigação para o futuro

Ao concluir este capítulo, gostaria de comentar uma questão frequentemente levantada: "Aonde é que isso leva? Qual é o fim de todas essas investigações?".

Na minha opinião, o significado mais importante das investigações é que um corpo cada vez maior de conhecimentos objetivamente verificados em psicoterapia levará à eliminação das "escolas" de psicoterapia, incluindo a que nós representamos. À medida que aumentam os conhecimentos sólidos sobre as condições que facilitam a mudança terapêutica, sobre a natureza do processo psicoterapêutico, sobre as condições que bloqueiam ou inibem a terapia, sobre os efeitos característicos da terapia em termos de modificação da personalidade ou do comportamento, acentuar-se-ão muito menos as formulações puramente teóricas e dogmáticas. As opiniões diferentes, as técnicas psicoterapêuticas divergentes, as apreciações diversas sobre os efeitos, tudo isso estaria submetido a uma prova experimental em vez de estar entregue a debates ou argumentos teóricos.

Na medicina atual, por exemplo, não encontramos uma "escola de tratamento com penicilina" oposta a outras escolas de tratamento. Existem diferenças de opinião ou de apreciação, sem dúvida nenhuma; mas acredita-se que isso se resolverá num futuro previsível, graças a uma investigação cuidadosamente planejada. Precisamente por isso, creio que a psicoterapia se dirigirá progressivamente para os fatos, em vez de dogmas, como juiz de divergências.

Ao mesmo tempo, caminharemos para o desenvolvimento de uma psicoterapia cada vez mais eficaz e num estado permanente de evolução, que não precisará de nenhum rótulo, mas que incluirá tudo o que é suscetível de uma verificação fatual em qualquer das orientações em psicoterapia.

Poderia terminar aqui, mas gostaria de acrescentar uma palavra dirigida àqueles que se horrorizam por ver investigar um domínio pessoal tão delicado e inacessível como o é a psicoterapia. Essas pessoas podem julgar que submeter uma relação tão íntima a uma observação objetiva é o mesmo que despersonalizá-la, despojá-la das suas qualidades essenciais, reduzi-la a um frio sistema de fatos. Gostaria simplesmente de assinalar que, até agora, não foi esse o resultado da investigação. Pelo contrário. À medida que a investigação foi se ampliando, tornou-se cada vez mais evidente que as alterações significativas no cliente se operam ao nível de experiências eminentemente subjetivas e delicadas, tais como opções interiores, uma maior unidade da personalidade total, um sentimento diferente em relação ao seu próprio eu. Em relação ao terapeuta, ressalta de vários estudos recentes que, quanto mais ele for caloroso e sinceramente humano como terapeuta, interessado apenas na compreensão momento a momento dos sentimentos de uma pessoa que iniciou uma relação com ele, mais será um profissional eficaz. Não há certamente nada que indique que um terapeuta friamente intelectual, sistemático e analítico seja eficaz. Parece ser um dos paradoxos da psicoterapia que, para avançar na nossa compreensão neste domínio, se exija do indivíduo o abandono das suas crenças mais apaixonadas e das suas convicções mais firmes em favor dos testes impessoais da investigação empírica; mas, para ser eficaz como terapeuta, o indivíduo tem de utilizar esse conhecimento apenas para enriquecer e ampliar o seu próprio eu subjetivo e tem de ser esse eu, livremente e sem receio, nas relações com seu cliente.

Referências bibliográficas

1. Barrett-Lennard, G. T. – "Dimensions of the clientes experience of his therapist associated with personality change", tese de doutoramento inédita, Universidade de Chicago, 1959.

2. Bergman, D. V. – "Counseling method and client responses", *J. Consult. Psychol.*, 1951, *15*, pp. 216-224.

3. Butler, J. M., e G. V. Haigh – "Changes in the relation between self-concepts and ideal concepts consequent upon client-centered counseling", C. R. Rogers, e Rosalind F. Dymond (eds.), *Psychotherapy and Personality Change*, University of Chicago Press, 1954, pp. 55-75.

4. Cartwright, Desmond S. – "Annotated bibliography of research and theory construction in client-centered therapy", *J. of Counsel. Psychol.*, 1957, *4*, pp. 82-100.

5. Raskin, N. J. – "An objective study of the locus-of-evaluation factor in psychotherapy", W. Wolff, e J. A. Precker (eds.), *Success in Psychotherapy*, Nova York, Grune and Stratton, 1952, cap. 6.

6. Rogers, C. R. – "Changes in the maturity of behavior as related to therapy", C. R. Rogers, e Rosalind F. Dymond (eds.), *Psychotherapy and Personality Change*, University of Chicago Press, 1954, pp. 215-237.

7. Rogers, C. R. – "A process conception of psychotherapy", *Amer. Psychol.*, 1958, *13*, pp. 142-149.

8. Rogers C. R., e Dymond, R. F. (eds.) – *Psychotherapy and Personality Change*, University of Chicago Press, 1954, 447 pp.

9. Seeman, J., e N. J. Raskin – "Research perspectives in client-centered therapy", O. H. Mowrer (ed.), *Psychotherapy: theory and research*, Nova York, Ronald, 1953, pp. 205-234.

10. Stephenson, W. – *The Study of Behavior*, University of Chicago Press, 1953.

11. Thetford, William N. – "An objective measurement of frustration tolerance in evaluating psychotherapy", W. Wolff, e J. A. Precker (eds.), *Success in Psychotherapy*, Nova York, Grune and Stratton, 1952, cap. 2.

Sexta Parte
Quais são as implicações para a vida?

Descobri na experiência da psicoterapia implicações significativas e por vezes profundas para a educação, para a comunicação interpessoal, para a vida familiar e para o processo criativo.

Capítulo 13
Reflexões pessoais sobre ensino e aprendizagem

Este capítulo é o mais curto deste livro, mas, se minha experiência pode servir de critério, será igualmente o mais explosivo. Ele tem (para mim) uma história divertida.

Eu tinha aceitado, com alguns meses de antecedência, participar de uma reunião de estudo organizada pela Universidade de Harvard sobre o seguinte tema: "Perspectivas sobre a influência das aulas no comportamento humano". Tinham-me pedido para fazer uma demonstração do "ensino centrado no aluno" – ensino fundamentado nos princípios terapêuticos que eu procurava aplicar à educação. Parecia-me, no entanto, que gastar duas horas com um grupo já adiantado de alunos para tentar ajudá-los a formular os seus próprios objetivos e responder ao que eles pensavam, acompanhando-os nesse intento, seria bastante artificial e pouco satisfatório. Não sabia o que fazer ou apresentar.

Nessa conjuntura, parti para o México para uma das nossas viagens de inverno, pintei, escrevi e tirei fotografias, mergulhando ao mesmo tempo nas obras de Soeren Kierkegaard. Tenho certeza de que o esforço honesto deste autor para chamar as coisas pelo seu nome me influenciou mais do que eu pensava.

Quando estava prestes a regressar, tive de enfrentar a minha obrigação. Lembrei-me de que conseguira por vezes iniciar durante as aulas discussões verdadeiramente significativas, exprimindo uma opinião pessoal e tentando depois compreender e aceitar as reações e os sentimentos muitas vezes extremamente divergentes dos estudos. Pensei que seria esta a forma de levar a cabo a minha tarefa em Harvard.

Pus-me então a escrever, da maneira mais séria que me era possível, as minhas experiências em relação ao ensino, tal como este termo é definido nos dicionários, bem como a minha experiência com a aprendizagem. Estava muito longe dos psicólogos, dos pedagogos e de colegas cautelosos. Escrevia simplesmente o que sentia, com a certeza de que, se não o estivesse fazendo corretamente, a discussão me ajudaria a voltar ao caminho certo.

É possível que houvesse ingenuidade da minha parte, mas não considerava o material assim preparado inflamável. E depois, pensava eu, todos os participantes na reunião de estudo eram cultos, professores habituados à autocrítica, ligados por um interesse comum pelos métodos de discussão nas aulas.

Quando cheguei à reunião, apresentei minhas ideias tal como as tinha escrito, gastando nisso apenas alguns momentos, e declarei aberta a discussão. Aguardava uma resposta, mas não estava à espera do tumulto que se seguiu. A emoção era intensa. Parecia que eu lhes estava ameaçando o emprego, que estava, evidentemente, dizendo coisas cujo sentido me escapava, etc., etc. De vez em quando, surgia uma voz calma de apreciação de um professor que sentia o mesmo, mas que nunca ousara formulá-lo.

Parecia que nenhum dos membros do grupo se lembrava de que a reunião consistia numa demonstração do ensino centrado no estudante. Tenho, no entanto, a esperança de que, ao reconsiderarem o que se passou, cada um compreenderá que viveu uma experiência do ensino centrado no aluno. Recusei defender-me com respostas às perguntas e aos ataques que surgiam de toda a sala. Procurei aceitar e entrar num contato empático com a indignação, a frustração, as críticas que os participantes manifestavam. Acentuei que tinha simplesmente ex-

presso algumas perspectivas pessoais. Não pedia, nem esperava, que os outros concordassem comigo. Depois de muito barulho, os membros do grupo começaram a exprimir, com uma franqueza crescente, seus próprios sentimentos significativos com relação ao ensino – sentimentos muito divergentes dos meus e divergentes entre si. Foi uma sessão extremamente estimulante para a reflexão. Pergunto se algum dos participantes dessa reunião conseguiu esquecê-la.

O comentário mais significativo partiu de um dos participantes da reunião, na manhã seguinte, quando me preparava para deixar a cidade. Disse-me só o seguinte: "Você ontem tirou o sono de muita gente".

Não fiz qualquer tentativa para publicar esse curto fragmento. Meus pontos de vista sobre a psicoterapia já tinham feito de mim uma "figura controversa" entre psicólogos e psiquiatras. Não queria acrescentar os educadores a essa lista. O texto foi, no entanto, amplamente divulgado entre os participantes da reunião e, alguns anos mais tarde, duas revistas pediram autorização para publicá-lo.

Depois destes fundamentos históricos, talvez fiquem desapontados com o texto. Pessoalmente, nunca pensei que fosse incendiário. Ele continua a traduzir alguns dos meus mais arraigados pontos de vista no campo da educação.

Pretendo apresentar algumas breves observações, na esperança de que, se provocarem reações de sua parte, eu possa clarificar minhas próprias ideias.

Acho que *pensar* é uma coisa embaraçosa, particularmente quando penso nas minhas próprias experiências e procuro extrair delas a significação que parece ser genuinamente inerente a elas. A princípio, estas reflexões são bastantes satisfatórias porque parecem levar à descoberta de um sentido e de uma certa estrutura num todo complexo de elementos isolados. Mas, depois, frequentemente isso se torna desanimador porque compreendo como essas reflexões, que têm para mim tanto valor, parecem ridículas a muita gente. Tenho a impressão de que, quase sempre, quando tento descobrir o significado da minha própria experiência, me vejo levado a conclusões consideradas absurdas.

Procurarei por conseguinte condensar, em três ou quatro minutos, aquilo que extraí da experiência das aulas e da experiência na terapia individual ou de grupo. O resultado não procura ser uma conclusão seja para quem for ou um guia para o que os outros deveriam ser ou fazer. Trata-se de uma expressão muito provisória do significado que, em abril de 1952, minha experiência tinha para mim e algumas das questões perturbadoras levantadas pelo seu caráter absurdo. Vou formular cada uma das ideias a que cheguei num parágrafo separado, não porque se alinhem segundo uma ordem lógica qualquer, mas porque cada resultado tem uma importância que lhe é específica.

a) Posso tomar como ponto de partida a seguinte ideia, dado o objetivo desta reunião. *Segundo minha experiência, não posso ensinar a outra pessoa a maneira de ensinar*. Trata-se de uma tentativa que é, para mim, a longo prazo, vã.

b) *Creio que aquilo que se pode ensinar a outra pessoa não tem grandes consequências, com pouca ou nenhuma influência significativa sobre o comportamento*. Isto parece ato ridículo que não posso deixar de colocá-lo em dúvida ao mesmo tempo que o estou formulando.

c) *Compreendo cada vez melhor que apenas estou interessado nas aprendizagens que tenham uma influência significativa sobre o comportamento*. É muito possível que se trate unicamente de uma idiossincrasia pessoal.

d) *Sinto que o único aprendizado que influencia significativamente o comportamento é o aprendizado autodescoberto, autoapropriado.*

e) *Um conhecimento autodescoberto, essa verdade que foi pessoalmente apropriada e assimilada na experiência, não pode ser comunicada diretamente a outra pessoa*. Assim que um indivíduo tenta comunicar essa experiência diretamente, muitas vezes com um entusiasmo absolutamente natural, começa a

Quais são as implicações para a vida?

ensinar, e os resultados disso não têm consequências. Animou--me recentemente descobrir que Soeren Kierkegaard, o filósofo dinamarquês, chegara a uma conclusão idêntica, partindo da sua própria experiência, e a exprimira com toda a clareza há cerca de um século. Parece portanto menos absurdo.

f) Como consequência do que se disse no parágrafo anterior, *compreendi que tinha perdido o interesse em ser professor.*

g) Quando tento ensinar, como faço às vezes, fico consternado pelos resultados, que me parecem praticamente inconsequentes, porque, por vezes, o ensino parece ser bem-sucedido. Quando isso acontece, verifico que os resultados são prejudiciais, parecem levar o indivíduo a desconfiar da sua própria experiência e isso destrói uma aquisição de conhecimentos que seja significativa. *Por isso, sinto que os resultados do ensino ou não têm importância ou são perniciosos.*

h) Quando considero os resultados do meu ensino passado, a conclusão real parece ser a mesma – ou foi prejudicial ou nada de significativo ocorreu. Isto é francamente aflitivo.

i) Por conseguinte, *compreendi que estava unicamente interessado em ser um aluno, de preferência em matérias que tenham qualquer influência significativa sobre o meu próprio comportamento.*

j) *Sinto que é extremamente compensador aprender,* em grupo, nas relações com outra pessoa, como na terapia, ou por mim mesmo.

k) *Julgo que, para mim, uma das melhores maneiras, mas das mais difíceis, de aprender é abandonar minhas defesas, pelo menos temporariamente, e tentar compreender como é que a outra pessoa encara e sente a sua própria experiência.*

l) *Para mim, uma outra forma de aprender é confessar minhas próprias dúvidas, procurar esclarecer meus enigmas, a fim de compreender melhor o significado real da minha experiência.*

m) Toda essa série de experiências e de conclusões a que cheguei lançaram-me num processo que tanto é fascinante como, por vezes, aterrorizador. *Ou seja, parece indicar que devo me deixar levar por minha experiência numa direção que me parece positiva, para objetivos que posso definir obscuramente, quando procuro compreender pelo menos o significado normal dessa experiência.* Isto dá a sensação de flutuar numa corrente complexa de experiência, com a possibilidade fascinante de compreender a complexidade das suas constantes alterações.

Receio ter-me afastado do problema em discussão: aprender e ensinar. Permitam-me que volte a introduzir uma observação prática, declarando que essas interpretações da minha própria experiência, por si mesmas, podem parecer estranhas e aberrantes mas não particularmente chocantes. E é no momento em que compreendo suas *implicações* que estremeço um pouco ao ver o quanto me afastei do mundo do senso comum que, como todos sabem, está certo. Posso ilustrá-lo dizendo que, se a experiência dos outros for semelhante à minha e se eles tiverem chegado a idênticas conclusões, decorrerão deste fato inúmeras consequências:

a) Uma tal experiência implicaria que se deveria renunciar ao ensino. As pessoas teriam de reunir-se se quisessem aprender.

b) Deveríamos renunciar aos exames. Eles medem apenas o tipo de ensino inconsequente.

c) Pela mesma razão, deveríamos acabar com notas e créditos.

d) Deveríamos abandonar os diplomas como títulos de competência, em parte pela mesma razão. Outra reside no fato de um diploma marcar o fim ou a conclusão de algo, e aquele que aprende está unicamente interessado em continuar a aprender.

e) Uma outra implicação seria abolir a exposição de conclusões, pois compreenderíamos que ninguém aprende nada de significativo a partir de conclusões.

Julgo que é melhor ficar por aqui. Não quero precipitar-me no fantástico. O que sobretudo pretendo saber é se algo do meu pensamento interior, tal como tentei descrevê-lo, diz alguma coisa à sua experiência docente tal como vocês a viveram e, se assim for, qual será para vocês o significado dessa *sua* experiência.

Capítulo 14
A aprendizagem significativa:
na terapia e na educação

O Goddard College, em Plainfield, Vermont, é uma pequena escola experimental que, como complemento dos seus esforços para formar seus alunos, organiza frequentemente conferências e reuniões de trabalho para educadores onde se debatem importantes problemas. Pediram-me para dirigir uma dessa reuniões de trabalho em fevereiro de 1958 sobre "As Implicações da Psicoterapia na Educação". Professores e administradores escolares do leste do país, e especialmente da zona da Nova Inglaterra, abriram caminho através de um espesso manto de neve para passarem três dias juntos, concentrados no trabalho.

Resolvi tentar reformular alguns pontos de vista meus sobre o ensino e a aprendizagem nessa reunião, esperando seguir um caminho que provocasse menos distúrbios do que a apresentação do capítulo precedente, mas sem alterar as implicações radicais de uma abordagem terapêutica. Este capítulo é o resultado dessa resolução. Para aqueles que conhecem a Segunda Parte deste livro, as seções sobre "As condições da aprendizagem em psicoterapia" e "O processo de aprendizagem em terapia" serão redundantes e pode ser omitida sua leitura, pois são apenas uma repetição das condições básicas da terapia, como já foram descritas.

Para mim, este capítulo é a reformulação que mais me satisfaz sobre o significado das hipóteses da terapia centrada no cliente no domínio da educação.

O que aqui se apresenta é uma tese, um ponto de vista sobre as implicações que a psicoterapia tem para a educação. É uma posição que assumo provisoriamente e com alguma hesitação. Tenho muitas questões por responder sobre essa tese. Mas ela é, segundo julgo, clara, e pode portanto oferecer um ponto de partida de onde se podem destacar nitidamente as diferenças.

Aprendizagem significativa em psicoterapia

Começo por dizer que minha longa experiência como terapeuta me convenceu de que a aprendizagem significativa é facilitada na psicoterapia e ocorre na relação terapêutica. Por aprendizagem significativa entendo aquela que provoca uma modificação, quer seja no comportamento do indivíduo, na orientação da ação futura que escolhe ou nas suas atitudes e na sua personalidade. É uma aprendizagem penetrante, que não se limita a um aumento de conhecimentos, mas que penetra profundamente todas as parcelas da sua existência.

Mas não se trata apenas de minha impressão subjetiva de que uma aprendizagem desse tipo existe. Esta impressão é confirmada pela investigação. Na orientação que me é mais familiar, a terapia centrada no cliente, onde se fez a maior parte das investigações, sabemos que um contato terapêutico dessa natureza conduz a aprendizagens ou a alterações como as que se seguem:

A pessoa começa a ver-se de modo diferente.

Aceita-se e aceita seus sentimentos de uma maneira mais total.

Torna-se mais autoconfiante e mais autônoma.

Torna-se mais na pessoa que gostaria de ser.

Torna-se mais flexível, menos rígida nas suas percepções.

Adota objetivos mais realistas.
Comporta-se de uma forma mais amadurecida.
Modifica seus comportamentos desadaptados, mesmo que se trate de um comportamento há muito estabelecido, como o alcoolismo crônico.
Aceita mais abertamente os outros.
Torna-se mais aberta à evidência, tanto no que se passa fora de si como no seu íntimo.
Modifica suas características básicas de personalidade, de uma maneira construtiva[1].

Julgo que isso talvez seja suficiente para indicar que todas essas são formas de aprendizagem significativas e que levam a mudanças de comportamento.

Aprendizagem significativa em educação

Creio que tenho razão ao afirmar que os educadores estão também interessados em aprendizagens que provoquem alterações. O simples conhecimento dos fatos tem o seu valor. Saber quem ganhou a batalha de Poltava ou quando é que foi executada pela primeira vez uma determinada obra de Mozart pode render 64 mil dólares ou outra soma qualquer ao possuidor dessa informação[2], mas creio que de uma maneira geral os educadores se sentiriam um pouco embaraçados perante a ideia de que a educação se constituiria na aquisição desse tipo de conhecimentos. Isto me faz lembrar a vigorosa expressão de um professor de agronomia que tive nos meus primeiros anos de universidade. Embora os conhecimentos que adquiri nesse curso tenham desaparecido completamente, lembro-me no entanto, com a Primeira Guerra Mundial como pano de fundo, que ele comparava o conhecimento dos fatos a munições. Esse professor terminava o seu pequeno discurso com a exortação: "Não sejam um vagão de munições; sejam uma espingarda!". Julgo que a maior parte dos educadores partilharia da opinião de que o conhecimento existe principalmente para ser utilizado.

Por conseguinte, na medida em que os educadores estão interessados em aprendizagens que sejam funcionais, que provoquem modificações no comportamento, que penetrem a pessoa e suas ações, poderão olhar para o campo da psicoterapia em busca de exemplos e de ideias. Uma certa adaptação à educação do processo de aprendizagem que se verifica em psicoterapia pode oferecer possibilidades favoráveis.

As condições da aprendizagem em psicoterapia

Vejamos, portanto, o que está essencialmente implicado nas possibilidades da aprendizagem que se registra na terapia. Gostaria de enumerar, tão claramente quanto possível, as condições que devem estar reunidas para que esse fenômeno possa ocorrer.

Enfrentando um problema

O cliente defronta, em primeiro lugar, com uma situação que ele apreende como um problema grave e importante. Pode ser que ele descubra que se comporta de uma forma que não pode controlar, ou que está dominado por confusões e conflitos, ou que a sua vida conjugal está se desfazendo, ou que é infeliz no seu trabalho. Resumindo, ele depara com um problema que tenta resolver e não consegue. Está, portanto, ávido de aprender, embora ao mesmo tempo se sinta receoso com o que possa vir a descobrir de perturbador em si mesmo. Desse modo, uma das condições quase sempre presente é um desejo indefinido e ambivalente de aprender ou de se modificar, desejo que provém de uma dificuldade percebida no encontro com a vida.

Quais são as condições que um indivíduo enfrenta quando entra em contato com um terapeuta? Tracei recentemente um quadro teórico das condições necessárias e suficientes que o terapeuta oferece para que ocorra uma alteração construtiva ou uma aprendizagem significativa (8). Essa teoria vem sendo comprovada em vários dos seus aspectos pela investigação experimental, mas ainda deve ser considerada como uma teoria baseada mais na experiência clínica do que em fatos provados. Procurarei descrever resumidamente as condições que parecem essenciais na atitude do terapeuta.

Congruência

Para que a terapia tenha êxito, é necessário que o terapeuta seja, na relação, uma pessoa unificada, integrada ou congruente. O que quero dizer com isso é que ele deve ser na relação exatamente aquilo que *é* – não uma fachada, um papel ou uma ficção. Recorri ao termo "congruência" para designar essa combinação precisa da vivência com a consciência. Quando o terapeuta está completa e precisamente consciente do que está vivenciando num determinado momento da relação, então ele é plenamente congruente. Quanto menos congruência existir, menos probabilidades existem de ocorrer uma aprendizagem significativa.

Apesar da real complexidade desse conceito de congruência, creio que todos a reconhecemos de um modo intuitivo e natural nos indivíduos com quem tratamos. Reconhecemos num indivíduo que ele não só pretende dizer exatamente aquilo que diz, mas que seus sentimentos mais profundos se revelam naquilo que está expressando. Por conseguinte, quando o indivíduo está irritado ou é afetuoso, quando está envergonhado ou entusiasmado, sentimos que ele é o mesmo em todos os níveis – no que está vivenciando no nível organísmico, no nível da consciência e nas suas palavras e comunicações. Além disso, reconhecemos que aceita seus sentimentos imediatos. Dizemos de uma pessoa assim que sabemos "exatamente onde ela está". Tendemos a nos sentir bem e confiantes numa relação desse tipo. Com outra pessoa, reconhecemos que aquilo que ela está dizendo é, quase com certeza, uma defesa ou uma fachada. Perguntamo-nos o que será que ela *realmente* sente e experimenta por detrás dessa fachada. Também nos perguntamos se *ela* sabe o que realmente sente, reconhecendo que pode estar perfeitamente inconsciente do sentimento que está efetivamente vivenciando. Com uma pessoa desse gênero tendemos a ser cautelosos e prudentes. Não é esse o tipo de relação em que se podem eliminar as defesas ou em que pode ocorrer uma alteração e uma aprendizagem significativas.

Logo, a segunda condição da terapia é que o terapeuta se caracterize por um considerável grau de congruência na relação. Ele é livremente, profundamente ele próprio e aceita-se como é, com a vivência real dos seus sentimentos e das suas reações combinada com uma aguda consciência desses sentimentos e dessas reações assim que elas ocorrem e se modificam.

Consideração positiva incondicional

Uma terceira condição é o terapeuta sentir uma calorosa preocupação pelo seu cliente – uma preocupação que não é possessiva, que não exige qualquer gratificação pessoal. É simplesmente uma atmosfera que demonstra: "Eu me preocupo"; e não "Eu me preocupo com você se comportar desta ou daquela maneira". Standal (11) designou essa atitude como "consideração positiva incondicional", pois que não lhe estão agregadas condições de apreciação. Empreguei frequentemente o termo "aceitação" para descrever esse aspecto do clima terapêutico. Ele implica que se devem aceitar tanto as expressões negativas do cliente, os sentimentos "maus", de desgosto, de medo ou de anormalidade, como as suas expressões de sentimentos "bons", positivos, maduros, confiantes e sociais. A aceitação implica que se veja o cliente como uma pessoa *independente*, permitindo-lhe experimentar os seus próprios sentimentos e descobrir o que a sua experiência significa. É na medida em que o terapeuta pode garantir esse clima de segurança e de consideração positiva incondicional que pode surgir no cliente uma aprendizagem significativa.

Uma compreensão empática

A quarta condição necessária à terapia é que o terapeuta experimente uma compreensão aguda e empática do mundo do cliente, como se fosse visto do interior. Captar o mundo particular do cliente como se fosse o seu próprio mundo, mas sem nunca esquecer esse caráter de "como se" – é isso a empatia, que surge como essencial no processo terapêutico. Sentir a angústia, o receio ou a confusão do cliente como se se tratasse de sentimentos seus e, no entanto, sem que a angústia, o receio ou a confusão do terapeuta se misturassem com os do cliente, tal é a condição que estamos tentando descrever. Quando o mundo do cliente é claro para o terapeuta, que nele se movimenta à vontade, nesse caso ele pode comunicar sua compreensão do que é claramente conhecido pelo cliente e pode igualmente exprimir significados da experiência do cliente de que este dificilmente tem consciência. Que uma empatia penetrante deste tipo seja importante para a terapia é o que ressalta dos estudos de Fiedler onde aspectos como os que abaixo referimos são considerados importantes na descrição da relação estabelecida por terapeutas experientes:

O terapeuta é capaz de compreender bem os sentimentos do paciente.

O terapeuta nunca tem dúvidas sobre o que o paciente pretende dizer.

As observações do terapeuta ajustam-se exatamente às disposições e atitudes do paciente.

O tom de voz do terapeuta mostra a sua perfeita capacidade para partilhar dos sentimentos do paciente (3).

A quinta condição

Uma quinta condição para que se dê uma aprendizagem significativa em terapia é a de que o cliente experimente ou apreenda algo da congruência, aceitação e empatia do terapeuta. Não basta que essas condições existam no terapeuta. É necessário que, num certo grau, tenham sido comunicadas com êxito ao cliente.

O processo de aprendizagem em terapia

Nossa experiência ensina-nos que, quando essas cinco condições existem, ocorre inevitavelmente um processo de alteração. As percepções rígidas de si mesmo e dos outros, por parte do cliente, distendem-se e abrem-se à realidade. As formas rígidas com que ele construía a significação da sua experiência são analisadas, e ele se descobre questionando muitos dos "fatos" da sua vida, descobrindo que são "fatos" unicamente porque ele assim os considerou. Descobre sentimentos de que não tinha consciência e experimenta-os, muitas vezes de uma maneira viva, durante a relação terapêutica. Aprende desse modo a estar mais aberto à sua experiência integral – tanto no que lhe é interior como exterior. Ele aprende a *ser* mais a sua experiência, a ser os seus sentimentos, tanto os sentimentos que considerava temíveis como os que qualificava como mais aceitáveis. Torna-se uma pessoa mais flexível, mais modificável, mais capaz de aprender.

O principal motivo da alteração

No processo terapêutico não é necessário que o terapeuta "motive" o cliente ou forneça a energia que provoca a alteração. Em certo sentido, a motivação tampouco vem do cliente, pelo menos de uma forma consciente. Digamos antes que a motivação para a aprendizagem e para a mudança deriva da tendência autorrealizadora da própria vida, da tendência do organismo para percorrer os diferentes canais de desenvolvimento potencial, na medida em que estes podem ser experimentados como favorecendo o crescimento.

Poderia prolongar-me bastante sobre esse tema, mas meu objetivo não é focar o processo da terapia e a aprendizagem que dele decorre, nem a motivação dessa aprendizagem, mas antes estudar as condições que a tornam possível. Por isso vou concluir rapidamente essa descrição da terapia, dizendo que é um tipo de aprendizagem significativa que ocorre quando cinco condições estão reunidas:

O cliente sente-se confrontado com um problema sério e significativo.

O terapeuta é uma pessoa congruente na relação, capaz de *ser* a pessoa que *é*.

O terapeuta sente uma consideração positiva incondicional em relação ao seu cliente.

O terapeuta sente uma compreensão empática aguda do mundo privado do cliente e comunica-lhe essa compreensão.

O cliente apreende num grau maior ou menor a congruência, a aceitação e a empatia do terapeuta.

Implicações no domínio da educação

Qual é o significado dessas condições aplicadas à educação? Sem dúvida que um professor daria uma resposta melhor do que a minha, a partir da sua própria experiência. Sugiro, no entanto, algumas dessas implicações.

O contato com os problemas

Em primeiro lugar, pode dizer-se que se verifica mais facilmente uma aprendizagem significativa quando as situações são percebidas como problemáticas. Julgo ter provas para sustentar esta afirmação. Nas minhas diversas tentativas para dirigir cursos e grupos segundo formas coerentes com a minha experiência terapêutica, descobri que tal abordagem era mais eficaz, creio eu, em *workshops* do que em cursos normais, em cursos de extensão do que em cursos magistrais. Os indivíduos que participam de *workshops* ou de cursos de extensão são aqueles que estão em contato com problemas que eles reconhecem como problemas. O estudante que segue um curso universitário normal, de modo particular as aulas obrigatórias, está preparado para encarar o curso como uma experiência em que sua expectativa é manter-se passivo ou cheio de ressentimento, ou as duas coisas ao mesmo tempo, uma experiência cuja ligação com os seus próprios problemas ele muitas vezes não vê.

No entanto, minha experiência mostrou-me igualmente que, quando uma turma normal da universidade encara o seu curso como uma experiência que pode utilizar para resolver problemas que *os* afetam, é espantoso o sentimento de alívio e o progresso que se consegue. E isto é verdade para cursos tão diferentes como a Matemática ou a Psicologia da Personalidade.

Julgo que a atual situação da educação na Rússia confirma esse ponto de vista. Quando uma nação inteira verifica ter de enfrentar o problema urgente do seu atraso – na agricultura, na produção industrial, no desenvolvimento científico e no progresso dos armamentos – dá-se um espantoso incremento da aprendizagem significativa, de que os *Sputniks* são um exemplo palpável.

Por conseguinte, a primeira implicação no domínio da educação poderia ser a de permitir ao aluno, seja em que nível do ensino for, estabelecer um real contato com os problemas importantes da sua existência, de modo a distinguir os problemas e as questões que pretende resolver. Tenho perfeita consciência de que esta implicação, como outras que irei mencionar, vão no sentido contrário às atuais correntes da nossa cultura, mas comentarei esse aspecto posteriormente.

Creio que ficou bem claro desta minha descrição da terapia que uma importante implicação para a educação seria que a tarefa do professor fosse criar um clima nas aulas que facilitasse a ocorrência de uma aprendizagem significativa. Esta implicação geral pode desdobrar-se em várias subseções.

A autenticidade do professor

A aprendizagem pode ser facilitada, segundo parece, se o professor for congruente. Isso implica que o professor seja a pessoa que é e que tenha uma consciência plena das atitudes que assume. A congruência significa que ele aceita seus sentimentos reais. Torna-se então uma pessoa real nas relações com seus alunos. Pode mostrar-se entusiasmado com assuntos de que gosta e aborrecido com aqueles pelos quais não tem predileção. Pode irritar-se, mas é igualmente capaz de ser sensível ou simpático. Porque aceita esses sentimentos como *seus*, não tem necessidade de impô-los aos seus alunos, nem insiste para que estes reajam da mesma forma. O professor é uma *pessoa*, não a encarnação abstrata de uma exigência curricular ou um canal estéril através do qual o saber passa de geração em geração.

Posso sugerir apenas uma prova que confirma esse ponto de vista. Quando penso nos professores que facilitaram a minha própria aprendizagem, parece-me que cada um deles possuía essa qualidade de ser uma pessoa autêntica. Pergunto se a memória de vocês não dirá o mesmo. Se assim for, talvez importe menos que o professor cumpra todo o programa estabelecido ou utilize os métodos audiovisuais mais apropriados; o que mais importa é que ele seja congruente, autêntico nas suas relações com os alunos.

Aceitação e compreensão

Uma outra consequência para o professor é que a aprendizagem significativa é possível se o professor for capaz de aceitar o aluno tal como ele é e de compreender os sentimentos que ele manifesta. Retomando as condições terceira e quarta da terapia que especificamos, o professor que é capaz de uma aceitação calorosa, que pode ter uma consideração positiva incondicional e entrar numa relação de empatia com as reações de medo, de expectativa e de desânimo que estão presentes quando se enfrenta uma nova matéria, terá feito muitíssimo para estabelecer as condições da aprendizagem. Clark Moustakas, no seu livro *The Teacher and the Child* (5), oferece um grande número de exemplos de situações individuais e de grupo, desde o jardim-de-infância até o ensino superior, onde o professor se esforça por atingir esse tipo de objetivos. Talvez alguns se sintam perturbados pelo fato de o professor assumir essas atitudes, procurando aceitar os sentimentos dos estudantes, não apenas nas reações em relação ao trabalho escolar, mas nas atitudes perante os pais, nos sentimentos de ódio em relação aos irmãos e irmãs, em relação a si próprios – em toda a espécie de atitudes. Têm esses sentimentos e essas atitudes o direito de existir abertamente num estabelecimento escolar? Minha tese é que sim. Estão relacionados com a evolução da pessoa, com sua aprendizagem eficaz e seu funcionamento efetivo, e tratar esses sentimentos de uma maneira compreensiva e receptiva tem uma forte ligação com a aprendizagem da geografia do Paquistão ou com o processo de fazer uma longa divisão.

Os recursos disponíveis

O aspecto anterior leva-me a uma outra implicação da terapia no domínio da educação. Na terapia, os recursos para que alguém aprenda como é são-lhe interiores. Poucos são os elementos que o terapeuta pode fornecer ao cliente e que possam ajudá-lo, pois os dados existem no interior da pessoa. Na educação, isto não é verdade. Existem muitos recursos do conhecimento, de técnicas, de teorias, que constituem matéria-prima a ser utilizada. Julgo que o que disse sobre a terapia sugere que esses materiais, esses recursos, devem ser postos à disposição dos estudantes e não impostos. Exige-se aqui uma grande sinceridade e uma grande sensibilidade.

Não preciso relacionar os meios habitualmente utilizados – livros, mapas, manuais, gravações, salas, aparelhos e outros materiais. Meditemos um momento no modo como o professor utiliza a si mesmo, aos seus conhecimentos e experiências como

Quais são as implicações para a vida?

um meio. Se o professor adotasse o ponto de vista que venho tratando, ele quereria provavelmente pôr-se à disposição da turma, pelo menos das seguintes maneiras:

O professor procuraria permitir aos alunos conhecerem a experiência específica e os conhecimentos que possui num determinado domínio, possibilitando-lhes o recurso à sua competência. Não gostaria, porém, que eles se sentissem obrigados a utilizá-lo desse modo.

Desejaria que eles soubessem que sua própria forma de pensar sobre esse campo, de organizá-lo, estaria à sua disposição, mesmo através de uma exposição oral, se o desejassem. Gostaria que isso fosse considerado uma oferta, que tanto pode ser aceita como recusada.

Procuraria tornar-se conhecido como um provedor de recursos. O professor estaria disposto a considerar as possibilidades de conseguir, como fonte de referência, qualquer informação que um indivíduo ou todo o grupo seriamente pretendesse para aumentar seus conhecimentos.

Ele procuraria fazer com que a qualidade da sua relação com o grupo fosse tal que seus sentimentos estivessem à disposição de todos, sem os impor e sem se tornarem uma influência restritiva. Poderia assim compartilhar o entusiasmo e a excitação da sua própria aprendizagem, sem insistir para que os estudantes seguissem os seus passos; as atitudes de desinteresse, de satisfação, de espanto ou de agrado que adotasse frente às atividades individuais ou de grupo não se tornariam recompensas ou punições para os alunos. Ele gostaria de poder dizer, simplesmente, de si para si mesmo: "Não gosto disso", e gostaria que o aluno pudesse também dizer com igual liberdade: "Mas eu gosto."

Desse modo, sejam quais forem os recursos de ensino que forneça – um livro, uma sala de trabalho, um novo aparelho, uma oportunidade para observar um processo industrial, uma exposição baseada no seu próprio estudo, um quadro, um gráfico ou um mapa, ou as suas próprias reações emocionais – ele sentiria que essas coisas são oferecidas para serem usadas se forem úteis ao aluno, esperando que sejam encaradas como tal. Não pretende que elas sejam guias, expectativas, comandos, imposições ou exigências. Ofereceria ele mesmo todos os outros recursos que pudesse descobrir, para serem utilizados.

O motivo fundamental

Depois disto fica bem patente que o professor confia basicamente na tendência autorrealizadora de seus alunos. A hipótese de que partiria é de que os estudantes que estão em contato real com os problemas da vida procuram aprender, desejam crescer e descobrir, esperam dominar e querem criar. Sua função consistiria no desenvolvimento de uma relação pessoal com seus alunos e de um clima nas aulas que permitissem a realização natural dessas tendências.

Algumas omissões

Vimos algumas das consequências de uma perspectiva terapêutica aplicada ao processo educacional. Para defini-las um pouco melhor, consideremos alguns aspectos que não estão implicados nessa perspectiva.

Não incluí as conferências, palestras e exposições sobre determinados assuntos que são impostos aos estudantes. Todos esses processos poderiam ser parte da experiência se fossem desejados, implícita ou explicitamente, pelos estudantes. Mesmo aqui, porém, um professor que trabalhe segundo uma hipótese baseada na terapia sentirá rapidamente a variação desse desejo. Ele pode ter sido convidado a fazer uma conferência ao grupo (e fazer uma conferência *convidado* é *muito* diferente da experiência habitual nas aulas), mas, se detectar no grupo um desinteresse e um aborrecimento crescentes, reagirá a isso tentando compreender os sentimentos suscitados, pois sua resposta aos seus sentimentos e às suas atitudes tem precedência sobre o seu interesse em expor a matéria.

Quais são as implicações para a vida? 335

Não incluí nenhum projeto de avaliação da aprendizagem dos alunos em termos de critérios externos. Não incluí, em outras palavras, os exames. Julgo que testar os resultados de um aluno para ver se eles vão ao encontro de um critério estabelecido pelo professor é diretamente contrário às implicações da terapia para a aprendizagem significativa. Em terapia, os exames são colocados pela *vida*. O cliente enfrenta-os, vencendo-os algumas vezes, fracassando noutras. Ele descobre que pode utilizar os recursos da relação terapêutica e a sua experiência nela para se organizar a si mesmo de modo a poder enfrentar mais satisfatoriamente as provas da vida, da próxima vez que elas se lhe depararem. Considero também esse aspecto como o paradigma da educação. Imaginemos o que isso poderia significar.

Numa educação desse gênero, as exigências relativas a muitas situações da vida fariam parte dos meios que o professor proporciona. O aluno ficará sabendo que não pode seguir um curso de engenharia sem um determinado nível matemático; que não pode conseguir trabalho numa certa empresa sem um diploma universitário; que não pode vir a ser um psicólogo sem ter feito uma pesquisa independente para doutoramento; que não pode ser médico sem conhecimentos de química; que não pode guiar um veículo sem ter passado num exame de leis de trânsito. Essas exigências são estabelecidas, não pelo professor, mas pela vida. O professor está lá para proporcionar os meios que o aluno poderá usar para aprender como tornar-se capaz de enfrentar essas provas.

Poderia haver, dentro da escola, avaliações análogas. O aluno poderia ter de encarar o fato de não poder entrar para o clube de matemática sem ter obtido um certo nível nos testes padronizados de matemática; de não poder revelar o seu filme sem ter dado prova de conhecimentos de química e de técnicas de laboratório; de não poder entrar na seção especial de literatura antes de ter provado uma ampla leitura e capacidade para escrever. O lugar natural da avaliação na vida é como um bilhete de entrada, não como uma tacada sobre o recalcitrante. Nossa experiência na terapia sugere que o mesmo deveria acontecer na escola. Devia-se deixar o estudante livre para escolher, como pessoa que se respeita e que se motiva a si mesma, se deseja fazer um esforço para alcançar esses bilhetes de entrada. Evitar-se-ia assim obrigá-lo ao conformismo, a sacrificar sua criatividade e a levar a sua vida em termos dos padrões alheios.

Tenho perfeita consciência de que os dois elementos que acabei de mencionar – as conferências e as exposições impostas ao grupo pelo professor e a avaliação do indivíduo por este – constituem os principais da educação habitual. Desse modo, quando afirmo que a experiência em psicoterapia sugere que ambos devem ser eliminados, torna-se ainda mais evidente que as implicações da psicoterapia no domínio da educação são de fato surpreendentes.

Resultados prováveis

Se considerássemos as alterações drásticas que delineei, quais seriam os resultados que as poderiam justificar? Existem algumas investigações experimentais sobre os resultados de um tipo de ensino centrado no aluno (1, 2, 4), embora esses estudos estejam longe de ser adequados. Em primeiro lugar, as situações estudadas variam grandemente quanto ao grau em que preenchem as condições que acima descrevi. A maior parte delas abrange apenas um período de alguns meses, embora um estudo recente com uma classe de crianças de baixo poder aquisitivo tivesse durado um ano inteiro (4). Algumas investigações fazem uso de controles adequados, outras não.

Penso que podemos dizer que esses estudos indicam que, nas situações escolares que pelo menos tentam se aproximar do clima descrito, os resultados são os seguintes: o conhecimento dos fatos e dos programas é praticamente igual ao das classes convencionais. Alguns estudos registram um ligeiro acréscimo, outros um leve decréscimo. O grupo centrado no estudante revela aquisições significativamente maiores do que as turmas convencionais, no que diz respeito à adaptação pessoal, à aprendizagem extracurricular autoiniciada, à capacidade criadora e à responsabilidade pessoal.

Comecei a compreender, ao debruçar-me sobre esses trabalhos e ao procurar descobrir qual seria o plano de estudos mais informativo e mais decisivo, que os resultados dessas investigações nunca responderiam às nossas perguntas. Esses resultados têm de ser avaliados em função dos objetivos que atualmente se apontam à educação. Se valorizamos sobretudo a aquisição de conhecimentos, podemos afastar como inúteis as condições a que me referi, uma vez que não se torna evidente que elas promovam um grau mais elevado ou uma extensão maior de conhecimento fatual. Podemos então preferir medidas do gênero das que, conforme compreendi, são defendidas por um certo número de membros do Congresso: criar escolas técnicas para cientistas segundo o modelo das academias militares. Mas se dermos o devido valor à capacidade criadora, se deplorarmos o fato de todas as nossas ideias fecundas em física atômica, em psicologia e noutras ciências provirem da Europa, então talvez queiramos tentar formas que facilitem a aprendizagem que mais promete a liberdade de pensamento. Se dermos valor à independência, se nos sentirmos incomodados pela crescente conformidade dos conhecimentos, dos valores e das atitudes a que o nosso sistema conduz, então talvez queiramos estabelecer condições de aprendizagem que favoreçam a originalidade, a autonomia e o espírito de autoiniciativa na aquisição da aprendizagem.

Algumas questões para concluir

Tentei apresentar um quadro do tipo de educação que decorreria da nossa experiência no domínio da psicoterapia. Procurei dar sugestões muito breves do que isso significaria, se o ponto central de aplicação dos esforços do professor fosse a criação de uma relação, de uma atmosfera que levasse a uma aprendizagem significativa onde o indivíduo se motivasse e se autorrealizasse. Esta é, porém, uma orientação nitidamente afastada dos hábitos educacionais e das tendências pedagógicas correntes. Mencionemos algumas das questões que surgem necessariamente quando resolvemos refletir sobre essa abordagem.

Em primeiro lugar, como conceber os objetivos da educação? A abordagem que descrevi tem, segundo creio, vantagens na realização de determinados objetivos, mas não de outros. Precisamos ver com clareza os objetivos que reservamos para a educação.

Quais são os atuais resultados do tipo de educação que descrevi? Temos necessidade de um grande número de investigações rigorosas, profundamente pensadas, para conhecer os resultados atuais desse tipo de educação comparados com os da educação convencional. Poderemos então optar com base nos fatos.

Mesmo que tentemos esse método para facilitar a aprendizagem, levantam-se muitas questões difíceis. Poderemos permitir aos estudantes que entrem em contato com os problemas reais? Toda a nossa cultura – por meio dos costumes, das leis, dos esforços dos sindicatos e da administração, pelas atitudes dos pais e dos educadores – procura insistentemente manter os jovens afastados de qualquer contato com os problemas reais. Os jovens não têm de trabalhar, de assumir responsabilidades, de intervir nos problemas cívicos ou políticos, não têm lugar no debate das questões internacionais, são pura e simplesmente preservados de todo contato direto com os problemas reais da vida individual ou da vida social. Não se conta com eles para uma ajuda em casa, para ganharem a vida, contribuírem para a ciência ou tratarem de questões morais. Eis uma tendência que dura há mais de uma geração. Será possível invertê-la?

Uma outra questão é saber se podemos permitir que o conhecimento se organize no e pelo indivíduo, em vez de ser organizado *para* o indivíduo. Sob esse aspecto, os professores e os educadores se alinham com os pais e com os dirigentes nacionais para insistirem em que os alunos devem ser guiados.

Quais são as implicações para a vida? 339

Devem ser introduzidos no saber que se organizou para eles. Não se pode ter confiança neles para organizarem o saber em termos operacionais que lhes sejam específicos. Como diz Herbert Hoover sobre seus alunos do segundo grau: "Vocês simplesmente não podem esperar que gente dessa idade determine o tipo de educação de que precisa, sem ser em parte orientada"[3]. Isso parece tão óbvio à maioria das pessoas que mesmo o simples fato de pôr a questão parece revelar falta de bom senso. Até mesmo um reitor de uma universidade pergunta se a liberdade será realmente necessária à educação, afirmando que talvez tenhamos exagerado o seu valor. Ele declara que os russos fizeram progressos notáveis na ciência sem isso e conclui daí que devíamos aprender a fazer como eles.

Uma outra questão é saber se queremos nos opor à corrente violenta que procura fazer da educação um treino para o conhecimento meramente fatual. Todos devem aprender os mesmos fatos da mesma maneira. O almirante Rickover afirma sua opinião de que "devemos de alguma maneira descobrir um modo de introduzir normas uniformes na educação americana (...) Pela primeira vez, os pais teriam um método efetivo de avaliar as suas escolas. Se uma escola local persiste em ensinar matérias tão agradáveis como 'adaptação à vida' (...) em vez de francês e física, o seu diploma seria inferior aos olhos de toda a gente"[4]. Assim se formula um ponto de vista muito difundido. Mesmo um adepto das ideias avançadas em educação como Max Lerner afirma sobre esse aspecto: "O que uma escola pode fazer é equipar seus alunos com instrumentos a que eles possam recorrer mais tarde para se tornarem homens instruídos" (5, p. 741). É evidente que ele não tem esperança de que haja lugar no nosso sistema escolar para uma aprendizagem significativa e acha que essa aprendizagem se deve realizar fora dele. Tudo o que a escola pode fazer é forjar os instrumentos.

Uma das formas mais características de inculcar esses instrumentos do conhecimento fatual é a "máquina de ensinar", conhecida por B. F. Skinner e seus colaboradores (10). Esse grupo demonstra que o professor é um instrumento fora de moda e ineficaz para ensinar aritmética, trigonometria, francês, crítica literária, geografia ou outras matérias. Não tenho dúvidas de que essas máquinas de ensinar, recompensando imediatamente as respostas "certas", vão se desenvolver em larga escala e ser amplamente utilizadas. Aqui está uma nova contribuição no domínio das ciências do comportamento com que devemos contar. Virá ela ocupar o lugar da perspectiva que descrevi ou será complementar? Eis um dos problemas que devemos considerar ao nos voltarmos para o futuro.

Espero que, ao levantar essas questões, tenha mostrado claramente que o problema, tanto da aprendizagem significativa quanto da forma de realizá-la, coloca todos nós perante problemas profundos e graves. Não estamos num tempo em que bastem as respostas tímidas. Procurei dar uma definição da aprendizagem significativa tal como ela surge na psicoterapia e uma descrição das condições que facilitam essa aprendizagem. Tentei apontar depois algumas implicações dessas condições no domínio da educação. Propus, em outras palavras, uma resposta a essas questões. Talvez possamos utilizar aquilo que expus como um ponto de partida pessoal para uma resposta nova que vá contra a opinião pública corrente e os atuais conhecimentos nas ciências do comportamento.

Referências Bibliográficas

1. Faw, Volney – "A psychotherapeutic method of teaching psychology", *Amer. Psychol.*, *4*, pp. 104-109, 1949.

2. Faw, Volney – "Evaluation of student-centered teaching", manuscrito inédito, 1954.

3. Fiedler, F. E. – "A comparison of therapeutic relationships in psychoanalytic, non-directive and Adlerian therapy", *J. Consult. Psychol.*, 1950, *14*, pp. 436-445

4. Jackson, John H. – "The relationship between psychological climate and the quality of learning outcomes among lower-status pupils", tese de doutoramento inédita, Universidade de Chicago, 1957.

5. Lerner, Max – *America as a Civilization*, Nova York, Simon and Schuster, 1957.

6. Moustakas, Clark – *The Teacher and the Child*, Nova York, McGraw-Hill, 1956.

7. Rogers, C. R. – *Client-Centered Therapy*, Boston, Houghton Mifflin Co., 1951.

8. Rogers, C. R. – "The necessary and sufficient conditions of therapeutic personality change", *J. Consult. Psychol.*, 1957, *21*, pp. 95-103.

9. Rogers, C. R., e R. Dymond (eds.) – *Psychotherapy and Personality*, University of Chicago Press, 1954.

10. Skinner, B. F. – "The science of learning and the art of teaching", *Harvard Educational Review*, 1954, *24*, pp. 86-97.

11. Standal, Stanley – "The need for positive regard: A contribution to client-centered theory", tese de doutoramento inédita, Universidade de Chicago, 1954.

Capítulo 15
O ensino centrado no aluno conforme experienciado por um participante

Já ficou bem claro logo no início deste volume que não posso me contentar simplesmente em oferecer a minha visão de psicoterapia; considero essencial fornecer também a percepção que o cliente tem da experiência, já que esta constitui na verdade a matéria-prima a partir da qual tenho formulado minhas próprias opiniões. Da mesma maneira acredito que não poderia ficar satisfeito simplesmente em formular minhas opiniões do que a educação é, quando esta é construída a partir do aprendizado da psicoterapia; desejava mostrar também a percepção do aluno desta educação.

Para tanto, considerei os diversos relatórios e "folhas de reações" que reuni de alunos em diferentes cursos durante estes anos. Excertos destes teriam cumprido meu propósito. No final, entretanto, escolhi lançar mão de dois documentos escritos pelo Dr. Samuel Tenenbaum, o primeiro, escrito imediatamente após sua participação em um curso meu, o segundo, numa carta dirigida a mim um ano mais tarde. Sou-lhe profundamente grato por ter permitido que eu utilizasse estas declarações pessoais. Gostaria de situá-los em contexto para o leitor.

No verão de 1958, fui convidado para dar um curso de quatro semanas na Brandeis University. Conforme me lembro, este se intitulava "O Processo de Mudança de Personalidade".

Eu não tinha grandes expectativas com relação ao curso. Era um dos vários cursos que os alunos seguem, encontrando-se em sessões de duas horas semanais, ao invés do padrão de workshops *concentrado que prefiro. Soube antecipadamente que o grupo seria incomumente heterogêneo – professores, candidatos a doutorado em psicologia, orientadores, vários padres, pelo menos um do exterior, psicoterapeutas em prática particular, psicólogos escolares. O grupo era, em sua média, mais maduro e experiente do que comumente se encontraria em um curso universitário. Senti-me muito relaxado com relação a tudo isso. Faria o que pudesse para torná-lo uma experiência significativa para todos nós, mas duvidava que teria o impacto, por exemplo, de* workshops *de aconselhamento que já havia dirigido.*

Talvez devido ao fato de ter expectativas tão modestas em relação ao grupo e a mim mesmo, ele transcorreu tão bem. Sem dúvida eu o classificaria entre as tentativas mais satisfatórias em facilitar o aprendizado em cursos ou workshops. *Isso deve ser levado em conta ao se ler o material do Dr. Tenenbaum.*

Gostaria de divagar aqui um pouco, e dizer que sinto muito mais segurança em confrontar um novo cliente em terapia do que em confrontar um novo grupo. Sinto que tenho um entendimento suficiente das condições de terapia de modo a experimentar uma confiança razoável quanto ao processo que se seguirá. Porém, com grupos, tenho muito menos confiança. Algumas vezes, quando tive todos os motivos para supor que um curso iria bem, o aprendizado vital, autoiniciado, autodirigido, simplesmente não ocorreu em qualquer grau. Em outros momentos, quando tive dúvidas, eles foram extremamente bem. Para mim, isto quer dizer que a nossa formulação do processo de facilitação do aprendizado em educação não chega a ser tão acurado ou completo quanto as nossas formulações a respeito do processo terapêutico.

Mas, voltando ao curso de Brandeis. Esta constituiu claramente uma experiência altamente significativa para quase todos os seus participantes, conforme se faz evidente em seus relató-

Quais são as implicações para a vida?

rios sobre o curso. Fiquei particularmente interessado no relatório do Dr. Tenenbaum, escrito tanto para seus colegas quanto para mim. Aqui se encontrava um douto maduro, não um jovem aluno impressionável. Aqui se encontrava um educador sofisticado, que já tinha a seu crédito uma biografia publicada de William H. Kilpatrick, o filósofo da educação. Dessa forma, suas percepções da experiência pareciam incomumente valiosas.

Não gostaria que se entendesse que compartilho de todas as percepções do Dr. Tenenbaum. Porções da experiência foram percebidas por mim de forma bem diferente, mas é isto que fez com que suas observações fossem tão úteis. Fiquei particularmente preocupado com o fato de que lhe parecia uma abordagem de "Rogers", que fora simplesmente a minha pessoa e minhas idiossincrasias que haviam feito da experiência o que ela foi.

Por essa razão, fiquei encantado ao receber uma longa carta sua um ano mais tarde, relatando sua própria experiência no ensino. Isso confirmou o que havia aprendido a partir de uma ampla variedade de indivíduos, que não é simplesmente a personalidade de um professor específico que faz com que esta seja uma experiência dinâmica, mas a operação de certos princípios que podem ser utilizados por qualquer "facilitador" que adote as atitudes apropriadas.

Acredito que as duas exposições do Dr. Tenenbaum farão com que fique claro por que os professores que experienciaram o tipo de aprendizado em grupo que é descrito, nunca mais podem retornar a maneiras mais estereotipadas de educação. Apesar da frustração e fracasso ocasionais, continua-se tentando descobrir, com cada novo grupo, as condições que desencadearão essa experiência de aprendizado vital.

Carl R. Rogers e O Ensino Não Diretivo
por Samuel Tenenbaum, PhD

Como uma pessoa interessada em educação, participei de uma metodologia de sala de aula que é tão única e tão especial que me sinto impelido a compartilhar a experiência. A técnica, me parece, é tão radicalmente diferente das costumeiras e das aceitas, tão abaladora das velhas, que deveria ser conhecida mais amplamente. Uma boa descrição do processo como qualquer outra – suponho ser aquela que Carl R. Rogers, o instrutor se inclinaria a usar – seria ensino "não diretivo".

Eu tinha uma noção do que o termo significava, mas francamente não estava preparado para nada que se provasse tão irrefutável. Não é que seja vinculado às convenções. Minhas influências educacionais mais fortes se originam de William Heard Kilpatrick e John Dewey, e qualquer um que esteja o mais levemente familiarizado com seus pensamentos saberia que não rescendem ao estreito ou provincial. Mas este método de que o Dr. Rogers se valeu em um curso que deu na Brandeis University era tão incomum, algo que não acreditaria ser possível, a menos que fizesse parte da experiência. Espero conseguir descrever o método de uma maneira que lhes dê uma vaga noção dos sentimentos, emoções, afetuosidade e entusiasmo que o método engendrava.

O curso era inteiramente não estruturado; e era exatamente isso. Em nenhum momento se sabia, nem mesmo o instrutor, o que o próximo momento produziria na sala de aula, que assunto se levantaria para discussão, que questões seriam suscitadas, quais necessidades, sentimentos e emoções pessoais pairavam. Essa atmosfera de liberdade não estruturada – tão livre quanto os seres humanos podem permitir que o outro seja – era estabelecida pelo próprio Dr. Rogers. De uma maneira cordial, relaxada, ele se sentou com os alunos (aproximadamente vinte e cinco) ao redor de uma grande mesa e disse que seria bom se expuséssemos nossos propósitos e nos apresentássemos. O que se seguiu foi um silêncio tenso; ninguém se pronunciou. Finalmente, para quebrar isto, um aluno timidamente ergueu sua mão e falou a sua parte. Um outro silêncio desconfortável, e então uma outra mão levantada. Logo depois, as mãos se ergueram mais rapidamente. Em nenhum momento o instrutor incitou qualquer aluno a falar.

Abordagem não estruturada

Em seguida, ele informou à classe que havia trazido consigo uma abundância de materiais – reedições, brochuras, artigos, livros; ele distribuiu uma bibliografia de leituras recomendadas. Em nenhum momento ele indicou que esperava que os alunos lessem ou fizessem qualquer coisa. Conforme me lembro, ele fez somente um pedido. Que alguns alunos se oferecessem espontaneamente para organizar este material em uma sala especial que havia sido reservada para os alunos do curso.

Dois alunos se ofereceram prontamente. Disse também que tinha consigo fitas gravadas de sessões terapêuticas e também rolos de filmes. Isto criou um afã de excitação e os alunos perguntavam se estes poderiam ser ouvidos ou assistidos, e Dr. Rogers respondeu que sim. A classe então decidiu a melhor maneira de fazê-lo. Os alunos se ofereceram para lidar com os gravadores, encontrar um projetor de filmes; em sua maior parte isso também foi iniciado e organizado pelos alunos.

Depois disso, o que se seguiu foram quatro sessões difíceis e frustrantes. Durante esse período, a classe parecia não chegar a lugar algum. Os alunos falavam aleatoriamente, dizendo o que lhes viesse à cabeça. Tudo parecia caótico, sem objetivos, uma perda de tempo. Um aluno levantaria algum aspecto da filosofia de Rogers; e o próximo aluno, ignorando completamente o primeiro, afastaria o grupo para uma outra direção; e um terceiro, completamente não levando em conta os dois primeiros, ingressaria em um outro assunto totalmente novo. Algumas vezes havia alguns esforços tímidos para se alcançar uma discussão coesa, mas em sua maior parte os procedimentos de sala de aula pareciam estar desprovidos de continuidade e direção. O instrutor recebia todas as contribuições com atenção e consideração. Ele não supunha nenhuma contribuição dos alunos oportuna ou inoportuna.

A classe não estava preparada para uma abordagem tão completamente sem estrutura. Não sabiam como proceder. Em sua perplexidade e frustração, exigiam que o professor desempenhasse o papel que lhe fora designado por costume e tradição; que ele estabelecesse para nós em uma linguagem autoritária o que era certo e errado, o que era bom e mau. Eles não tinham vindo de tão longe para aprender a partir do próprio oráculo? Eles não eram afortunados? Eles não estavam prestes a serem iniciados nos rituais e práticas corretas pelo grande homem em pessoa, o fundador do movimento que leva o seu nome? Os cadernos estavam suspensos no ar aguardando o momento do clímax, quando o oráculo se pronunciaria, mas em sua maior parte eles permaneceram intatos.

De forma muito estranha, desde o início, mesmo em sua raiva, os membros do grupo se sentiram unidos, e fora da sala de aula, havia uma excitação e uma efervescência, pois, mesmo em sua frustração, eles haviam se comunicado como nunca haviam feito antes em qualquer sala de aula, e provavelmente nunca antes da maneira como o fizeram. A classe estava vinculada por uma experiência comum, única. Na aula de Rogers, eles haviam falado o que pensavam; as palavras não vinham de um livro, nem constituíam a reflexão do pensamento do instrutor, nem a de nenhuma autoridade. As ideias, emoções e sentimentos vinham deles mesmos; e isto era um processo liberador e excitante.

Nessa atmosfera de liberdade, algo para o qual não haviam barganhado ou para o qual não estavam preparados, os alunos se pronunciavam como os alunos raramente o fazem. Durante esse período, o instrutor levou muitos golpes; e me pareceu que muitas vezes parecia estar abalado; e embora constituísse a fonte de nossa irritação, tínhamos, estranho que possa parecer, uma grande afeição por ele, pois não parecia correto ficar zangado com um homem que era tão solidário, tão sensível aos sentimentos e ideias dos outros. Todos sentimos que o que estava em jogo era alguma falta de compreensão leve, que uma vez decifrada e remediada faria com que tudo ficasse bem novamente. Porém nosso instrutor, gentil o bastante na superfície, tinha um "capricho de aço". Ele não parecia entender; e se entendia, era obstinado e implacável; recusava-se a dar a questão por encerrada. Dessa forma, esse cabo de guerra continuava. Todos dirigíamos nossas expectativas a Rogers e Rogers a nós. Um aluno em meio à aprovação geral, observou: "Somos centrados em Rogers, não centrados no aluno. Viemos para aprender a partir de Rogers."

Encorajando o pensamento

Um outro aluno havia descoberto que Rogers fora influenciado por Kilpatrick e Dewey, e utilizando esta ideia como um trampolim, disse que achava que havia percebido onde Rogers estava tentando chegar. Ele achava que Rogers desejava que os alunos pensassem independentemente, criativamente; que os alunos se tornassem profundamente envolvidos com suas próprias pessoas, seus próprios eus, esperando que isto pudesse levar à "reconstrução" da pessoa – no sentido que Dewey conferia ao termo –, as aparências, atitudes, valores e comportamento da pessoa. Esta constituiria uma reconstrução verdadeira da experiência; seria aprendizado em um sentido real. Certamente, não desejava que o curso terminasse em um exame baseado em livros e palestras, seguido pela tradicional nota de final de semestre, que geralmente significa conclusão e esquecimento[1]. Rogers havia expressado a crença desde o início do curso de que ninguém pode ensinar nada a outra pessoa. Porém, o pensamento, este aluno insistiu, começa na bifurcação na estrada, o famoso dilema colocado por Dewey. À medida que chegamos à bifurcação na estrada, não sabemos qual rumo seguir para chegarmos ao nosso destino; então começamos a examinar a situação. O pensamento começa neste ponto.

Kilpatrick também buscava o pensamento original de seus alunos e também rejeitava um tipo de aprendizado que regurgitasse livros, porém apresentava problemas cruciais para discussão, e estes problemas suscitavam bastante interesse e também criavam vastas mudanças nas pessoas. Por que comitês de alunos ou alunos individuais não poderiam reunir estes problemas para discussão?[2] Rogers ouviu solidariamente e disse: "Vejo que você realmente tem fortes convicções a esse respeito". Esta observação concluiu o assunto. Se me lembro corretamente, o próximo aluno que se pronunciou, desconsiderou por completo o que havia sido sugerido e lançou um novo tópico, bem em conformidade ao costume estabelecido pela classe.

Intermitentemente, durante a sessão, os alunos se manifestavam favoravelmente à sugestão acima apresentada, e começaram a exigir mais insistentemente que Rogers assumisse o papel tradicional de professor. Nesse ponto, os golpes estavam se dirigindo a Rogers de forma bastante frequente e intensa, e pensei tê-lo visto se curvar de algum modo perante eles. (Particularmente, ele negou que se afetasse tanto.) Durante uma sessão, um aluno sugeriu que ele fizesse uma exposição por uma hora e que procedêssemos a uma discussão em classe após isto. Esta sugestão parecia se ajustar aos seus planos. Disse que tinha consigo um artigo não publicado. Advertiu-nos de que este estava disponível e que poderíamos lê-lo por nós mesmos. Mas o aluno disse que não seria a mesma coisa. A pessoa, o autor, estaria fora dele, com a ênfase, a inflexão, a emoção, aquelas nuanças que conferem valor e significado às palavras. Rogers então perguntou aos alunos se era isto que desejavam. Eles confirmaram. Ele leu por mais de uma hora. Após as trocas vívidas e acrimoniosas com as quais tínhamos nos acostumado, isto era certamente uma decepção, monótono e soporífero ao extremo. Esta experiência pôs termo a todas as exigências posteriores para exposições. Em um dos momentos quando se desculpou por este episódio ("É melhor, mais desculpável, quando os alunos o exigem."), disse: "Vocês me pediram que fizesse uma exposição. É verdade que constituo um recurso, mas que sentido haveria no fato de eu fazer a exposição? Trouxe uma grande quantidade de material, reedições de qualquer número de palestras, artigos, livros, gravações e filmes."

Por volta da quinta sessão, algo definido ocorrera; não havia como negar. Os alunos comunicavam-se uns com os outros; desviavam-se de Rogers. Os alunos pediam para ser ouvidos e desejavam sê-lo, e o que antes constituía um grupo vacilante, balbuciante, autoconsciente, se tornou um grupo que interagia, uma unidade coesa totalmente nova, prosseguindo de uma maneira única; e a partir deles surgiu discussão e raciocínio que nenhum grupo a não ser este poderia repetir ou reproduzir. O instrutor também se juntou a ele, mas seu papel, mais importante do que qualquer outro no grupo, de alguma forma fundiu-se ao mesmo; o grupo era importante, o centro, a base de operação, não o instrutor.

O que causou isto? Só posso conjecturar quanto à razão. Acredito que o que aconteceu foi o seguinte: Por quatro sessões os alunos se recusaram a acreditar que o instrutor se recusaria a desempenhar o papel tradicional. Eles ainda acreditavam que ele estabeleceria as tarefas; que ele seria o centro do que quer que ocorresse e que manipularia o grupo. Foram necessárias quatro sessões para que o grupo percebesse que estava errado; que ele havia vindo com nada além de si mesmo, além de sua própria pessoa; que se eles realmente desejassem que algo acontecesse, caberia a eles fornecer o conteúdo – uma situação incômoda, desafiadora de fato. Eram eles que deveriam se pronunciar, com todos os riscos que isso acarretava. Como parte do processo, eles compartilhavam, opunham-se, concordavam, discordavam. De qualquer maneira, suas pessoas, seus eus mais profundos estavam envolvidos, e a partir dessa situação, desse grupo especial e único, essa nova criação nasceu.

A importância da aceitação

Como devem saber, Rogers acredita que se uma pessoa é aceita, plenamente aceita, e nesta aceitação não há nenhum julgamento, somente compaixão e solidariedade, o indivíduo está apto a se ver consigo mesmo, a desenvolver a coragem de abandonar suas defesas e encarar seu eu verdadeiro. Vi esse processo funcionar. Em meio aos primeiros esforços de comunicar-se, de encontrar um *modus vivendi*, houve no grupo trocas experimentais de sentimentos, emoções e ideias; mas após a quarta sessão, e progressivamente após esta, esse grupo, reunido a esmo, teve os seus membros aproximados e seus verdadeiros eus emergiram. À medida que interagiam, havia momentos de *insight*, revelação e compreensão que eram quase que espantosos em natureza; eram, acredito, o que Rogers descreveria como "momentos de terapia", aqueles momentos férteis quando se vê uma alma humana revelada perante você, em todo o seu assombro ofegante; e então o silêncio, quase como uma reverência, tomaria conta da classe. E cada membro da classe se via envolvido em uma afetuosidade e apreço que beiram o místico. Eu, de minha parte, e tenho quase certeza de que os outros também, nunca tive uma experiência como essa. Era aprendizagem e terapia; e por terapia não quero dizer doença, mas o que poderia ser caracterizado por uma mudança saudável na pessoa, um aumento em sua flexibilidade, sua abertura, sua disposição de ouvir. No processo, todos nos sentimos elevados, mais livres, mais aceitadores de nós mesmos e dos outros, mais abertos a novas ideias, tentando com esforço compreender e aceitar.

Não se trata de um mundo perfeito, e houve evidência de hostilidade à medida que os membros diferiam. De alguma forma, neste contexto, todo golpe era suavizado, como se as arestas afiadas tivessem sido removidas; se não fosse merecido, os alunos passariam a outra coisa; e o golpe de alguma forma seria em vão. Em meu próprio caso, mesmo aqueles alunos que originalmente me irritavam, à medida que os conheci melhor, comecei a aceitá-los e respeitá-los; e me ocorreu o pensamento, quando tentei compreender o que estava acontecendo: Quando a gente se aproxima de uma pessoa, percebe seus pensamentos, suas emoções, seus sentimentos, ela se torna não só compreensível mas boa e desejável. Alguns dos mais agressivos falaram mais do que deveriam, mais do que lhes era de direito, mas o próprio grupo, pelo próprio ato de ser, e não pelo estabelecimento de regras, acabava impondo sua autoridade; e a menos que uma pessoa estivesse muito mal ou insensível, os membros, a este respeito, se conformavam mais ou menos àquilo que se esperava deles. O problema – o hostil, o dominador, o neurótico – não era muito agudo; contudo, se medido de uma maneira formal, com um cronômetro, em nenhum momento uma sessão estava livre de interlocuções sem finalidade e perda de tempo. Mas mesmo quando observava o processo, persistia a ideia de que talvez essa perda de tempo pudesse ser necessária; pode ser que esta seja a forma pela qual o homem aprende melhor; pois, certamente, conforme volto meu olhar para toda a experiência, estou bastante certo de que teria sido impossível aprender tanto ou tão bem ou tão completamente, em um contexto tradicional de sala de aula. Se aceitar a definição de Dewey de educação como reconstrução da experiência, que outra forma melhor para uma pessoa aprender do que ficar envolvida com seu eu inteiro, sua própria pessoa, seus impulsos, emoções, atitudes e valores de origem? Nenhuma série de fatos ou argumentos, não importa quão lógica ou brilhantemente organizados, pode mesmo vagamente se comparar a este tipo de coisa.

No curso desse processo, vi pessoas duras, inflexíveis, dogmáticas, no breve período de várias semanas, mudar perante os meus olhos e se tornarem solidárias, compreensivas e até um certo grau não judiciosas. Vi pessoas neuróticas, compulsivas, ficarem mais tranquilas e se tornarem mais aceitadoras de si mesmas e dos outros. Em um exemplo, um aluno que particularmente me impressionou por sua mudança me disse quando mencionei isso: "É verdade, sinto-me menos rígido, mais aberto ao mundo. E gosto mais de mim por isso. Creio nunca ter aprendido tanto em qualquer outro lugar." Vi pessoas tímidas tornarem-se menos tímidas e pessoas agressivas tornarem-se mais sensíveis e moderadas.

Poder-se-ia dizer que isso parece constituir essencialmente um processo emocional. Porém creio que essa seria uma forma totalmente inexata de descrevê-lo. Houve uma abundância de conteúdo intelectual, mas este era significativo e crucial para a pessoa, no sentido de que significava muito para ela como pessoa. Na verdade, um aluno levantou essa mesma questão. "Deveríamos nos preocupar," perguntou, "somente com as emoções? E o intelecto não tem vez?" Foi minha vez de perguntar: "Há algum outro aluno que tenha lido tanto ou pensado tanto para qualquer outro curso?"

A resposta era óbvia. Dispendemos horas e horas lendo; a sala reservada para nós tinha ocupantes até as dez horas da noite, e muitos só a deixavam pois os guardas da universidade queriam fechar o prédio. Os alunos ouviam as gravações; assistiam aos filmes; mas melhor do que tudo, eles falavam e falavam e falavam. No curso tradicional, o instrutor expõe e indica o que deve ser lido e aprendido; os alunos diligentemente anotam tudo isso em seus cadernos, fazem o exame e se sentem bem ou mal, dependendo do resultado; mas em quase todos os casos é uma experiência completa, com um senso de finalidade; as leis do esquecimento começam a operar rápida e inexoravelmente. No curso de Rogers, os alunos liam e pensavam dentro e fora da sala de aula, sendo eles que escolhiam, a partir das leituras e pensamentos, o que lhes era significativo, não o instrutor.

Esse tipo de ensino não diretivo, devo ressaltar, não obteve 100% de êxito. Houve três ou quatro alunos que acharam a ideia toda desagradável. Mesmo ao final do curso, embora quase todos tivessem se tornado entusiastas, um aluno, pelo que sei, mostrou-se intensamente negativo em seus sentimentos; um outro, altamente crítico. Estes desejavam que o instrutor lhes proporcionasse um pedaço de mercadoria intelectual mastigada que poderiam memorizar e devolver em um exame. Teriam então a certeza de que tinham aprendido o que deviam. Como um aluno colocou: "Se tivesse que escrever um relatório sobre o que aprendi neste curso, o que poderia dizer?" Devo confessar que, seria muito mais difícil do que em um curso tradicional, se não impossível.

Quais são as implicações para a vida?

O método Rogers era livre, fluente, aberto e permissivo. Um aluno poderia iniciar uma discussão interessante, esta seria empunhada por um segundo, mas um terceiro aluno poderia nos desviar em outra direção, trazendo um assunto pessoal de nenhum interesse para a classe; e todos nos sentiríamos frustrados. Mas isto se assemelhava à vida, fluindo como um rio, aparentemente fútil, nunca com as mesmas águas, fluindo, sem que ninguém saiba o que acontecerá no próximo instante. Mas nisto havia uma expectativa, uma prontidão, uma vividez; parecia-me o mais próximo de um vestígio de vida que se pode conseguir em uma sala de aula. Para a pessoa autoritária, que coloca sua fé em fatos empilhados em boa ordem, este método, acredito, pode ser ameaçador, pois aqui ela não obtém nenhum reasseguramento, somente uma abertura, um fluxo, nenhum fechamento.

Uma nova metodologia

Creio que grande parte da agitação e efervescência que caracterizavam a classe devia-se a essa falta de fechamento. No refeitório, poderia-se reconhecer os alunos de Rogers pelas suas discussões animadas, pelo seu desejo de estarem juntos; e algumas vezes, como não havia uma mesa grande o suficiente, eles se sentavam em duas e três fileiras; comendo com os pratos no colo. Como o próprio Rogers ressalta, não há finalidade no processo. Ele mesmo nunca procede a sumarizações (contra todas as leis convencionais do ensino). As questões são deixadas sem resolução; os problemas levantados em classe estão sempre em um estado de fluxo, continuidade. Em sua necessidade de saber, de chegar a um acordo, os alunos se reúnem, desejando compreender, buscando o fechamento. Mesmo no que se refere às notas, não há fechamento. Uma nota significa um fim; porém Dr. Rogers não dá a nota; é o aluno quem a sugere; e como ele faz isso, mesmo esse sinal de conclusão é deixado sem resolução, sem um fim, não encerrado. Também, como o curso não é estruturado, cada um colocou a sua pessoa em cena no curso, falando, não com o livro de textos como aferidor mas com a sua pessoa, e dessa forma, foi como uma pessoa que se comunicou com os outros, e, devido a isso, em contraposição à matéria impessoal que o curso normal abarca, aqui se desenvolve essa aproximação e afetuosidade.

Descrever os muitos episódios graciosos que ocorreram pode transmitir alguma ideia desse sentimento de aproximação. Um aluno convidou a classe à sua casa para uma refeição ao ar livre. Um outro aluno, um padre espanhol, ficou tão enlevado com o grupo que falou em iniciar uma publicação para não perder de vista o que estava acontecendo com os membros do grupo após a sua dissolução. Um grupo interessado em aconselhamento de alunos se encontrou por conta própria. Um membro tomou providências para que a classe visitasse um hospital mental para crianças e adultos; também providenciou para que observássemos o trabalho experimental que estava sendo feito com pacientes psicóticos pelo Dr. Lindsley. Os membros da classe trouxeram gravações e material impresso para acrescentar ao material da biblioteca que estava reservado para nosso uso. De todas as maneiras, o espírito de boa vontade e cordialidade era manifesto a um grau que só ocorre raramente em casos raros e isolados. Nos inúmeros cursos que fiz não vi nada semelhante. Com relação a isso, deveria ser ressaltado que os membros formavam um grupo que havia sido reunido a esmo; que procediam de diversas formações e que cobriam uma ampla faixa etária.

Creio que o que foi descrito acima constitui verdadeiramente uma contribuição criativa à metodologia em sala de aula; é radicalmente diferente da antiga. Que ela encerra a capacidade de mexer com as pessoas, de torná-las mais livres, com as mentes mais abertas, mais flexíveis, não tenho a menor dúvida. Eu mesmo testemunhei o poder deste método. Acredito que o ensino não diretivo tenha implicações profundas que, mesmo aqueles que aceitam este ponto de vista, não podem no momen-

Quais são as implicações para a vida? 357

to vislumbrar plenamente. Sua importância, creio, vai além da sala de aula e se estende a toda área onde os seres humanos se comunicam e procuram viver uns com os outros.

Mais especificamente, como uma metodologia de sala de aula, assegura a discussão, investigação e experimentação mais amplas. Encerra a possibilidade de abrir uma nova dimensão de pensamento, nova e original, pois nessa abordagem, em sua prática, em sua filosofia, ela difere tão fundamentalmente da antiga. Parece-me que essa abordagem deveria ser testada em toda área do ensino – primário, segundo grau, faculdade, onde quer que os seres humanos se reúnam para aprender e superar as velhas abordagens. Nesse estágio, não deveríamos estar preocupados demais com relação às suas limitações e insuficiências, já que o método não foi refinado e não sabemos tanto a seu respeito quanto deveríamos. Como uma nova técnica, ela começa com uma desvantagem. Somos relutantes a abandonar a antiga. A antiga é estribada pela tradição, autoridade e respeitabilidade; e nós mesmos somos seu produto. Se considerarmos a educação, todavia, como a reconstrução da experiência, isto não presumiria que o indivíduo deva proceder à sua própria reconstrução? Ele deve fazê-la ele mesmo, por meio da reorganização de seu eu, seus valores, suas atitudes mais profundas, sua própria pessoa. Que método melhor haveria para absorver o indivíduo; colocá-lo, as suas ideias, seus sentimentos em comunicação com os outros; romper as barreiras que criam o isolamento em um mundo onde, para sua própria segurança e saúde mental, o homem tem de aprender a fazer parte da humanidade?

Uma Experiência de Ensino Pessoal
(conforme relatado ao Dr. Rogers um ano mais tarde)
por Samuel Tenenbaum, PhD

Sinto-me impelido a lhe escrever sobre a minha primeira experiência de ensino após minha exposição ao seu pensamento e influência. Talvez você não saiba, mas eu tinha uma fobia com relação ao ensino. Desde meu trabalho com você, comecei a perceber mais claramente onde residia a dificuldade. Ela decorria basicamente do meu conceito do papel que tinha de desempenhar como professor – o motivador, diretor e chefe de produção de uma atuação. Sempre tive medo de ficar "nervoso" na sala de aula – creio que esta seja a sua expressão e vim a gostar dela –, a classe apática, desinteressada, não respondendo, e eu me lamuriando, lamuriando até que perdesse o prumo, as sentenças não se formando, sendo emitidas artificialmente, e o tempo passando devagar, devagar, cada vez mais devagar. Este era o horror que imaginava. Suponho que parcelas disto aconteçam a todo professor, mas eu as colocaria todas juntas, e me aproximaria da classe com pressentimento, pouco à vontade, não verdadeiramente eu mesmo.

E agora vem minha experiência. Fui solicitado a dar dois cursos de verão para a Faculdade de Educação da Universidade Yeshiva, porém tinha um álibi perfeito. Estava com viagem marcada para a Europa e não poderia. Não poderia então dar um curso temporário, concentrado, de catorze sessões durante o mês de junho; e isto não interferiria com a viagem? Não tive desculpas e aceitei – pois não queria mais me esquivar da situação e, também, pois estava disposto a encará-la de uma vez por todas. Se eu não gostasse de lecionar (eu não havia lecionado por aproximadamente dez anos), aprenderia algo. E se gostasse, também aprenderia algo. E se tivesse que sofrer, essa era a melhor maneira, já que o curso era concentrado e o elemento tempo era curto.

Você sabe que fui fortemente influenciado em meu pensamento sobre educação por Kilpatrick e Dewey. Mas agora eu tinha um outro ingrediente poderoso – você. Quando me encontrei com a minha classe pela primeira vez, fiz algo que nunca havia feito antes. Fui franco com relação aos meus sentimentos. Ao invés de sentir que um professor deveria saber e que os alunos estavam ali para serem ensinados, eu admiti fraqueza, dúvi-

Quais são as implicações para a vida?

das, dilemas e NÃO SABER. Já que eu como que abdiquei do meu papel de professor para a classe e para mim, meu eu mais natural emergiu de modo mais livre e vi-me falando tranquila e mesmo criativamente. Por "criativamente" quero dizer que minhas ideias me vinham à medida que falava, ideias totalmente novas que senti serem muito boas.

Uma outra diferença importante: É verdade que como fui influenciado pela metodologia de Kilpatrick sempre acolhi com prazer a discussão mais ampla, mas sei agora, que ainda queria e esperava que meus alunos soubessem o texto e o material expositivo que lhes era reservado. Ainda pior, sei agora que embora acolhesse a discussão, eu desejava, acima de tudo, que, após tudo o que fora dito e feito, as conclusões finais da classe brotassem de acordo com a minha maneira de pensar. Dessa forma, nenhuma das discussões eram discussões verdadeiras, no sentido de serem abertas e investigativas; nenhuma das questões eram questões verdadeiras, no sentido de procurarem evocar o pensamento; todas elas estavam carregadas, no sentido de que eu tinha convicções bem definidas sobre o que pensava serem boas respostas e, algumas vezes, respostas corretas. Dessa forma, vinha para a classe com a matéria e meus alunos constituíam realmente instrumentos por meio dos quais situações eram manipuladas para produzir a inclusão daquilo que eu considerava um assunto desejável.

Nesse último curso, não tive coragem de simplesmente descartar a matéria já prevista, mas, desta vez, realmente escutei meus alunos dando-lhes compreensão e solidariedade. Embora dispendesse horas e horas preparando cada aula, constatei que nenhuma vez referi-me a uma nota do material volumoso com o qual havia adentrado a sala. Dei rédeas soltas ao alunos, não prendendo ninguém a nenhum rumo estabelecido, e permiti a digressão mais ampla; e segui os alunos para onde quer que me levassem.

Lembro-me de discutir isto com um proeminente educador e ele me disse, em um tom que achei desapontado e desaprovador: "Você insiste, é claro, em bom raciocínio." Mencionei William James, que, com efeito, disse que o homem é um grão de razão em um oceano de emoção. Disse-lhe que estava mais interessado naquilo que poderia chamar "uma terceira dimensão", a parte do sentimento dos alunos.

Não posso dizer que o segui por todo o caminho, Dr. Rogers, já que expressava opiniões e, em alguns momentos, infelizmente, fazia exposições; e acredito que isso seja ruim, já que os alunos, uma vez que são expressas opiniões autoritárias, tendem a não pensar, mas procuram adivinhar o que se passa na cabeça do instrutor e lhe fornecem aquilo de que ele poderia gostar, de modo a ficarem favorecidos aos seus olhos. Se tivesse que fazer isso novamente, faria menos disto. Mas eu tentei e acredito ter conseguido, em grande medida, dar a cada aluno um senso de dignidade, respeito e aceitação; estava muito longe de minha mente examiná-los ou avaliá-los, dando-lhes notas.

E o resultado – e é por essa razão que lhe estou escrevendo – foi para mim uma experiência inigualável, inexplicável em termos comuns. Eu mesmo não posso plenamente explicá-la, exceto ser grato ao fato de ela ter acontecido comigo. Algumas das muitas qualidades que experienciei em seu curso, encontrei nesse curso que dei. Vi-me apreciando estes alunos como nunca havia apreciado qualquer outro grupo de pessoas, e constatei – e eles assim o expressaram em seus relatórios finais – que eles mesmos começaram a sentir afetuosidade, apreço e aceitação uns pelos outros. Oralmente e em seus trabalhos, relataram quão tocados estavam, quanto haviam aprendido, como se sentiam bem. Para mim, isso constituiu uma experiência totalmente nova que me deixou perplexo e prostrado. Tive muitos alunos que, acredito, respeitavam-me e admiravam-me, mas nunca tive uma experiência de sala de aula de onde emergisse tanta afetuosidade e proximidade. Aliás, seguindo seu exemplo, evitei estabelecer quaisquer exigências fixas em termos de leitura ou preparação de sala de aula.

Quais são as implicações para a vida?

Que o que foi mencionado não constitui uma "percepção tendenciosa" foi evidenciado por relatos que obtive fora da sala de aula. Os alunos fizeram tantas referências boas a meu respeito que os membros da faculdade desejaram assistir a uma aula. Melhor do que tudo, ao final do curso os alunos escreveram uma carta ao Reitor Benjamin Fine onde diziam ótimas coisas a meu respeito. E o Reitor, por sua vez, me escreveu fazendo o mesmo.

Dizer que fiquei abismado pelo que ocorreu somente reflete vagamente os meus sentimentos. Tenho lecionado por muitos anos mas nunca experienciei nada que se assemelhe remotamente ao que ocorreu. Eu, de minha parte, nunca encontrei na sala de aula tanto da pessoa inteira aflorando, tão profundamente envolvida, tão profundamente instigada. Ademais, me questiono se no contexto tradicional, com sua ênfase na matéria, exames, notas, há, ou possa haver um espaço para a pessoa "que se torna", com suas necessidades profundas e múltiplas, na medida em que luta para se completar. Mas isto seria divagar demais. Posso somente lhe relatar o que aconteceu e dizer que estou grato e também impressionado pela experiência. Gostaria que você soubesse disso, pois novamente você é responsável por uma contribuição e enriquecimento de minha vida e ser [3].

Capítulo 16
As implicações para a vida familiar da terapia centrada no cliente

Quando, há alguns anos, me pediram para falar a um grupo local sobre qualquer assunto à minha escolha, resolvi considerar especificamente as alterações que se registram no comportamento dos nossos clientes em suas relações familiares. Daí resultou este artigo.

À medida que aumentava o número dos terapeutas e dos psicólogos que se ocupavam de indivíduos e de grupos perturbados, ia-se registrando um acordo sobre o fato de que nossa experiência é importante e tem implicações em todos os domínios das relações interpessoais. Fez-se uma tentativa para exprimir algumas dessas implicações em determinados campos – por exemplo, no domínio da educação, no da direção de grupos, no campo das relações entre grupos –, mas nunca tentamos formular expressamente qual a sua importância na vida familiar. É este aspecto que vou procurar esclarecer, tentando dar uma imagem tão clara quanto possível do que significa a perspectiva da terapia centrada no cliente em relação ao mais fechado de todos os círculos interpessoais – o grupo familiar.

Não é minha intenção abordar este objetivo num nível abstrato e teórico. O que pretendo é apresentar alguns elementos sobre as alterações que os nossos clientes registraram nas suas relações familiares ao se esforçarem por levar uma vida mais satisfatória nos seus contatos com o terapeuta. Citarei literalmente as declarações dessas pessoas para que possam sentir o gosto da sua experiência real e tirem suas próprias conclusões.

Embora parte da experiência dos nossos clientes pareça contrariar os conceitos correntes sobre aquilo que uma vida familiar construtiva implica, não estou particularmente interessado em discutir essas diferenças. Também não estou particularmente interessado em estabelecer um modelo para a vida familiar em geral ou em propor a forma segundo a qual deveriam viver na sua situação familiar. Desejo simplesmente apresentar a essência da experiência de pessoas muito concretas em algumas situações familiares muito concretas. Talvez a sua luta para viverem de uma forma satisfatória signifique para vocês alguma coisa.

Quais são, então, as maneiras como os clientes se modificam na sua vida familiar em consequência de uma terapia centrada no cliente?

Uma melhor expressão dos sentimentos

Nossa experiência nos diz, em primeiro lugar, que nossos clientes começam gradualmente a exprimir de uma maneira mais plena os seus sentimentos reais em relação tanto aos membros da sua família como a outras pessoas. Isto se verifica tanto em relação a sentimentos considerados como negativos – ressentimento, raiva, vergonha, inveja, ódio, aborrecimento – como a sentimentos julgados positivos – ternura, admiração, afeição, amor. É como se o cliente descobrisse na terapia que é possível retirar a máscara que usava e tornar-se ele próprio de uma maneira mais autêntica. Um marido apercebe-se de que está cada vez mais irritado com a sua mulher e exprime essa cólera, quando antes mantivera – ou julgara manter – uma atitude calma e objetiva ante seu comportamento. Tudo se passa como se o mapa da expressão dos sentimentos correspondesse mais adequadamente ao território da experiência emocional presente. Pais e filhos, maridos e mulheres, começam a exprimir com mais verdade os sentimentos que realmente têm, em vez de os esconderem às outras pessoas, ou às outras pessoas e a si próprios.

Talvez um exemplo ou dois esclareçam melhor o sentido do que dissemos. Uma jovem mulher casada, a Sra. M., procura aconselhamento. Queixa-se de que seu marido é muito formal e reservado com ela, de que não lhe fala nem lhe revela seus pensamentos, que não tem por ela qualquer consideração, que são sexualmente incompatíveis e que estão se afastando rapidamente um do outro. À medida que vai falando, o quadro das suas atitudes sofre uma drástica transformação. Ela exprime o sentimento de profunda culpabilidade com que olha para a sua vida antes do casamento, quando andava com alguns homens, na sua maioria casados. Compreende que, embora seja alegre e espontânea com a maior parte das pessoas, em relação ao seu marido é fria, tensa, pouco espontânea. Apercebe-se igualmente de que está exigindo que seu marido seja o que ela quer. Nesse momento, a terapia é interrompida devido ao fato de o terapeuta estar fora da cidade. Ela continua a escrever ao terapeuta exprimindo o que sente e acrescenta: "Se ao menos eu pudesse dizer essas coisas ao meu marido, poderia ser eu própria em casa. Mas como não iria isso abalar a sua confiança nas pessoas? Sentiria o senhor repulsa por mim se fosse o meu marido e soubesse a verdade? Gostaria de ser uma 'boa pequena' em vez de ser uma 'boneca'. Estraguei tanta coisa!".

Segue-se uma carta da qual se justifica citarmos uma longa passagem. Ela conta como se irritou, como foi desagradável quando uma noite os amigos a visitaram. Depois da sua partida: "Fiquei pior do que uma barata por me ter comportado tão mal... Sentia-me vexada, culpada, irritada comigo mesma e com Bill! – sentia-me tão infeliz como antes de eles terem vindo.

"Então, resolvi fazer o que realmente desejava e constantemente adiava por sentir que era exigir demais de qualquer homem: dizer a Bill precisamente o que é que me fazia agir tão mal. Foi ainda mais difícil do que contar a você – e isso já foi duro. Não pude contar-lhe com tanto pormenor, mas consegui revelar alguns sentimentos sórdidos em relação aos meus pais e mais ainda em relação a esses 'malditos' homens. A coisa mais bela que algum dia ouvi ele dizer foi: 'Bem, talvez eu possa te ajudar nisso' – quando estava falando dos meus pais. E aceitou tranquilamente as coisas que eu tinha feito. Contei-lhe como me sentia tão pouco à vontade em muitas situações, porque havia muita coisa que nunca me deixaram fazer, nem mesmo aprender a jogar cartas. *Falamos, discutimos*, e fomos realmente muito fundo nos nossos sentimentos. Não lhe disse tudo sobre os homens que conhecera – seus nomes –, mas dei-lhe uma ideia aproximada do número. Pois bem, ele foi tão compreensivo e as coisas ficaram tão esclarecidas que CONFIO NELE. Agora não tenho medo de lhe falar de todas essas pequenas coisas disparatadas que me vinham constantemente à cabeça. E se eu já não tenho medo, talvez elas deixem de me atormentar. Quando no outro dia lhe escrevi, estava prestes a desistir – pensava justamente em abandonar a cidade (fugir a tudo isso). Compreendi, porém, que estava fugindo e que não seria feliz sem o enfrentar. Conversamos sobre filhos e, embora tivéssemos decidido esperar que Bill esteja mais próximo do término dos estudos, sinto-me feliz com essa decisão. Bill pensa o mesmo que eu em relação ao problema dos filhos – o que queremos para eles e, o que é mais importante, o que *não* queremos. Por conseguinte, se não voltar a receber cartas desesperadas, já sabe que tudo vai correndo bem, tanto quanto possível.

"Agora, pergunto a mim mesma: saberia o senhor desde o princípio que era a única coisa que eu tinha a fazer para me aproximar de Bill? Era uma coisa que eu teimava em dizer a mim própria que seria injusta em relação a Bill. Isso destruiria a sua confiança em mim e em toda a gente. Havia uma barreira tão grande entre mim e Bill que eu o sentia quase como um estranho. A única razão que me levou a agir assim foi que compreendi que, se não tentasse pelo menos saber sua opinião em

Quais são as implicações para a vida?

relação ao que estava me preocupando, isso seria injusto para com ele – abandoná-lo sem lhe dar a possibilidade de provar que se podia ter confiança nele. Ele me provou mais do que isso – mostrando que o que sentia em relação aos seus pais e a muitas outras pessoas em geral também o perturbava muito."

Creio que essa carta dispensa comentários. Significa para mim simplesmente que, por ter vivenciado durante a terapia a satisfação de ser ela mesma, de exprimir seus sentimentos profundos, torna-se-lhe impossível comportar-se de um modo diferente em relação ao marido. Ela descobriu que devia ser e exprimir seus próprios sentimentos profundos, mesmo que isso parecesse ameaçar seu casamento.

Outro elemento na experiência dos nossos clientes é mais sutil. Eles descobrem, como no exemplo mencionado, que a expressão dos sentimentos é algo de profundamente agradável, quando há bem pouco tempo isso lhes parecia desastroso e destruidor. A diferença parece decorrer do seguinte fato. Quando uma pessoa vive atrás de uma fachada, de uma máscara, seus sentimentos não expressos vão se acumulando até um ponto explosivo e um determinado incidente pode provocar a explosão. Mas os sentimentos que invadem a pessoa e que se exprimem nesses momentos – num ataque de mau humor, numa profunda depressão, numa onda de autocompaixão – têm muitas vezes um efeito nocivo sobre as pessoas, porque são muito pouco adequados a essa situação concreta e por isso parecem extremamente ilógicos. Uma explosão de raiva a propósito de uma contrariedade nas relações pode representar de fato os sentimentos negados ou recalcados em dezenas de situações semelhantes. Mas o contexto em que essa atitude se situa é ilógico e por isso não é compreendido.

Eis como a terapia ajuda a quebrar um ciclo vicioso. Quando o cliente é capaz de extravasar a angústia, a fúria, o desespero ou as emoções que sente, e quando aceita esses sentimentos como seus, eles perdem seu poder explosivo. Torna-se portanto mais capaz de exprimir, em qualquer relação familiar específica, os sentimentos que essas relações provocam. Uma vez que não arrastam consigo uma sobrecarga do passado, são mais adequados e mais facilmente compreendidos. Pouco a pouco, o indivíduo se percebe expressando os seus sentimentos no momento em que os experimenta, e não mais tarde, quando o corroeram e o envenenaram.

As relações podem ser vividas numa base real

Há ainda uma outra consequência provocada pela terapia no modo como os nossos clientes vivenciam suas relações familiares. O cliente descobre, muitas vezes para sua grande surpresa, que se pode viver uma relação com base nos sentimentos reais, em vez de se fundar numa aparência defensiva. Isto assume um significado profundo e reconfortante, como já vimos no caso mencionado da Sra. M. Dá segurança descobrir que se podem exprimir os sentimentos de vergonha, de angústia e de aborrecimento e que a relação sobrevive a isso. É profundamente reconfortante poder manifestar ternura, sensibilidade ou receio, sem ser traído. A razão desse resultado positivo parece residir em parte no fato de, na terapia, o indivíduo aprender a reconhecer e a exprimir os sentimentos como seus, e não como um fato que dissesse respeito a uma outra pessoa. Por conseguinte, dizer ao marido: "Tudo que você está fazendo é errado" apenas poderá levar a uma discussão. Mas dizer: "Estou muito aborrecida com o que você está fazendo" é de fato afirmar os sentimentos de quem fala, uma realidade que não é possível negar. Não se trata de acusar o outro, mas de exprimir um sentimento pessoal. "A culpa é sua, se ando desorientada" é um ponto discutível; mas: "Sinto-me desorientada quando você procede dessa ou daquela maneira" acrescenta simplesmente um fato real à relação.

Mas não é apenas no nível verbal que essa situação se verifica. A pessoa que aceita em si mesma os seus próprios sentimentos descobre que uma relação pode ser vivida tomando como fundamento esses sentimentos reais. Permitam-me que exemplifique com uma série de excertos de entrevistas gravadas com a Sra. S.

A Sra. S. vivia com sua filha de dez anos e sua mãe de setenta, que tiranizava toda a casa a pretexto da sua "pouca saúde". A Sra. S. estava dominada pela mãe e era incapaz de controlar sua própria filha, Carol. Estava ressentida com a mãe, mas não podia confessá-lo, porque "toda a minha vida me senti culpada. Cresci com um sentimento de culpa, porque tudo o que fazia tinha a impressão de que... de alguma maneira afetava a saúde da minha mãe... De fato, há alguns anos, cheguei a ponto de sonhar que... sacudia minha mãe e... eu... eu sentia que queria empurrá-la para fora do meu caminho. E... eu sou capaz de compreender como Carol se sente. Ela não tem coragem... e eu também não".

A Sra. S. sabe que muitas pessoas são de opinião de que ela estaria muito melhor se deixasse a mãe, mas ela não é capaz: "Eu sei que, se a deixasse, não poderia ser feliz, ficaria sempre preocupada com ela. E teria tantos remorsos por ter deixado uma pobre e velha senhora sozinha!"

Embora se queixe de estar tão dominada e controlada, começa a ver o papel que está representando, um papel de covarde: "Sinto que tenho as mãos presas. Talvez a culpa seja minha... mais do que da minha mãe. Na verdade, eu sei, mas sinto-me covarde quando se trata da minha mãe. Sou capaz de fazer seja o que for para evitar que ela faça cenas a propósito da coisa mais insignificante."

À medida que compreende melhor a si própria, começa a chegar à conclusão de que deve tentar viver as relações conforme pensa que é certo, em vez de viver em função dos desejos da mãe. É isto o que relata no início de uma entrevista: "Pois bem, fiz uma descoberta espantosa: é que talvez seja minha a culpa de me ter submetido demasiadamente à minha mãe... em outras palavras, de tê-la mimado. Decidi-me então, como todos os dias, mas desta vez julgo que irei em frente, a tentar... bem, ter calma, ficar tranquila, e... se ela tiver uma das suas crises, ignorá-la mais ou menos como a uma criança que faz birra para atrair as atenções. Por conseguinte, tentei. Ela irritou-se com uma coisa pequena qualquer. Levantou-se da mesa e fechou-se no quarto. Pois bem, não corri atrás dela, nem lhe pedi desculpa, não lhe pedi para voltar, ignorei-a pura e simplesmente. Então, ao fim de alguns minutos, ela voltou, sentou-se e parecia emburrada, mas logo se recompôs. Vou tentar proceder dessa maneira durante algum tempo e..."

A Sra. S. compreende com clareza que a base do seu novo comportamento é ela ter começado a aceitar de uma maneira autêntica os seus próprios sentimentos em relação à mãe. Diz ela: "Pois bem, por que é que não havia de enfrentar a situação? Compreende, eu sentia que era horrível pensar assim em relação à minha mãe; pronto, é isso mesmo que eu sinto, tenho muita pena mas tenho de encarar esse fato e fazer o que me for possível."

À medida que vai se aceitando a si própria mais abertamente, começa a responder às suas próprias necessidades e às da mãe: "Havia uma série de coisas que queria fazer há anos e só agora começo a poder fazê-las. Acho que minha mãe pode ficar sozinha até as dez da noite. Tem o telefone ao lado da cama e... se houver fogo ou qualquer outro acidente do gênero há os vizinhos, ou se ela se sentir mal... Assim vou seguir um curso noturno e vou fazer muitas coisas que quis fazer toda a minha vida; era uma espécie de martírio ficar em casa e pensar nisso... pensando que as devia fazer e não fazia. Pois bem, agora, agora as coisas mudaram. E julgo que, depois da primeira vez, as coisas irão correr bem."

Logo seus novos sentimentos em relação à mãe são postos à prova: "Minha mãe teve um ataque cardíaco muito sério e eu disse que o melhor seria ir para o hospital e... e que com certeza ela precisava ser hospitalizada; levei-a ao médico e este disse que o coração dela estava ótimo e que ela devia sair e distrair-se um pouco. Então ela foi fazer uma visita de uma semana em casa de uma amiga, foi ao teatro e divertiu-se. Por isso... quan-

Quais são as implicações para a vida?

do voltava a querer ir para o hospital, como eu era má e a contradizia na frente de Carol e outras coisas desse gênero, ela acalmava-se e enfrentava o fato do seu coração estar forte como uma pedra e, portanto, bem podia utilizá-lo para se divertir um pouco. Agora tudo vai bem; muito bem mesmo."

Até esse ponto, poder-se-ia julgar que as relações melhoraram para a Sra. S., mas não para a mãe. Vejamos agora o reverso do quadro. Um pouco mais tarde, a Sra. S. declara: "Tenho ainda muita, muita pena da minha mãe. Detestaria ser como ela. E outra coisa ainda, sabe, eu cheguei a detestar minha mãe; não podia tocá-la, ou... quer dizer... roçar nela, ou algo assim. Não me refiro a quando estava irritada ou com qualquer outra coisa. Mas... descobri igualmente um sentimento de afeição em relação a ela; duas ou três vezes, mesmo sem pensar, fui dar-lhe um beijo e dar-lhe boa-noite, quando antes me desviava da porta. E... sinto-me mais delicada com ela; está passando o ressentimento que tinha, ao mesmo tempo que ela deixa de ter a autoridade sobre mim. Tanto assim que... dei por isso ontem, quando a ajudava a se arrumar; antes, arranjava-lhe o cabelo e era um tempo que me custava, em que eu não suportava tocar nela; punha-lhe os rolos, tudo; e agora... descobri de repente que isso não me aborrece; realmente é quase divertido."

Esses excertos parecem retratar um padrão da mudança das relações familiares a que estamos muito habituados. A Sra. S. sente, embora dificilmente o admita, mesmo para consigo mesma, ressentimento em relação à mãe e tem a impressão de não ter direitos próprios. Parece que só adviriam dificuldades do fato de deixar esses sentimentos existirem abertamente na relação familiar. No entanto, quando permite que eles emerjam na situação, descobre a si mesma agindo com mais segurança, com mais integridade. A relação melhora em vez de piorar. O mais surpreendente é que, quando a relação passa a ser vivida com base nos sentimentos reais, ela descobre que o ressentimento e o rancor não são os únicos sentimentos que tem em relação à mãe. Na relação entram igualmente sentimentos de ternura, de afeição e de prazer. É claro que pode vir a haver momentos de discórdia, de zanga e de irritação entre as duas. Mas existirá também respeito, compreensão e amizade. Elas parecem ter aprendido o que muitos outros clientes também aprenderam: que uma relação não deve ser necessariamente vivida a partir de sentimentos simulados, mas antes com base na variedade sempre fluente dos sentimentos que realmente existem.

Poderia parecer, pelos exemplos que escolhi, que apenas os sentimentos negativos são de difícil expressão ou difíceis de viver. Isso está longe de ser verdade. O Sr. K., um homem jovem, profissional liberal, verificou que era tão difícil manifestar os sentimentos positivos ocultos por uma fachada, como os negativos. Um excerto breve poderá indicar a qualidade da alteração com sua filha de três anos.

Diz ele: "Aquilo em que estava pensando enquanto vinha para cá era como eu vejo de maneira diferente a nossa filhinha – estava brincando com ela esta manhã – e – e nós, bem – por que é que será tão difícil deixar sair as palavras agora? Foi realmente uma experiência maravilhosa – reconfortante, uma coisa feliz e agradável, e parece-me que a vi e a senti muito próxima de mim. Aqui está o que eu penso que é significativo – antes, eu podia falar de Judy. Podia dizer coisas positivas acerca dela e contar as coisas engraçadas que ela fazia, falar dela como se me sentisse um pai muito feliz, mas havia nisso qualquer coisa de irreal... como se eu dissesse essas coisas simplesmente porque *devia* sentir tudo isso e que era assim que um pai *devia* falar da sua filha, mas isso não era realmente verdade, porque eu sentia ao mesmo tempo outros sentimentos negativos e confusos acerca dela. Penso nesse momento que é a criança mais maravilhosa que existe no mundo."

T: "Antes, você sentia que 'eu *devia* ser um pai feliz' – esta manhã você *é* um pai feliz..."

C: "Senti isso com certeza, esta manhã. Ela rolava na cama... e então perguntou-me se eu queria dormir outra vez e eu disse que sim e ela disse que ia buscar o seu cobertor... e contou-me depois uma história... uma confusão de três histórias... e eu senti é *isso* que eu *realmente* quero... Eu *quero* ter esta experiência. Senti que eu era... senti que crescia, que era adulto. Senti que era um homem... isto agora parece estranho, mas eu senti que era como se fosse efetivamente um pai bom, responsável e adulto, que era suficientemente grande, sério e feliz para ser o pai dessa criança. Ao passo que, antes, eu sentia-me verdadeiramente fraco e talvez quase indigno, incapaz de ser uma coisa tão importante, porque é uma coisa muito importante ser pai".

Esse cliente descobriu que era possível aceitar sentimentos positivos para consigo enquanto bom pai, e aceitar plenamente seu amor ardente pela filha. Não tinha mais de fingir que gostava dela, receoso de que qualquer outro sentimento estivesse à espreita.

Penso que não surpreenderá ninguém dizer que algum tempo depois ele contou como se sentia mais à vontade para exprimir as suas reações de zanga ou de irritação em relação à filha. Descobriu que os sentimentos que existem são suficientemente bons para que se viva com eles. Não têm necessidade de serem cobertos com verniz.

Melhoria da comunicação nos dois sentidos

A experiência terapêutica parece provar uma outra alteração na forma como os nossos pacientes vivem as suas relações familiares. Eles aprendem a forma de iniciar e manter uma comunicação real nos dois sentidos. Compreender a fundo as ideias e os sentimentos de outra pessoa, com o significado que essa experiência tem para ela, e, inversamente, ser profundamente compreendido por essa outra pessoa – é uma das experiências mais humanas e mais compensadoras e, ao mesmo tempo, uma das experiências mais raras. Alguns indivíduos que foram submetidos à terapia relatam muitas vezes o prazer que sentiram ao descobrir que uma comunicação autêntica desse tipo é possível com membros da sua própria família.

Em parte, isso parece dever-se, de uma maneira absolutamente direta, à sua experiência da comunicação com o terapeuta. É um tal alívio, uma tal descontração das suas defesas, sentir-se compreendido, que o indivíduo quer criar essa atmosfera com os outros. Descobrir ao longo da relação terapêutica que os mais terríveis pensamentos, os sentimentos mais estranhos e anormais, os sonhos e as aspirações mais ridículas, as piores atitudes, tudo isso pode ser compreendido por outra pessoa, é uma experiência extraordinariamente libertadora. E começa-se a ver essa situação como um recurso que se pode estender aos outros.

Há ainda, porém, uma razão que parece ser mais fundamental e pela qual os clientes são capazes de compreender os membros da sua família. Quando vivemos atrás de uma fachada, quando tentamos agir de uma forma que não está de acordo com os nossos sentimentos, não conseguimos ouvir o outro livremente. Temos de estar sempre alerta com receio de que o outro rompa a nossa fachada defensiva. Mas quando um cliente vive segundo a maneira que descrevi, quando tende a exprimir seus verdadeiros sentimentos na situação em que ocorrem, quando as suas relações familiares são vividas com base nos sentimentos que no momento estão presentes, então o indivíduo abandona suas defesas e pode realmente ouvir e compreender os outros membros da família. Pode permitir a si próprio ver a vida tal como ela surge aos olhos dessa outra pessoa.

Parte do que venho dizendo pode ser ilustrado pela experiência da Sra. S., caso a que nos referimos na seção precedente. Durante um contato de acompanhamento após o fim de sua terapia, pediu-se à Sra. S. que descrevesse algumas das reações que tivera perante sua experiência. Ela disse: "Não tive a impressão de se tratar de uma terapia. Sabe, eu pensava que, bem, estou só falando, mas... refletindo agora sobre isso, compreendo que era um tratamento, e do melhor, porque eu já tinha recebido conselhos, excelentes conselhos mesmo, de médicos, de parentes, de amigos... e nunca funcionaram. Creio que para atingir as pessoas não é preciso levantar barreiras ou outras coisas do gênero, porque então não se consegue alcançar a reação verdadeira... Mas pensei muito nisso e agora faço um pouco o mesmo com Carol (rindo-se) ou tento fazer, sabe. E... a avó diz-lhe: 'Como podes tu ser tão má para a tua avozinha tão doente'; sabe, eu sei precisamente o que é que Carol sente. Ela gostaria de bater nela por ser assim terrível! Mas eu não disse nada de mais a Carol, nem tentei guiá-la. Procurei fazer com que se exprimisse... deixá-la sentir que estou com ela e na retaguarda, faça o que fizer. Permiti-lhe que me diga o que sente e quais as suas pequenas reações às coisas, e tudo vai andando bem. Ela disse-me: 'Ó mãe, a avó é velha e doente há tanto tempo!'. Respondi-lhe que sim. E não a condeno nem a aprovo e então, de algum tempo para cá, ela começa... oh, a desviar o espírito de certas coisas e... sem que eu investigue ou tente... tudo vai andando bem com ela. E parece-me que as coisas também vão melhor com a minha mãe."

Creio que podemos afirmar que a Sra. S., tendo aceitado os seus próprios sentimentos e tendo mais vontade de exprimi-los e de vivê-los, descobre agora da sua parte uma maior boa vontade para compreender a filha e a mãe, bem como para sentir com empatia as reações delas perante a vida. Libertou-se suficientemente das suas defesas para ser capaz de ouvir de uma maneira receptiva e de sentir a forma como os outros enfrentam a vida. Este tipo de evolução parece característico das modificações que ocorrem na vida familiar dos nossos clientes.

Desejar que o outro seja independente

Há, para terminar, uma outra tendência que observamos e que gostaria de descrever. Verificamos que nossos clientes tendiam a permitir que cada membro da família tivesse seus próprios sentimentos e fosse uma pessoa independente. Isto parece ser uma afirmação estranha, mas é com certeza um dos passos mais decisivos. Muitos de nós não temos provavelmente consciência da tremenda pressão que tendemos a exercer sobre as nossas mulheres ou maridos, sobre os filhos, para que tenham os mesmos sentimentos que nós. Muitas vezes, é como se disséssemos: "Se quiserem que eu goste de vocês, pensem e sintam como eu. Se sou da opinião de que o seu comportamento é mau, vocês devem igualmente achar que é mau. Se tenho a impressão de que se deve desejar um determinado objetivo vocês devem pensar o mesmo." Agora, a tendência que registramos nos nossos clientes é a inversa dessa: há uma aceitação de que a outra pessoa tenha sentimentos diferentes, valores diferentes, diferentes objetivos. Resumindo, há um desejo de que o outro seja uma pessoa independente.

Creio que essa tendência se desenvolve à medida que a pessoa descobre que pode confiar nos seus próprios sentimentos e reações – que seus próprios impulsos profundos não são nem destrutivos nem catastróficos, que a pessoa não tem necessidade de estar defendida, mas pode enfrentar a vida a partir de uma base real. À medida que vai aprendendo que pode confiar em si mesmo, com o seu caráter único, torna-se mais capaz de confiar na mulher, nos filhos, e de aceitar os sentimentos e os valores únicos que existem na outra pessoa.

Poderíamos ver algo do que quero dizer nas cartas que recebi de um casal. Marido e mulher eram meus amigos e receberam um exemplar de um livro que eu escrevera porque estavam interessados no trabalho que eu realizava. O efeito do livro, porém, pareceu ser idêntico ao da terapia. A mulher escreveu-me e incluiu na sua carta um parágrafo dando conta das suas reações: "Com receio de que pense que somos completamente fúteis, estamos lendo o seu livro *Client-Centered Therapy*. Estou praticamente no fim. A maior parte das afirmações que faz sobre os livros não são exatas, pelo menos para mim. De fato, este provocou em mim algo semelhante a uma experiência terapêutica. O livro levou-me a pensar em algumas das nossas relações familiares pouco satisfatórias, de modo particular na minha atitude para com Phillip (seu filho de catorze anos). Compreendi que há muito tempo não lhe manifestava nenhum amor real, porque estava ressentida com a sua aparente indiferença em seguir algumas das normas gerais que eu sempre pensara que eram importantes. Logo que deixei de tomar sobre mim a responsabilidade dos seus objetivos e lhe respondi como a uma pessoa, como sempre fiz com Nancy, por exemplo, foram surpreendentes as modificações que se verificaram nas suas atitudes. Não um terremoto, mas um começo de distensão. Deixamos de persegui-lo por causa dos estudos e foi ele quem voluntariamente nos veio outro dia dizer que tinha tido um 'Bom' numa prova de matemática. Pela primeira vez este ano."

Alguns meses mais tarde, recebi uma carta do marido: "Você nem vai reconhecer Phil... Não se pode dizer que fale muito, mas já não é a esfinge que era, e vai indo muito melhor na escola, embora não esperemos que passe com distinção. Uma grande parte da sua melhoria deve-se a você, porque ele começou a expandir-se quando comecei finalmente a confiar em que ele fosse ele mesmo e deixei de tentar moldá-lo segundo a gloriosa imagem de seu pai na mesma idade. Se se pudessem apagar os erros passados!"

Esse conceito de ter confiança em que o indivíduo seja ele próprio assumiu para mim grande significado. Imagino às vezes o que seria uma criança educada dessa maneira desde que nascesse. Pensemos numa criança a quem se tivesse permitido ter os seus próprios e irredutíveis sentimentos – imaginemos que ela nunca tivesse tido de repudiar os seus sentimentos a fim de ser amada. Imaginemos que seus pais fossem livres para ter e exprimir seus próprios sentimentos, muitas vezes diferentes dos da criança, e frequentemente diferentes entre si. Gosto de pensar em todos os significados que uma experiência desse gênero poderia ter. Isso significaria que a criança iria crescer no respeito a si como pessoa única; que, mesmo quando o seu comportamento devesse ser dirigido, ela poderia manter uma clara "propriedade" dos seus sentimentos; que o seu comportamento seria um equilíbrio realista, tomando em consideração os seus próprios sentimentos e os sentimentos manifestados pelos outros. Creio que essa criança seria responsável e autônoma, que nunca teria necessidade de esconder os seus sentimentos de si própria, que nunca teria necessidade de viver por detrás de uma fachada. Seria uma pessoa relativamente livre das desadaptações que paralisam muito de nós.

O quadro geral

Se consegui discernir corretamente as diversas tendências que se revelam na experiência dos nossos clientes, então a terapia centrada no cliente parece ter um certo número de implicações na vida familiar. Vou procurar, para concluir, fornecer um quadro mais geral dessas implicações.

Verifica-se que, a longo prazo, o indivíduo encontra satisfação em exprimir, à pessoa com quem se relaciona, todas as atitudes emocionais fortes ou persistentes, na situação em que surgem e ao nível profundo em que se manifestam. Isso é mais satisfatório do que recusar admitir esses sentimentos, permitir que eles se acumulem até um grau de explosão ou dirigi-los numa direção diferente daquela em que nasceram.

Parece que o indivíduo descobre que é mais satisfatório a longo prazo viver determinada relação familiar com base nos reais sentimentos interpessoais que existem, em vez de viver a relação numa base de dissimulação. Um aspecto dessa descoberta é que o medo de que esta relação seja destruída se se admitirem os verdadeiros sentimentos não tem habitualmente fundamento, de modo particular quando se exprimem os sentimentos como próprios e não como pertencentes a uma outra pessoa.

Os nossos clientes descobrem que, à medida que se exprimem de modo mais livre, à medida que fazem corresponder mais intimamente o caráter superficial das relações com as atitudes flutuantes que lhes estão subjacentes, podem renunciar a certas atitudes defensivas e ouvir verdadeiramente o outro. Começam muitas vezes a compreender pela primeira vez o que a outra pessoa sente e por que é que sente dessa forma determinada. Logo, a compreensão recíproca começa a invadir a interação interpessoal.

Há, finalmente, uma aceitação crescente de que o outro seja ele próprio. À medida que eu aceito melhor ser eu mesmo, descubro que me encontro mais preparado para permitir ao outro ser ele próprio, com tudo o que isso implica. Isto significa que o círculo familiar tende a encaminhar-se no sentido de se tornar um complexo de pessoas independentes e únicas, com valores e objetivos individualizados, mas unidas por verdadeiros sentimentos – positivos e negativos – que existem entre elas, e pela satisfação do laço da compreensão recíproca de, pelo menos, uma parte do mundo particular de cada um dos outros.

É deste modo que, segundo creio, uma terapia que leva o indivíduo a tornar-se mais plenamente e de uma maneira mais profunda ele próprio o conduz igualmente à descoberta de uma maior satisfação nas relações familiares reais que perseguem os mesmos fins: facilitar em cada membro da família o processo de descobrir-se e de vir a ser ele mesmo.

Capítulo 17
O tratamento das perturbações na comunicação interpessoal e intergrupos

Para situá-lo no tempo, este estudo foi um dos primeiros que redigi. Foi escrito em 1951, para ser apresentado no Congresso Centenário sobre as Comunicações, na Northwestern University, com o título "Comunicação: seu bloqueio e sua facilitação". Foi impresso uma meia dúzia de vezes, por diferentes grupos e em diversos periódicos, incluindo a Harvard Business Review *e* ETC, *revista da Sociedade de Semântica Geral.*

Embora alguns dos exemplos pareçam um pouco antiquados, incluí-os devido à sua importância, na minha opinião, quanto à consideração das tensões tanto nacionais como internacionais. A sugestão referente à tensão entre os Estados Unidos e a Rússia parecia naquela altura desesperadamente idealista. Creio que seria agora considerada por muita gente como refletindo apenas bom senso.

Pode parecer curioso que uma pessoa que consagra toda sua atividade profissional à psicoterapia se interesse pelos problemas da comunicação. Que relação há entre fornecer uma ajuda terapêutica a um indivíduo que apresenta desadaptações emocionais e o objetivo desta conferência, ou seja, estudar os obstáculos à comunicação? Todavia, a relação é bastante estreita. Todo o trabalho da psicoterapia se refere a uma falha na comunicação. A pessoa emocionalmente desadaptada, o "neurótico", tem dificuldades, em primeiro lugar, porque rompeu a comunicação consigo próprio e, em segundo, porque, como resultado dessa ruptura, a comunicação com os outros se viu prejudicada. Se isso parece um pouco estranho, permitam-me que o exprima de outra maneira. No indivíduo "neurótico", partes dele que permaneceram inconscientes, ou reprimidas, ou negadas à consciência, sofrem uma obstrução que impede a comunicação com a parte consciente ou dirigente do indivíduo. Enquanto isso acontecer, dão-se distorções na forma de comunicação entre o indivíduo e os outros, sofrendo ele assim tanto no interior de si mesmo como nas relações intersubjetivas. A função da psicoterapia é ajudar a pessoa a realizar, através de uma relação especial com o terapeuta, uma comunicação perfeita consigo mesma. Uma vez isso efetuado, ela é capaz de se comunicar mais livre e mais eficazmente com os outros. Podemos, portanto, dizer que a psicoterapia é uma boa comunicação no interior da pessoa e entre pessoas. Podemos também inverter a afirmação e ela continua a ser verdadeira. Uma boa comunicação, uma comunicação livre, dentro ou entre as pessoas, é sempre terapêutica.

Desse modo, é a partir de um pano de fundo da experiência com a comunicação no aconselhamento e na psicoterapia que eu desejaria apresentar-lhes duas ideias. Parto daquilo que julgo ser um dos fatores principais que bloqueiam ou impedem a comunicação e, depois, procurarei apresentar o que na nossa experiência se revela como uma forma muito importante de melhorar ou facilitar a comunicação.

Gostaria de propor à consideração de vocês, como uma hipótese, que a maior barreira à comunicação interpessoal é a nossa tendência muito natural para julgar, avaliar, aprovar ou desaprovar as afirmações de outra pessoa ou de outro grupo. Vou ilustrar o que pretendo dizer por meio de alguns exemplos muito simples. Assim que saírem dessa reunião, uma das apreciações que possivelmente ouvirão é esta: "Não gostei do que

Quais são as implicações para a vida?

esse indivíduo disse." Pois bem, o que responderão? Quase invariavelmente, a resposta dada será de aprovação ou desaprovação da atitude expressa. Ou vocês respondem: "Eu também não gostei. Achei a conferência horrível", ou então poderão responder: "Não, eu penso que foi realmente uma boa conferência." Em outras palavras, a sua reação primária é a de apreciar o que foi dito desde o *seu* ponto de vista, o seu quadro de referências.

Consideremos um outro exemplo. Imaginemos que digo com convicção: "Penso que a atitude dos republicanos assume neste momento formas de muito bom senso." Qual será a resposta que formarão em sua mente ao ouvir isto? Muito provavelmente será uma resposta apreciativa. Concordarão ou discordarão, ou pronunciarão um juízo como este: "Ele parece estar convencido", ou então: "Deve ser um conservador." Vejamos um exemplo tirado da cena internacional. A Rússia afirma com veemência: "O tratado com o Japão é uma conspiração dos Estados Unidos para desencadear a guerra." Erguemo-nos como um só homem para afirmar: "É mentira!"

Este último exemplo introduz um outro elemento ligado à minha hipótese. Se bem que a tendência para proceder a apreciações seja comum em quase todos os intercâmbios da linguagem, ela se intensifica imensamente nas situações que envolvem profundamente sentimentos e emoções. Assim, quanto mais fortes forem os nossos sentimentos, com muito maior facilidade deixará de haver elementos comuns na comunicação. Haverá precisamente duas ideias, dois sentimentos, dois juízos, cada um de seu lado no espaço psicológico. Tenho certeza de que reconhecem essa situação a partir da sua própria experiência. Quando não estão emocionalmente envolvidos e assistem a uma acalorada discussão, afastam-se muitas vezes pensando: "Bem, não estão falando sobre a mesma coisa." E de fato não estão. Cada um procedia a uma apreciação, fazia um juízo, a partir do seu próprio quadro de referência. Não havia realmente nada a que se pudesse chamar comunicação no sentido autêntico do termo. Essa tendência para reagir a qualquer afirmação carregada de emotividade fazendo uma apreciação a partir do nosso próprio ponto de vista é, repito, a maior barreira à comunicação intersubjetiva.

Mas existirá uma forma de resolver esse problema, de evitar essa barreira? Tenho a impressão de que estamos realizando progressos impressionantes nessa direção e gostaria de apresentá-los de uma forma tão simples quanto possível. A comunicação real efetua-se, e a tendência para a apreciação é evitada, quando ouvimos com compreensão. Que é que isso quer dizer? Isso quer dizer que se procura ver a ideia e a atitude expressas pela outra pessoa do seu ponto de vista, sentir como ela reage, apreender o seu quadro de referência em relação àquilo sobre que está falando.

Dito dessa maneira, assim tão resumida, pode parecer absurdamente simples, mas não é. É uma forma de contato que descobrimos como extremamente poderosa no domínio da psicoterapia. É o agente mais eficaz que conhecemos para modificar a estrutura da personalidade básica de um indivíduo e para melhorar as suas relações e a sua comunicação com os outros. Se sou capaz de ouvir o que ele pode me dizer, se sou capaz de compreender como isso lhe parece, se sou capaz de ver o que isso significa para ele, se sou capaz de sentir a sua reação emocional perante tal coisa, nesse caso estou libertando nele poderosas forças de transformação. Se sou realmente capaz de compreender como ele odeia o seu pai, ou a universidade, ou os comunistas – se sou capaz de captar o sabor do seu modo de demência, ou do seu terror da bomba atômica, ou da Rússia –, isso representará para ele uma grande ajuda na transformação desse ódio e desse medo e no estabelecimento de relações realistas e harmoniosas com muitas pessoas e com muitas situações perante as quais experimentava ódio ou medo. Sabemos pelas nossas investigações que uma compreensão empática desse tipo – compreensão *com* uma pessoa, não *sobre* uma pessoa – é um modo de contato eficaz que pode provocar importantes alterações na personalidade.

Talvez alguns de vocês pensem que ouvem bem as pessoas, mas que nunca conseguiram esses resultados. Há, no entanto, fortes probabilidades de que a sua maneira de ouvir não corresponda ao tipo que descrevi. Felizmente, posso sugerir uma pequena experiência de laboratório para procurar testar a qualidade da sua compreensão. A próxima vez que tiverem uma discussão com a sua mulher, ou com um amigo, ou com um pequeno grupo de amigos, parem a discussão por um momento e, para realizar a experiência, estabeleçam a seguinte regra: "Cada uma das pessoas só pode falar para defender suas próprias ideias *depois* de ter voltado a expor as ideias e as opiniões da pessoa que falou antes dela e com plena satisfação desta". É possível imaginar o que isso significaria. Significaria simplesmente que, antes de apresentar-lhes o seu próprio ponto de vista, seria necessário que tivessem realmente captado o quadro de referência do outro interlocutor – que compreendessem seus sentimentos e suas ideias tão bem que os resumissem para ele. Parece simples, não é? Mas, se fizerem a experiência, verão que é uma das coisas mais difíceis que alguma vez tentaram fazer. No entanto, uma vez que foram capazes de ver o ponto de vista do outro, os seus próprios comentários têm de ser profundamente revistos. Descobrirão igualmente que a emoção foi afastada da discussão, que as diferenças se reduziram e que as que ainda permanecem são razoáveis e compreensíveis.

Podem imaginar o que esse tipo de contato significaria se fosse ampliado a vastos domínios? O que aconteceria se um conflito de trabalho entre operários e patrões seguisse esse caminho, de modo que os trabalhadores, sem estarem necessariamente de acordo com a direção, pudessem formular corretamente o ponto de vista desta, e os patrões, sem aprovarem a posição dos trabalhadores, fossem capazes de expor o problema destes de uma forma que considerassem correta? Isso significaria que se estabelecera uma real comunicação e que se poderia praticamente garantir que se chegaria a uma solução razoável.

Se uma forma de contato desse tipo é um caminho eficaz para uma boa comunicação e para uma boa relação – e tenho certeza absoluta de que concordariam comigo se fizessem a experiência que mencionei –, qual a razão por que esse caminho não é mais procurado e seguido? Tentarei enumerar as dificuldades que impedem o recurso a esse processo.

Em primeiro lugar, é preciso coragem, qualidade que não está assim muito espalhada. Sou muito grato ao Dr. S. I. Hayakawa, professor de semântica, por ter observado que exercer a psicoterapia dessa maneira representava um risco muito real e que exigia coragem. Se compreendemos realmente uma pessoa desse modo, se estamos dispostos a entrar no seu mundo privado e a ver a forma como a vida lhe parece, sem qualquer tentativa para pronunciar juízos de valor, corremos o risco de sermos nós próprios a mudar. Ao ver como ele vê, é possível que uma pessoa se sinta influenciada nas suas atitudes ou na sua personalidade. Esse risco de se ver modificado é uma das mais temíveis perspectivas para a maioria de nós. Se me introduzir tão completamente quanto for possível dentro do mundo particular de um indivíduo neurótico ou psicótico, não haverá nisso um risco de me perder? Quase todos nós temos medo desse risco. E se tivéssemos aqui essa noite um conferencista russo ou o senador Joseph McCarthy[1], quantos de nós teriam a coragem de tentar ver o mundo de cada uma das perspectivas referidas? A grande maioria não poderia *ouvir*; seríamos compelidos a *avaliar*, porque ouvir poderia ser demasiado perigoso. Por isso, aquilo que se exige em primeiro lugar é coragem, e nem sempre a temos.

Mas há ainda um segundo obstáculo. É justamente quando as emoções são mais fortes que é mais difícil captar o quadro de referência de outra pessoa ou de outro grupo. No entanto, é nesse momento que essa atitude é mais necessária, se se quiser estabelecer a comunicação. Não achamos, através da nossa experiência em psicoterapia, que se trate de um obstáculo insuperável. Uma terceira parte, que seja capaz de suspender as suas

Quais são as implicações para a vida?

próprias reações e juízos de valor, pode prestar um grande auxílio, ao ouvir compreensivamente cada um dos indivíduos ou dos grupos e esclarecer as perspectivas e atitudes que cada um assume. Descobrimos que isso era muito eficaz em pequenos grupos onde existissem atitudes antagônicas ou contraditórias. Quando as partes em disputa se apercebem de que estão sendo compreendidas, de que alguém vê como a situação aparece para cada uma delas, as afirmações tornam-se menos exageradas e menos defensivas, e deixa de ser necessário manter esta atitude de "eu tenho 100% razão e você está 100% errado". A influência de uma atitude desse gênero, compreensiva da situação, desempenha papel de catalisador no grupo e permite que os seus membros se aproximem cada vez mais da verdade objetiva implícita na relação. É dessa forma que se estabelece a comunicação mútua e se torna muito mais possível um determinado tipo de acordo. Podemos portanto dizer que, embora a intensidade das emoções torne muito mais difícil compreender um opositor, nossa experiência mostra claramente que um determinado tipo de moderador ou um terapeuta, neutro, compreensivo e com uma função de catalisador, pode superar esse obstáculo num pequeno grupo.

Essa última afirmação, contudo, sugere um outro obstáculo no emprego da abordagem que descrevi. Até aqui, nossa experiência foi feita com pequenos grupos restritos – grupos que manifestavam tensões profissionais, religiosas, raciais, e grupos de terapia onde existia um grande número de tensões pessoais. Nesses pequenos grupos, nossa experiência, confirmada por um número limitado de investigações, mostra que uma abordagem empática provoca uma maior aceitação de uns pelos outros e contribui para atitudes que são mais positivas e mais suscetíveis de conduzirem a soluções. Dá-se uma diminuição na atitude de defesa, no exagero das afirmações, no comportamento apreciador e crítico. Mas esses resultados foram obtidos com pequenos grupos. Como poderemos procurar alargar a compreensão entre grupos mais amplos, geograficamente distantes? Ou entre grupos que se enfrentam e que não falam por si, mas simplesmente como representantes de outros, como as delegações das Nações Unidas? Francamente, não temos resposta para essas questões. Creio que a situação poderia ser equacionada do seguinte modo: como cientistas sociais, temos uma solução provisória para o problema da ruptura da comunicação. Para confirmar, porém, a validade dessa solução e para torná-la adequada aos enormes problemas da comunicação rompida entre classes, grupos e nações, exigir-se-iam recursos complementares, investigações numa escala muito maior e um pensamento criativo de nível mais alto.

Mas, mesmo com as limitações do nosso conhecimento atual, podemos ver alguns dos passos que se deveriam dar, até mesmo em grupos amplos, para aumentar a capacidade de escutar *com* e para reduzir o número dos juízos de valor *sobre*. Recorrendo à imaginação, suponhamos por um momento que um grupo internacional, terapeuticamente orientado, encontrasse os dirigentes russos e lhes dissesse: "Nós queremos ter uma compreensão autêntica dos seus pontos de vista e, mais importante ainda, dos seus sentimentos e das suas atitudes em relação aos Estados Unidos. Iremos condensar e resumir esses pontos de vista e esses sentimentos, se necessário até que concordem que a nossa descrição representa a situação tal como vocês a encaram". Suponhamos então que eles fizessem o mesmo com os dirigentes do nosso país. Se fosse dada maior difusão a esses pontos de vista e a essas atitudes, claramente expressos, mas sem insultos, não seria grande o efeito? Isso não iria garantir o tipo de compreensão que tentei esboçar mas torná-la-ia muito mais viável. Podemos compreender muito mais adequadamente os sentimentos de uma pessoa que nos odeia quando as suas atitudes nos são cuidadosamente descritas por uma terceira pessoa neutra, do que quando olha para nós de punhos cerrados.

Mas descrever uma primeira tentativa desse gênero é sugerir um outro obstáculo a esse método de compreensão. Nossa civilização não acredita ainda suficientemente nas ciências sociais de modo a utilizar os seus resultados. O inverso é verdadeiro em relação às ciências físicas. Durante a guerra, quando em laboratórios se encontrou uma solução para o problema da borracha sintética, gastaram-se milhões de dólares e um exército de talentos para descobrir a possibilidade de aplicar essa solução. Se a borracha sintética podia ser produzida em miligramas, poderia vir a ser, e foi, produzida em milhares de toneladas. No domínio das ciências sociais, porém, se se encontrou um meio de comunicação facilitada e de compreensão recíproca em pequenos grupos, não há garantia de que se possa utilizar esse achado. Pode passar uma geração ou mais, antes que o dinheiro e os cérebros explorem essas descobertas.

Finalizando, gostaria de resumir esta solução em pequena escala para o problema das barreiras na comunicação e sublinhar algumas das suas características.

Afirmei que nossas investigações e nossas experiências revelaram até agora que se podem evitar as rupturas da comunicação e a tendência para julgar, que é a barreira mais importante para a comunicação. A solução é fornecida pela criação de uma situação em que cada uma das partes atinja a compreensão da outra, a partir do ponto de vista *da outra*. Isso pode ser conseguido na prática, mesmo quando os sentimentos são intensos, por meio da influência de uma pessoa que procura compreender cada um dos pontos de vista com empatia e que, nesse caso, atua como catalisador para precipitar a ulterior compreensão.

O processo tem características importantes. Pode ser iniciado por uma das partes sem que a outra esteja preparada. Pode mesmo ser iniciado por uma terceira pessoa neutra, desde que tenha a garantia de um mínimo de cooperação de cada uma das partes em presença.

Esse processo pode esbarrar com falta de sinceridade, com exageros defensivos, com mentiras, com "fachadas" que caracterizam a maior parte dos fracassos da comunicação. Essas distorções defensivas acabam por si mesmas com uma rapidez espantosa, quando as pessoas entendem que o único objetivo é compreender e não julgar.

Essa abordagem conduz regular e rapidamente à descoberta da verdade, a uma apreciação realista das barreiras objetivas à comunicação. O abandono de um certo espírito de defesa por uma das partes leva a um abandono desse mesmo espírito pela outra parte, e a verdade é abordada mais de perto.

Esse processo leva gradualmente a uma compreensão recíproca. A comunicação mútua tende a inclinar-se para a solução dos problemas, em vez de ser dirigida para o ataque de pessoas ou de grupos. Ela conduz a uma situação na qual vejo como o problema surge aos outros, e como se me aparece, e os outros veem como ele aparece a mim e como aparece a eles. Definido desse modo, com precisão e realismo, é quase certo que o problema será abordado de uma maneira inteligente ou, se for em parte insolúvel, será tranquilamente aceito como tal.

Parece tratar-se de uma solução experimental para as rupturas da comunicação que se registram em pequenos grupos. Será possível considerar a resposta dada nessa pequena escala, investigá-la em maior profundidade, elaborá-la, desenvolvê-la e aplicá-la aos fracassos trágicos da comunicação, e quase fatais, que ameaçam a própria existência do mundo contemporâneo? A minha opinião é que se trata de uma possibilidade e de um desafio que deveríamos explorar.

Capítulo 18
Uma formulação provisória de uma lei geral das relações interpessoais

Durante um dos últimos verões, refleti sobre um problema teórico que me perseguia: seria possível formular, numa única hipótese, os elementos que tornam qualquer relação mais facilitadora do crescimento ou que, pelo contrário, a dificultam? Redigi algumas anotações breves para meu uso pessoal e tive depois uma oportunidade de apresentá-las a um grupo de trabalho e a alguns dirigentes de empresa, durante uma conferência. Pareceu-me que o tema interessou a todos, mas entusiasmou sobretudo os dirigentes de indústrias que discutiram os prós e contras de problemas como estes: relações entre supervisores e operários, entre o pessoal e a direção, formação dos quadros, relações interpessoais em nível de direção.

Considero esse capítulo uma simples tentativa, e não tenho a certeza absoluta de que seja adequado. Incluo-o, no entanto, porque muitos daqueles que o leram acharam-no estimulante e porque a sua publicação pode inspirar estudos de investigação que comecem a provar a sua validade.

Perguntei muitas vezes a mim mesmo como é que as nossas descobertas no campo da psicoterapia poderiam se aplicar às relações humanas em geral. No decurso dos últimos anos, refleti bastante sobre essa questão, procurando estabelecer uma teoria das relações interpessoais como parte de uma estrutura mais ampla da teoria da terapia centrada no cliente (1, seção IV). O presente artigo procura expor, de uma maneira um pouco diferente, um dos aspectos dessa teoria. Procura examinar a ordem subjacente a todas as relações humanas, uma ordem que determina quando é que a relação se processa no sentido do crescimento, do aperfeiçoamento, da abertura e da maturidade dos indivíduos ou, pelo contrário, quando contribui para a inibição do desenvolvimento psicológico, para a formação de atitudes defensivas e para a elevação de barreiras de ambas as partes.

O conceito de congruência

Como ponto fundamental de tudo o que eu possa dizer está o conceito de congruência. Esse conceito foi elaborado para definir um grupo de fenômenos que se revelam importantes em terapia e em todas as interações subjetivas. Tentarei defini-lo.

Congruência foi o termo a que recorremos para indicar uma correspondência mais adequada entre a experiência e a consciência. Pode ainda ser ampliado de modo a abranger a adequação entre a experiência, a consciência e a comunicação. Talvez seja esclarecedor recorrer ao exemplo do que se passa com uma criança de berço. Se a criança tem uma experiência de fome num nível fisiológico e visceral, sua consciência se manifesta como adaptada a essa experiência e a comunicação é igualmente congruente com sua experiência. A criança tem fome e não está satisfeita, e isto é verdade para ela em todos os níveis. Nesse momento, ela se integra ou se unifica no fato de "ter fome". Por outro lado, se está saciada e contente, também se trata de uma congruência unificada, idêntica no nível visceral, no nível da consciência e no nível da comunicação. É uma pessoa unificada em todos os aspectos, quer consideremos sua experiência no nível fisiológico, quer no nível da consciência ou da comunicação. Provavelmente, uma das razões por que muita gente é atraída pelas crianças é elas serem tão integralmente verdadeiras, integradas ou congruentes. Se uma criança manifesta afeição, zanga, contentamento ou medo, não duvidamos de que ela *é* essa sua experiência, em todos os seus aspectos. A criança tem medo, ou gosta de uma coisa, tem fome ou qualquer outra reação de uma maneira transparente.

Para encontrar um exemplo de incongruência temos de nos voltar para alguém que tenha ultrapassado o estágio da infância. Citemos o exemplo fácil de identificar do homem que se exalta numa discussão de grupo. O rosto congestiona-se, o tom de voz traduz a irritação, com o dedo ameaça o opositor. Contudo, se um amigo lhe diz: "Ora, não te exaltes por causa disso", ele responde com uma sinceridade e uma surpresa evidentes: "Mas eu não estou exaltado! Não me sinto nada *irritado*. Limito-me a salientar os fatos lógicos!" Os outros membros do grupo riem dessa declaração.

Que é que acontece nesse caso? Parece evidente que, num nível fisiológico, esse indivíduo vivencia irritação. Essa experiência de irritação não é captada pela consciência. Conscientemente, ele *não* está irritado, nem comunica sua irritação (pelo menos com consciência). Aqui está uma real incongruência entre a experiência e a consciência e entre a experiência e a comunicação.

Um outro ponto que importa acentuar no exemplo referido é que a comunicação se torna de fato ambígua e pouco clara. Nas palavras, há uma afirmação lógica dos fatos. No tom de voz e nos gestos que a acompanham, transmite-se uma mensagem diferente: "Eu estou irritado contigo." Julgo que essa ambiguidade ou essa contradição da comunicação está sempre presente quando uma pessoa que é, num determinado momento, incongruente tenta entrar em comunicação.

O seguinte exemplo ilustra ainda uma outra faceta da incongruência. O próprio indivíduo não é juiz competente em relação ao seu próprio grau de congruência. É por isso que o riso do grupo indica um claro consenso judicativo de que o indivíduo está exaltado, quer o pense quer não. Isso, contudo, do ponto de vista da sua própria consciência, não é verdade. Em outras palavras, verifica-se que o grau de congruência não pode ser apreciado pela própria pessoa nesse mesmo momento. Podemos progredir na forma como calcular esse grau a partir de um quadro de referência exterior. Avançamos igualmente bastante no conhecimento sobre a incongruência a partir da própria capacidade da pessoa para reconhecer sua própria incongruência em relação a experiências passadas. Por conseguinte, se o indivíduo que tomamos como exemplo estivesse em terapia, poderia voltar-se para um incidente desse gênero e, na segurança da sessão terapêutica, dizer: "Agora compreendo como me sentia irritado com ele, embora nessa altura pensasse o contrário". Acabaria por reconhecer que sua atitude defensiva nesse momento o impedira de tomar consciência da sua irritação.

Um outro exemplo ilustrará um novo aspecto da incongruência. A Sra. Brown, que mal disfarçou os bocejos e olhou para o relógio constantemente, ao partir despede-se de quem a convidou, dizendo: "Gostei *muito* de estar aqui. Foi uma noite muito agradável!" Nesse caso, a incongruência não se estabelece entre a experiência e a consciência. A Sra. Brown tem perfeita consciência de ter se aborrecido. A incongruência registra-se entre a consciência e a comunicação. Deve, portanto, notar-se que, quando há uma incongruência entre a experiência e a consciência, fala-se geralmente de uma atitude de defesa ou de uma recusa da consciência. Quando a incongruência é entre a consciência e a comunicação, pensa-se habitualmente em falsidade ou em duplicidade.

Há um importante corolário do conceito de congruência que não é absolutamente evidente. Pode formular-se da seguinte maneira: se um indivíduo é, num dado momento, inteiramente congruente, sua experiência fisiológica pode ser adequadamente representada na consciência e a comunicação será conforme a essa consciência, nunca incluindo, portanto, a expressão de um fato exterior. Se um indivíduo é congruente não dirá "esta rocha é dura", "ele é estúpido", "você é mau", "ela é inteligente". A razão por que nunca fará afirmações deste gênero reside no fato de a sua *experiência* nunca ser de "fatos" desse tipo. A consciência conforme à *experiência* exprimir-se-á sempre como sentimentos, percepções, significações derivadas de um quadro de referência interno. Eu nunca *sei* se esse indivíduo é estúpido ou se você é mau. Eu apenas sou capaz de apreender que isso me surge desse modo. Igualmente, e falando em sentido estrito, eu não *sei* se a rocha é dura, mesmo que tenha a certeza de que a *experimentaria* como tal se caísse em cima dela (e mesmo nesse caso posso permitir que o físico a veja como uma massa muito permeável de átomos e moléculas em alta velocidade). Se uma pessoa for profundamente congruente, é evidente que toda a sua comunicação se situará necessariamente num contexto de percepção pessoal. Este fato tem implicações muito importantes.

Podia mencionar-se entre parênteses que o fato de uma pessoa falar sempre no contexto da percepção pessoal não implica necessariamente congruência, pois qualquer modo de expressão pode ser utilizado como uma atitude típica de defesa. Por conseguinte, a pessoa, num determinado momento de congruência, comunica necessariamente as suas percepções e os seus sentimentos como tais, e não como *fatos* sobre uma outra pessoa ou sobre o mundo exterior. Contudo, o inverso não é necessariamente verdadeiro.

Já disse talvez o suficiente para indicar que o conceito de congruência é relativamente complexo, com determinado número de características e de implicações. Esse conceito não é facilmente definível em termos operacionais, embora se tenham concluído alguns estudos, e estejam outros atualmente em curso, que fornecem indicadores operacionais daquilo que é experimentado, como distinto da consciência dessa experiência. Acredita-se que sejam possíveis elaborações mais aprofundadas.

Para concluir nossa definição desse conceito de uma forma facilmente compreensível, creio que todos tendemos a reconhecer a congruência ou a incongruência nos indivíduos com quem convivemos. Com alguns indivíduos, compreendemos que, na maior parte da sua atividade, não apenas traduzem conscientemente o seu pensamento, como também exprimem seus sentimentos mais profundos, quer que se trate de reações de cólera ou e rivalidade, de afeto ou de colaboração. Sentimos então que "sabemos exatamente onde essa pessoa está". Com outro indivíduo, reconhecemos que o que ele está dizendo é quase que com certeza uma fachada, uma máscara. Interrogamo-nos sobre o que ele *realmente* sente. Perguntamos a nós mesmos se *ele* próprio sabe o que está sentindo. Tendemos a desconfiar e ser cautelosos com um indivíduo desse gênero.

É, pois, evidente que os indivíduos diferem no seu grau de congruência e que num mesmo indivíduo esse grau é variável conforme os momentos, grau que depende do que está experimentando e da sua atitude de aceitar conscientemente a sua experiência ou de se defender dela.

Ligações entre a congruência e a comunicação nas relações interpessoais

É possível que o significado desse conceito de congruência no domínio das interações pessoais possa ser mais facilmente reconhecido a partir de algumas proposições sobre duas pessoas hipotéticas, Smith e Jones.

1. Qualquer comunicação de Smith a Jones está marcada pelo grau de relativa congruência que existe em Smith. Isto é óbvio a partir do que se disse acima.

2. Quanto maior for a congruência da experiência, da consciência e da comunicação em Smith, mais facilmente Jones sentirá essa comunicação como *clara*. Julgo que isto ficou nitidamente explicado. Se todas as indicações fornecidas pela linguagem, pelo tom de voz e pelos gestos estão unificadas devido ao fato de derivarem da congruência e da unidade que existe em Smith, então é muito menos provável que essas indicações tenham um significado ambíguo ou pouco claro para Jones.

3. Por conseguinte, quanto mais clara for a comunicação de Smith, melhor Jones responderá com clareza. Isto quer simplesmente dizer que, embora Jones possa ser absolutamente incongruente na sua experiência da matéria em discussão, a sua resposta terá pelo menos *mais* clareza e congruência do que se considerasse ambígua a comunicação de Smith.

4. Quanto mais Smith for congruente em relação ao assunto que está em comunicação, menos defesas criará nesse domínio e será mais capaz de ouvir adequadamente o que Jones lhe comunica em resposta. Em outras palavras, Smith exprimiu o que autenticamente sentia. Está, portanto, mais livre para ouvir. Quanto menos apresentar uma fachada a defender, tanto mais será capaz de ouvir devidamente o que Jones está lhe comunicando.

5. Nessa fase, Jones sente-se compreendido empaticamente. Sente que, na medida em que expressou a si mesmo (quer seja de uma forma defensiva, quer seja de uma forma congruente), Smith compreendeu-o quase como se estivesse vendo a si próprio e no seu modo de apreender o problema em discussão.

6. Para Jones, sentir-se compreendido é experimentar uma consideração positiva em relação a Smith. Sentir-se compreendido é sentir que se tem alguma importância positiva na experiência de uma outra pessoa, neste caso de Smith.

7. Mas na medida em que Jones:

a) experiencia Smith como congruente ou integrado na relação;

b) experiencia Smith como tendo em relação a ele uma consideração positiva;

c) experiencia que Smith o compreendeu empaticamente; nessa mesma medida estão estabelecidas as condições da relação terapêutica.

Tentei, num outro artigo (2), descrever as condições que a nossa experiência revela como necessárias e suficientes para realizar a terapia, não as repetindo portanto aqui.

8. Na medida em que Jones vivencia essas características de uma relação terapêutica, ele descobre a si mesmo vivenciando menos barreiras à comunicação. Tende portanto a comunicar a si mesmo como é, de uma forma mais congruente. Pouco a pouco, reduzem-se as suas atitudes defensivas.

9. Jones, tendo se comunicado mais livremente, com menos atitudes defensivas, é agora capaz de ouvir adequadamente, sem necessidade de uma distorção defensiva, a comunicação seguinte de Smith. Trata-se de uma repetição da fase 4, mas agora em termos de Jones.

10. Na medida em que Jones é capaz de ouvir, Smith começa a sentir-se compreendido empaticamente (como na fase 5 em relação a Jones); experimenta a consideração positiva de Jones (paralela à fase b); e descobre-se a experienciar a relação como terapêutica (de uma forma semelhante ao que se passava na fase 7). Logo, Smith e Jones tornaram-se numa certa medida, reciprocamente terapêuticos um para o outro.

11. Isso significa, dentro de certos limites, que o processo terapêutico se verifica em ambos e que os resultados da terapia se manifestarão em cada um deles nessa mesma medida; dá-se uma alteração da personalidade no sentido de uma maior unidade e integração; reduzem-se os conflitos e liberta-se mais energia utilizável numa vida eficaz; registra-se uma modificação no comportamento em direção a uma maior maturidade.

12. O elemento limitativo nessa cadeia de acontecimentos parece ser a introdução de material ameaçador. Por conseguinte, se Jones, na fase 3, inclui na sua resposta mais congruente novos elementos que estão fora do domínio da congruência de Smith, referindo-se a um domínio em que Smith é *in*congruente, nesse caso pode acontecer que Smith não seja capaz de escutar devidamente, que se impeça de ouvir o que Jones lhe comunica, e responda com uma comunicação ambígua, levando todo o processo descrito através das fases anteriores a seguir o sentido inverso.

Quais são as implicações para a vida?

Uma formulação provisória de uma lei geral

Considerando tudo o que se disse anteriormente, parece possível formular de uma forma mais resumida um princípio geral. Eis essa tentativa de formulação:

Supondo (a) um mínimo de boa vontade da parte de duas pessoas para estabelecerem contato; (b) uma capacidade e um mínimo de boa vontade da parte de cada uma dessas pessoas para receber a comunicação da outra; e (c) supondo que o contato se mantém durante um certo período de tempo, pode-se admitir como verdadeira a relação hipotética seguinte:

> Quanto maior for a congruência da experiência, da consciência e da comunicação por parte de um indivíduo, mais a relação originada implicará: uma tendência para um comunicação recíproca caracterizada por uma crescente congruência; uma tendência para uma compreensão mútua mais adequada da comunicação; uma melhoria da adaptação psicológica e do funcionamento de ambas as partes; satisfação recíproca na relação.

Inversamente, quanto maior for a *incongruência* comunicada da experiência e da consciência, mais as relações assim originadas envolvem: comunicações posteriores com as mesmas características; desintegração da compreensão adequada; funcionamento e adaptação psicológica menos adaptados em ambas as partes; insatisfação recíproca na relação.

Com uma maior precisão formal seria possível formular esta lei geral de forma a mostrar que a percepção do *receptor* da comunicação é crucial. Poder-se-ia então formular a lei hipotética nos seguintes termos, supondo as mesmas condições prévia, como a boa vontade em contatar, etc.

> Quanto mais Y sente a comunicação de X como congruência de experiência, consciência e comunicação, mais a relação que daí deriva envolverá: (etc., como indicado acima).

A "lei" assim formulada torna-se uma hipótese suscetível de ser posta à prova, uma vez que a *percepção* por Y da comunicação de X não deve ser difícil de medir.

A opção existencial

Gostaria de indicar, embora muito rapidamente, um outro aspecto da questão, aspecto que é frequentemente muito real na relação terapêutica, bem como noutras relações, mas que apesar disso é talvez menos notado.

Em determinada relação, tanto o cliente como o terapeuta enfrentam frequentemente a opção existencial: "Teria eu coragem para comunicar totalmente o grau de congruência que sinto? Ousaria fazer coincidir a minha experiência, a consciência dessa experiência e a sua comunicação? Teria coragem para me comunicar como sou, ou deveria a minha comunicação ser mais reduzida ou diferente?". A importância desta questão reside na possibilidade, muitas vezes vivamente percebida, de ameaça ou de rejeição. Comunicar plenamente a própria consciência de uma experiência relevante é um risco nas relações interpessoais. Parece-me que é o fato de assumir ou não esse risco que determina quando é que uma relação se torna cada vez mais reciprocamente terapêutica ou quando segue uma direção desintegradora.

Em outras palavras, não posso decidir quando é que a minha consciência será congruente com a minha experiência. A resposta a essa questão será dada pela minha necessidade de defesa e disto não sou consciente. Há, porém, uma opção existencial permanente, segundo a qual a minha comunicação será congruente com a consciência que *tenho* do que estou experienciando. Nesta opção de cada momento em uma relação pode radicar a resposta à questão de saber se a relação vai numa ou noutra das direções indicadas, nos termos da lei que formulamos como hipótese.

Referências bibliográficas

1. Rogers, Carl R. – "A theory of therapy, personality and interpersonal relationships", in Koch, S. (ed.), *Psychology: A Study of a Science*, vol. III, Nova York, McGraw-Hill, 1959, pp. 184-256.
2. Rogers, Carl R. – "The necessary and sufficient conditions of therapeutic personality change", *J. Consult. Psychol.*, *21*, pp. 95-103.

Capítulo 19
Para uma teoria da criatividade

Em dezembro de 1952, a Universidade do Estado de Ohio convidou, para um colóquio sobre a criatividade, representantes dos diferentes ramos da arte, literatura, artes plásticas, dança, música, bem como educadores nesses diferentes campos. Foram igualmente convidadas outras pessoas interessadas no processo criador: filósofos, psiquiatras e psicólogos. Foi uma reunião animada e enriquecedora, durante a qual redigi algumas notas sobre a criatividade e os elementos que a desenvolvem. Este capítulo é uma análise mais pormenorizada dessas notas.

Parto da afirmação de que há uma necessidade social desesperada de um comportamento criador por parte de indivíduos criativos. É essa necessidade que justifica a tentativa de uma teoria da criatividade – a natureza do ato criativo, as condições em que este pode ocorrer e a forma como ele pode ser construtivamente desenvolvido. Tal teoria pode servir de estímulo e orientação para estudos de investigação nesse domínio.

A necessidade social

A maior parte das críticas sérias feitas à nossa cultura e aos rumos que ela segue podem resumir-se nos seguintes termos:

escassez de criatividade. Vejamos brevemente alguns aspectos dessa escassez:

Em educação, tendemos a formar indivíduos conformistas, estereotipados, cuja educação é "completa", em vez de pensadores livremente criativos e originais.

No nosso lazer, as distrações passivas e organizadas coletivamente predominam esmagadoramente sobre as atividades criadoras.

Nas ciências, há abundância de técnicos, mas o número daqueles que podem realmente formular hipóteses e teorias fecundas é, pelo contrário, reduzido.

Na indústria, a criação está reservada a quantos – o diretor, o projetista, o chefe do departamento de pesquisas –, ao passo que, para a maior parte dos indivíduos, a vida fica desprovida de qualquer esforço original ou criador.

Na vida familiar e individual, depara-se-nos o mesmo quadro. Na roupa que vestimos, na comida que comemos, nos livros que lemos e nas ideias que exprimimos, há uma forte tendência para o conformismo, para o estereotipado. Ser original, ser diferente, é considerado "perigoso".

Mas por que havemos de nos preocupar com isso? Se, como povo, preferimos o conformismo à criatividade, não poderemos fazer essa escolha? Na minha opinião, uma escolha dessas seria inteiramente razoável se não houvesse uma sombra que nos colhe a todos. Numa época em que o conhecimento, construtivo e destrutivo, avança a passos gigantescos para uma era atômica fantástica, a adaptação autenticamente criadora parece apresentar a única possibilidade que o homem tem de se manter no nível das mutações caleidoscópicas do seu mundo. Perante as descobertas e as invenções que crescem em progressão geométrica, um povo passivo e tradicional não pode fazer face às múltiplas questões e problemas. A menos que os indivíduos, os grupos e as nações sejam capazes de imaginar, de construir e de rever de uma forma criadora as novas formas de estabelecer relações com essas complexas mutações, as sombras irão crescendo. A menos que o homem possa realizar uma adaptação nova e original ao seu ambiente, tão rapidamente quanto a sua ciência altera esse ambiente, a nossa cultura está em perigo de perecer. Não serão apenas as desadaptações pessoais ou as tensões de grupo que representarão o preço que teremos de pagar por essa ausência de criatividade, mas a aniquilação das nações.

Por conseguinte, parece-me que as investigações sobre o processo da criatividade, sobre as condições em que esse processo ocorre, sobre as formas como ele pode ser facilitado, são da maior importância.

É com a esperança de sugerir uma estrutura conceitual na qual essas investigações possam prosseguir que se apresentam as seguintes reflexões.

O processo criativo

Há várias maneiras de definir a criatividade. A fim de tornar mais claro o significado do que se segue, vou apresentar os elementos que, a meu ver, fazem parte do processo criador, tentando depois formular uma definição.

Em primeiro lugar, como cientista, creio que deve haver qualquer coisa de observável, qualquer coisa produzida pela criação. Embora as minhas fantasias possam ser extremamente originais, não podem ser definidas normalmente como criativas, a não ser que conduzam a um resultado observável – a não ser que sejam simbolizadas em palavras, escritas num poema, traduzidas numa obra de arte ou assimiladas numa invenção.

Os resultados devem ser novas construções. A novidade provém das qualidades extremamente pessoais do indivíduo na sua interação com os materiais fornecidos pela experiência. A criatividade tem sempre a marca do indivíduo sobre o produto, mas o produto não é o indivíduo, nem os seus materiais, mas o resultado da sua relação.

A criatividade não está na minha opinião, restrita a um determinado conteúdo. Penso que não há uma diferença fundamental entre o processo criativo, tal como ele aparece na ação de pintar um quadro, compor uma sinfonia, inventar novos instrumentos de matar, desenvolver uma teoria científica, descobrir novas formas para as relações humanas ou criar novos processos que desenvolvam a personalidade de um indivíduo como a psicoterapia (foi, de fato, pela minha experiência neste último domínio, mais do que em qualquer das artes, que surgiu meu interesse especial pela criatividade e pelos elementos que a facilitam. O conhecimento íntimo da forma como o indivíduo se remodela a si mesmo na relação terapêutica, com originalidade e com uma destreza efetiva, provoca em nós uma confiança nas potencialidades criativas de todos os indivíduos).

Portanto, minha definição do processo criativo é que se trata da emergência na ação de um novo produto relacional que provém da natureza única do indivíduo por um lado, e dos materiais, acontecimentos, pessoas ou circunstâncias da sua vida, por outro.

Devo acrescentar algumas observações negativas a essa definição. Ela não faz uma distinção entre "boa" e "má" criatividade. Um homem pode descobrir um meio de aliviar a dor, enquanto outro inventa formas novas e mais sutis de torturar os presos políticos. Ambas as ações me parecem criativas, embora o seu valor social seja muito diferente. Comentarei mais tarde estas valorações sociais, que evitei incluir na minha definição por serem demasiadamente flutuantes. Galileu e Copérnico fizeram descobertas criativas que, na sua época, foram consideradas blasfemas e imorais, mas que nos nossos dias são tidas como fundamentais e construtivas. Não queria encher a definição com termos que dependem da subjetividade.

Uma outra forma de focalizar esse problema é notar que, para ser historicamente considerado como representativo de criatividade, o produto deve ser aceitável por um determinado grupo num dado momento. Este fato não nos ajuda na nossa definição, porque tanto as valorações flutuantes já mencionadas, como muitos produtos, nunca foram socialmente reconhecidos e desapareceram sem nunca terem sido apreciados. É esta a razão por que se omite, na nossa definição, essa aceitação por um grupo.

Além disso, é preciso observar que nossa definição não procede a distinções em relação ao grau de criatividade, pois este é um juízo de valor extremamente variável. A ação de uma criança que inventa um novo jogo com os seus camaradas, Einstein formulando uma teoria da relatividade, a dona de casa que inventa uma nova receita de cozinha, um jovem autor que escreve seu primeiro romance – todas estas formas são, segundo os termos da nossa definição, criativas e não tentaria classificá-las segundo o seu grau de criatividade.

A motivação para a criatividade

A causa principal da criatividade parece ser a mesma tendência que descobrimos num nível profundo como a força curativa da psicoterapia – *a tendência do homem para se realizar, para vir a ser as suas potencialidades*. Com isto quero indicar a tendência diretriz, evidente em toda vida orgânica e humana, de se expandir, de se estender, de se desenvolver e amadurecer – a tendência para exprimir e para pôr em ação todas as capacidades do organismo ou do eu. Essa tendência pode estar profundamente enterrada debaixo das camadas psicológicas defensivas; pode esconder-se por trás de fachadas elaboradas que negam a sua existência; creio, no entanto, baseado na minha experiência, que essa tendência existe em todos os indivíduos e está apenas à espera das condições adequadas para se exprimir e se manifestar. É esta tendência a motivação primária da criatividade quando o organismo forma novas relações com o ambiente num esforço para ser mais plenamente ele próprio.

Encaremos agora diretamente a difícil questão do valor social do ato criativo. Presumo que poucos de nós estariam interessados em facilitar uma criatividade que fosse socialmente destrutiva. Não desejamos conscientemente empregar os nossos esforços para desenvolver indivíduos cujo gênio criativo estivesse sempre em busca de novos e mais aperfeiçoados meios de roubar, de explorar, de torturar, de matar outros indivíduos; ou de desenvolver formas de organização política ou formas de arte que arrastassem a humanidade para uma autodestruição física ou psicológica. Contudo, como será possível fazer as necessárias discriminações e encorajar uma criatividade construtiva, e não destrutiva?

A distinção não pode ser feita pela análise do produto. A própria essência da criação é a sua novidade, e por isso não temos qualquer padrão para julgá-la. De fato, a história mostra que, quanto mais original o produto é, mais facilmente os seus contemporâneos o julgam mau. A autêntica criação significativa, quer seja uma ideia, uma obra de arte ou uma descoberta científica, é mais facilmente considerada a princípio como falsa, má ou louca. Mais tarde, talvez se considere como uma evidência que não necessita de demonstração. Só muito mais tarde recebe a sua apreciação última como contribuição criadora. Fica claramente patente que nenhum contemporâneo pode apreciar satisfatoriamente um produto da criação no tempo em que ele se formou, e esta afirmação é tanto mais verdadeira quanto maior é a novidade da criação.

Tampouco adianta examinar os objetivos do indivíduo que participa no processo criativo. Um grande número, talvez a maior parte, das criações e descobertas que se revelaram de grande valor social foram motivadas por objetivos que se relacionavam mais com o interesse pessoal do que com o valor social, ao passo que, por outro lado, a história mostra o fracasso de muitas criações (as diferentes utopias, a Lei Seca, etc.) que tinham como finalidade explícita a realização de um bem social. Não: nós temos de encarar o fato de que o indivíduo cria primariamente porque isso o satisfaz, porque esse comportamento é sentido como autorrealização, e isto não nos permite distinguir os "bons" e os "maus" objetivos no processo criativo.

Devemos então renunciar à tentativa de discriminar a criatividade que é potencialmente construtiva da criatividade que é potencialmente destrutiva? Não creio que se justifique essa conclusão pessimista. Recentes descobertas no domínio da psicoterapia levam-nos a ter esperanças. Descobriu-se que, quando o indivíduo está "aberto" a toda a sua experiência (afirmação que será definida mais completamente), seu comportamento será criativo e pode ter-se confiança na sua criatividade como essencialmente construtiva.

A diferenciação pode exprimir-se muito resumidamente da seguinte maneira: na medida em que o indivíduo nega à sua consciência (ou recalca, se se preferir este termo) vastas áreas da sua experiência, nesse caso as suas formações criativas podem ser patológicas, ou socialmente más, ou ambas. Na medida em que o indivíduo está aberto a todos os aspectos da sua experiência e devidamente consciente das variadas sensações e percepções que se registram no interior do seu organismo, então o produto novo da sua interação com o ambiente tenderá a ser construtivo, tanto para si como para os outros. Para dar um exemplo: um indivíduo com tendências paranoicas pode elaborar criativamente uma das mais novas teorias sobre as relações entre ele próprio e o ambiente, e vê-la como evidente em todo tipo de pequenos índices. A sua teoria tem um valor social reduzido, talvez porque há um enorme campo de experiências que este indivíduo não pode permitir que alcance a consciência. Sócrates, pelo contrário, considerado pelos seus contemporâneos como "louco", desenvolveu novas ideias que se revelaram socialmente construtivas. É muito possível que isto se deva ao fato de ele ser notavelmente não defensivo e inteiramente aberto à sua experiência.

O raciocínio anterior talvez se torne mais explícito nas seções seguintes deste capítulo. Baseia-se fundamentalmente na descoberta feita em psicoterapia de que, quando o indivíduo se torna mais aberto, mais consciente de todos os aspectos da sua experiência, aumenta a sua capacidade para agir de uma maneira que nós classificamos de socializada. Se o indivíduo é capaz de tomar consciência dos seus impulsos hostis, como do seu desejo de amizade e de aceitação, se é capaz de tomar consciência do que a sociedade espera dele, mas também dos seus objetivos pessoais, se é capaz de se tornar consciente dos seus desejos egoístas, mas também da sua preocupação sensível pelos outros – então, nesse caso, o seu comportamento será harmonioso, integrado, construtivo. Quanto mais ele estiver aberto à sua experiência, mais o seu comportamento manifesta que a natureza da espécie humana se inclina numa direção de vida socialmente construtiva.

Condições internas da criatividade construtiva

Quais serão as condições interiores ao indivíduo mais intimamente associadas às potencialidades construtivas do ato criador? Encontro as seguintes possibilidades:

A. Abertura à experiência: extensionalidade (*extensionality*). Esta condição opõe-se à defesa psicológica, quando, para proteger a organização do eu, determinadas experiências se veem impedidas de atingir a consciência, a não ser de uma forma distorcida. Numa pessoa aberta à experiência, cada estímulo é livremente transmitido pelo sistema nervoso, sem ser distorcido por qualquer processo de defesa. Quer a origem do estímulo se localize no ambiente circundante, no impacto da forma, da cor ou do som nos nervos sensoriais, quer se origine nas vísceras, ou como traço da memória no sistema nervoso central, esse estímulo é acessível à consciência. Isto quer dizer que o indivíduo, em vez de captar a realidade através de categorias predeterminadas ("as árvores são verdes", "a educação universitária é boa", "a arte moderna é idiota"), está consciente desse momento existencial tal como *ele* é, aberto portanto a muitas experiências que escapam às categorias habituais (*esta* árvore é alfazema; a educação *nesta* universidade não vale nada; *esta* escultura moderna impressiona-me muito).

Isso nos sugere uma outra forma de descrever a abertura à experiência. Esta abertura implica um perda da rigidez e uma permeabilidade maior nos conceitos, nas opiniões, nas percepções e nas hipóteses. Implica uma tolerância à ambiguidade quando a ambiguidade existe. Implica uma capacidade para receber muita informação contraditória sem se fechar à experiência da situação. Implica aquilo que em semântica geral se chama a "orientação extensional".

Essa total abertura da consciência àquilo que existe num determinado momento é, segundo creio, uma importante condição da criatividade construtiva. De um modo igualmente intenso, mas mais limitado, está sem dúvida presente em toda criatividade. O artista profundamente desadaptado, que não é capaz de reconhecer ou de tomar consciência, dentro de si mesmo, das origens da infelicidade, pode no entanto ter uma consciência aguda e sensível da forma e da cor na sua experiência. O tirano (em pequena ou grande escala) que não é capaz de admitir as suas próprias fraquezas, pode, no entanto, estar perfeitamente consciente dos pontos fracos da armadura daqueles com quem convive. Devido ao fato de haver abertura a uma das fases da experiência, é possível a criatividade; mas porque a abertura se dá *apenas* em relação a uma fase da experiência, o resultado dessa criatividade pode ser potencialmente destrutivo dos valores sociais. Quanto mais o indivíduo tiver consciência de todas as fases da sua experiência, mais seguro poderá estar de que a sua criatividade irá ser pessoal e socialmente construtiva.

B. Um centro interior de avaliação. É possível que a condição mais fundamental da criatividade seja que esta fonte ou lugar dos juízos de valor é interior. O valor do seu produto é, para o indivíduo criativo, estabelecido, não a partir do apreço ou da crítica dos outros, mas de si mesmo. Criei algo que *me* satisfaz? Isto exprime uma parte de mim – o meu sentimento ou a minha maneira de pensar, o meu desgosto ou o meu êxtase? São essas as únicas questões que preocupam realmente o indivíduo criativo ou qualquer pessoa num momento de criação.

Isso não quer dizer que se esqueça ou que se recuse tomar consciência dos juízos dos outros, mas muito simplesmente que a base da avaliação reside dentro de si mesmo, na sua própria reação organísmica em relação à obra produzida. Se a pessoa tem o "sentimento" de ser "eu em ação", de ser uma realização de potencialidades suas que até então não existiam e que agora emergem na existência, nesse caso há satisfação e criação e nenhuma apreciação exterior pode alterar esse fato fundamental.

C. A capacidade para lidar com elementos e conceitos. Embora esta condição seja provavelmente menos importante do que A ou B, parece ser uma condição da criatividade. Associada com a abertura e com a ausência da rigidez descrita em A, essa capacidade pode definir-se como a destreza em brincar espontaneamente com ideias, cores, formas, relações – obrigando os elementos a justaposições impossíveis, formulando hipóteses inverossímeis, tornando problemático o dado, exprimindo o ridículo, traduzindo uma forma noutra, transformando em improváveis equivalências. É a partir desse jogo espontâneo e dessa exploração que brota a centelha, a visão criativa da vida, nova e significativa. É como se do vasto esbanjamento de milhares de possibilidades brotassem uma ou duas formas de evolução com as qualidades que lhes conferem um valor mais permanente.

O ato criativo e as suas concomitantes

Quando essas três condições estão reunidas, pode surgir uma criatividade construtiva. Não podemos, porém, esperar uma descrição adequada do ato criativo, porque ele é, pela sua natureza, indescritível. Ele é a incógnita que temos de aceitar como incognoscível até que se produza. É o improvável que se torna provável. Apenas de uma forma muito geral se poderá dizer que o ato criativo é o comportamento natural de um organismo que tende a se expandir quando está aberto a todo o campo da sua experiência, seja ele interior ou exterior, e quando é livre para procurar de uma maneira flexível todos os tipos de relações. Dessa multidão de possibilidades semiformadas, o organismo, como um grande computador, seleciona uma que seja uma resposta eficaz a uma necessidade interior, ou que entre numa relação mais efetiva com o ambiente, ou que invente uma ordem mais simples e mais satisfatória na maneira de captar a vida.

Há, no entanto, uma característica do ato criativo que se pode descrever. Em quase todos os produtos da criação notamos uma seletividade, ou ênfase, uma disciplina manifesta, uma tentativa de captar a essência. O artista pinta superfícies ou telas em formas estilizadas, ignorando as variações de detalhe que existem na realidade. O cientista formula uma lei fundamental das relações, desviando todos os acontecimentos ou circunstâncias particulares que poderiam esconder a sua simplicidade. O escritor escolhe as palavras e as frases que conferem unidade à sua expressão. Podemos dizer que se trata da influência de uma pessoa específica, do "eu" ("*I*"). Existe realmente uma multiplicidade de fatos confusos, mas "eu" ("*I*") forneço uma estrutura à minha relação com a realidade; tenho a "minha" maneira de apreender a realidade, e é essa (inconscientemente?) seletividade ou abstração disciplinada pessoal que concede à obra criativa a sua qualidade estética.

Embora não me possa alongar mais na descrição dos aspectos do ato criativo, existem algumas concomitantes no indivíduo que podemos mencionar. A primeira poderia designar-se como o sentimento de Eureca – "É *isso* mesmo!", "Descobri!", "Era isso que eu procurava exprimir!".

Deve citar-se ainda a angústia de estar isolado. Não creio que haja grande número de produtos significativos do ato criativo que se tenham formado sem o sentimento de que "estou só. Ninguém fez isto antes. Penetrei num território nunca antes devassado. Talvez eu seja louco, ou esteja errado, ou perdido; talvez seja anormal".

Ainda uma outra experiência que acompanha normalmente a criatividade é o desejo de comunicar. Tenho muitas dúvidas de que uma pessoa possa criar sem pretender manifestar a sua criação. É a única forma de acalmar a angústia proveniente do isolamento e de assegurar a si mesmo que se pertence ao grupo. O indivíduo pode confiar suas teorias apenas ao seu diário particular. Pode traduzir as suas descobertas num código secreto qualquer. Pode esconder os seus poemas numa gaveta fechada à chave. Pode guardar seus quadros num armário. No entanto, deseja comunicar-se com um grupo que o compreenda, mesmo que seja obrigado a imaginar tal grupo. O indivíduo não cria com o objetivo de comunicar, mas, uma vez realizado o ato criativo, procura partilhar com os outros esse novo aspecto de si-mesmo-em-relação-com-o-ambiente.

Condições do desenvolvimento da criatividade construtiva

Até agora procurei descrever a natureza da criatividade, indicar a qualidade da experiência individual que amplia a capacidade construtiva da criatividade, estabelecer as condições do ato criativo e algumas das suas concomitantes. Mas, para progredirmos no sentido da necessidade social com que inicialmente deparamos, temos de ver se é possível desenvolver a criatividade construtiva e, se assim for, de que maneira.

Devido à própria natureza das condições interiores da criatividade, é claro que não se pode forçar, mas sim possibilitar-lhes a emergência. O lavrador não pode fazer nascer a planta da semente; pode unicamente fornecer-lhe as condições de alimentação que permitem à semente germinar e desenvolver todas as suas potencialidades. O mesmo se passa com a criatividade. Como poderemos estabelecer as condições externas que farão germinar e desenvolver as condições internas acima descritas? Minha experiência em psicoterapia faz-me crer que nas condições psicológica de segurança e de liberdade se facilita no mais elevado grau a emergência da criatividade construtiva. Vou deter-me um pouco nestas condições, designando-as por X e Y.

Quais são as implicações para a vida?

X. *Segurança psicológica*
Essa segurança pode conseguir-se por meio de três processos associados:
1. Aceitação do indivíduo como um valor incondicional. Sempre que um professor, um pai, um terapeuta ou qualquer outra pessoa com uma função de facilitar o crescimento sente profundamente que o indivíduo é um valor específico e original, seja qual for a sua condição presente ou o seu comportamento, está favorecendo a criatividade. Provavelmente, essa atitude poderá ser autêntica apenas quando o professor, o pai, etc., perceber as potencialidades do indivíduo e for, portanto, capaz de ter uma fé incondicional nele, sem se importar com o seu estado presente.
O efeito no indivíduo que apreende esta atitude é o de levá-lo a sentir-se num clima de segurança. Ele aprende gradualmente que pode ser verdadeiramente aquilo que é, sem máscara nem fachada, uma vez que se sabe considerado como de valor, faça o que fizer. Sente menos necessidade de rigidez, pode descobrir o que significa ser ele próprio, pode tentar realizar-se a si mesmo em novas formas espontâneas. Em outras palavras, encaminha-se para a criatividade.
2. Estabelecer um clima em que a avaliação exterior esteja ausente. Quando deixamos de formular juízos sobre outra pessoa, a partir do nosso próprio centro de avaliação, estamos favorecendo a criatividade. É uma extraordinária libertação para o indivíduo achar-se a si mesmo numa atmosfera em que não é julgado nem medido segundo um padrão exterior. A avaliação é sempre uma ameaça, cria sempre uma necessidade de defesa, significa sempre que uma determinada parte da experiência deve ser negada à consciência. Se a obra produzida for julgada como boa segundo critérios externos, muito dificilmente poderei admitir que não gosto dela. Se aquilo que estou fazendo é mau segundo um padrão exterior, então não devo tomar consciência do fato de que isso me parece ser uma parte de mim mesmo. Se os juízos baseados em critérios externos não são,

porém, proferidos, posso estar mais aberto à minha experiência, posso reconhecer as minhas próprias preferências e antipatias, a natureza dos materiais e a minha reação perante eles de uma forma mais ampla e apurada. Sou capaz de começar a ver o centro de avaliações dentro de mim mesmo. Mais uma vez, estou me encaminhando para a criatividade.

Para afastar quaisquer dúvidas ou receios por parte do leitor, devo observar que deixar de avaliar os outros não é deixar de reagir. De fato, é mesmo possível que essa atitude liberte as reações: "Eu não gosto da sua ideia" (ou pintura, invenção, artigo); isto não é uma apreciação, é uma reação. E essa reação reveste-se de uma diferença sutil, mas profunda, em relação ao seguinte juízo: "O que está fazendo é mau (ou bom) e esta qualidade é atribuída a você a partir de um ponto exterior." A primeira afirmação permite ao indivíduo conservar o seu próprio centro de avaliação. Ela não exclui a possibilidade de que seja eu que não possa apreciar uma coisa que é realmente muito boa. A segunda afirmação, quer elogie ou condene, tende a colocar a pessoa à mercê de forças exteriores. Diz-se a ela que não pode se perguntar simplesmente se aquela obra é uma expressão válida de si próprio; o indivíduo deve preocupar-se com o que os outros pensam. Está desse modo sendo afastado da criatividade.

3. Uma compreensão empática. É essa compreensão que, associada às duas condições anteriores, faculta plenamente a segurança psicológica. Se disser a um indivíduo que o "aceito" sem saber nada dele, trata-se de uma aceitação vazia e ele compreende que posso mudar de opinião se vier a conhecê-lo. Mas se o compreender empaticamente, vendo-o e partindo do seu próprio ponto de vista para compreender os seus sentimentos e os seus atos, entrando no seu mundo particular para vê-lo como ele vê a si mesmo – e mesmo assim aceitando-o –, então o indivíduo sente-se seguro. Nesse clima, ele pode permitir que o seu eu-real emerja e que se exprima em novas e variadas

formas nas suas relações com o mundo. Isto favorece profundamente a criatividade.

Y. *Liberdade psicológica*

Quando um professor, um pai ou uma mãe, um terapeuta ou qualquer outra pessoa cuja função seja a de facilitar o crescimento permite ao indivíduo uma completa liberdade da expressão simbólica, está favorecendo a criatividade. Essa liberdade permite ao indivíduo um vasto horizonte para pensar, sentir, ser o que é no seu mundo mais íntimo. Essa liberdade favorece a abertura e o jogo espontâneo de associar percepções, conceitos e significações, o que é uma parte da criatividade.

Note-se que é uma liberdade completa da expressão *simbólica* que aqui se descreve. Nem em todas as circunstâncias é libertador o fato de se exprimirem no comportamento todos os sentimentos, impulsos e formas. O comportamento pode ser limitado em determinadas circunstâncias pela sociedade, e assim deve ser. Mas a expressão simbólica não tem necessidade de ser limitada. Por conseguinte, é libertador destruir um objeto odiado (quer seja a própria mãe, quer um edifício rococó) através da destruição da sua representação simbólica. Atacá-lo na realidade pode implicar um sentimento de culpa e restringir a liberdade psicológica (não me sinto muito seguro deste parágrafo, mas é, nesse momento, a melhor formulação que encontrei para enquadrar a minha experiência).

A permissividade que aqui se descreve não é fraqueza, indulgência ou encorajamento. É a permissão para ser *livre*, o que significa igualmente que se é responsável. O indivíduo é livre para recear uma nova experiência, como é livre para desejá-la ansiosamente; livre para suportar as consequências dos seus erros como dos seus esforços positivos. É esse tipo de liberdade responsável, permitindo a um indivíduo ser ele mesmo, que favorece o desenvolvimento de um centro seguro de avaliação no interior do indivíduo e que estabelece as condições interiores da criatividade construtiva.

Conclusão

Procurei apresentar metodicamente algumas reflexões sobre o processo criativo, de modo que algumas das ideias expostas fossem suscetíveis de uma demonstração rigorosa e objetiva. A justificação que encontro para formular essa teoria e as minhas razões para confiar em que essa investigação possa ser empreendida residem no atual desenvolvimento das ciências físicas, que exigem imperativamente de nós, como indivíduos e como cultura, um comportamento criativo, uma adaptação ao nosso mundo novo, se quisermos sobreviver.

Sétima Parte
As ciências do comportamento e a pessoa

Sinto um forte receio de que o desenvolvimento das ciências do comportamento possa ser utilizado para controlar o indivíduo ou para aliená-lo da sua personalidade. Todavia, é minha convicção que estas ciências poderiam ser utilizadas para realçar o valor da pessoa.

Capítulo 20
O poder crescente das ciências comportamentais

No final de 1955, o Professor B. F. Skinner, de Harvard, me convidou para participar em um debate amistoso com ele na convenção da Associação Psicológica Americana no outono de 1956. Ele sabia que eu sustentava opiniões muito divergentes quanto ao uso do conhecimento científico para moldar ou controlar o comportamento humano, e sugeriu que um debate seria útil para esclarecer a questão. Seu próprio ponto de vista básico havia sido expresso por ele ao lastimar a relutância dos psicólogos em fazerem uso de seu poder. "No momento os psicólogos se mostram curiosamente hesitantes em assumir o controle onde este se encontra disponível ou, na ausência deste, em desenvolvê-lo. Na maioria dos consultórios a ênfase reside ainda na psicometria, e isto se deve em parte a uma má vontade para assumir a responsabilidade de controle... De uma maneira curiosa, sentimo-nos compelidos a deixar o controle ativo do comportamento humano àqueles que se apoderam do mesmo para fins de natureza egoísta'"[1].

Concordava com ele no sentido de que essa discussão serviria a um útil propósito ao instigar interesse em torno de uma questão importante. Realizamos o debate em setembro de 1956. Este atraiu uma audiência numerosa e atenta, e como ocorre em debates, a maioria dos membros sem dúvida partiu tendo *confirmado as opiniões que sustentava ao ingressar. O texto do debate foi publicado em* Science, *nov, 956, 124, pp.1057-1066.*

Ao meditar a respeito dessa experiência mais tarde, minha única insatisfação residia no fato de que se tratava de um debate. Embora tanto Skinner quanto eu tivéssemos nos esforçado para evitar discutir só por discutir, o tom, não obstante, era de natureza ou isto ou aquilo. Senti que a questão era demasiado importante para ser tida como uma discussão entre duas pessoas ou uma simples questão preto contra o branco. Dessa forma, durante o ano seguinte, escrevi de maneira mais extensa, e, acredito, com menos propensão a discussões, minhas próprias percepções dos elementos do que o problema está composto, e, que um dia será considerado como uma decisão profundamente séria para a sociedade. A exposição parecia desdobrar-se naturalmente em duas partes, e estas constituem os dois capítulos que se seguem.

Não tinha nenhum plano particular em mente para o uso desses documentos quando os escrevi. Tenho feito uso dos mesmos, todavia, como base para palestras do curso sobre "Tendências Contemporâneas" na Universidade de Wisconsin, e, no ano que passou, utilizei-os como base para uma apresentação de seminário para a faculdade e alunos no Instituto de Tecnologia da Califórnia.

As ciências que se ocupam do comportamento se encontram em sua infância. Considera-se, geralmente, que este aglomerado de disciplinas científicas inclui psicologia, psiquiatria, sociologia, psicologia social, antropologia e biologia, embora algumas vezes as outras ciências sociais como economia e ciência política sejam incluídas, bem como matemática e estatística, que estão muito envolvidas enquanto disciplinas instrumentais. Embora estejam todos trabalhando para tentar entender o comportamento do homem e dos animais, e embora a pesquisa nessas áreas esteja se avolumando a passos largos, ainda constitui uma área em que há sem dúvida mais confusão do que conhecimento sólido. Estudiosos cuidadosos nessas áreas tendem a enfatizar a enormidade de nossa ignorância científica com relação ao comportamento, e a escassez de leis gerais já descobertas. Eles tendem a comparar o estado dessa área de empenho científico àquele da física, e ao observarem a precisão relativa de medidas, a acurácia das predições, e a elegância e simplicidade das leis descobertas nesta última área, mostram-se vividamente conscientes da recentidade, da infância e da imaturidade do campo da ciência comportamental.

Sem de forma alguma negar a veracidade desse quadro, creio que algumas vezes isso é enfatizado ao ponto de impossibilitar que o público geral leve em conta o outro lado da moeda. A ciência comportamental, mesmo estando em sua infância, deu passos poderosos rumo a tornar-se uma ciência "se–então". Isso quer dizer que fez progressos notáveis no discernimento e descoberta de relações legítimas de forma que *se* certas condições existirem, *então* determinados comportamentos se seguirão previsivelmente. Creio que pouquíssimas pessoas estão conscientes da extensão, da amplitude e da profundidade dos avanços que têm sido feitos nas últimas décadas nas ciências comportamentais. Menos ainda parecem estar conscientes dos profundos problemas sociais, educacionais, políticos, econômicos, éticos e filosóficos colocados por esses avanços.

Gostaria, nesta palestra e na subsequente, de realizar vários propósitos. Primeiro, gostaria de esboçar, de uma maneira impressionista, um quadro da capacidade crescente das ciências comportamentais em compreender, predizer e controlar o comportamento. Então, de ressaltar as questões e problemas sérios que tais conquistas colocam para nós como indivíduos e como sociedade. Gostaria, depois, de sugerir a tentativa de resolução experimental desses problemas que tem sentido para mim.

O "know-how" das ciências comportamentais

Tentemos obter alguma impressão da importância do conhecimento nas ciências comportamentais mergulhando aqui e ali para dar uma olhada nos estudos específicos e seus significados. Procurei escolher ilustrações que indicariam algo da gama de trabalhos que estão sendo realizados. Estou limitado pela extensão de meu próprio conhecimento, e não tenho a pretensão de que essas ilustrações representem uma amostragem verdadeiramente aleatória das ciências comportamentais. Estou certo de que o fato de ser um psicólogo significa que tendo a extrair uma parcela desproporcionada de exemplos daquela área. Tenho sido propenso a selecionar ilustrações que enfatizam a predição e controle potencial do comportamento, ao invés daquelas cuja significância central é simplesmente ampliar nossa compreensão do comportamento. Estou bastante consciente de que a longo prazo estes últimos estudos possam se prestar ainda mais profundamente à predição e controle, porém sua relevância para os problemas de que estamos tratando não é tão imediatamente evidente.

Ao fornecer estas amostragens de nosso conhecimento científico, procurarei expressá-las em termos simples, sem os vários elementos qualificadores que são importantes para uma rigorosa acurácia. Cada afirmação geral que fizer é fundamentada por pesquisa razoavelmente adequada, embora como todos os achados científicos, cada afirmação constitui uma expressão de um dado grau de probabilidade, não de alguma verdade absoluta. Ademais, cada afirmação está aberta à modificação e correção ou mesmo à refutação por meio de estudos mais exatos ou mais imaginativos no futuro.

Predição de comportamentos

Tendo esses fatores seletivos e qualificações em mente, examinemos primeiro algumas das conquistas nas ciências comportamentais onde o elemento da predição é proeminente. O padrão de cada uma destas pode ser generalizado como se segue: "Se um indivíduo possui características mensuráveis a, b e c então podemos predizer que há uma alta probabilidade de que exibirá comportamentos x, y e z".

Dessa forma, *sabemos como predizer, com uma acurácia considerável, quais os alunos serão alunos de faculdade bem-sucedidos, executivos bem-sucedidos, corretores de seguro bem-sucedidos, e assim por diante*. Não procurarei documentar esta afirmação, simplesmente devido ao fato de a documentação ser tão extensiva. Toda a área de testes de aptidão, testes vocacionais, de seleção de pessoal está envolvida. Embora os especialistas nessas áreas estejam corretamente preocupados com o grau de inacurácia em suas predições, o fato é que aqui se trata de uma ampla área em que o trabalho das ciências comportamentais é aceito por multitudes de indústrias, universidades e outras organizações realistas. Viemos a aceitar o fato de que a partir de um grupo desconhecido o cientista comportamental pode selecionar (com uma certa margem de erro) aquelas pessoas que serão datilógrafos, professores, arquivistas ou físicos bem-sucedidos.

Essa área está se expandindo continuamente. Estão sendo feitos esforços para determinar as características do químico criativo, por exemplo, em contraposição ao químico meramente bem-sucedido, e, embora sem um sucesso notável, esforços foram e estão sendo feitos para determinar as características que identificarão o psiquiatra e o psicólogo clínico bem-sucedidos. A ciência está avançando firmemente em sua capacidade de dizer se o indivíduo possui ou não as características mensuráveis que estão associadas a um determinado tipo de atividade ocupacional.

Sabemos como predizer o sucesso em escolas para os candidatos a oficial militar, e em desempenho de combate. Para selecionar um estudo neste campo, Williams e Leavitt (31) constataram que poderiam efetuar predições satisfatórias com relação ao provável sucesso de um marinheiro em OCS e em posterior desempenho em combate obtendo notas de seus "companheiros". Também constataram que, nesse caso, os companheiros do soldado constituíam melhores instrumentos psicológicos do que os testes objetivos que utilizavam. Aqui se vê ilustrado não só o uso de certas medidas para predizer o comportamento, mas uma disposição para utilizar aquelas medidas, sejam elas convencionais ou não convencionais, que mostrarem encerrar um poder preditivo.

Podemos predizer quão radical ou conservador o futuro de um executivo será. Whyte (30), em seu último livro, cita este como um dos muitos exemplos de testes que estão em uso regular nas empresas. Dessa forma, em um grupo de jovens executivos candidatos a promoção, a administração pode selecionar aqueles que exibirão (dentro de uma margem de erro) qualquer que seja o grau de conservadorismo ou radicalismo que se calcule ser proveitoso para a empresa. Podem também basear sua seleção no conhecimento de até que ponto cada homem apresenta uma hostilidade latente com relação à sociedade, ou homossexualismo latente, ou tendências psicóticas. Os testes que conferem (ou pretendem conferir) tais medidas estão em uso em muitos empresas tanto para fins de apreciação minuciosa para seleção de novo pessoal de administração, como também para fins de avaliação de homens que já ocupam cargos administrativos, a fim de escolher aqueles aos quais serão delegadas maiores responsabilidades.

Sabemos como predizer quais membros de uma organização serão desordeiros e/ou delinquentes. Um jovem psicólogo promissor (10) havia elaborado um teste curto, simples, de lápis e papel, que havia mostrado um alto grau de acurácia em predizer quais dos empregados contratados por uma loja de departamentos serão não confiáveis, desonestos ou de outra forma difíceis. Ele afirma que é bem possível identificar, com precisão considerável, os desordeiros em potencial em qualquer grupo organizado. Essa capacidade de identificar aqueles que causarão problemas é, no que tange a questões técnicas, simplesmente uma extensão do conhecimento que dispomos da predição em outros campos. Do ponto de vista científico, isso não é diferente de se predizer quem será um bom compositor. *Sabemos que um funcionário competente, utilizando uma combinação de notas de teste e tabelas atuariais, pode nos fornecer um quadro preditivo melhor da personalidade e comportamento de uma pessoa, do que um clínico experiente.* Paul Meehl (18) mostrou que estamos suficientemente adiantados em nosso desenvolvimento de testes de personalidade, e em informações acumuladas por meio destes teste, para que a habilidade intuitiva e o conhecimento, experiência e treinamento amplos se mostrem um pouco desnecessários na produção de descrições de personalidade acuradas. Mostrou que em muitas situações nas quais estão sendo feitos diagnósticos de personalidade – clínicas de higiene mental, hospitais de veteranos, hospitais psiquiátricos e assim por diante, constitui uma perda de tempo fazer uso de pessoal profissional bem treinado para efetuar diagnósticos de personalidade por meio da aplicação de testes, entrevistas e assim por diante. Mostrou que um funcionário pode fazê-lo melhor, com somente um mínimo de contato impessoal com o paciente. Primeiro um certo número de testes deve ser administrado e avaliado. Então o perfil das notas deve ser cotejado com tabelas atuariais preparadas com base em uma centena de casos, e uma descrição acurada e preditiva da personalidade surgiria, cabendo ao funcionário simplesmente anotar a combinação de características que haviam sido constatadas como estatisticamente correlacionadas a esta configuração de notas.

Meehl está aqui simplesmente adiantando o próximo passo lógico no desenvolvimento atual dos instrumentos psicológicos para a medição, apreciação e avaliação de características humanas, e a predição de determinados padrões de comportamento com base naquelas medidas. De fato, não há nenhuma razão para que o funcionário de Meehl não seja também eliminado. Com as instruções codificadas corretamente não há razão para que um computador não possa avaliar os testes, analisar os perfis e propor um quadro até mesmo mais acurado da pessoa e seu comportamento previsto, do que um funcionário humano. *Podemos selecionar aquelas pessoas que são facilmente persuadidas, que se conformarão às pressões do grupo, ou aquelas que não se renderão.* Dois estudos separados porém compatíveis (15,16) mostram que os indivíduos que exibem certos temas de dependência em suas respostas às figuras do Teste de Apercepção Temática, ou que, em um outro teste, mostram evidências de sentimentos de inadequação social, inibição de agressão e tendências depressivas, serão facilmente persuadidos, ou se renderão às pressões do grupo. Estes pequenos estudos não são de forma alguma definitivos, porém há todas as razões para se supor que a sua hipótese básica é correta e que estas e outras medidas refinadas efetuarão uma predição acurada dos membros de um grupo que serão facilmente persuadidos, e aqueles que não sucumbirão mesmo às pressões de grupos bastante fortes.

Podemos prognosticar, a partir da maneira como os indivíduos percebem o movimento de um ponto de luz em um quarto escuro, se estes tendem a ser preconceituosos ou não. Houve muito estudo sobre o etnocentrismo, a tendência a uma distinção disseminada e rígida entre grupos que compartilham os mesmos traços e aqueles que não o fazem, havendo uma hostilidade em relação aos grupos alheios e uma atitude submissiva com relação aos grupos pessoais, bem como crença na integridade dos mesmos. Uma das teorias que se desenvolveu é a de que quanto mais etnocêntrica uma pessoa for, mais incapaz será de tolerar ambiguidade e incerteza em uma situação. Trabalhando nesta teoria, Block e Block (5) pediram a pacientes que relatassem sobre o grau de movimento que percebiam em um ponto tênue de luz em um quarto completamente escuro. (Na verdade, nenhum movimento ocorre, mas quase todos os indivíduos percebem movimento nessa situação). Também aplicaram nesses mesmos pacientes um teste de etnocentrismo. Verificou-se, como previsto, que aqueles que, em sucessivos testes, estabeleciam rapidamente uma norma para a quantidade de movimento que percebiam, tendiam a ser mais etnocêntricos do que aqueles cujas estimativas de movimento continuavam a mostrar variedade.

Esse estudo foi repetido, com ligeiras variações, na Austrália (28), e os achados foram reiterados e ampliados. Constatou-se que os indivíduos mais etnocêntricos eram menos capazes de tolerar ambiguidade, e viam menos movimento do que os não preconceituosos. Também eram mais dependentes dos outros e ao efetuarem suas estimativas na companhia de uma outra pessoa, tendiam a conformar-se ao julgamento desta.

Dessa forma, não seria demais dizer que ao estudar a maneira como os indivíduos percebem o movimento de uma luz tênue em um quarto escuro, temos bem claramente a noção de quanto este é uma pessoa rígida, preconceituosa e etnocêntrica.

Essa miscelânea de ilustrações da capacidade das ciências comportamentais em predizer o comportamento, e, dessa forma, de selecionar indivíduos que exibirão determinados comportamentos, pode ser considerada simplesmente como a aplicação germinante de um crescente campo da ciência. Porém, o que essas ilustrações sugerem pode causar um certo calafrio de apreensão. A pessoa ponderada não pode deixar de se dar conta de que os desenvolvimentos que descrevi só estão em seu início. Não pode deixar de ver que se instrumentos mais altamente desenvolvidos estiverem nas mão de um indivíduo ou grupo, juntamente ao poder de utilizá-las, as implicações sociais e filosóficas são assombrosas. Pode começar a ver por que um cientista como von Bertanfly adverte: "Além da ameaça da tecnologia física os perigos da tecnologia psicológica são frequentemente ignorados" (3).

Condições seguidas de comportamentos específicos em grupos

Porém, antes de nos estendermos nesse problema social, passemos para uma outra área das ciências comportamentais, e novamente tomemos uma amostragem de estudos ilustrativos.

Dessa vez, consideremos algumas pesquisas que mostram potencialidade para *controle* de grupos. Nesse domínio estamos interessados em investigações cujos achados pertencem a este padrão: "*Se* as condições *a*, *b* e *c* existirem ou forem estabelecidas em um grupo, *então* há uma alta probabilidade de que estas condições sejam seguidas por comportamentos *x*, *y* e *z*."

Sabemos como proporcionar condições em um grupo de trabalho, seja na indústria ou em educação, que sejam seguidas de uma produtividade, originalidade e moral cada vez maiores. Estudos de Coch e French (7), de Nagle (19) e de Katz, Macoby e Morse (17) mostram em geral que quando os trabalhadores da indústria participam do planejamento e das decisões, quando os supervisores são sensíveis às atitudes dos mesmos, e quando a supervisão não é suspeitosa ou autoritária, a produção e o moral aumentam. Inversamente, sabemos como proporcionar as condições que levam à baixa produtividade e baixo moral, já que as condições inversas produzem um efeito contrário.

Sabemos como estabelecer, em qualquer grupo, as condições de liderança que serão seguidas de desenvolvimento da personalidade nos membros de um grupo, assim como de um incremento na produtividade, originalidade e maior espírito de grupo. Em grupos tão diversos como um breve *workshop* em uma universidade ou uma fábrica que efetua distribuição de funções, Gordon (9) e Richard (22) mostraram que onde o líder ou líderes sustêm atitudes que são tidas costumeiramente como terapêuticas, os resultados são bons. Em outras palavras, se o líder é aceitador, tanto dos sentimentos dos membros do grupo quanto de seus próprios sentimentos; se é compreensivo com os outros de uma maneira sensivelmente empática; se permite e encoraja a livre discussão; se delega responsabilidade ao grupo; então há evidência de crescimento de personalidade nos membros do grupo e o grupo funciona mais efetivamente, com maior criatividade e melhor espírito.

Sabemos como estabelecer condições que resultarão em uma rigidez psicológica cada vez maior em membros de um grupo.

Beier (2), em um estudo cuidadoso, tomou dois grupos combinados de alunos e mediu vários aspectos de suas capacidades, particularmente o raciocínio abstrato. A cada um dos alunos de um grupo foi então dada uma análise de sua personalidade baseada no teste de Rorschach. Em seguida a isto, ambos os grupos foram reavaliados quanto às suas capacidades. O grupo que havia recebido uma avaliação de suas capacidades mostrou uma diminuição em flexibilidade e uma significativa diminuição em capacidade de continuar a ter um raciocínio abstrato. Tornaram-se mais rígidos, ansiosos e desorganizados em seu pensamento, em contraste com o grupo de controle.

Seria tentador notar que essa avaliação – experienciada pelo grupo como de certo modo ameaçadora – parece muito semelhante às muitas avaliações efetuadas em nossas escolas e universidades sob o pretexto de educação. O que nos preocupa no momento é que sabemos como estabelecer as condições que concorrem para o funcionamento menos efetivo em tarefas intelectuais complexas.

Sabemos bem como estabelecer condições que influenciarão as respostas do consumidor e/ou opinião pública. Creio que isso não precisa ser documentado com estudos de pesquisas. É só o leitor referir-se aos anúncios em qualquer revista, ao logro dos programas de TV e suas classificações Trendex, às firmas de peritos em relações públicas, e à tendência ascendente de vendas de qualquer empresa que disponha de uma série de propagandas bem planejadas.

Sabemos como influenciar o comportamento comprador de indivíduos ao estabelecer condições que proporcionem satisfação de necessidades das quais estes não têm consciência, mas que fomos capazes de determinar. Foi demonstrado que algumas mulheres que não compram café instantâneo alegando não "gostarem de seu sabor", na verdade não o apreciam em um nível subconsciente por este estar associado ao fato de serem más donas de casa – preguiçosas e esbanjadoras (11). Esse tipo de estudo, baseado no uso de técnicas projetivas e entrevistas "de profundidade", levou a campanhas de vendas que se fundamentam em apelos aos motivos inconscientes do indivíduo – seus desejos sexuais, agressivos ou de dependência desconhecidos, ou, como neste caso, o desejo de aprovação.

Esses estudos ilustrativos indicam algo de nossa capacidade potencial de influenciar e controlar o comportamento de grupos. Se temos o poder ou autoridade para estabelecer as condições necessárias, os comportamentos previstos se seguirão. Não há dúvida de que tanto os estudos quanto os métodos são, no momento atual, crus, porém outros mais refinados certamente se desenvolverão.

Condições seguidas de comportamentos específicos em indivíduos

Talvez até mais impressionante de que o nosso conhecimento de grupos seja o conhecimento que se vem acumulando nas ciências comportamentais quanto às condições que serão seguidas de tipos de comportamento específicos no indivíduo. É a possibilidade de predição científica e controle de comportamento *individual* que mais se aproxima dos interesses de cada um de nós. Novamente examinemos algumas dispersas porções desse tipo de conhecimento.

Sabemos como estabelecer as condições sob as quais muitos indivíduos referirão como verdadeiros, julgamentos que são contrários às evidências de seus sentidos. Referirão, por exemplo, que a Figura A cobre uma área maior do que a Figura B, quando a evidência de seus sentidos indica *obviamente* que o reverso é verdadeiro. Experimentos por Asch (1), posteriormente refinados e aperfeiçoados por Crutchfield (8) mostram que quando uma pessoa é levada a acreditar que todos no grupo veem A como maior do que B, então ela apresenta uma forte tendência para concordar com este julgamento, e em muitos casos o faz com uma verdadeira convicção nesse falso relato.

Não só podemos prognosticar que uma certa porcentagem de indivíduos irá desta forma sucumbir e desconfiar de seus próprios sentidos, como Crutchfield determinou os atributos de personalidade daqueles que o farão, e, por meio de procedimentos de seleção, seria capaz de escolher um grupo que se renderia quase que de maneira uniforme a essas pressões para a conformidade.

Sabemos como mudar as opiniões de um indivíduo em uma direção selecionada, sem que este jamais se dê conta dos estímulos que modificaram sua opinião. Um retrato estático, inexpressivo de um homem, foi projetado em uma tela por Smith, Spence e Klein (27). Eles solicitaram aos indivíduos que observassem como a expressão do quadro se modificava. Então foi projetada intermitentemente a palavra "zangado" na tela, em exposições tão breves que os indivíduos conscientemente não tomavam o menor conhecimento de que haviam visto a palavra. Eles tendiam, entretanto, a ver a feição se tornando mais zangada. Quando a palavra "feliz" era projetada na tela de uma maneira semelhante, os expectadores tendiam a ver feição se tornando mais feliz. Dessa forma, eram claramente influenciados por estímulos registrados em um nível subliminar, estímulos estes dos quais o indivíduo não tinha e não poderia ter consciência.

Sabemos como influenciar os humores psicológicos, atitudes e comportamentos por meio de drogas. Para essa ilustração, cruzamos a área limítrofe em franco desenvolvimento entre a química e a psicologia. Desde as drogas para manter-se acordado ao dirigir ou estudar, ao chamado "soro da verdade" que reduz as defesas psicológicas do indivíduo, à quimioterapia atualmente praticada em alas psiquiátricas, a gama e complexidade do conhecimento crescente nessa área é surpreendente. Cada vez mais esforços são dispendidos para se encontrar drogas com efeitos mais específicos – uma droga que energizará o indivíduo depressivo, uma outra que acalmará o excitado, e assim por diante. Drogas, como se sabe, têm sido administradas aos soldados antes de uma batalha para eliminar o medo. Marcas de drogas tranquilizantes como Miltown já se infiltraram em nossa linguagem, mesmo em nossos desenhos animados. Embora muito seja ainda desconhecido nessa área, o Dr. Skinner, de Harvard, afirma que: "Em um futuro não muito distante, as condições motivacionais e emocionais da vida normal serão provavelmente mantidas em qualquer estado desejável por meio do uso de drogas" (26). Embora esta pareça constituir uma visão de certa forma exagerada, seu prognóstico pode ser parcialmente justificado.

Sabemos como proporcionar as condições psicológicas que produzirão alucinações vívidas e outras reações anormais no indivíduo perfeitamente normal em seu estado de vigília. Esse conhecimento emergiu como um subproduto de pesquisas na Universidade McGill (4). Descobriu-se que se todos os canais de estimulação sensorial fossem desligados ou abafados, reações anormais se seguiriam. Se indivíduos saudáveis se deitassem imóveis, para reduzir os estímulos cinestésicos, com os olhos protegidos por óculos translúcidos que não permitem a percepção, com a audição em grande parte sufocada por travesseiros de espuma, assim como por ficarem num cubículo silencioso, e com as sensações táteis reduzidas por algemas nas mãos, então alucinações e ideações bizarras com alguma semelhança com as do psicótico ocorreriam dentro de quarenta e oito horas na maioria dos indivíduos. Quais seriam os resultados se o abafamento sensorial continuasse por mais tempo, não se sabe, pois a experiência parecia ser tão potencialmente perigosa que os investigadores mostraram-se relutantes em continuá-la.

Sabemos como utilizar as próprias palavras das pessoas para desvendar áreas inteiramente perturbadas em sua experiência. Cameron (6) e seus associados extraíram de entrevistas terapêuticas gravadas com um paciente breves declarações do mesmo que pareciam estar significativamente relacionadas à dinâmica subjacente do caso. Esta breve declaração é então colocada em uma fita contínua de modo a ser tocada repetidas vezes. Quando o paciente ouve as suas próprias palavras significativas repetidas continuamente, o efeito é muito poderoso. Por volta da vigésima ou trigésima vez que a declaração é repetida, o paciente frequentemente implora para que seja interrompida. Parece claro que esta penetra as defesas do indivíduo, e desvenda a inteira área psíquica relacionada à declaração. Por exemplo, uma mulher que se sente muito inadequada e que está tendo dificuldades conjugais, falou sobre a sua mãe em uma entrevista, dizendo desta, entre outras coisas: "Isto é o que não consigo entender – que alguém pudesse bater em uma criança pequena." Esta sentença gravada foi tocada repetidas vezes para ela. Isso a deixou muito inquieta e assustada. Também lhe desvendou todos os seus sentimentos sobre sua mãe. Ajudou-lhe a ver que "não ser capaz de confiar que minha mãe não me machucaria fez com que me tornasse desconfiada de todas as pessoas". Este constitui um exemplo muito simples da potência do método, que pode não só ser útil como perigosamente desorganizador se penetrar as defesas muito profundamente ou muito rapidamente.

Sabemos as atitudes que, se proporcionadas por um orientador ou um terapeuta, serão previsivelmente seguidas de certas mudanças de personalidade e comportamento construtivas no cliente. Os estudos que foram concluídos nos últimos anos na área de psicoterapia (23, 24, 25, 29) justificam essa afirmação. Os achados desses estudos podem ser muito brevemente sintetizados da seguinte maneira:

Se o terapeuta proporcionar uma relação em que ele for (a) genuíno, internamente consistente; (b) aceitador, prezando o cliente como uma pessoa de valor; (c) empaticamente compreensivo com relação ao mundo particular de sentimentos e atitudes do cliente; então certas mudanças ocorrerão no último. Algumas destas mudanças são: o cliente se torna (a) mais realista em suas autopercepções; (b) mais confiante e autodiretivo; (c) mais positivamente valorizado por ele mesmo; (d) menos propenso a reprimir elementos de sua experiência; (e) mais maduro, socializado e adaptativo em seu comportamento; (f) menos perturbado pelo estresse e mais rápido para se recuperar dele; (g) mais semelhante à pessoa saudável, integrada, em bom funcionamento em sua estrutura de personalidade. Essas mudanças não ocorrem em um grupo de controle, e parecem estar definitivamente associadas ao fato do cliente se encontrar em uma relação terapêutica.

Sabemos como desintegrar a estrutura de personalidade de um homem, dissolvendo a sua autoconfiança, destruindo o conceito que tem de si mesmo e tornando-o dependente de um outro. Um estudo muito cuidadoso feito por Hinkle e Wolff (13) dos métodos dos interrogatórios comunistas dos prisioneiros, particularmente na China Comunista, nos forneceu um quadro razoavelmente acurado do processo popularmente intitulado "lavagem cerebral". Seu estudo mostrou que nenhum método mágico nem essencialmente novo foi utilizado, mas em grande parte uma combinação de práticas desenvolvidas por método empírico. O que está envolvido é em grande parte uma inversão de certo modo assombrosa das condições de psicoterapia brevemente mencionadas acima. Se o indivíduo sob suspeita for rejeitado e isolado por um longo período, então sua necessidade de uma relação humana é grandemente intensificada. O interrogador explora isso ao construir uma relação em que demonstra principalmente não aceitação, fazendo tudo o que pode para suscitar a culpa, o conflito e a ansiedade. Ele é acolhedor com relação ao prisioneiro somente quando este "colabora", dispondo-se a ver os eventos através dos olhos do interrogador. Ele rejeita completamente o quadro-referência interna do prisioneiro, ou de sua percepção pessoal dos eventos. Gradualmente, devido à sua necessidade de uma maior aceitação, o prisioneiro vem a aceitar meias verdades como sendo verdadeiras, até que pouco a pouco ele abandona toda sua própria visão de si mesmo e de seu comportamento, tendo aceito o ponto de vista de seu interrogador. Ele é totalmente desmoralizado e desintegrado como uma pessoa, tornando-se em grande parte uma marionete do interrogador. Ele está então disposto a "confessar" que é um inimigo do Estado, e que cometeu todos os tipos de traições que cometeu ou não ou que, na verdade, tiveram um significância diferente.

Em um certo sentido é enganoso descrever esses métodos como um produto das ciências comportamentais. Eles foram desenvolvidos pelas polícias russa e japonesa, e não por cientistas. Mesmo assim eu os incluí, já que é bastante claro que esses métodos cruéis poderiam se tornar decididamente mais eficazes por meio do conhecimento científico de que dispomos hoje. Em resumo, nosso conhecimento de como a personalidade e comportamento podem ser modificados pode ser usado construtiva ou destrutivamente, para construir ou para destruir pessoas.

Condições que produzem efeitos específicos em animais

Talvez já tenha fornecido ampla evidência do poder significativo e frequentemente assustador deste recente campo da ciência. Antes de nos voltarmos para as implicações de tudo isso, gostaria de estender o assunto um passo além e mencionar pequenas porções da ampla amostragem de conhecimento que se acumulou no que diz respeito ao comportamento de animais. Aqui minha própria familiaridade com a matéria é até mais limitada, porém gostaria de mencionar três estudos sugestivos e seus achados.

Sabemos como estabelecer as condições que farão com que patos jovens desenvolvam uma devoção permanente a, por exemplo, um velho sapato. Hess (12) realizou estudos do fenômeno da "gravação na memória", primeiramente investigado na Europa. Ele demonstrou que nos patos selvagens, por exemplo, há algumas horas cruciais – da 13ª à 17ª hora após a incubação – quando o pato se torna vinculado a qualquer objeto ao qual seja exposto. Quanto mais esforço exercer para seguir este objeto, mais intenso será o vínculo. Normalmente, é evidente, isso resulta em um vínculo com a mãe-pata, porém o jovem pato pode com a mesma facilidade desenvolver uma devoção indelével a qualquer objeto-meta – a um pato falso, a um ser humano, ou, como mencionei, a um velho sapato. Há alguma tendência semelhante no bebê humano? Só podemos proceder a especulações.

Sabemos como eliminar um medo específico intenso em um rato por meio de choque eletroconvulsivo. Hunt e Brady (14) primeiro treinaram ratos com sede a obterem água pressionando uma alavanca, o que faziam livremente e com frequência enquanto se encontravam em uma caixa experimental. Quando este hábito estava bem fixado, um medo condicionado foi estabelecido ao se fazer com que um sinalizador soasse por um tempo antes que um choque elétrico moderadamente doloroso fosse administrado. Após um tempo, os ratos respondiam com reações de medo intenso e cessação de todo o pressionamento de alavanca sempre que o sinalizador soasse, mesmo que este não fosse acompanhado por qualquer estímulo doloroso. Essa reação de medo condicionado foi entretanto quase completamente eliminada por uma série de choques eletroconvulsivos administrados aos animais. Em seguida a essa série de tratamentos de choque os animais não demonstravam nenhum medo, e pressionavam livremente a alavanca, mesmo quando o sinalizador estava soando. Os autores interpretam seus resultados muito cautelosamente, porém a semelhança geral à terapia de choque administrada aos seres humanos é óbvia.

Sabemos como treinar pombos de maneira que estes possam direcionar um míssil explosivo para um alvo predeterminado. A exposição divertida de Skinner (26a) a respeito desse desenvolvimento no período de guerra constitui somente uns dos muitos casos impressionantes das possibilidades do chamado condicionamento operante. Ele tomou pombos e "moldou" seu comportamento de bicadas recompensando-os sempre que se aproximavam para bicar em direção a um objeto que havia selecionado previamente, ou o próprio objeto. Dessa forma, ele poderia pegar um mapa de uma cidade estrangeira, e gradualmente treinar os pombos a bicar somente naquela porção que contivesse alguma indústria vital – uma fábrica de aviões, por exemplo. Ou poderia treiná-los a bicar somente nas representações de certos tipos de navios no mar. Tratava-se então somente de uma questão técnica, embora certamente um problema bastante complexo, transformar as suas bicadas em monitoramento para um míssil. Ao colocar dois ou três pombos no nariz simulado de um míssil, foi capaz de mostrar que, independente do fato de este poder desviar de curso, os pombos o trariam de volta "ao alvo" por meio de suas bicadas.

Em resposta ao que certamente você deva estar se perguntando, devo dizer: "Não, isso nunca foi utilizado na indústria da guerra, devido ao desenvolvimento inesperadamente rápido de dispositivos eletrônicos." Mas que parece não haver dúvida de que teria funcionado.

Skinner foi capaz de treinar pombos a jogar pingue-pongue, por exemplo, e ele e seus colegas estudiosos foram capazes de desenvolver muitos comportamentos complexos em animais que parecem "inteligentes" e "propositados". O princípio é o mesmo em todos os casos. É dado reforço positivo ao animal – alguma pequena recompensa – para todo comportamento que se situe na direção do propósito selecionado pelo investigador. Primeiro, talvez sejam somente os comportamentos muito brutos que de uma maneira geral se encontram na direção desejada. Porém, cada vez mais o comportamento é "modelado" para um conjunto refinado, exato e específico de ações pré-selecionadas. Do vasto repertório comportamental de um organismo, aqueles comportamentos que servem ao propósito exato do investigador são reforçados com um refinamento cada vez maior.

Experimentos com seres humanos são um pouco menos bem delineados, mas foi demonstrado que por intermédio desse condicionamento operante (como um aceno de cabeça do investigador) pode-se produzir um aumento no número de substantivos plurais, ou afirmações de opinião pessoal, expressos pelo indivíduo, sem que este tenha consciência do motivo para esta mudança em seu comportamento. Na opinião de Skinner, muito do nosso comportamento é resultado desse condicionamento operante, frequentemente inconsciente por parte de ambos os participantes. Ele desejaria torná-lo consciente e propositado, e, dessa forma, controlador do comportamento. *Sabemos como proporcionar aos animais uma experiência muito satisfatória consistindo inteiramente em estimulação elétrica.* Olds (20) constatou que pode implantar diminutos eletrodos na área do septo cerebral de ratos laboratoriais. Quando um desse animais pressiona uma barra em sua gaiola, isto faz com que uma pequena corrente passe por estes eletrodos. Esta parece constituir uma experiência tão recompensadora que o animal prossegue nessa orgia de pressionamento de barra, frequentemente até a exaustão. Independente da natureza subjetiva da experiência, parece ser tão satisfatório que o animal prefere isso a qualquer outra atividade. Não especularei se esse procedimento poderia ser aplicado a seres humanos, nem, neste caso, quais seriam as consequências.

O quadro geral e suas implicações

Espero que essas numerosas ilustrações específicas tenham conferido um significado concreto à afirmação de que as ciências comportamentais estão avançando rapidamente rumo a compreensão, predição e controle do comportamento. De maneiras importantes sabemos como selecionar os indivíduos que exibirão determinados comportamentos; estabelecer condições em grupos que levarão a vários comportamentos de grupo previsíveis; estabelecer condições que, em um indivíduo, levarão a resultados comportamentais específicos; e em animais nossa capacidade de compreender, predizer e controlar vai ainda mais longe, possivelmente prenunciando futuros passos em relação ao homem.

Se a sua reação for a mesma que a minha, então terá constatado que esse quadro que exibi, encerra aspectos profundamente assustadores. Com toda a imaturidade dessa ciência recente, e sua vasta ignorância, mesmo o seu atual estado de conhecimento contém possibilidades espantosas. Suponhamos que algum indivíduo ou grupo disponha tanto do conhecimento disponível como do poder para utilizar aquele conhecimento para algum fim. Poder-se-ia selecionar indivíduos para que fossem líderes e outros para que fossem seguidores. Pessoas poderiam ser desenvolvidas, aprimoradas e facilitadas, ou poderiam ser enfraquecidas e desintegradas. Desordeiros poderiam ser descobertos e, poderiam ser tratados antes de assim se tornarem. O moral poderia ser incrementado ou abaixado. O comportamento poderia ser influenciado por meio de apelos a motivos dos quais os indivíduos não teriam consciência. Seria um pesadelo de manipulação. Com certeza, isso é pura fantasia, porém não é impossível. Talvez torne clara a razão por que Robert Oppenheimer, um dos mais dotados de nosso cientistas naturais, olhe para além de seu próprio domínio da física, e a partir das experiências naquele campo, pronuncie uma advertência. Ele diz que há algumas semelhanças entre a física e a psicologia, e uma destas semelhanças "é o ponto até o qual nosso progresso criará profundos problemas de decisão no domínio público. Os físicos têm feito muito alarde a respeito de suas contribuições na última década. Poderá chegar um tempo – quando a psicologia adquirir um corpo sólido e objetivo de conhecimentos sobre o comportamento e sentimento humanos – em que os poderes de controle, desta forma tornados disponíveis, colocarão problemas muito mais graves do que qualquer um que os físicos tenham colocado" (21).

Alguns de vocês podem sentir que de alguma forma tornei o problema mais sério do que ele é. Você poderá ressaltar que somente uma pequena parcela dos achados científicos que mencionei foram de fato colocados em uso de maneira que afete de forma significativa a sociedade, e que, na maior parte deles, esses estudos são importantes para o cientista comportamental, porém encerram pouco impacto prático sobre a nossa cultura.

Eu também concordo em parte com esse último ponto. As ciências comportamentais no momento atual se encontram de certa forma no mesmo estágio que as ciências físicas há várias gerações. Como um exemplo bastante recente do que quero dizer, tomemos a discussão que ocorreu por volta de 1900 quanto ao fato de ser ou não possível que uma máquina mais pesada do que o ar voasse. A ciência da aeronáutica não era bem desenvolvida ou precisa, de forma que embora houvesse achados que dessem uma resposta afirmativa, outros estudos poderiam se avolumar no lado negativo. Mais importante do que tudo: o público não acreditava que esta ciência possuísse qualquer validade, ou que jamais afetasse a cultura de maneira significativa. Preferiam usar seu senso comum, que lhes indicava que o homem não poderia possivelmente voar em uma engenhoca que fosse mais pesada do que o ar.

Contrastemos a atitude do público com relação à aeronáutica naquele tempo com a atitude hoje. Contaram-nos, há alguns anos, que a ciência prognosticara que lançaríamos um satélite no espaço, um esquema totalmente fantástico. Mas o público veio a demonstrar uma fé tão profunda nas ciências naturais que nenhuma voz se ergueu em descrédito. A única pergunta que o público fazia era "Quando?".

Temos todas as razões para acreditar que a mesma sequência de eventos ocorrerá com relação às ciências comportamentais. Primeiro o público ignora ou encara com descrença; então à medida que descobre que os achados da ciência são mais confiáveis do que o senso comum, começam a utilizá-los; o uso propagado do conhecimento de uma ciência cria uma procura tremenda, de forma que homens, dinheiro e esforços são investidos na ciência; finalmente o desenvolvimento da ciência descreve uma espiral ascendente em uma velocidade constantemente crescente. Parece altamente provável que essa sequência será observada nas ciências comportamentais. Consequentemente, mesmo que os achados dessas ciências não sejam amplamente utilizados hoje, há toda a probabilidade de que serão amplamente utilizados amanhã.

As questões

Nós alcançamos, ao fazer dela uma ciência de importância potencial enorme, uma instrumentalidade cujo poder social tornará a energia atômica fraca, em comparação. E não há dúvida de que as questões levantadas por esse desenvolvimento serão questões de importância vital para esta geração e para as que virão. Voltemos nossa atenção para algumas destas questões.

Como deveremos usar o poder dessa nova ciência?
O que acontece à pessoa individual nesse admirável mundo novo?
Quem se apropriará do poder para utilizar esse novo conhecimento?
Em direção a que fim ou propósito ou valor, esse tipo de conhecimento será utilizado?

Procurarei apresentar um preâmbulo em minha próxima palestra onde levarei em conta estas questões.

Referências bibliográficas

1. Asch, Solomon E. *Social Psychology*. Nova York, Prentice-Hall, 1952, pp. 450-483.
2. Beier, Ernst G. "The effect of induced anxiwty on some aspects of intellectual functioning". Tese de doutoramento, Universidade de Columbia, 1949.
3. Bertalanffy, L. von. "A biologist looks at human nature", *Sciense Monthly*, 1956, *82*, pp. 33-41.
4. Beston, W. H., Woodburn Heron, and T. H. Scott, "Effects of decreased variation in the sensory environment", *Canadian J. Psychol.*, 1954, *8*, pp. 70-76.
5. Block, Jack e Jeanne Block. "An investigation of the relationship between intolerance of ambiguity and ethnocentrism", *J. Personality*, 1951, *19*, pp. 303-311.

6. Cameron, D. E. "Psychic driving", *Am. J. Psychiat.*, 1956, *112*, pp. 502-509.

7. Coch, Lester, e J. R. P. French, Jr. "Overcoming resistance to change", *Human Relations*, 1948, *1*, pp. 512-532.

8. Crutchfield, Richard S. "Conformity and character", *Amer. Psychol.*, 1955, *10*, pp. 191-198.

9. Gordon, Thomas. *Group-Centered Leadership*, caps. 6 a 11. Boston, Houghton Mifflin Co., 1955.

10. Gough, H. E., e D. R. Peterson. "The identification and measurement of predispositional factors in crime and delinquency", *J. Consult. Psychol.*, 1952, *16*, pp. 207-212.

11. Haire, M. "Projective techniques in marketing research", *J. Marketing*, abril de 1950, *14*, pp. 649-656.

12. Hess, E. H. "An experimental analysis of imprinting – a from of learning". Manuscrito inédito, 1955.

13. Hinkle, L. E., e H. G. Wolff. "Communist interrogation and indoctrination of 'Enemies of the State'. Analysis of methods used by the Communist State Police", *Arch. Neurol. Psychiat.*, 1956, 20, 115-174.

14. Hunt, H. F., e J. V. Brady. "Some effects of electro-convulsive shock on a conditioned emotional response ('anxiety')". *J. Compar. & Physiol. Psychol.*, 1951, *44*, pp. 88-98.

15. Janis, I. "Personality correlates of susceptibility to persuassion", *J. Personality*, 1954, *22*, pp. 504-518.

16. Kagan, J., e P. H. Mussen. "Dependency themes on the TAT and group conformity", *J. Consult. Psychol.*, 1956, *20*, pp. 28-32.

17. Katz, D., N. Maccoby, e N. C. Morse. *Productivity, Supervision and Morale in an Office Situation*, Parte I. Ann Arbor: Survey Research Center, Universidade de Michigan, 1950.

18. Meehl, P. E. "Wanted – a good cookbook", *Amer. Pscyhol.*, 1956, *11*, pp. 263-272.

19. Nagle, B. F. "Productivity, employee attitudes, and supervisory sensitivity", *Personnel Psychol.*, 1954, *7*, pp. 219-234.

20. Olds, J. "A physiological study of reward". In McClelland, D. C. (ed.). *Studies in Motivation*. Nova York, Appleton-Century-Crofts, 1955, pp. 134-143.

21. Oppenheimer, R. "Analogy in science", *Amer. Psychol.*, 1956, *11*, pp. 127-135.

22. Richard, James, in *Group-Centered Leadership*, de Thomas Gordon, caps. 12 e 13. Boston, Houghton Mifflin Co., 1955.

23. Rogers, Carl R. *Client-Centered Therapy*. Boston, Houghton Mifflin Co., 1951.

24. Rogers, Carl R. e Rosalind F. Dymond (eds.). *Psychotherapy and Personality Change*. University of Chicago Press, 1954.

25. Seeman, Julius, e Nathaniel J. Raskin. "Research perspectives in client-centered therapy", in O. H. Mowrer (ed.), *Psychotherapy: Theory and Research*, cap. 9. Nova York, Ronald Press, 1953.

26. Skinner, B. F. "The control of human behavior". *Transactions New York Acad. Science*. Serires II. Vol. 17, n? 7, May 1955, 547-551.

26a. _____. "Pigeons in a Pelican", *Amer. Psychol.*, 1960, *15*, pp. 28-37.

27. Smith, G. J. W., Spence, D. P., e Klein, G. S., "Subliminal effects of verbal stimuli", *Jour. Abn. & Soc. Psychol.*, 1959, *59*, pp. 167-176.

28. Taft, R. "Intolerance of ambiguity and ethnocentrism", *J. Consult. Psychol.*, 1956, *20*, pp. 153-154.

29. Thetford, William N. "An objective measure of frustration tolerance in evaluating psychotherapy", in W. Wolff (ed.) *Success in Psychotherapy*, cap. 2. Nova York, Grune and Stratton, 1952.

30. Whyte, W. H. *The Organizations Man*. Nova York, Simon & Schuster, 1956.

31. Williams, S. B., e H. J. Leavitt. "Group opinion as a predictor of military leadership", *J. Consult. Psychol.*, 1947, 11, 283-291.

Capítulo 21
O lugar do indivíduo no mundo novo das ciências do comportamento

No artigo precedente, tentei indicar, de maneira bastante esquemática, os avanços das ciências do comportamento na sua capacidade de prever e controlar o comportamento. Procurei dar uma ideia do mundo novo para o qual avançaremos a passos cada vez mais acelerados. Gostaria hoje de considerar a questão de como nós – enquanto indivíduos, grupos, uma cultura – viveremos, reagiremos, nos adaptaremos a esse admirável mundo novo. Que posição adotaremos frente a esses novos desenvolvimentos?

Exporei a seguir duas das respostas dadas a essa questão, e depois apresentarei algumas considerações que podem levar a uma terceira resposta.

Negar e ignorar

Uma das atitudes que podemos adotar é negar que esses avanços científicos estejam ocorrendo, e simplesmente abraçar a ideia de que não pode haver um estudo do comportamento humano realmente científico. Podemos sustentar que é impossível que o animal humano tenha uma atitude objetiva para consigo, e que, portanto, não pode existir nenhuma ciência real do comportamento. Podemos dizer que o homem é sempre um agente livre, num sentido que faça do estudo científico de seu comportamento algo impossível. Pouco tempo atrás, numa conferência sobre as ciências sociais, escutei, curiosamente, um economista expressar esse ponto de vista. E um dos teólogos mais notáveis deste país escreveu: "Seja como for, nenhuma investigação científica do comportamento passado pode se tornar a base para previsões sobre o comportamento futuro" (3, p. 47).

A atitude do público em geral é semelhante. Sem necessariamente negar a possibilidade de uma ciência comportamental, o homem comum simplesmente ignora os desenvolvimentos em curso. Certamente ficará excitado durante algum tempo ao ficar sabendo que os comunistas conseguiram mudar os soldados capturados por meio de "lavagem cerebral". Poderá demonstrar uma leve reação de incômodo frente às revelações de um livro tal como o de White (13) que mostra com que intensidade, e com que meios manipulativos, as descobertas das ciências do comportamento são usadas pelas corporações industriais modernas. Mas, de modo geral, não vê nisso nada com que se preocupar, assim como quando tomou conhecimento das primeiras formulações teóricas sobre a possibilidade da cisão do átomo.

Podemos, se quisermos, nos juntar a ele nessa ignorância. Podemos ir mais longe, como os velhos intelectuais que citei, e, olhando para as ciências do comportamento, declarar: "não existe este animal". Mas, como essas reações não parecem particularmente inteligentes, as deixarei de lado para descrever um ponto de vista muito mais sofisticado e predominante.

A formulação da vida humana em termos científicos

Entre os cientistas especializados nas ciências do comportamento, parece ser ponto pacífico que suas descobertas serão usadas na previsão e controle do comportamento humano. Por outro lado, os psicólogos e outros cientistas não têm pensado muito sobre o que isso significa. Uma exceção a essa tendência geral é o Dr. B. F. Skinner, de Harvard, que é bastante explícito ao conclamar os psicólogos a usarem os poderes de controle de que dispõem para criar um mundo melhor. Numa tentativa de mostrar o que queria dizer, o Dr. Skinner escreveu, há alguns anos, um livro chamado *Walden Two* (12), no qual faz uma descrição ficcional do que considera uma comunidade utópica na qual os ensinamentos das ciências do comportamento são plenamente utilizados em todos os aspectos da vida – casamento, educação das crianças, condutas éticas, trabalho, lazer e projetos artísticos. Citarei seu texto várias vezes nesse artigo.

Existem também outros autores de ficção que perceberam a importância da influência crescente das ciências do comportamento. Aldous Huxley, em seu *Admirável mundo novo* (1), fez um retrato horrível da felicidade artificial num mundo cientificamente construído, contra o qual os homens por fim se revoltam. George Orwell, em *1984* (5), imaginou o mundo criado por um poder ditatorial, no qual as ciências do comportamento são usadas como instrumento do controle absoluto dos indivíduos de forma que não só os comportamentos como também os pensamentos são controlados.

Os escritores de ficção científica também desempenharam um papel na visualização dos possíveis desenvolvimentos num mundo onde o comportamento e a personalidade são temas da ciência tanto quanto os componentes químicos ou os impulsos elétricos.

Gostaria de tentar apresentar, da melhor maneira possível, um quadro simplificado do padrão cultural que emerge se tentarmos moldar a vida humana nos termos das ciências comportamentais.

Em primeiro lugar, existe o reconhecimento, quase o postulado, de que o conhecimento científico é o poder de manipular. O Dr. Skinner diz: "Temos de aceitar o fato de que algum tipo de controle dos assuntos humanos é inevitável. Só poderemos usar o bom senso nos assuntos humanos se alguém se dedicar ao planejamento e construção das condições ambientais que afetam o comportamento dos homens. Mudanças ambientais sempre foram as condições para a melhora dos padrões culturais, e seria muito difícil utilizar os métodos mais eficientes da ciência sem fazer mudanças em grande escala... A ciência já desencadeou processos e materiais perigosos antes. Utilizar os fatos e técnicas de uma ciência do homem em toda sua extensão sem cometer algum erro monstruoso será difícil e, obviamente, arriscado. Não há mais tempo para a autoilusão, a indulgência emocional ou a assunção de atitudes que já não são mais úteis" (10, pp. 56-57).

A próxima suposição é de que tal poder de controle deve ser usado. Skinner o vê sendo usado de modo bem-intencionado, embora reconheça o perigo de seu mau uso. Huxley o vê sendo usado com boas intenções, mas, na verdade, criando um pesadelo. Orwell descreve as consequências do uso maligno desse poder, no incremento do grau de regulação exercido por um governo ditatorial.

Etapas do processo

Consideremos alguns dos elementos implicados no conceito de controle do comportamento humano tal como este é concebido pelas ciências do comportamento. Quais seriam as etapas do processo pelo qual uma sociedade deveria se organizar de modo a formular a vida humana nos termos da ciência do homem?

Primeiro, viria a seleção de objetivos. Num artigo recente, o Dr. Skinner sugere que um dos possíveis objetivos da tecnologia comportamental seria: "Permitir ao homem ser feliz, informado, habilidoso, bem-educado e produtivo" (10, p. 47). No seu livro *Walden Two*, onde recorre à ficção para expressar suas opiniões, torna-se mais expansivo. Seu herói diz: "Pois bem! Que me diz do planejamento de personalidades? Isso interessaria a você? E o controle do caráter? Forneça-me as especificações e eu lhe darei o homem! Que me diria do controle das motivações, construindo os interesses que tornarão os homens mais produtivos e mais bem-sucedidos? Isso lhe parece fantástico? Pois algumas das tecnologias para isso já estão disponíveis e outras podem vir a ser elaboradas experimentalmente. Pense nas possibilidades!... Controlemos as vidas de nossas crianças e vejamos o que podemos fazer delas" (12, p. 243).

O que Skinner afirma aqui essencialmente é que o conhecimento atual das ciências comportamentais, somado àquele que o futuro trará, nos permitirá especificar, num grau que hoje pareceria inacreditável, o tipo de resultados que desejamos obter no comportamento e na personalidade. Isso obviamente é tanto uma oportunidade quanto uma árdua tarefa.

O segundo elemento desse processo é bastante familiar a qualquer cientista que já tenha trabalhado no campo da ciência aplicada. Dado um objetivo, uma meta, procedemos, pelo método científico – por intermédio de experimentos controlados –, à descoberta dos meios para atingir esses fins. Se, por exemplo, nosso conhecimento presente das condições que tornam o homem produtivo é limitado, novas investigações e experimentações certamente nos levariam a novos conhecimentos nesse campo. E trabalhos ainda mais avançados nos proporcionariam o conhecimento de meios ainda mais eficazes. O método científico é autocorretivo e, portanto, encontra meios cada vez mais eficientes de atingir o propósito escolhido.

O terceiro elemento no controle do comportamento humano por meio das ciências comportamentais envolve a questão do poder. À medida que condições ou métodos para atingir nosso objetivo são descobertos, algumas pessoas ou grupos adquirem o poder de estabelecer essas condições ou empregar esses métodos. Pouco se tem falado do problema que isso envolve. Confiar em que o poder que as ciências do comportamento tornam disponível seja exercido pelos cientistas, ou por um grupo bem-intencionado, parece-me uma esperança de que a história recente e antiga não confirma. Tudo leva a crer que os cientistas do comportamento, mantendo suas atitudes atuais, se encontrarão na mesma situação dos cientistas alemães especializados em mísseis. Primeiro eles trabalharam com devoção para que Hitler destruísse a Rússia e os Estados Unidos. Agora, dependendo de quem os capturou, eles trabalham com devoção para a Rússia com o intuito de destruir os Estados Unidos ou para os Estados Unidos a fim de destruir a Rússia. Se os cientistas do comportamento estiverem preocupados apenas com o progresso de sua ciência, é mais do que certo que estarão a serviço dos propósitos do indivíduo ou dos grupos que estiverem no poder.

Mas, num certo sentido, isso não passa de uma digressão. O ponto fundamental consiste no fato de que alguma pessoa ou grupo terá e utilizará o poder de pôr em execução os métodos descobertos para atingir a meta desejada.

A quarta etapa desse processo pelo qual uma sociedade poderia formular sua vida em termos das ciências comportamentais é a exposição dos indivíduos aos métodos e condições mencionados acima. Quando os indivíduos são expostos às condições prescritas, isto conduz, muito provavelmente, ao comportamento almejado. Os homens se tornam, então, produtivos, se for esse o objetivo, ou submissos, ou aquilo que se decidiu que se tornem.

Para dar uma ideia desse aspecto do processo, nas palavras de um de seus defensores, citarei novamente o herói de *Walden Two*. "Agora, que *sabemos* como o reforço positivo funciona, e por que o negativo não funciona" diz ele, comentando o método que está defendendo, "podemos ser mais cautelosos e, por isso, mais bem-sucedidos nas nossas intenções no plano cultural. Podemos conseguir um tipo de controle por meio do qual os indivíduos controlados, embora submetidos a um código muito mais imperativo do que no antigo sistema, se *sintam livres*. Estão fazendo o que querem fazer, não o que são forçados a fazer. É essa a fonte do tremendo poder do reforço positivo – não há coerção nem revolta. Com um planejamento cuidadoso, controlamos não o comportamento final, mas a *inclinação* para se comportar – os motivos, os desejos, os anseios. O curioso nisso tudo é que, nesse caso, *a questão da liberdade nunca se coloca*" (12, p. 218).

O quadro e suas implicações

Permitam-me tentar resumir brevemente o quadro do impacto das ciências comportamentais sobre o indivíduo e sobre a sociedade, tal como esse impacto é explicitamente encarado pelo Dr. Skinner, e está implícito nas atitudes e trabalhos de muitos, talvez a maioria, dos cientistas do comportamento. A ciência comportamental progride nitidamente; o crescente poder de controle que ela proporciona estará nas mãos de alguém ou de algum grupo; esse indivíduo ou grupo certamente escolherá as metas a serem atingidas; e a maioria de nós será cada vez mais controlada por meios tão sutis que nem os perceberemos como meios de controle. Assim, se um conselho de psicólogos sábios (se isso não for uma contradição nos termos) ou um Stalin, ou um Grande Irmão detiver o poder, e quer sua meta seja a felicidade, a produtividade, a resolução do complexo de Édipo, a submissão, ou o amor pelo Grande Irmão, estaremos inevitavelmente caminhando para a realização dessa meta e provavelmente pensando que somos nós quem a desejamos. Se esse raciocínio estiver correto, tudo indica que uma forma de sociedade totalmente controlada – um *Walden Two* ou um *1984* – está por vir. O fato de que ela viria pouco a pouco e não de uma só vez não altera fundamentalmente as coisas. O homem e seu comportamento passariam a ser um produto planejado de uma sociedade científica.

Vocês poderiam perguntar: "Mas, e a liberdade individual? E os conceitos democráticos dos direitos individuais?" Mais uma vez o Dr. Skinner é bastante claro. Ele diz sem rodeios: "A hipótese de que o homem não é livre é essencial para a aplicação do método científico ao estudo do comportamento humano. O homem internamente livre, considerado responsável pelo comportamento do organismo biológico externo é apenas um substituto pré-científico para o tipo de causas que se descobrem à medida que progride a análise científica. Todas estas outras causas são *exteriores* ao indivíduo" (11, p. 447).

Num outro texto, ele explica isso de forma um pouco mais ampla: "Conforme aumenta o emprego da ciência, somos forçados a aceitar a estrutura teórica com que a ciência representa seus fatos. A dificuldade consiste em que essa estrutura contrasta claramente com a concepção democrática tradicional do homem. Cada descoberta de um evento que participa da conformação do comportamento do homem parece reduzir aquilo que pode ser creditado ao próprio homem; e, à medida que essas explicações se tornam cada vez mais abrangentes, a contribuição que o homem por si só poderia reivindicar como própria se aproxima de zero. As alardeadas capacidades criativas do homem, suas realizações originais no campo das artes, ciência e costumes, sua capacidade de escolher e nosso direito de considerá-lo responsável pelas consequências de sua escolha – nada disso é conspícuo nesse novo autorretrato. Acreditávamos que o homem era livre para se expressar na arte, na literatura e na música, para indagar sobre a natureza, para procurar a salvação à sua própria maneira. Podia iniciar uma ação e mudar seu curso de modo espontâneo e segundo sua vontade. Sob as piores coações restava-lhe algum tipo de escolha. Podia opor resistência a qualquer esforço no sentido de controlá-lo, mesmo se isso lhe custasse a vida. Mas a ciência insiste em que a ação é iniciada por forças que se impõem ao indivíduo, e que a vontade é apenas um nome para um comportamento cuja causa ainda não descobrimos" (10, pp. 52-53).

A filosofia democrática da natureza humana e da política é vista por Skinner como tendo servido a um propósito útil em certo momento. "Ao conclamar os homens contra a tirania era necessário que o indivíduo se fortalecesse, que lhe dissessem que tinha direitos e que podia se autogovernar. Dar ao homem comum uma nova concepção do seu mundo, da sua dignidade e do seu poder de se salvar, hoje e amanhã, era frequentemente o único recurso do revolucionário" (10, p. 53). Considera essa filosofia ultrapassada e, na verdade, um obstáculo "se ela nos impedir de aplicar aos assuntos humanos a ciência do homem" (10, p. 54).

Uma objeção pessoal

Procurei até agora apresentar um quadro objetivo de alguns desenvolvimentos das ciências comportamentais, e um quadro objetivo do tipo de sociedade que poderia emergir desses desenvolvimentos. Levanto, contudo, fortes objeções pessoais ao tipo de mundo que venho descrevendo, um mundo que Skinner explicitamente (e muitos outros cientistas implicitamente) deseja e espera para o futuro. Para mim, esse tipo de mundo destrói a pessoa humana, tal como pude conhecê-la nos momentos mais profundos da psicoterapia. Nesses momentos, estive em relação com uma pessoa que é espontânea, que é responsavelmente livre, consciente de sua liberdade para escolher quem vai ser, e também consciente das consequências de sua escolha. Acreditar, como Skinner, que tudo isso é uma ilusão, e que a espontaneidade, a liberdade, a responsabilidade e a escolha não têm existência real, seria impossível para mim.

Creio que desempenhei, na medida das minhas possibilidades, meu papel no progresso das ciências do comportamento; mas, se o resultado de meus esforços e dos de outras pessoas for que o homem se transforme num robô, criado e controlado por uma ciência por ele elaborada, então, sinto-me muito infeliz. Se a "vida boa" do futuro consistir em indivíduos tão condicionados pelo controle de seu ambiente e pelo controle das recompensas que receberão, que eles serão inexoravelmente produtivos, bem-educados, felizes ou o que quer que seja, nesse caso, não quero nada disso. Para mim, trata-se de uma pseudoforma de "vida boa" que inclui tudo, exceto o que a torna boa.

Pergunto-me se não existe alguma falha na lógica desse desenvolvimento, se não existe alguma ideia alternativa para o que as ciências do comportamento poderiam significar para o indivíduo e para a sociedade. Penso ter encontrado essa falha e acho que posso conceber uma ideia alternativa. Gostaria de apresentá-las.

Finalidades e valores em relação à ciência

Creio que a perspectiva por mim apresentada se baseia numa percepção errônea da relação entre os objetivos e valores e o espírito científico. A importância dos *propósitos* de um empreendimento científico é, ao meu ver, subestimada. A tese que exponho a seguir encerra duas afirmações que me parecem merecer atenta consideração. Posteriormente, desenvolverei o significado que convém atribuir a essas afirmações.

1. Em qualquer esforço científico – quer se trate de ciência "pura" ou aplicada – há uma escolha pessoal e subjetiva prévia do propósito ou valor a serviço do qual esse trabalho científico deve ser realizado.

2. Essa escolha subjetiva de valor, que dá origem ao esforço científico, deve permanecer sempre fora deste esforço e nunca poderá fazer parte da ciência em questão.

Permitam-me ilustrar o primeiro ponto a partir dos escritos do Dr. Skinner. Quando ele sugere que a função das ciências do comportamento é tornar o homem "produtivo", "bem-educado", etc., ele está claramente fazendo uma escolha. Poderia optar por torná-lo submisso, dependente e gregário, por exemplo. Por outro lado, afirma, em outro contexto, que a "capacidade de escolha" do homem, sua liberdade para selecionar uma linha de conduta e para empreender ações são atributos que não existem na imagem científica do homem. É aí que reside, creio, a profunda contradição ou paradoxo. Tentarei detalhar essa contradição da melhor maneira possível.

A ciência, sem dúvida, repousa sobre a hipótese de que o comportamento é causado – que um evento específico é seguido de um evento consequentemente. Já que tudo é determinado, nada é livre, a escolha é impossível. Mas lembremo-nos de que a própria ciência, e cada esforço científico específico, cada mudança de curso numa pesquisa científica, cada interpretação do significado de uma descoberta científica e cada decisão quanto à aplicação dessa descoberta, apoiam-se numa escolha pessoal subjetiva. Portanto, a ciência em geral encontra-se na mesma situação paradoxal que o Dr. Skinner. Uma escolha pessoal subjetiva feita pelo homem desencadeia as operações da ciência, que, por sua vez, proclama que não existe nada que se pareça com uma escolha pessoal subjetiva. Mais adiante tecerei alguns comentários sobre esse constante paradoxo.

Sublinhei o fato de que cada uma dessas escolhas que dão início ou fazem avançar a aventura científica é uma escolha de valor. O cientista investiga isso e não aquilo, porque sente que a primeira investigação tem mais valor para ele. Escolhe um determinado método para seu estudo de preferência a outro, porque lhe atribui um valor mais elevado. Interpreta suas descobertas de uma maneira e não de outra, porque acredita que a primeira interpretação está mais próxima da verdade, ou é mais válida – em outras palavras, está mais próxima de um critério que ele valoriza. No entanto, essas escolhas de valor nunca fazem parte da própria aventura científica. As escolhas de valor vinculadas a um determinado empreendimento científico permanecem sempre e necessariamente fora dele.

Não pretendo afirmar que os valores não podem ser matéria de investigação científica. Quero que me compreendam bem. Não é verdade que a ciência lida apenas com certas classes de "fatos" e que essas classes não incluem valores. É um pouco mais complexo que isso, e uma simples ilustração ou duas podem esclarecê-lo.

Se eu atribuir como objetivo da educação o fato de saber ler, escrever e contar, os métodos científicos podem me fornecer informações cada vez mais precisas sobre a maneira de atingir esse objetivo. Se a meta da educação for a capacidade de resolver problemas, o método científico pode me prestar uma ajuda da mesma ordem.

Mas, caso deseje determinar se a capacidade de resolver problemas é "melhor" do que saber ler, escrever e contar, também nesse caso o método científico pode estudar esses dois valores, mas *apenas* – e isso é muito importante – em termos de algum outro valor que escolhi subjetivamente. Posso, por exemplo, valorizar o sucesso escolar. Posso, então, determinar se a capacidade de resolver problemas ou saber ler, escrever e contar está mais intimamente associado com aquele valor. Poderia valorizar a integração pessoal ou o sucesso vocacional ou a cidadania responsável. Poderia determinar se a capacidade de resolver problemas ou saber ler, escrever e contar é "melhor" para atingir qualquer um desses valores. Mas o valor ou propósito que confere significado a um determinado esforço científico deve permanecer sempre fora dele.

Embora nossa preocupação nesse artigo seja principalmente com a ciência aplicada, o que venho dizendo aplica-se igualmente à chamada ciência pura. Nesta, a prévia escolha subjetiva de valor mais comum é a busca da verdade. Mas isso é uma escolha subjetiva, e a ciência nunca pode dizer se esta é a melhor, salvo à luz de algum outro valor. Os geneticistas na Rússia, por exemplo, tiveram de fazer uma escolha subjetiva quanto a perseguir a verdade ou descobrir fatos que sustentassem os dogmas governamentais. Qual escolha é "melhor"? Poderíamos fazer uma investigação científica sobre essas duas alternativas, mas somente à luz de algum outro valor subjetivamente escolhido. Se, por exemplo, valorizamos a sobrevivência da cultura, começaríamos a investigar com os métodos científicos a questão de saber se é a busca da verdade ou a sustentação de dogmas governamentais que está mais intimamente associada com a sobrevivência cultural.

Opino, portanto, que qualquer empenho científico, puro ou aplicado, é realizado com a esperança de alcançar um propósito ou valor subjetivamente escolhido por pessoas. É importante que essa escolha seja explicitada, uma vez que o valor particular buscado nunca pode ser testado ou avaliado, confirmado ou desmentido pelo esforço científico ao qual dá origem e sentido. O propósito ou valor inicial encontra-se sempre e necessariamente fora do âmbito do esforço científico que ele põe em andamento.

Isso significa, entre outras coisas, que se escolhemos uma meta particular ou séries de metas para os seres humanos, e depois nos colocamos em campo para controlar, em grande escala, o comportamento humano a fim de atingir essas metas, estamos presos à rigidez de nossa escolha inicial, pois tal empreendimento científico nunca poderá transcender a si mesmo e escolher novas metas. Apenas pessoas, na sua subjetividade, podem fazer isso. Assim, se escolhermos por meta a felicidade dos seres humanos (uma meta merecidamente ridicularizada por Aldous Huxley em *Admirável mundo novo*), e se envolvermos toda a sociedade num programa científico bem-sucedido por meio do qual as pessoas se tornam felizes, estaríamos presos a uma rigidez colossal na qual ninguém mais seria livre para questionar essa meta, porque nossas operações científicas não poderiam transcender a si mesmas para questionar seus propósitos orientadores. E, sem me deter muito nesse ponto, gostaria apenas de notar que uma rigidez colossal, seja entre os dinossauros ou nas ditaduras, tem poucos registros de sobrevivência evolutiva.

Se, contudo, uma parte de nosso esquema supõe deixar livres alguns "planejadores" que não têm de ser felizes, que não são controlados, e que, portanto, estão livres para escolher outros valores, teríamos várias implicações. Isso significa que o propósito que escolhemos como meta não é suficiente e satisfatório para os seres humanos, mas precisa ser suplementado. Também significa que se for necessário estabelecer um grupo de elite que é livre, isso mostra com toda a clareza que a grande maioria está constituída de escravos – não importa qual o nome grandioso que lhes dermos – daqueles que selecionaram as metas.

No entanto, talvez se suponha que um esforço científico contínuo implique a evolução de suas próprias metas; que as descobertas iniciais alterarão as direções e que descobertas subsequentes as alterarão uma vez mais e que, de alguma forma, a ciência desenvolve seus próprios propósitos. Esta parece ser uma ideia implicitamente sustentada por muitos cientistas. É, sem dúvida, um raciocínio sensato, mas deixa de lado um elemento desse desenvolvimento contínuo: a intervenção da escolha pessoal subjetiva em cada mudança de direção. As descobertas de uma ciência, os resultados de um experimento, não nos dizem e nunca nos dirão qual o próximo objetivo científico a ser atingido. Mesmo na mais pura das ciências, o cientista precisa decidir o que as descobertas significam, e escolher subjetivamente qual o próximo passo que será mais proveitoso na busca de seu propósito. E, se estivermos falando da aplicação do conhecimento científico, é inquietantemente claro que o crescendo conhecimento científico sobre a estrutura do átomo não traz consigo a necessária escolha de qual o uso que a ele será dado. Esta é uma escolha pessoal subjetiva que deve ser feita por vários indivíduos.

Retorno, portanto, à afirmação com a qual comecei essa série de observações – e que agora repito com outras palavras. O sentido da ciência consiste na busca objetiva de uma meta que foi subjetivamente escolhida por uma ou várias pessoas. Esse propósito ou valor nunca pode ser investigado pelo experimento ou pesquisa científica particulares aos quais deu origem e conferiu significado. Por conseguinte, qualquer discussão sobre o controle dos seres humanos pelas ciências do comportamento deve primeiro se preocupar profundamente com os propósitos subjetivamente escolhidos que tal aplicação da ciência pretende implementar.

Um outro conjunto de valores

Se meu raciocínio for válido, novas portas se abrem para nós. Se encararmos com franqueza o fato de que a ciência parte de um conjunto de valores subjetivamente escolhido, então temos a liberdade de selecionar os valores que desejamos realizar. Não estamos limitados a metas tão ridículas como produzir um estado controlado de felicidade, produtividade e coisas do gênero. Gostaria de sugerir uma alternativa radicalmente diferente.

Se partíssemos de um conjunto de finalidades, valores, propósitos bastante diferentes daqueles que consideramos até agora; se o fizéssemos abertamente, apresentando-os como uma escolha possível de valores suscetíveis de serem aceitos ou rejeitados; se selecionássemos um conjunto de valores que se concentrem nos elementos fluidos do processo em vez de se fixarem nos seus atributos estáticos; nesse caso, valorizaríamos:

O homem como um processo de transformação; como um processo que visa alcançar valor e dignidade pelo desenvolvimento de suas potencialidades;

O indivíduo humano como processo de autorrealização, avançando continuamente na direção de experiências mais desafiadoras e enriquecedoras;

O processo por meio do qual o indivíduo se adapta criativamente a um mundo sempre novo e em constante mudança;

O processo por meio do qual o conhecimento transcende a si mesmo, como, por exemplo, a teoria da relatividade transcendeu a física newtoniana, para no futuro ser transcendida por uma nova concepção.

Se selecionarmos tais valores, voltar-nos-emos para nossa ciência e tecnologia do comportamento com um conjunto de questões bastante diferentes. Vamos querer saber coisas como:

Pode a ciência nos ajudar a descobrir novos modos de vida mais ricos e gratificantes? Modos de relações interpessoais mais significativos e satisfatórios?

Pode a ciência nos informar como a raça humana pode se tornar um agente mais inteligente de sua própria evolução física, psicológica e social?

Pode a ciência nos informar sobre o modo de libertar a capacidade criadora dos indivíduos, libertação que parece tão necessária se quisermos sobreviver nessa era atômica em plena expansão? O Dr. Oppenheimer observou (4) que o conhecimento, que duplicava antigamente ao longo de milênios ou séculos, duplica atualmente numa geração ou decênio. Parece, portanto, que devemos descobrir o maior número possível de elementos no campo da libertação da criatividade se quisermos ser capazes de nos adaptar de uma forma eficaz.

Resumindo, pode a ciência descobrir os métodos pelos quais o homem poderá mais facilmente tornar-se um processo em desenvolvimento permanente, transcendendo-se a si próprio no seu comportamento, no seu pensamento e na sua ação? Pode a ciência prever uma liberdade essencialmente "imprevisível" e encaminhar-se para ela?

Uma das virtudes da ciência enquanto método é ser capaz de fazer progredir e de realizar objetivos desse tipo, bem como de estar a serviço de valores estáticos como estar bem informado, ser feliz, obediente. Podemos mesmo fornecer uma prova disso.

Um pequeno exemplo

Peço que me perdoem se vou buscar a documentação relativa a algumas das possibilidades que existem nesta via no domínio que melhor conheço, a psicoterapia.

A psicoterapia, como Merloo (2) e outros investigadores o fizeram notar, pode ser um dos instrumentos mais sutis para o controle de uma pessoa por outra. O terapeuta pode modelar sutilmente os indivíduos à sua própria imagem. Pode levar um indivíduo a ser submisso, conforme um dado modelo. Quando alguns princípios terapêuticos são utilizados até suas últimas consequências, chama-se a isso lavagem cerebral – exemplo da desintegração da personalidade e da reformulação da pessoa no sentido desejado pelo indivíduo que a controla. Desse modo, os princípios do tratamento podem ser utilizados como um meio muito eficaz de controle exterior da personalidade humana e do seu comportamento. Poderá a psicoterapia ser outra coisa?

Encontro nos progressos da psicoterapia centrada no cliente (8) uma indicação apaixonante do que uma ciência do comportamento pode realizar para alcançar os valores que enunciei. Além de esses progressos representarem, em certa medida, uma nova orientação em psicoterapia, têm consequências importantes no que diz respeito à relação de uma ciência do comportamento com o controle do comportamento humano.

Vou descrever os aspectos da nossa experiência na medida em que esta se refere aos problemas em discussão: na terapia centrada no cliente, estamos profundamente comprometidos na previsão do comportamento e na influência que sobre ele é possível exercer. Como terapeutas, instituímos determinadas condições de atitude, e o cliente não é chamado a pronunciar-se sobre o estabelecimento dessas condições. De uma forma muito resumida, estabelecemos que o terapeuta tem o máximo de eficácia:

a) se for sincero, integrado, transparentemente real na sua relação com o cliente;

b) se o aceitar como pessoa independente e diferente e se aceitar igualmente todos os seus aspectos passageiros à medida que eles vão encontrando um modo de se exprimir;

c) se manifestar uma empatia total na compreensão que tem dele, ou seja, se enfrentar o mundo com os olhos do seu cliente.

Nossa investigação permite prever que, se estas condições de atitudes estiverem reunidas ou estabelecidas, seguir-se-ão determinadas consequências no comportamento. Ao apresentar as coisas sob este aspecto, parece que estamos repetindo a mesma lengalenga e dizendo mais uma vez que somos capazes de prever o comportamento e, por conseguinte, de controlá-lo. Mas é precisamente aqui que existe uma diferença bem marcada.

As condições que decidimos instituir fazem prever consequências no comportamento como as seguintes: o cliente torna-se mais autônomo no seu comportamento, menos rígido, mais aberto ao testemunho dos sentidos, mais bem organizado e mais integrado, mais semelhante ao ideal que escolheu para si. Em outras palavras, estabelecemos, através de um controle exterior, condições que, segundo nossas previsões, serão acompanhadas por um controle interior do indivíduo sobre si próprio nos seus esforços para atingir os objetivos que interiormente escolheu. Estabelecemos as condições que fazem prever diversas espécies de comportamento; comportamentos de autodireção, sensibilidade às realidades interiores e exteriores, capacidade para se adaptar com maleabilidade – comportamentos que são, por sua própria natureza, *imprevisíveis* na sua especificidade. Essas condições estabelecidas por nós preveem um comportamento que é essencialmente "livre". As nossas últimas investigações (9) indicam que nossas previsões são, num grau significativo, corroboradas e a nossa confiança em relação ao método científico faz-nos crer que se podem realizar os meios mais eficazes para atingir esses objetivos.

A investigação realizada em outros domínios – indústria, ensino, dinâmica de grupo – parece confirmar nossas próprias descobertas. Creio que se pode afirmar, sem precipitação, que houve progresso científico na identificação dessas condições numa relação interpessoal, de modo que, se elas estão presentes em B, são seguidas em A de uma maior maturidade no comportamento, de menor dependência em relação aos outros, de um progresso na capacidade de se exprimir como pessoa, na variabilidade, maleabilidade, faculdade de se adaptar, de assumir as próprias responsabilidades e de orientar a si mesmo.

Estamos, portanto, totalmente de acordo com a afirmação de John Dewey: "A ciência avançou libertando, e não suprimindo, os elementos de variação, de invenção, de inovação e de novas criações nos indivíduos" (7, p. 359). É nossa firme convicção que o progresso na vida pessoal e na vida de grupo se consegue da mesma maneira, libertando a variação, a criatividade, a liberdade.

Uma concepção possível do controle do comportamento humano

É absolutamente evidente que o ponto de vista por mim expresso apresenta um nítido contraste com a concepção corrente – e anteriormente mencionada – da relação que existe entre as ciências do comportamento e o controle do comportamento humano. A fim de tornar esse contraste ainda mais nítido, vou afirmar essa possibilidade sob uma forma paralela às nossas enumerações precedentes.

1. Temos a possibilidade de valorizar o homem como processo de devir que se realiza a si mesmo; de valorizar a criatividade e o processo em que o conhecimento acaba por se transcender.

2. Podemos continuar a descobrir, pelos métodos científicos, as condições que precedem necessariamente esses processos e, por intermédio de novas experiências, procurar meios mais aperfeiçoados de atingir esses objetivos.

3. Os indivíduos ou os grupos têm a possibilidade de cumprir essas condições com um mínimo de poder ou de controle. Segundo os atuais conhecimentos, a única autoridade necessária é a de estabelecer determinadas qualidades de relações interpessoais.

4. Os conhecimentos atuais sugerem que os indivíduos submetidos às referidas condições se tornam mais autorresponsáveis, realizam progressos na autorrealização, tornam-se mais maleáveis, mais "únicos" e variados, mais capazes de se adaptarem de uma maneira original.

5. Por conseguinte, uma escolha inicial desse gênero inauguraria os primeiros passos de um sistema social, ou subsistema, em que os valores, os conhecimentos, as faculdades de adaptação e até mesmo os conceitos científicos se transformariam permanentemente, transcendendo a si próprios. A ênfase recairia no homem como processo de devir.

Julgo que fica bem claro que o ponto de vista que acabo de descrever não conduz a nenhuma utopia bem definida. Seria impossível prever o seu ponto de chegada. Ele comporta um desenvolvimento em etapas sucessivas, baseado numa escolha contínua e subjetiva dos propósitos que são implementados pelas ciências do comportamento. A minha concepção vai no sentido de uma "sociedade aberta" tal como a definiu Popper (6), onde os indivíduos assumem a responsabilidade das suas decisões pessoais. Este conceito situa-se no polo oposto ao de uma sociedade fechada de que *Walden Two* seria um exemplo.

Creio que também é evidente que a ênfase global recai sobre o processo e não sobre a condição final do ser. Sugiro que é ao decidir valorizar determinados elementos qualitativos do processo do devir que poderemos encontrar o caminho que conduz a uma sociedade aberta.

A escolha

Espero ter contribuído para o esclarecimento da gama de escolhas que se irão deparar, a nós e aos nossos filhos, no que se refere às ciências do comportamento. Podemos optar por utilizar nossos conhecimentos crescentes para escravizar as pessoas de uma maneira nunca antes sonhada, despersonalizando-as e controlando-as por meios tão minuciosamente escolhidos que talvez nunca se apercebam de que perderam a sua dignidade de pessoas. Podemos optar por utilizar o nosso saber científico para tornar os homens necessariamente felizes, bem educados e produtivos, como sugere o Dr. Skinner. Podemos, se o desejarmos, optar por tornar os homens submissos, conformes a um dado modelo, dóceis. Ou, na outra extremidade da gama de opções, podemos optar por nos servirmos das ciências do comportamento de uma maneira que irá libertar e não controlar, que conduzirá a uma variabilidade construtiva, não à conformidade, que desenvolverá a criatividade, não a satisfação; que ajudará cada uma das pessoas no seu processo autônomo de crescimento, que ajudará os indivíduos e os grupos e até mesmo a ciência, a transcender-se em novas maneiras de se adaptarem e de fazerem face à vida e aos seus problemas. Cabe a nós a escolha e, sendo a raça humana como é, provavelmente tropeçaremos, fazendo algumas vezes escolhas quase desastrosas de valores, e em outros momentos escolhas altamente construtivas.

Se optarmos por utilizar nosso saber científico para libertar os homens, teremos de viver aberta e francamente o grande paradoxo das ciências do comportamento. Reconhecemos que o comportamento, quando analisado cientificamente, é seguramente melhor compreendido numa perspectiva determinista. É essa a grande característica da ciência. Mas a opção responsável e pessoal, que é o elemento essencial no fato de ser uma pessoa, que é a experiência suprema em psicoterapia, enfim, que existe de uma maneira prévia a toda a investigação científica, é também uma característica extremamente importante da nossa vida. Teremos de viver com a consciência de que negar a realidade da experiência da escolha pessoal responsável é tão ridículo, tão obtuso quanto negar a possibilidade de uma ciência do comportamento. O fato de esses dois elementos importantes da nossa experiência parecerem estar em contradição assume talvez o mesmo significado que a contradição entre a teoria ondulatória e a teoria corpuscular da luz; é possível demonstrar a verdade de cada uma das teorias e elas não deixam de ser por isso incompatíveis. Não se lucra nada em negar nossa vida subjetiva, como também não se pode negar a descrição objetiva dessa vida.

Concluindo, portanto, meu ponto de vista é que a ciência não pode vir a existir sem uma escolha pessoal dos valores que queremos alcançar. E os valores que escolhemos implementar permanecerão sempre fora da ciência que os implementa; as metas que escolhemos, os propósitos que desejamos seguir, devem sempre estar fora da ciência que os realiza. Isso tem para mim o significado estimulante de que a pessoa humana, com sua capacidade de escolha subjetiva, pode existir e existirá sempre independentemente e antes de qualquer empreendimento científico. A não ser que, enquanto indivíduos e grupos, escolhamos renunciar a nossa capacidade de escolha subjetiva, continuaremos sempre sendo pessoas livres e não simplesmente joguetes de uma ciência do comportamento criada por ela mesma.

Referências Bibliográficas

1. Huxley, A. – *Brave New World*, Nova York e Londres, Harper and Bros., 1946.
2. Merloo, J. A. M. – "Medications into submission: the danger of therapeutic coercion", *J. Nerv. Ment. Dis.*, 1955, *122*, pp. 353-360.
3. Niebuhr, R. – *The Self and the Dramas of History*, Nova York, Scribner, 1955.
4. Oppenheimer, R. – "Science and our times", Chicago, *Roosevelt University Occasional Papers*, 1956, 2.
5. Orwell, G. – *1984*, Nova York, Harcourt, Brace, 1949; New American Library, 1953.
6. Popper, K. R. – *The Open Society and Its Enemies*, Londres, Routledge and Kegan Paul, 1945.
7. Ratner, J. (org.) – *Intelligence in the Modern World: John Dewey's philosophy*, Nova York, Modern Library, 1939.
8. Rogers, C. R. – *Client-Centered Therapy*, Boston, Houghton Mifflin Co., 1951.
9. Rogers, C. R. e Rosalind Dymond (orgs.) – *Psychoterapy and Personality Change*, Chicago, University of Chicago Press, 1954.
10. Skinner, B. F. – "Freedom and the control of men", *Amer. Scholar*, inverno de 1955-1956, *25*, pp. 47-65.
11. Skinner, B. F. – *Science and Human Behavior*, Nova York, Macmillan, 1953. Citado com a permissão de The Macmillan Co.
12. Skinner, B. F. – *Walden Two*, Nova York, Macmillan, 1948. Citado com a permissão de The Macmillan Co.
13. Whyte, W. H. – *The Organization Man*, Nova York, Simon & Schuster, 1956.

Apêndice
Bibliografia cronológica
Publicações de Carl R. Rogers
1930-1960 (inclusive)

1930

Com C. W. Carson. "Intelligence as a factor in camping activities", *Camping Magazine*, 1930, 3 (3), pp. 8-11.

1931

Measuring Personality Adjustment in Children Nine to Thirteen. Nova York, Teachers College, Universidade de Columbia, Bureau of Publications, 1931, 107 pp.

A Test of Personality Adjustment. Nova York, Association Press, 1931.

Com. M. E. Rappaport. "We pay for the Smiths", *Survey Graphic*, 1931, *19*, 508 pp.

1933

"A good foster home: Its achievements and limitations", *Mental Hygiene*, 1933, *17*, 21-40. Publicado igualmente em F. Lowry, ed., *Readings in Social Case Work*. Columbia University Press, 1939, pp. 417-436.

1936

"Social workers and legislation", *Quarterly Bulletin New York State Conference on Social Work*, 7 (3), 1936, pp. 3-9.

1937

"Three surveys of treatment measures used with children", *Amer. J. Orthopsychiat.*, 1937, *7*, pp. 48-57.

"The clinical psychologist's approach to personality problems", *The Family*, 1947, *18*, pp. 233-243.

1938

"A diagnostic study of Rochester youth", *N. Y. State Conference on Social Work*, Syracuse, 1938, pp. 48-54.

1939

The Clinical Treatment of the Problem Child. Boston, Houghton Mifflin, 1939, 393 pp.

"Needed emphases in the training of clinical psychologists". *J. Consult. Psychol.*, 1939, *3*, pp. 141-143.

"Authority and case work – are they compatible?", *Quarterly Bulletin N. Y. State Conference on Social Work*, Albany, 1939, pp 16-24.

1940

"The processes of therapy", *J. Consult. Psychol.*, 1940, *4*, pp.161-164.

1941

"Psychology in clinical practice". In: Gray, J. S., ed. *Psychology in Use.* Nova York, American Book Company, 1941, pp 114-167.

Com. C. C. Bennett. "Predicting the outcomes of treatment", *Amer. J. Orthopsychiat.*, 1941, *11*, pp. 210-221.

Com. C. C. Bennett. "The clinical significance of problem syndromes", *Amer. J. Orthopsychiat.*, 1941, *11*, pp. 222-229.

1942

"The psychologist's contributions to parent, child, and community problems", *J. Consult. Psychol.*, 1942, *6*, pp. 8-18.

"A study of the mental health problems in three representative elementary schools". In: Holy, T. C. *et al.*, *A Study of Health and Physical Education in Columbus Public Schools*, Ohio State Univers., Bur. of Educ., Res. Monogr., 1942, *25*, pp. 130-161.

"Mental health problems in three elementary schools", *Educ. Research Bulletin*, 1942, *21*, pp. 69-79.
"The use of electrically recorded interviews in improving psychotherapeutic techniques", *Amer. J. Orthopsychiat.*, 1942, *12*, pp. 429-434.
Counseling and Psychotherapy, Boston, Houghton Mifflin, 1942, 450 pp. Traduzido em japonês e publicado por Sogensha Press, Tóquio, 1951.

1943

"Therapy in guidance clinics", *J. Abnorm. Soc. Psychol*, 1943, *38*, pp. 284-289. Publicado igualmente em R. Watson, ed. *Readings in Clinical Psychology*, Nova York, Harper and Bros., 1949, pp. 519-527.

1944

Adjustment after Combat. Army Air Forces Flexible Gunnery Scholl, Fort Myers, Flórida. 1944. Publicação reservada. 90 pp.
"The development of insight in a counselling relationship", *J. Consult. Psychol.* 1944, *8*, pp. 331-341. Publicado igualmente em A. H. Brayfield, ed. *Readings on Modern Methods of Counseling*, Nova York, Appleton-Century-Crofts, 1950, pp. 119-132.
"The psychological adjustments of discharged service personnel", *Psych. Bulletin*, 1944, *41*, pp. 689-696.

1945

"The nondirective method as a technique for social research". *Amer. J. Sociology*, 1945, *50*, pp. 279-283.
Counseling. *Review of Educ. Research*, 1945, *15*, pp. 155-163.
"Dealing with individuals in USO", *USO Program Services Bulletin*, 1945.
"A counseling viewpoint for the USO worker", *USO Program Services Bulletin*, 1945.
Com V. M. Axline. "A teacher-therapist deals with a handicapped child", *J. Abnorm. Soc. Psychol.*, 1945, *40*, pp. 119-142.
Com R. Dicks e S. B. Wortis. "Current trends in counseling, a symposium", *Marriage and Family Living*, 1945, *7* (4).

1946

"Psychometric tests and client-centered counseling", *Educ. Psychol. Measmt.*, 1946, *6*, pp. 139-144.

"Significant aspects of client-centered therapy", *Amer. Psychologist*, 1946, *1*, pp. 415-422. Traduzido em espanhol e publicado na *Rev. Psicol. Gen. Apl.*, Madri, 1949, *4*, pp. 215-237.

"Recent research in nondirective therapy and its implications", *Amer. J. Orthopsychiat.*, 1946, *16*, pp. 581-588.

Com G. A. Muench. "Counseling of emotional blocking in an aviator", *J. Abnorm. Soc. Psychol.*, 1946, *41*, pp. 207-216.

Com J. L. Wallen. *Counseling with Returned Servicemen*, Nova York, McGraw-Hill, 1946. 159 pp.

1947

"Current trends in psychotherapy". In: Dennis, W., ed. *Current Trends in Psychology*, University of Pittsburgh Press, 1947, pp. 109-137.

"Some observations on the organization of personality", *Amer. Psychologist*, 1947, *2*, pp. 358-368. Publicado igualmente em A. Kuenzli, ed. In: *The Phenomenological Problem*, Nova York, Harper and Bros., 1959, pp. 49-75.

"The case of Mary Jane Tilden". Snyder, W. U., ed., *Casebook of Nondirective Counseling*, Boston, Houghton Mifflin, 1947, pp. 129-203.

1948

"Research in psychotherapy: Round Table, 1947", *Amer. J. Orthopsychiat.*, 1948, *18*, pp. 96-100.

Dealing with social tensions: A presentation of client-centered counseling as a means of handling interpersonal conflict. Nova York, Hinds, Hayden and Eldredge, Inc., 1948, 30 pp. Publicado igualmente em *Pastoral Psychology*, 1952, *3* (28), pp. 14-20; *3* (29), pp.37-44.

"Divergent trends in methods of improving adjustment", *Harvard Educational Review*, 1948, *18*, pp. 209-219. Publicado igualmente em *Pastoral Psychology*, 1950, *1* (8), pp. 11-18.

"Some implications of client-centered counseling for college personnel work", *Educ. Psychol. Measmt.*, 1948, *8*, pp. 540-549. Publicado igualmente em *College and University*, 1948, e em *Registrar's Journal*, 1948.

Com B. L. Kell e Helen McNeil. "The role of self-understanding in the prediction of behavior", *J. Consult. Psychol.*, 1948, *12*, pp. 174-186.

1949

"The attitude and orientation of the counselor in client-centered therapy", *J. Consult. Psychol.*, 1949, *13*, pp. 82-94.

"A coordinated research in psychotherapy: A non-objective introduction", *J. Consult. Psychol.*, 1949, *13*, pp. 149-153.

1950

"Significance of the self-regarding attitudes and perceptions". In: Raymert, M. L., ed. *Feelings and Emotions*. Nova York, McGraw-Hill, 1950, pp. 374-382. Publicado igualmente em Gorlow, L. e W. Katkovsdy, eds. *Readings in the Psychology of Adjustment*, Nova York, McGraw-Hill, 1959.

"A current formulation of client-centered therapy", *Social Service Review*, 1950, *24*, pp. 442-450.

"What is to be our basic professional relationship?", *Annals of Allergy*, 1950, *8*, pp. 234-239. Publicado igualmente em M. H. Krout, ed. *Psychology, Psychiatry and the Public Interest*. University of Minnesota Press, 1956, pp. 135-145.

Com R. Becker. "A basic orientation for counseling", *Pastoral Psychology*, 1950, *1* (1), pp. 26-34.

Com D. G. Marquis e E. R. Hilgard. "ABEPP policies and procedures", *Amer. Psychologist*, 1950, *5*, pp. 407-408.

1951

"Where are we going in clinical psychology?", *J. Consult. Psychol.*, 1951, *15*, pp. 171-177.

Client-Centered Therapy: Its Current Practice, Implications, and Theory. Boston, Houghton Mifflin, 1951, 560 pp. Traduzido igualmente em japonês e publicado por Iwasaki Shoten Press, 1955.

"Perceptual reorganization in client-centered therapy". Blake, R. R. e Ramsey G. V., eds. *Perception: An Approach to Personality*, Nova York, Ronald Press, 1951, pp. 307-327.

"Client-centered therapy: A helping process", *The University of Chicago Round Table*, 1951, *698*, pp. 12-21.

"Studies in client-centered psychoterapy III: The case of Mrs. Oak – a research analysis", *Psychol. Serv. Center J.*, 1951, *3*, pp. 47-165. Publicado igualmente em C. R. Rogers e Rosalind F. Dymond, eds. *Psychoterapy and Personality Change*, University of Chicago Press, 1954, pp. 259-348.

"Through the eyes of a client", *Pastoral Psychology*, *2* (16), pp. 32-40; (17), pp. 45-50; 1951; (18), pp. 26-32.

Com T. Gordon, D. L. Grummon e J. Seeman. "Studies in client-centered psychotherapy I: Developing a program of research in psychotherapy", *Psychol. Serv. Center J.*, 1951, *3*, pp. 3-28. Publicado igualmente em C. R. Rogers e Rosalind F. Dymond, eds. *Psychoterapy and Personality Change*. University of Chicago Press, 1954, pp. 12-34.

1952

Communication: "Its Blocking and facilitation", *Northwestern University Information*, 1951, *20*, pp. 9-15. Reimpresso em *ETC,* 1952, *9*, pp. 83-88; em *Harvar Bus.*

Rev., 1952, *30*, pp. 46-50; in: Bursk, E. C., ed. *Human Relations for Management*. Nova York, Harper and Bros., 1956, pp. 150-158. Tradução francesa em *Hommes et Techniques*, 1959, *169*, pp. 132-136.

"A personal formulation of client-centered therapy", *Marriage and Family Living*, 1952, *14*, pp. 341-361. Publicado igualmente em C. E. Vicent, ed. *Readings in Marriage Counseling*, Nova York, T. Y. Crowell Co., 1957, pp. 392-423.

"Client-centered psychotherapy". *Scientific American*, 1952, *187*, pp. 66-74.

Com R. H. Segel. *Client-Centered Therapy: Parts I and II*, filme sonoro de 16mm. State College, Pensilvânia, Psychological Cinema Register, 1952.

1953

"Some directions and end points in therapy". In: Mowrer, O. H., ed. *Psychoterapy: Theory and Research*, Nova York, Ronald Press, 1953, pp. 44-68.

"A research program in client-centered therapy", *Res. Publ. Ass. Nerv. Ment. Dis.*, 1953, *31*, pp. 106-113.

"The interest in the practice of psychotherapy", *Amer. Psychologist*, 1953, *8*, pp. 48-50.

Com G. W. Brooks, R. S. Driver, W. v. Merrihue, P. Pigors e A. J. Rinella. "Removing the obstacles to good employee communications", *Management Record*, 1953, *15* (1), pp. 9-11, 32-40.

1954

"Becoming a person". Oberlin College Nellie Heldt Lecture Series, Oberlin, Oberlin Printing Co., 1954, 46 pp. Publicado novamente pela Hogg Foundation for Mental Hygiene, University of Texas, 1956, e em *Pastoral Psychology*, 1956, *7* (61), pp. 9-13, e 1956, *7* (63), pp. 16-26. Publicado igualmente em S. Doniger, ed. *Healing, Human and Divine*, Nova York, Association Press, 1957, pp. 57-67.

"Towards a theory of creativity", *ETC: A Review of General Semantics*, 1954, *11*, pp. 249-260. Publicado igualmente em H. Anderson, ed. *Creativity and Its Cultivation,* Nova York, Harper and Bros, pp. 69-82.

"The case of Mr. Bebb: The analysis of a failure case". In: Rogers, C. R. e Dymond R. F., eds. *Psychoterapy and Personality Change*, University of Chicago Press, 1954, pp. 349-409.

"Changes in the maturity of behavior as related to therapy". In: Rogers, C. R. e Dymond, R. F., eds. *Psychotherapy and Personality Change*, University of Chicago Press, 1954, pp. 215-237.

"An overview of the research and some questions for the future". In: Rogers, C. R. e Dymond, R. F., eds. *Psychotherapy and Personality Change*, University of Chicago Press, 1954, pp. 413-434.

Com Rosalind F. Dymond, eds. *Psychotherapy and Personality Change*. University of Chicago Press, 1954, 447 pp.

1955

"A personal view of some issues facing psychologists", *Amer. Psychologist*, 1955, *10*, pp. 247-249.

"Personality change in psychotherapy", *The International Journal of Social Psychiatry*, 1955, *1*, pp. 31-41.

"Persons or science? A philosophical question", *Amer. Psychologist*, 1955, *10*, pp. 267-278. Publicado igualmente em *Pastoral Psychology*, 1959, *10* (92 e 93).

Com R. H. Segel. *Psychoterapy Begins: The Case of Mr. Lin*, filme sonoro de 16mm, State College, Pensilvânia, Psychological Cinema Register, 1955.

Com R. H. Segel. *Psychoterapy in Process: The Case of Miss Mun*, filme sonoro de 16mm, State College, Pensilvânia, Psychological Cinema Register, 1955.

1956

"Implications of recent advances in the prediction and control of behavior", *Teachers College Record*, 1956, *57*, pp. 316-322. Publicado igualmente em E. L. Hartley e R. E. Hartley, eds. *Outside Readings in Psychology*. Nova York, T. Y. Crowell Co., 1957, pp. 3-10. Publicado também em R. S. Daniel, ed. *Contemporary Readings in General Psychology*. Boston, Houghton Mifflin, 1960.

"Client-centered therapy: A current view". In: Fromm-Reichmann, F. e Moreno, J. L., eds. *Progress in Psychotherapy*. Nova York, Grune and Stratton, 1956, pp. 199-209.

"Review of Reinhold Nieburhr's", *The Self and the Dramas of History*. *Chicago Theological Seminary Register*, 1956, *46*, pp. 13-14. Publicado igualmente em *Pastoral Psychology,* 1958, *9* (85), pp. 15-17.

"A counseling approach to human problems", *Amer. J. of Nursing*, 1956, *56*, pp. 994-997.

"What it means to become a person". In: Moustakas, C. E., ed. *The Self*, Nova York, Harper and Bros., 1956, pp. 195-211.

"Intellectualizes psychotherapy. Review of George Kelly's", *The Psychology of personal Constructs. Contemporary Psychology*, 1956, *1*, pp. 357-358.

"Some issues concerning the control of human behavior" (Simpósio com B. F. Skinner). *Science*, novembro de 1956, *124* (3231), 1057-1066. Publicado igualmente em L. Gorlow e W. Katkovsky, eds. *Readings in the Psychology of Adjustment*. Nova York. McGraw-Hill, 1959, pp. 500-522.

Com E. J. Shoben, O. H. Mowrer, G. A. Kimble e J. G. Miller. "Behavior theories and a counseling case", *J. Counseling Psychol.*, 1956, *3*, pp. 107-124.

1957

"A note on the nature of man", *J. Counseling Psychol.*, 1957, *4*, pp.199-203.
"A therapist's view of the good life", *The Humanist*, 1957, *17*, pp. 291-300.
"Personal thoughts on teaching and learning", *Merrill-Palmer Quarterly,* Verão, 1957, *3*, pp. 241-243.
"The necessary and sufficient conditions of therapeutic personality change", *J. Consult. Psychol.*, 1957, *21*, pp. 95-103.
"Training individuals to engage in the therapeutic process". In C. R. Strother (ed.), *Psychology and Mental Health*. Washington, D. C.: Amer. Psychol. Assn., 1957, pp.76-92.

1958

"A process conception of psychotherapy", *American Psychologist*, 1958, *13*, pp. 142-149.
"The characteristics of a helping relationship", *Personnel and Guidance J.*, 1958, *37*, pp. 6-16.

1959

"A tentative scale for the measurement of process in psychotherapy". In E. Rubenstein (ed.), *Research in Psychoterapy*. Washington, D. C.: Amer. Psychol. Ass., 1959, pp. 96-107.
"A theory of therapy, personality and interpersonal relationships as developed in the client-centered framework". In S. Koch (ed.), *Psychology: A Study of a Science, Vol. III. formulations of the Person and the Social Context*. Nova York: McGraw-Hill, 1959, pp. 184-256.
"Comments on cases in S. Standal and R. Corsini" (eds.), *Critical Incidents in Psychotherapy*. Nova York, Prentice-Hall, 1959.
"Lessons I have learned in counseling with individuals". In W. E. Dugan (ed.), *Modern Scholl Practices, Series 3, counseling Points of View*. University of Minnesota Press, 1959, pp. 14-26.
"Significant learning: in therapy and in education", *Educational Leadership,* 1959, *16*, pp. 232-242.
"The essence of psychotherapy: A client-centered view", *Annals of Psychotherapy*, 1959, *1*, pp. 51-57.

"The way to do is to be", Review of Rollo May et al., Existence: A New Dimension in Psychiatry and Psychology in Contemporary Psychology, 1959, 4, pp. 196-198.

Com G. Marian Kinget. Psychotherapie en Menselyke Verhoudingen. Utrecht: Uitgeveriji Het Spectrum, 1959, 302 pp.

Com M. Lewis e J. Shlien. "Time-limited, client-centered psychotherapy: Two cases". In A. Burton (ed.), Case Studies in counseling and Psychotherapy. Nova York: Prentice-Hall, pp. 309-352.

1960

"A therapist's view of personal goals", Pendle Hill Pamphlet 108, Wallingford, Pa., 1960, 30 pp.

"Dialogue between Martin Buber and Carl Rogers", Psychologia, dez. 1960, 3, n.° 4, pp. 208-221.

"Significant trends in the client-centered orientation". In D. Brower e L. E. Abt (eds.), Progress in clinical Psychology, vol. IV. Nova York, Grune & Stratton, 1960, pp. 208-221.

Com A. Walker e R. Rablen. "Development of a scale to measure process changes in psychotherapy", J. Clinical Psychol., jan. 1960, 16, n.° 1, pp. 79-85.

1961 (Até 1.° de maio)

"A theory of psychotherapy with schizophrenics and a proposal for its empirical investigation". In J. G. Dawson, H. K. Stone, e N. P. Dellis (eds.), Psychotherapy with Schizophrenics. Baton Rouge: Louisiana State Univer. Press, 1961, pp. 3-19.

"The process equation of psychotherapy", Amer. J. Psychotherapy, jan. 1961, 15, n.° 1, pp. 27-45.

"Two divergent frends". In Rollo May (ed.), Existential Psychology. Nova York; Random House, 1961, pp. 85-93.

Referências

Capítulo 1, "Este sou eu", *copyright* 1961 *by* Carl. R. Rogers. Publicado com o título "This is me", em *On Becoming a Person.*

Capítulo 2, Algumas hipóteses com relação à facilitação do crescimento pessoal, copyright 1954 *by* Board of Trustees of Oberlin College. Publicado em *On Becoming a Person.*

Capítulo 3, As características de uma relação de ajuda, copyright 1958 *by Personnel and Guidance Journal.* Publicado com o título "Characteristics of a helping relationship", 1958, 37, pp. 6-16.

Capítulo 4, O que sabemos da psicoterapia, objetiva e subjetivamente, copyright 1961 *by* Carl R. Rogers. Publicado com o título "What we know about psychotherapy – objectively and subjectively", em *On Becoming a Person.*

Capítulo 5, Algumas direções do processo terapêutico, copyright 1953 *by* Ronald Press. Publicado como capítulo 2, "Some directions and end points in therapy", em O. H. Mowrer (ed.), *Psychotherapy: Theory and Research,* pp. 44-68.

Capítulo 6, O que significa tornar-se pessoa, copyright, 1954 *by* Board Trustees of Oberlin College. Publicado em *On Becoming a Person.*

Capítulo 7, A psicoterapia considerada como um processo, copyright 1958 *by* American Psychological Association, Inc. Publicado com o título "A Process Conception of Psychotherapy", em *American Psychologist*, v. 13, pp. 142-149.

Capítulo 8, "Ser o que realmente se é: os objetivos pessoais vistos por um terapeuta", *copyright* 1960 *by* Pendle Hill Publications. Publicado como o título "A therapist's view of personal goals", em *Pendle Hill Pamphlet, 108.*

Capítulo 9, A visão de um terapeuta sobre a vida boa: a pessoa em pleno funcionamento, copyright 1957 *by The Humanist*, Humanist House, Yellow Springs, Ohio. Publicado com o título "A therapist's view of the good life", v. 17, pp. 291-300.

Capítulo 10, Pessoa ou ciência? Um problema filosófico, copyright 1955 *by* The American Psychological Association, Inc. Publicado com o título "Persons or Science? A Philosophical Question", em *American Psychologist*, v. 10, pp. 267-278.

Capítulo 11, A modificação da personalidade em psicoterapia, copyright 1955 *by The International Journal of Social Psychiatry.* Publicado com o título "Personality Change in Psychotherapy", v. 1, pp. 31-41.

Capítulo 12, A terapia centrada no cliente no seu contexto de investigação, copyright 1959 *by* Uitgeverij Het Spectrum, Utrecht, Holanda. Publicado como capítulo 10 de *Psychotherapie en Menselyke Verhoudingen*, por Carl R. Rogers e G. M. Kinget.

Capítulo 13, Reflexões pessoais sobre ensino e aprendizagem, copyright 1957 *by Merrill-Palmer Quarterly*. Publicado como o título "Personal Toughts on Teaching and Learning", v. 3, pp. 241-243.

Capítulo 14, A aprendizagem significativa na terapia e na educação, copyright 1959 *by Educational Leadership*. Publicado com o título "Significant Learning: In Therapy and in Education", v. 16, pp. 232-242.

Capítulo 15, O ensino centrado no aluno conforme experienciado por um participante, copyright 1959 *by* Educational Leadership. Publicado sob o título "Carl R. Rogers and nondirective teaching", v. 16, fevereiro de 1959.

Capítulo 16, As implicações para a vida familiar da terapia centrada no cliente, copyright 1961 *by* Carl R. Rogers. Publicado com o título "The Implications of Client-Centered Therapy for Family Life", em *On Becoming a Person.*

Capítulo 17, O tratamento das perturbações na comunicação interpessoal e entre grupos, copyright 1952 *by ETC: A Review of General Semantics.* Publicado como o título "Comunication: its blocking and facilitation", v. 9, pp. 83-88.

Capítulo 18, Uma formulação provisória de uma lei geral das relações interpessoais, copyright 1961 *by* Carl R. Rogers. Publicado com o título "A Tentative Formulation of a General Law of Interpersonal Relationships", em *On Becoming a Person.*

Capítulo 19, Para uma teoria da criatividade, copyright 1954 *by ETC: A Review of General Semantics.* Publicado com o título "Toward a Theory of Creativity", v. 11, pp. 249-260.

Capítulo 20, O poder crescente das ciências comportamentais, copyright 1961 *by* Carl Rogers.

Capítulo 21, O lugar do indivíduo no mundo novo das ciências do comportamento, copyright 1961 *by* Carl R. Rogers. Publicado com o título "The Place of the Person in the New World of the Behavioral Sciences", em *On Becoming a Person.*

Ser o que realmente se é

Filosófico e provocante, este livro constitui um resumo da longa experiência do Dr. Carl Rogers no campo da psicoterapia.

Introdução indispensável ao processo do tornar-se, destina-se não apenas a psicólogos e psiquiatras, mas a todos que se interessam pelo desenvolvimento do homem e de sua personalidade.

Notas

Ao Leitor

1. Traduziu-se indiferentemente o termo *growth,* com o sentido particular que lhe dá Rogers, por maturação, crescimento ou desenvolvimento. (N. do T.)

2. A única exceção, parcial, está na área da teoria formal da personalidade. Tendo acabado de publicar, há pouco tempo, uma exposição técnica e completa desta teoria numa obra acessível em qualquer biblioteca especializada, não procurei inserir esse material neste volume. O capítulo a que faço referência tem o título "A theory of therapy, personality, and interpersonal relationships as developed in the client--centered framework" (Uma teoria da terapia, da personalidade, e das relações interpessoais tais como foram desenvolvidas no quadro da terapia centrada no cliente), S. Koch (ed.) *Psychology: A Study of a Science,* McGraw-Hill, 1959, v. III, pp. 184-245.

Capítulo 1

1. *Terapia Centrada no Cliente,* Martins Fontes, São Paulo, 1992.

2. "Oh, East is East, and West is West, and never the twain shall meet", Kipling. *The Ballad of East and West* (N. do T.)

3. *Tratamento clínico da criança-problema,* Martins Fontes, São Paulo, 1979. (N. do E.)

4. O termo *organismic* é muito frequente em Rogers, quando este procura significar simultaneamente a realidade anímica e orgânica em interação com o meio ambiente. Nesse conceito se concentram os diversos aspectos que integram a totalidade biopsíquica do indivíduo. (N. do T.)

Capítulo 3

1. O termo "vivenciar" procura traduzir o neologismo inglês utilizado por Rogers, *experiencing*, que indica uma modalidade da experiência, mais do que propriamente um conteúdo específico. O termo pretende acentuar o caráter imediato da experiência que tende a reduzir a oposição sujeito-objeto através da ausência de quadros temporais, valorativos ou conceituais (N. do T.)
2. O autor usa a palavra *awareness*, cujo sentido em português aproxima-se de "consciência", "apercepção". (N. do R. T.)

Capítulo 5

1. Em *Psychotherapy: Theory and Research*, ed. por O. Hobart Mowrer. *Copyright* 1953 *by* The Ronald Press Company. Reimpresso com a autorização do editor.
2. Essa passagem exige uma explicação. Como parte de um estudo realizado por outro pesquisador, pediu-se várias vezes a essa cliente durante a terapia para ordenar um grande número de cartões, cada um dos quais continha uma frase autodescritiva, à maneira de um autorretrato. De um lado, ela devia colocar o cartão ou cartões que fossem mais parecidos com ela, e do outro os que se lhe assemelhassem menos. Desse modo, quando ela declara que coloca como primeiro cartão "eu tenho uma personalidade atraente", isso significa que ela considera essa afirmação como a que a caracteriza melhor.
3. Em francês no original (N. do T.)
4. Alusão a uma afirmação da paciente durante uma sessão precedente de que, na terapia, se sentia como quem canta uma canção.

Notas

Capítulo 7

1. Todos esses exemplos foram extraídos de entrevistas gravadas, caso não se indique o contrário. A maior parte dessas entrevistas nunca foram publicadas, mas um certo número delas foram tiradas do relatório de dois casos, feito por Lewis, Rogers e Shlien (5).

2. Quanto mais nos elevarmos na escala, menos adequados serão os exemplos dados nesta transcrição. A razão disso reside no fato de a qualidade da vivência se tornar mais importante nesses níveis elevados, o que apenas pode ser sugerido através de uma transcrição, necessariamente incompleta. Talvez um dia se possa colocar à disposição do público uma série de exemplos gravados.

Capítulo 8

1. Não posso no entanto recusar-me a aceitar a possibilidade de que alguém consiga demonstrar que as tendências que procuro descrever possam de uma forma sutil ou até certo ponto provir de mim. Estou descrevendo-as tal como ocorrem no cliente nessas relações de segurança, porque essa explicação me parece a mais provável.

2. O termo "essência" pareceu ser a melhor tradução para o vocábulo que Rogers cria, *is-ness*, no seu sentido ontológico de "quididade" (N. do T.)

Capítulo 9

1. Nível em que o sujeito é capaz de discriminar os elementos exteriores que emergem em determinada experiência, embora não sejam acompanhados de uma representação consciente.
   O termo foi introduzido em psicologia por Mc Cleary e Lazarus (N. do T.)

2. Autora de uma obra que teve nos Estados Unidos o seu momento de grande celebridade sobre a "arte de saber viver" (N. do T.)

Capítulo 10

1. Talvez alguns se surpreendam por ver tratar hipóteses referentes a uma experiência tão subjetiva como matéria de uma ciência objetiva. No entanto, a reflexão sobre a psicologia no que ela tem de melhor está muito longe de um behaviorismo primário e reconhece que a objetividade da psicologia como ciência depende do método, não do conteúdo. Por conseguinte, pode se tratar cientificamente os sentimentos, as apreensões, as tensões, as satisfações ou as reações mais subjetivas, desde que se lhes dê uma definição operacional bem nítida. Stephenson, entre outros, expõe esse ponto de vista com energia (nos seus *Postulados do Behaviorismo*) e contribui amplamente, através da sua técnica Q, para objetivar um material tão subjetivo com vistas ao estudo científico.

2. Gostaria de mencionar especialmente minha dívida para com as discussões e artigos, publicados ou por publicar, de Robert M. Lipgar, Ross L. Mooney, David A. Rodgers e Eugene Streich. O meu pensamento inspirou-se de tal modo no deles, imbuiu-se tão profundamente no seu pensamento, que teria muita dificuldade em reconhecer especificamente o que lhes devo. Sei apenas que muito do que se segue partiu deles e passou por mim. Também me foi útil a correspondência sobre este artigo com Anne Roe e Walter Smet.

3. Talvez seja pertinente citar a passagem de onde estas palavras foram extraídas: "(...) os dados de todas as ciências têm a mesma origem – nomeadamente, a experiência imediata de um observador, o próprio cientista. Quer dizer, a experiência imediata, a matriz original a partir da qual todas as ciências se desenvolvem, já não é como tal digna do interesse do cientista. Este simplesmente a aceita sem discussão e procura em seguida descrever os acontecimentos que ocorrem, descobrir e formular a natureza das relações que se estabelecem entre eles". Kenneth W. Spence, *Psychological Theory*, ed. por M. H. Marx, Nova York, Macmillan, 1951, p. 173.

4. Um exemplo extraído da minha própria experiência talvez seja suficiente. Em 1941, uma pesquisa efetuada sob minha supervisão mostrou que a readaptação futura dos adolescentes delinquentes se previa muito melhor através da medida da sua autocompreensão e autoaceitação realistas. Era um instrumento simplista, mas mais exato

do que todos os cálculos sobre o ambiente familiar, a hereditariedade, o meio social e outras coisas do mesmo gênero. Nessa altura, não era capaz de acreditar nisso, porque estava convencido, como a maior parte dos psicólogos, de que os fatores verdadeiramente determinantes da futura delinquência ou não delinquência eram o clima emocional na família e a influência dos companheiros. Foi apenas pouco a pouco, à medida que a minha experiência na psicoterapia prosseguia e se aprofundava, que comecei a acreditar nos resultados desse estudo e de um estudo posterior (1944) que o confirmava (ver o relatório desses dois estudos em "The role of self-understanding in the prediction of behavior", por C. R. Rogers, B. L. Kell e H. McNeil, *J. Consult. Psychol.*, 12, 1948, pp. 174-186).

5. Desenvolvi mais pormenorizadamente as razões lógicas desse ponto de vista num outro artigo, "Toward a Theory of Creativity".

Capítulo 12

1. Uma bibliografia comentada das investigações e dos trabalhos teóricos referentes à terapia centrada no cliente foi publicada no *Journal of Counseling Psychology*, 1957 (4), pp. 82-100.

Capítulo 14

1. Sobre as provas em que estas afirmações se baseiam vejam-se as referências 7 e 9.
2. Esta passagem alude a um concurso de televisão, muito popular nos Estados Unidos, no qual são pagos prêmios em dinheiro para as respostas certas. (N. do T.).
3. *Time*, 2 de dezembro de 1957.
4. *Time*, 2 de dezembro de 1957.

Capítulo 15

1. Deve ser observado que o Dr. Rogers não concordava nem discordava. Não era seu hábito responder às contribuições dos alunos

a menos que uma observação lhe fosse especificamente dirigida; e mesmo então ele poderia escolher não responder. Seu objetivo principal, me parecia, era acompanhar as contribuições dos alunos de forma inteligente e solidária.

2. Um aluno compilou esta lista, mimeografou-a, distribuiu-a e, em termos práticos, o assunto se encerrou por aí.

Relacionado a isso, uma outra ilustração se faz oportuna. Na primeira sessão, Rogers trouxe para a classe gravações de sessões terapêuticas. Explicou que não se sentia confortável no papel de professor e veio "carregado", e as gravações serviam como uma espécie de segurança. Um aluno continuamente insistiu para que tocasse as gravações, e após uma pressão considerável da classe, ele o fez, mas cumpriu-o relutantemente; e no todo, apesar da pressão, ele não as tocou por mais do que uma hora em todas as sessões. Aparentemente, Rogers preferia que os alunos fizessem gravações da vida real ao invés de ouvir aquelas que poderiam somente interessá-los de uma maneira acadêmica.

3. Que isso não constituiu uma experiência isolada para o Dr. Tenenbaum é indicado ainda por uma citação de uma outra comunicação pessoal, muitos meses mais tarde. Diz ele: "Com um outro grupo para quem lecionei, seguindo o primeiro, atitudes semelhantes se desenvolveram, embora mais acentuadas, pois, creio, sentia-me mais à vontade com a técnica e, espero, mais perito. Nesse segundo grupo, houve a mesma liberação da pessoa, a mesma hilaridade e excitação, a mesma afetuosidade, o mesmo mistério que se associa a uma pessoa à medida que consegue "fazer a muda" de porções de sua pele. Alunos, de meu grupo me contaram que, ao participar de outras aulas, seus olhos se encontravam, atraídos um pelo outro, como se fossem únicos e separados, como se estivessem vinculados por uma experiência especial. Nesse segundo grupo, também, constatei que os alunos haviam desenvolvido uma proximidade pessoal, de forma que ao final do semestre sugeriram a possibilidade de reuniões anuais. Disseram que de uma forma ou de outra gostariam de manter essa experiência viva e não perder o contato uns com os outros. Também falaram em mudanças radicais e fundamentais em suas pessoas – em aparência, em valores, em sentimentos, em atitudes tanto com relação a si mesmos quanto aos outros."

Capítulo 17

1. Senador americano tornado célebre pelo seu papel na "caça às bruxas", como se designou a cruzada anticomunista levada a cabo nos Estados Unidos, nos anos 50, a coberto do inquérito às atividades antiamericanas. (N. do T.)

Capítulo 20

1. Skinner, B. F., em *Current Trends in Psychology*, editado por Wayne Dennis (University of Pittsburgh Press, 1947), pp. 24-25.

Este livro foi composto na fonte Times New Roman PS e impresso
pela gráfica Vox, em papel Ivory Bulk 58 g/m², para a
Editora WMF Martins Fontes, em março de 2025.